ÉCRITS ÉCONOMIQUES

PERSPECTIVES DE L'ÉCONOMIQUE
dirigée par CHRISTIAN SCHMIDT
LES FONDATEURS DE L'ECONOMIE

TURGOT

ÉCRITS ÉCONOMIQUES

Préface de
BERNARD CAZES

CALMANN-LEVY

Préface

AUJOURD'HUI, Turgot est desservi par de nombreux handicaps. Avoir été un remarquable intendant du Limousin, et occupé avec distinction pendant 21 mois la charge de contrôleur général (des Finances) sous le dernier monarque de l'Ancien Régime ne constituent pas des titres exceptionnels dans un pays où l'appareil de l'Etat n'a jamais passé pour médiocre. Homme du XVIIIe siècle, il n'en possède guère le style : il lui manque d'avoir, comme Saint-Just, écrit un poème érotique, et sa vie sentimentale est d'une remarquable discrétion [1]. Son intérêt pour la linguistique — il rédigea pour *l'Encyclopédie* l'article « Etymologie » et projetait d'écrire l'article « Langues » —, les espoirs qu'il plaçait dans les mathématiques en tant qu'instrument privilégié de la communication humaine lui vaudront peut-être un jour d'être « redécouvert », mais il trouvera alors dans son ami et disciple Condorcet un concurrent de taille. Non, il faut se résigner, Turgot n'a rien du

1. Turgot demanda vainement en mariage Mlle de Ligniville, qui lui préféra Helvétius. Lorsqu'elle devint veuve, il semble qu'il tenta à nouveau sa chance sans plus de succès, et qu'il jugea ridicule l'intention de Benjamin Franklin de se mettre lui aussi sur les rangs (voir sur cette question Bernard FAY, *Benjamin Franklin* (Calmann-Lévy, 1930), tome II, pp. 102 et 225-8, et Claude-Anne LOPEZ, *Mon cher Papa, Franklin and the Ladies of Paris.* (Yale University Press, 1966).

D'autre part l'amitié amoureuse que Turgot entretint jusqu'à sa mort avec la duchesse d'Enville a été analysée avec beaucoup de finesse par Edgar FAURE, à partir de lettres inédites de Turgot, dans un texte intitulé « Une affinité singulière » et reproduit dans *Humanisme actif, Mélanges offerts à Julien Cain* (Paris, 1969).

personnage charismatique : ni penseur totalisant, ni acteur politique totalitaire, il cadre assez mal avec l'esprit de ce temps.

Mais cet esprit change à une telle allure, et il est d'ores et déjà si protéiforme que l'on n'aurait probablement pas grand mal à rattacher Turgot à l'une des nombreuses facettes de la modernité. Le problème à mon avis n'est pas : Turgot a-t-il été un précurseur (génial évidemment) en matière de théorie économique — les rendements décroissants [2] — ou de philosophie de l'histoire — la loi des trois états d'Auguste Comte [3] —, mais, plus profondément : est-il encore concevable à notre époque de changements rapides et cumulatifs de dialoguer fructueusement avec le passé ? La simple existence d'une collection telle que celle-ci, consacrée à des économistes d'antan, constitue à elle seule une réponse affirmative. J'ajouterai que l'effort accompli pour essayer de pénétrer la pensée des grands esprits qui se trouvent avoir vécu avant nous me paraît avoir le même effet humanisant que le contact avec des cultures radicalement différentes : il nous oblige à adopter d'autres catégories intellectuelles ou affectives, ou nous conduit au contraire à redécouvrir des affinités que notre ethnocentrisme (temporel ou géographique) nous aurait fait juger impensables. Acceptons d'être aussi dépaysés en face de Turgot, ou aussi proches de lui, que s'il s'agissait d'un peuple sans écriture de l'Amazonie.

Cela dit, comment aborder l'homme et son œuvre ? Il faudrait en principe ne parler que de l'économiste, mais je ne pense pas que ce soit la bonne façon de procéder, car Turgot a été plus qu'un théoricien — et un remarquable praticien — de la chose économique. Il ne saurait évidemment être question de démontrer qu'il existe chez lui un enchaînement rigoureux qui conduit inexorablement du général au particulier, de la philosophie de l'histoire aux mesures concrètes qu'il prit tout au long de sa carrière de haut fonctionnaire. Ce serait d'ailleurs contraire à l'antipathie vis-à-vis de l'esprit de système que Turgot n'a cessé de manifester [4]. Il me paraît néanmoins nécessaire de ne pas sépa-

2. Voir ce qu'écrit à cet égard J. SCHUMPETER, *History of Economic Analysis* (Allen and Unwin, 4e éd., 1961), pp. 259-61.

3. Cf. Frank E. MANUEL, *The Prophets of Paris* (Harper Torchbooks, 1962), p. 32.

4. Il louait son maître GOURNAY de ne jamais chercher à « plier les choses à ses idées », mais « ses idées aux choses », d'être « homme à systèmes », et de ne point avoir l' « esprit de système ».

rer les différents aspects d'une pensée extrêmement riche, sans chercher à y déceler à tout prix une unité de vues qui n'existe probablement pas, mais en essayant de donner, sinon une synthèse, du moins une vue synoptique où chacun pourra ensuite déceler à sa guise les concordances ou les contradictions qui lui paraîtront légitimes.

LA PHILOSOPHIE DE L'HISTOIRE CHEZ TURGOT

Ne cherchons pas à faire de Turgot un « prospectiviste » avant la lettre. Contentons-nous de marquer les points essentiels de sa représentation du mouvement de l'histoire, aspect paradoxalement mieux connu dans le monde anglo-saxon qu'en France [5]. Au point de départ, il y a une typologie des sociétés qui, à l'encontre de celle de Montesquieu [6], privilégie le changement au détriment de la cohérence. On sait en effet que ce que Montesquieu a tenté en recherchant l' « esprit des lois » consiste au fond à dégager les interdépendances qui existent entre les composantes d'un système social. Or Turgot avait deux raisons de ne pas adhérer à cette manière de voir. D'abord, elle suppose l'existence d'une relation rigide entre un stimulus et une réponse (ce qu'on appelait alors les « causes physiques ») alors qu'il croit personnellement davantage aux « causes morales ». Non pas qu'il estime que les idées « mènent le monde ». Sa critique du langage objectiviste ou behaviouriste de Montesquieu va en fait beaucoup plus loin, puisqu'elle l'amène à introduire entre les phénomènes observables que sont, d'une part l'action, d'autre part la réaction, des variables inobservables correspondant à des projets ou des attitudes, et que Lazarsfeld

5. Outre *The Prophets of Paris, op. cit.*, il faut mentionner du même auteur *The XVIIIth Century Confronts the Gods* (Harvard University Press, 1959) et Charles VEREKER, *Eighteenth Century Optimism* (Liverpool University Press, 1967).

6. Encore que, comme le note W. STARK dans son livre *Montesquieu, Pioneer of the Sociology of Knowledge* (University of Toronto Press, 1961), on trouve dans *l'Essai sur les causes qui peuvent affecter les esprits et les caractères* (reproduit au tome II, pp. 39 sqq. de l'édition de la Pléiade) des notations sur le progrès intellectuel et ses relations avec le degré de civilisation.

a proposé d'appeler des « variables intermédiaires »[7]. « On ne voit que le résultat de tous les éléments, si j'ose ainsi parler, qui concourent à produire les opérations de l'esprit, à former un ton de style, un caractère. Or (...) ce n'est point sur le résultat qui nous frappe, sur le style, sur le caractère, que tombe immédiatement l'action des causes physiques, ce ne peut être que sur les principes cachés qui, tous, concourent à ce résultat, et ce n'est que par une analyse très fine qu'on peut parvenir à les démêler[8] ».

La seconde raison, encore plus fondamentale peut-être, est que pour Turgot, Montesquieu passe à côté de l'essentiel, c'est-à-dire la différenciation des sociétés selon ce que nous qualifierions aujourd'hui de degré d'ouverture au changement. Au fond, pour Turgot, il y a les sociétés bloquées et les autres... Et ce n'est peut-être pas tout à fait par hasard s'il a été le premier à parler de *mutations* en un sens favorable : « Aucune mutation ne s'est faite qui n'ait amené quelque avantage : car aucune ne s'est faite sans produire de l'expérience, et sans étendre, ou améliorer, ou préparer l'instruction. »

L'étude de l'homme ne peut donc pas s'inspirer du modèle des sciences de la nature, car l'objet de ces dernières est régi par le principe de récurrence ou, si l'on préfère, de « légalité » (au sens de : qui obéit à des lois), alors que la matière ressortissant aux sciences humaines est en continuel changement. Plus précisément, les êtres humains ne cessent de mettre en œuvre de nouvelles combinaisons entre leurs expériences, et engendrent ainsi des rapports différents entre les choses. Bien que l'idée ne soit jamais très clairement explicitée, on

7. Paul LAZARSFELD, *la Philosophie des sciences sociales* (Gallimard, 1970), pp. 44, 188, 202, 218.

8. Schelle, I, p. 140. A ce texte de jeunesse fait écho une lettre écrite bien plus tard à Condorcet, où il reprend sous une autre forme la notion de variable intermédiaire : « Le seul principe productif du mouvement indiqué par l'expérience est la volonté des êtres intelligents, qui n'est point déterminée primitivement, mais qui se détermine, non par des causes mécaniques, mais d'après des causes finales. Je dis que ces êtres sentants, pensant et voulant, se proposant des fins et choisissant des moyens, constituent un ordre de choses au moins aussi réel et aussi certain que celui des êtres supposés purement matériels agités par des causes purement mécaniques », *Correspondance inédite de Condorcet et de Turgot* (Perrin, 1882), éditée par Ch. Henry, p. 173 (18 mai 1774).

sent chez Turgot un parti pris pour le « laisser innover »[9] encore plus profond que l'option pour le laissez-faire à laquelle son nom est habituellement associé. Innover est le propre de l'homme, et la répétition, la routine, la reconduction des modèles passés sont totalement contraires à sa vocation. Dès lors, tout ce qui bride sa liberté d'inventer doit être banni. Cela vaut notamment pour la conception médiévale (et encore très vivace en France) *des* libertés, qui consiste en la garantie par la puissance publique des privilèges détenus par tel ou tel groupe. En lisant l'article « Fondations », rédigé pour *l'Encyclopédie,* on perçoit avec acuité l'aversion de Turgot pour les droits acquis et les intérêts de caste, condamnés fatalement à être en discordance avec les besoins changeants de la collectivité. Ce que l'on prend pour une préférence dogmatique en faveur de l'initiative privée ne fait en réalité que préfigurer une observation fréquemment émise de nos jours par les théoriciens des organisations, à savoir que dans le secteur public, il est extrêmement difficile d'opérer la conversion des entités administratives dont la mission n'a plus d'objet. De même lorsqu'il écrit, dans l'édit de 1776 portant suppression des jurandes, que « le droit de travailler » est un « droit inaliénable de l'humanité », on est fondé à penser avec Frank Manuel que l'on ne devrait pas voir dans ces termes les « résonances socialistes de 1848 », mais la condamnation d'un obstacle au changement. Sa pensée profonde est déjà exprimée dans un texte de jeunesse où il écrit : « Ce n'est point l'erreur qui s'oppose aux progrès de la vérité, ce ne sont point les guerres et les révolutions qui retardent les progrès du gouvernement, c'est la mollesse, l'entêtement, l'esprit de routine et tout ce qui porte à l'inaction[10] ».

9. Il est assez curieux de constater que le reproche de vouloir « laisser innover » a été récemment lancé aux Etats-Unis par un critique « radical » américain, John Mc Dermott, vis-à-vis des recherches sociales menées à Harvard sous l'égide du programme « Technology and Society » que dirige Emmanuel Mesthene (cf. son article « Technology : The Opiate of Intellectuels », *New York Review of Books,* 31 juillet 1969). Les objections, d'ailleurs peu convaincantes à mon sens, ont ici moins d'intérêt que l'attitude d'esprit qu'elles dénotent, et qui montre que si au XVIIIe siècle la critique de l'innovation, institutionnelle aussi bien que technologique, pouvait être classée à droite, elle s'est sensiblement « gauchie » en l'espace de deux siècles...

10. Schelle, I, 133.

Mais peut-on discerner le moteur de ce changement social érigé en marque suprême de l'humanité ? C'est une question à laquelle il est bien difficile de donner une réponse empirique, mais que Turgot, pour sa part, a tranché en optant, non pour l' « environnement », comme Montesquieu, mais pour l'individu exceptionnel, le génie, comme il l'appelle de façon d'ailleurs assez imprécise, car il a d'autre part des mots très durs pour les « grands hommes », tels que Cromwell ou Richelieu et il détestait Catherine II et Frédéric II, ces despotes éclairés tant admirés par d'autres philosophes pourtant moins épris d'efficacité que lui [11]. Pour Turgot, le génie est l'individu supérieur apte à percevoir de nouveaux rapports au sein des choses, et à leur donner une forme durable. Ce type d'hommes n'existe que dans des proportions fixes par rapport à la population, de sorte que la croissance démographique est pour Turgot un phénomène positif puisqu'elle accroît la probabilité pour une société de progresser [12], à condition évidemment qu'elle ne laisse pas en friche ses ressources humaines. Il faut reconnaître que ce point de vue « élitiste » ne laissera guère de traces, sauf sous la forme, très familière de nos jours, du désir d'améliorer les chances de promotion sociale des individus doués. Ainsi lorsque Turgot sera intendant du Limousin, il donnera pour instructions à ses commissaires aux tailles de s'attacher à déceler les hommes capables pour éviter de « laisser leur valeur enfouie » [13].

A côté du génie, Turgot accorde (comme Condillac) une place importante à l'existence d'un langage capable d'être, non seulement un moyen de communication, mais également un instrument de découverte, à la fois signe et outil du progrès des connaissances. C'est ici que se situe un apport important de Turgot évoqué rapidement plus haut, à savoir la célèbre loi des trois états [14], qui revient au fond à considérer qu'il

11. Correspondance Condorcet-Turgot, *op. cit.*, pp. 145 et 147.

12. Ce point, signalé par F. Manuel, n'est en revanche pas mentionné par J. Spengler dans son ouvrage *Economie et population : Les doctrines françaises avant 1800* (P.U.F., 1954).

13. Cité par E. Faure, « Les bases expérimentales et doctrinales de la politique économique de Turgot », *Revue historique de droit français et étranger*, avril-juin et juillet-septembre 1961, p. 272.

14. Bien que le texte pertinent soit un peu long, nous le reproduisons ci-après puisqu'il ne figure pas dans notre sélection des écrits de Turgot :

s'est produit durant l'histoire de l'humanité une évolution progressive dans les modes de perception, au cours de laquelle se sont opérées des transformations qualitatives, d'une mentalité primitive vers une mentalité civilisée. Evitons soigneusement ce terrain miné, pour nous borner à prendre acte d'une idée intéressante que Turgot n'a malheureusement pas eu l'occasion d'approfondir, selon laquelle les langues évoluent au fur et à mesure des divers stades de développement, et que leur étude permettrait par conséquent d'élaborer des indicateurs objectifs du chemin parcouru par une société. Cette proposition, qui tend à mesurer le degré de civilisation à l'aide de variables non matérielles (c'est-à-dire autres que les « artifacts ») sera reprise plus d'un siècle après par Durkheim, lorsqu'il proposera de mesurer le concept d' « immoralité collective » par la variable : nombre moyen de suicides et de crimes de toutes sortes, apte, écrivait-il, à « marquer la hauteur de l'immoralité dans une société donnée » [15]. On pourrait également, en sollicitant passablement les textes, essayer de montrer que la relation entre comportements et appareil linguistique et symbolique que Turgot semble postuler a eu une postérité illustre avec McLuhan, mais comme on le

« Avant de connaître la liaison des effets physiques entre eux, il n'y eut rien de plus naturel que de supposer qu'ils étaient produits par des êtres intelligents, invisibles et semblables à nous ; car à quoi auraient-ils ressemblé ? Tout ce qui arrivait, sans que les hommes y eussent part, eut son dieu, auquel la crainte ou l'espérance fit bientôt rendre un culte, et ce culte fut encore imaginé d'après les égards qu'on pouvait avoir pour les hommes puissants ; car les dieux n'étaient que des hommes plus puissants et plus ou moins parfaits, selon qu'ils étaient l'ouvrage d'un siècle plus ou moins éclairé sur les vraies perfections de l'humanité.

Quand les philosophes eurent reconnu l'absurdité de ces fables, sans avoir acquis néanmoins de vraies lumières sur l'histoire naturelle, ils imaginèrent d'expliquer les causes des phénomènes par des expressions abstraites, comme *essences* et *facultés*, expressions qui cependant n'expliquaient rien, et dont on raisonnait comme si elles eussent été des êtres, de nouvelles divinités substituées aux anciennes. On suivit ces analogies et on multiplia les facultés pour rendre raison de chaque effet.

Ce ne fut que bien tard, en observant l'action mécanique que les corps ont les uns sur les autres, qu'on tira de cette mécanique d'autres hypothèses, que les mathématiques purent développer et l'expérience vérifier. » (*Plan du second discours sur les progrès de l'esprit humain,* Schelle, I, 315-316.)

15. *De la division du travail social* (Presses Universitaires de France), 7ᵉ édition, p. 13.

verra plus loin, Turgot n'aurait sûrement pas été d'accord avec la supériorité conférée aux cultures non linéaires.

S'il est normal de voir en Turgot un des premiers (voire le premier) idéologue *du* progrès — n'a-t-il pas forgé le mot « perfectibilité », qui ne sera accepté par l'Académie Française qu'en 1835 —, ce singulier demande pourtant à être analysé de plus près, car en fait on discerne dans les écrits de jeunesse que le dit progrès ne se manifeste pas de la même façon selon les domaines. Le progrès artistique ne lui paraît pas assuré de perspectives de développement indéfinies, car il estime qu'une certaine perfection, dictée par les impératifs de la psychologie humaine, a été atteinte et que l'on ne saurait aller outre. « La connaissance de la nature et de la vérité est infinie comme elles ; les arts dont l'objet est de nous plaire sont bornés comme nous » [16]. Il avait tort bien sûr, en ce sens que l'art ne vise pas uniquement à plaire, et que depuis son époque les artistes ont continué à innover. Mais si sa thèse repose sur des bases contestables, elle n'en demeure pas moins pertinente bien au fond, à la considérer dans le contexte actuel d'intense relativisme culturel, où l'on ne sait plus très bien si Hogarth représente un caricaturiste anglais du XVIIIe siècle ou le dessinateur de Tarzan...

Sur le plan moral, Turgot croyait également, comme la quasi-totalité des penseurs de son siècle, en un perfectionnement de l'humanité au cours du temps, qui se marquerait par plus de tolérance, moins de guerres et de cruautés, l'obéissance intériorisée (et non dictée par la crainte de châtiments supraterrestres) à des normes universelles. C'est au fond admettre que les comportements peuvent être améliorés — dans le sens défini ci-dessus — par l'influence de la rationalité scientifique et technique. Notre sagesse *a posteriori* chèrement acquise nous inciterait plutôt à penser avec Raymond Aron que « les conséquences inévitables de cette rationalité ne paraissent pas comporter un progrès moral, humanitaire, soit des institutions politiques, soit des manières de vivre des individus » [17]. Mais ayons l'honnêteté de reconnaître qu'au milieu du XVIIIe siècle, le recul des persécutions religieuses et de la

16. Cf. ci-après, p. 52.
17. *Trois essais sur l'âge industriel* (Plon, 1966), p. 107.

torture judiciaire, l'humanisation des lois de la guerre et l'hostilité croissante envers l'esclavage constituaient autant d' « indicateurs sociaux » évoluant favorablement, et qui autorisaient un certain optimisme vis-à-vis de l'avenir.

Le troisième palier est celui des techniques de production, dont le progrès est considéré par Turgot comme le moins fragile. Il y aurait à cela deux raisons. L'une est d'ordre statistique, et s'apparente à ce qui a été dit plus haut à propos du génie, à savoir que les arts mécaniques peuvent être pratiqués par une population beaucoup plus importante que pour d'autres activités humaines, ce qui donne une probabilité plus élevée de disposer d'individus innovateurs sur le plan technologique. La seconde raison tient au fait que, selon Turgot, aucune autorité politique, si rétrograde qu'elle soit, n'a intérêt à l'obscurantisme technique, et qu'il n'y a donc pas de risque que le pouvoir s'oppose, du moins dans ce domaine, au progrès des lumières.

Turgot est cependant conscient que la genèse de l'innovation n'est pas du tout la même chose que sa diffusion, qui peut être freinée par des accidents de l'histoire (comme, dans le passé, les invasions barbares) ou par l'esprit de routine qui peut scléroser des sociétés déjà avancées. Ce danger vise plus particulièrement la quatrième forme de progrès, celui des connaissances scientifiques sur l'homme et sur la nature, où l'on ne peut pas faire fond sur les deux systèmes de protection que l'on vient d'évoquer. Le retour à la barbarie paraît cependant exclu pour Turgot lorsqu'il s'agit du futur, parce qu'il discerne si l'on peut dire deux dispositifs de remplacement. Tout d'abord, la tendance du monde à l'unification culturelle par l'intensification des échanges de marchandises, d'hommes et d'idées qui rend de plus en plus difficile le maintien durable de zones retardataires. La préférence manifestée par Turgot en faveur de la liberté du commerce international n'est au fond qu'un aspect d'une option plus fondamentale pour tout ce qui accroît la communication entre les hommes [18] et contribue

18. Pendant sa retraite, Turgot effectuera des recherches sur des moyens de reproduction de l'écriture. Significatif également, dans cette optique, est l'intérêt qu'il a toujours éprouvé pour le travail de traduction. A sa mort, il s'occupait de traduire en vers libres l'ode d'Horace *Aequam Memento* (II, 3).

ainsi à rendre cumulatifs et irréversibles les progrès réalisés sur le plan technologique, scientifique et moral.

La seconde sécurité, moins banale, réside dans le caractère de plus en plus objectif conféré à la démarche scientifique par le recours au langage mathématique. Turgot y voyait en effet, écrit Condorcet au début de son *Essai sur l'application de l'analyse,* l'assurance que « les vérités des sciences morales et politiques sont susceptibles de la même certitude que celles qui forment le système des sciences physiques et même que les branches qui, comme l'astronomie, paraissent approcher de la certitude mathématique [19] ». La conduite des affaires humaines échapperait alors à l'emprise des passions, autrement dit à la cruauté et à la superstition.

Turgot appelait donc de ses vœux, et jugeait en même temps inévitable, une société qui aurait réussi, comme M. Teste, à « tuer la marionnette ». Il serait facile d'opposer à cette vision rationaliste la contre-rationalité qui nous est révélée sans ménagement dans *le Sous-sol* de Dostoïevski (« la raison est la raison et ne satisfait que la faculté raisonnante de l'homme, tandis que le désir est l'expression de la totalité de la vie ») [20]. Reconnaissons plutôt que l'attitude de Turgot représente une tentation (ou une aspiration) durable de notre espèce, dont on trouve aujourd'hui maints témoignages dans ceux des écrits de prospective qui cherchent à rendre plus probable le souhaitable, et expriment ce souhaitable par référence à des options éthiques.

Il y a cependant à mon sens deux critiques, d'inégale portée, à adresser à la démarche intellectuelle de Turgot. Tout d'abord il paraît négliger complètement les variables politiques (en particulier le caractère pluraliste ou monopoliste de la distribution des pouvoirs), comme si à cet égard aucun progrès n'était envisageable ou n'avait d'importance. Turgot ferait sans doute valoir pour sa défense que « toutes les formes de gouvernement sont indifférentes pourvu que les hommes soient instruits et raisonnables » [21], ce qui peut se défendre, encore que la condition ci-dessus énoncée soit très contraignante...

19. Cité par G. G. Granger, *la Mathématique sociale de Condorcet* (P.U.F., 1956), p. 138.
20. Cité par E. Faure, *op. cit.*, p. 273.
21. Lettre à la duchesse d'Enville, 19 avril 1771 (cité par E. Faure, « Les bases expérimentales... », *op. cit.*, p. 273).

Voici qui me semble plus sérieux. Si on laisse de côté le plan de la création artistique, dont on a vu qu'il occupait dans le schéma de Turgot une position finalement assez secondaire, il apparaît que Turgot s'est efforcé de dégager les relations réciproques qui unissent le plan moral et celui des connaissances, et qu'il a postulé l'existence d'un effet de rétroaction positive du second sur le premier. Par contre le palier des techniques de production (et de leur mode d'articulation avec la demande) demeure curieusement isolé, comme s'il existait de façon autonome sans exercer la moindre influence sur le reste ni être affecté par lui.

De la part d'un « pur littéraire », ce silence n'aurait rien que de très normal (notons cependant que chez Diderot ou d'Holbach, l'économique ne cessera d'imprégner leur réflexion sur l'avenir de l'homme et de la société). Chez Turgot, cela surprend davantage. Tout se passe comme si sa philosophie de l'histoire avait consisté à dégager la signification « progressiste » de la révolution néolithique et des bouleversements de tous ordres qui ont donné naissance à ce que l'on est convenu d'appeler la civilisation, et à prolonger linéairement la tendance ainsi mise en évidence, en passant sous silence la grande mutation suivante, celle de la révolution industrielle (je suppose évidemment qu'elle était déjà perceptible du temps de Turgot), ou plutôt en ne la traitant que sur le mode du moyen terme, comme un changement certes très important — toute son activité publique ne lui sera-t-elle pas consacrée ? — mais incapable d'affecter en profondeur le comportement des « variables de progrès » retenues dans le dispositif général.

Or tel n'a point été le cas. En effet, on ne trahit pas, je crois, la pensée de Turgot en supposant que d'après sa conception du progrès, l'homme serait amené dans un avenir éloigné à consacrer beaucoup de temps et de soins à la culture de l'esprit, lorsque les lumières se seraient suffisamment répandues. Faut-il considérer que trop peu de temps s'est écoulé depuis lors ? Toujours est-il que cet idéal ne paraît pas en voie de réalisation, et l'on peut penser avec Tibor Scitovsky [22] que certains traits propres aux économies dites avancées, en

22. « Quel est le prix du progrès économique ? », traduction française, *Chronique sociale de France,* mars 1967.

particulier l'élévation du coût de la main-d'œuvre, l'organisation de la production à grande échelle et un degré poussé de spécialisation n'ont pas peu contribué à cette distorsion entre l'évolution effective et les anticipations des Philosophes du XVIIIe siècle.

A la différence de Montesquieu, Turgot ne semble pas avoir été « attiré par l'efficacité économique de la civilisation moderne » et en même temps « hanté par le rêve d'une société plus « naturelle » et plus heureuse [22] ». Il ne s'est pas inquiété de cet « esprit de commerce » opposé certes au brigandage, mais aussi à ces « vertus morales qui font qu'on ne discute pas toujours ses intérêts avec rigidité et qu'on peut les négliger pour ceux des autres » (*Esprit des Lois,* XX, 2), encore qu'il ait violemment pris position dans sa correspondance avec Condorcet contre l'utilitarisme d'Helvétius.

A plus forte raison reste-t-il muet sur l'éventualité d'une troisième mutation à venir, qui serait par définition post-industrielle, après laquelle les valeurs économiques (efficacité dans la création d'utilités à partir de ressources rares) régresseraient fortement ou même disparaîtraient après avoir occupé le devant de la scène pendant quelques siècles. S'il a eu des doutes, ce n'est pas tant sur la validité du but — une humanité affranchie des passions, y compris celles que suscitent les richesses — que sur la possibilité de l'atteindre jamais. En 1772, il faisait part à Condorcet de son scepticisme vis-à-vis des réformes, et se bornait à espérer la suppression des « maux artificiels » de l'espèce humaine tenant à l'ignorance. Nous sommes loin des visions grandioses et confiantes auxquelles son correspondant et ami restera fidèle même sous la Terreur en dépit de tout ce qui lui arrivera.

En bref, le Turgot philosophe de l'histoire coexiste avec le Turgot économiste, mais ils ne se parlent guère. Le seul point qui les réunisse semble être leur commune aversion envers la « gravitation sociale [24] », c'est-à-dire tout ce qui rigidifie les structures et pèse sur la liberté

23. Jean EHRARD, introduction aux extraits de l'*Esprit des Lois* (Editions Sociales, 1969), p. 38.

24. Cette expression est empruntée à John HICKS, *A Theory of Economic History* (Oxford University Paperback, 1969), pp. 21-22 et 58, qui désigne ainsi le phénomène par lequel les avantages attachés à certaines fonctions tendent à être considérés par leurs titulaires comme des droits dont ils cherchent à obtenir le maintien.

de jeu des comportements — aversion purement intellectuelle d'ailleurs, car jamais Turgot ne se laissera aller à vouloir rééduquer l'homme pour le rendre conforme à un modèle préétabli, ce qui de nos jours risque de faire très démodé, voire terriblement répressif...

TURGOT ÉCONOMISTE

A examiner les choses d'assez haut, Turgot nous apparaît simultanément comme un reflet et un agent du processus de transformation par lequel la France et bien d'autres pays sont passés de l'état d'économie prémercantile, fondée sur des combinaisons variables de tradition et de contrainte, à l'état d'économie de marché, tout en ne cessant cependant de demeurer conscient de l'existence de nombreuses fonctions que le marché ne remplissait qu'imparfaitement.

Puisque toute époque de changement est faite d'un passé qui persiste et d'un avenir qui s'ébauche, le rôle de reflet joué objectivement par Turgot ne laisse pas d'exprimer cette ambivalence. Il a été lié de près à la « secte » des Economistes — entendez : des Physiocrates — qui lui ont apporté un soutien vigoureux quoique parfois gênant [25], et il en reprend à son compte les idées majeures, notamment celles concernant la productivité exclusive de l'agriculture et la stratification dichotomique de la société en classe productrice et classe stérile [26]. Ce faisant, il n'est d'ailleurs pas aussi passéiste qu'on serait enclin à le supposer à notre époque de fort déclin relatif et même absolu du secteur agricole. D'abord, dans la France du XVIIIe siècle, l'agriculture représentait véritablement le secteur pilote de l'économie [27], celui dont dépendait la prospérité générale, et nous devons témoigner envers l'agrarianisme des Physiocrates, qui les incitait à conférer à l'agriculture une sorte de monopole de la création des revenus, la même indulgence qu'envers les néo-marxistes qui se demandent gravement si la science

25. On en trouvera des exemples dans l'ouvrage de F. DIAZ, *Filosofia e Politica nel Settecento francese* (Einaudi, 1962).
26. Voir ci-après *Réflexions...*, §§ V, XVII et XCIX (pp. 125, 131 et 187), et *Observations sur le Mémoire de Graslin,* infra, pp. 194 sqq.
27. Cf. E. FAURE, « *Les bases expérimentales...* », *op. cit.*, juillet-sept. 1961, p. 417, et *la Disgrâce de Turgot,* p. 197.

ne doit pas être considérée comme une force productive à part entière.

Ajoutons que le circuit économique décrit par Quesnay, et dont Turgot reprendra l'imagerie physiologique (« une circulation dont la continuité fait la vie du corps politique, ainsi que la circulation du sang fait la vie du corps animal », *infra* p. 318), représente très fidèlement, la structure économique de la France de l'Ancien Régime où coexistaient en s'ignorant production rurale et consommation citadine, et où le courant d'échanges ne s'établissait « qu'à travers cette haute société uniquement consommatrice qui déversait ses revenus seigneuriaux et fiscaux vers les industries de luxe et le commerce de luxe [28] ». Il est d'ailleurs remarquable que Turgot ne se bornera pas à décrire cette économie dualiste, mais n'hésitera pas à tenter de la rééquilibrer, par le biais précisément des industries de luxe, puisqu'au moment où il était question de créer la manufacture de Sèvres, il suggérait de l'implanter « dans le fond d'une province pauvre, près d'une forêt, sur le bord de quelque rivière du Berry qu'on rendrait navigable », ce qui « procurerait des richesses à ce pays par l'emploi de ses bois et par un nouvel emploi de l'industrie de ses habitants ».

En outre lorsque nous lisons aujourd'hui sous la plume de Turgot : « Il n'y a dans le monde que la terre et le travail des hommes », nous inclinons à penser que l'auteur de ces lignes avait encore plus raison qu'il ne le supposait, compte tenu de la réalité économique de son temps. Nous savons maintenant un peu mieux à quel point le progrès économique et technique est dépendant d'un soubassement écologique dont les Physiocrates ont sans doute surestimé l'importance à leur époque de faible développement technologique, mais que leurs successeurs ont sûrement trop tardé à apprécier à sa vraie valeur. Pour une fois d'accord, économistes libéraux et marxistes ont fait comme si la dialectique du travail et des besoins (termes qui sonnent mieux que l'offre et la demande) ne s'insérait pas dans un milieu naturel faute duquel la mécanique économique finirait par tourner à vide.

En même temps, on sait que Turgot est physiocrate *cum grano salis*, à tel point que l'un des plus farouches adversaires de la « secte », l'abbé Galiani, écrivait au lendemain de la Guerre des Farines à

28. H. Luthy, *Le Passé présent* (Plon, 1965), p. 168.

Mme d'Epinay : « C'est dommage s'il est renvoyé ; mais c'est un peu sa faute. Pourquoi se faire économiste. Que diable allait-il faire dans cette galère [29] ? » Tout en considérant à juste titre que le problème céréalier est la clé du progrès économique, Turgot n'a garde de se désintéresser des autres secteurs, et surtout il a compris que le trait le plus caractéristique de la nouvelle économie qui se dessinait était ce que John Hicks appelle la « spécialisation de l'échange commercial » (*specialization upon trade*) [30], marquant par là que, d'une part, cet échange se professionnalisait et se détachait de la vie quotidienne pour devenir une opération abstraite et rationalisée, d'autre part qu'il se dépouillait de tout élément de réciprocité ou de redistribution, pour employer la terminologie de Karl Polanyi. C'est ainsi que l'on peut interpréter la manière courtoise (digne de l'homme qui écrivait dans la même lettre : « ce n'est pas tout d'avoir raison, il faut être poli ») dont Turgot fait part à son ami Dupont de Nemours [31] des critiques qu'appelle selon lui l'optique trop « technologique » avec laquelle les Physiocrates abordaient le fonctionnement du système économique, et opposait de manière très lumineuse le *comptoir* à la *charrue* comme principe d'interprétation de la nouvelle forme d'organisation économique en voie de développement.

A la différence de nombre de ses contemporains qui n'étaient sensibles qu'à la fonction financière des prix considérés comme créateurs de revenus finals, Turgot a accordé la plus grande attention à la fonction économique des prix, c'est-à-dire à la façon dont ils orientent l'offre

29. *Correspondance,* éditée par Pérey et Maugras (Calmann-Lévy, 1883), tome II, p. 410.

30. *Op. cit.,* p. 25.

31. Lettre du 20 février 1766, Schelle, II, 507. « Quelquefois, je trouve que vous ne donnez pas assez d'étendue à vos principes, que toujours guidés par la marche qu'a suivie notre Docteur [Quesnay], toujours appuyés sur la base de l'analyse profonde qu'il a le premier faite de la formation, de la circulation, de la reproduction du revenu, vous ne vous servez pas assez du principe moins abstrait, mais peut-être plus lumineux, plus fécond ou du moins plus tranchant par sa simplicité et par sa généralité sans exception : le principe de la concurrence et de la liberté du commerce, conséquence immédiate du droit de propriété et de la faculté exclusive qu'a chaque individu de connaître ses intérêts mieux que tout autre. Ce seul principe avait conduit M. de Gournay, parti du comptoir, à tous les mêmes résultats pratiques auxquels est arrivé notre Docteur, en partant de la charrue. »

(choix entre techniques de production et catégories de biens) et la demande (choix entre divers modes d'utilisation du revenu personnel). Il serait abusif de le créditer d'une théorie très élaborée de l'économie de bien-être, d'autant que comme l'a montré A. Wolfesperger [32], l'hypothèse dite de souveraineté du consommateur qui tient une telle place chez Turgot (« un homme connaît mieux son intérêt qu'un autre homme à qui cet intérêt est entièrement indifférent », *infra*, p. 87) n'est pas indispensable à la cohérence intellectuelle de la *welfare economics.*

Le fait que Turgot ait pressenti l'équilibre général walrasien, ses vues novatrices sur la monnaie considérée dans sa relation avec le niveau d'activité économique [33] sont d'un incontestable intérêt pour une histoire de la pensée économique. De même sa formulation de la loi des rendements décroissants en termes marginalistes [34] inaugure une voie extraordinairement féconde pour l'analyse économique puisque cette dernière — à la différence de toutes les autres sciences sociales — se trouvera en mesure de définir les conditions d'une situation optimale, ce qui lui vaudra des admirations et des haines sans mesure.

Mais puisqu'il est question d'économie de marché, donc de division du travail (encore que, contrairement à l'avis de Turgot, celle-ci ne soit pas historiquement liée à celle-là), il est permis de penser que lorsqu'il y a pénurie de responsables éclairés et abondance d'intellec-

32. *Les Biens collectifs* (P.U.F.), 1969), p. 41.
33. J. Bourrinet, « Les prodromes de l'équilibre économique ». *Revue d'économie politique,* mars-avril 1966 et Schumpeter, *op. cit.,* pp. 332-3.
34. Schumpeter, *op. cit.,* p. 261. Voir les textes pertinents de Turgot dans ses *Observations* sur les mémoires de Graslin (*infra,* p. 197) et Saint-Péravy (*infra,* p. 206 sqq.).

Un petit point d'histoire reste à élucider. Turgot compare la baisse des rendements agricoles en fonction des intrants mis en œuvre à « un ressort qu'on s'efforce de bander en le chargeant successivement de poids égaux » (Saint-Péravy, *infra,* p. 207). Or comme H. Polge l'a montré dans une très intéressante monographie intitulée *Etudes de technologie rétrospective* (supplément au *Bulletin de la Société archéologique du Gers,* 4e trimestre 1967, Auch), les techniques anciennes offraient un exemple, encore plus frappant et plus facilement transposable dans un raisonnement économique, celui des attelages, étant donné que « l'effort individuel exercé par chaque bête de trait diminue au fur et à mesure que s'accroît leur nombre » (p. 27). Ce cas de rendement décroissant a-t-il été utilisé par un économiste du XVIIe ou du XVIIIe siècle ?

tuels de talent, l'allocation des efforts sera d'autant plus efficace qu'elle visera à corriger ce déséquilibre. C'est dans une large mesure ce qu'a fait Turgot. Je ne veux pas dire que chez lui, l'administrateur doit être tenu pour plus important que l'économiste, car il y a une corrélation remarquable, relevée par E. Faure, entre la qualité des travaux de Turgot et son insertion dans les affaires publiques : loin de stériliser son intellect, le fait d'être fonctionnaire puis ministre semble avoir été un stimulant irremplaçable, tout en l'incitant en permanence à ne pas prendre automatiquement ses désirs pour des réalités. Mais si l'on essaie de dire quelle était, à son époque, la tâche la plus urgente, j'ai tendance à penser qu'il valait mieux essayer de moderniser par en haut (le faire par en bas aurait supposé le problème résolu par l'existence d'une classe d'entrepreneurs suffisamment nombreuse et dynamique) les formes d'organisation économique, c'est-à-dire de remplacer la contrainte administrative par la motivation pécuniaire, ou le critère du maintien du *statu quo* par celui de la rentabilité, plutôt que de perfectionner ses travaux théoriques et de devenir ainsi l'Adam Smith français.

Le choix que fit Turgot ne fut pas moins héroïque pour avoir été effectué inconsciemment, car il le conduisit à mener continuellement une guerre d'usure finalement vouée à l'échec (du moins de son vivant) en faveur d'objectifs certes utiles, mais qui n'ont pas en général la même résonance affective que, par exemple, l'œuvre scolaire de Jules Ferry ou les nationalisations d'après 1945, ou bien qui ne suscitent la sympathie que par suite d'un malentendu, car la lutte menée par Turgot contre les privilèges ne s'inspirait pas d'une idéologie égalitaire ou populiste, mais de la volonté de substituer une règle du jeu social à une autre (en termes modernes, remplacer la position « prescrite » par la position « gagnée »).

On ne rappellera pas par le menu tout ce qu'a accompli Turgot dans le rôle que nous avons qualifié d'*acteur* de la construction d'une véritable économie de marché. Il s'agira simplement dans ce qui suit de reclasser ses principales initiatives d'après les deux critères évoqués plus haut : substitution de la vérité des prix au dirigisme administratif, et de la recherche de la rentabilité au respect des stratifications traditionnelles.

1° *Vérité des prix ou dirigisme.*

Les deux principaux dossiers à citer concernant la suppression des corvées et la libre circulation des céréales. Dans les deux cas la position de Turgot a consisté à faire jouer les mécanismes du marché là où n'opéraient que la réglementation ou ce que les Anglo-Saxons appellent les « contrôles physiques ».

C'est dans l'exercice de ses fonctions d'intendant du Limousin qu'il supprima les corvées exigées pour la construction des routes, et les remplaça par des contributions financières [35]. Devenu contrôleur général, il tenta de généraliser cette mesure à l'ensemble du pays par l'un des six édits de 1776, et l'on sait qu'il échoua... C'est également dans le Limousin qu'il procéda à l'abolition de la corvée des voitures pour le passage des troupes, contrainte critiquable elle aussi à tous égards, car elle interférait fréquemment avec les travaux agricoles, et ne procurait à l'armée qu'un service médiocre puisque les cultivateurs limousins utilisaient principalement des bœufs comme animaux de trait. Turgot jugea plus efficace de passer un marché avec un entrepreneur spécialisé qui se chargea d'assurer les transports nécessaires à l'aide de chevaux. Il est avantageux au gouvernement, expliqua Turgot au contrôleur général Trudaine, de tout payer en argent, parce que de cette manière, il sait exactement ce qu'il lui en coûte, et que par là il lui en coûte toujours infiniment moins [36] ». Vue un peu optimiste, ou plutôt formulation trop ramassée, à laquelle il faut ajouter : pourvu que l'on prenne la peine de comparer le coût de chaque solution envisageable, rapporté à l'avantage qui en résulte.

Quant à la liberté de circulation des céréales, ou des grains comme on disait à l'époque, on sait qu'elle fit l'objet au XVIIIe siècle d'incessantes controverses (auxquelles Voltaire et Diderot, entre autres, participèrent activement, l'un en sa faveur, l'autre plutôt contre), qui peuvent paraître incompréhensibles à notre époque d'excédents céréaliers permanents. En ce temps-là, leur vigueur était à la mesure d'un problème qui était vital au sens le plus élémentaire du mot. Peut-être les

35. « Les bases expérimentales... », *op. cit.*, pp. 288-93.
36. Lettre du 19 avril 1765, Schelle, II, 429.

discussions qui ont récemment eu lieu en Suède pour ou contre l'interventionnisme étatique en matière de logement [37] peuvent-elles nous permettre de retrouver un peu la saveur de ces querelles doctrinales.

Le fond du problème [38] se ramenait à une question simple : l'administration devait-elle laisser circuler les céréales en fonction de la loi de l'offre et de la demande, ou fallait-il imposer aux producteurs de chaque zone l'obligation de vendre sur les marchés locaux ? Question que les planificateurs soviétiques du temps de Khrouchtchev eurent à se poser pendant la période des sovnarkhozes, dans la mesure où chaque région avait tendance à approvisionner d'abord « ses » usines avant de desservir les clients situés dans d'autres parties du pays.

La réaction constante des pouvoirs publics au XVIIIe siècle avait été d'opter pour la rétention des grains, jusqu'en 1764, date à laquelle la liberté avait été rendue aux échanges céréaliers, sous réserve d'un « clignotant » concernant le niveau des cours pour le droit à l'exportation. Cette expérience libérale, la seule tentée sous l'Ancien Régime pour les grains, dura six ans. En 1770 l'abbé Terray consulta les intendants sur l'opportunité de revenir aux errements antérieurs. Turgot lui adressa plusieurs lettres (reproduites ci-après pp. 299 sqq.) pour plaider la cause de la liberté de commerce. Il fit valoir que l'on ne saurait espérer satisfaire les consommateurs par des voies qui négligeraient les intérêts des producteurs. Nul ne cultive des céréales pour l'amour de l'art ; si cette culture n'est pas rentable, elle sera abandonnée pour d'autres activités plus rémunératrices, de sorte que le but social ne sera quand même pas atteint. En outre, si la production est inférieure aux besoins, aucun artifice ne peut faire que les céréales soient bon marché. Les dispositions restrictives de l'administration nous apparaissent rétrospectivement comme un rationnement à l'envers, mais au lieu que le consommateur soit rationné dans son droit à dépenser, c'est le producteur qui l'est dans son droit à vendre.

A vrai dire, étant donné que la plupart du temps la récolte se situait en dessous du niveau considéré à l'époque comme correspondant à une

37. Cf. l'ouvrage de J. PARENT, *le Modèle suédois* (Calmann-Lévy, 1970), chap. VIII.

38. On trouvera un exposé très complet des aspects complexes de la question céréalière sous l'Ancien Régime dans E. FAURE, *la Disgrâce de Turgot, op. cit.*, pp. 195 sqq.

consommation moyenne, le rationnement n'était pas absurde, mais la façon dont il était pratiqué avait l'inconvénient de décourager le négoce de toute opération commerciale qui aurait pu assurer une certaine égalisation des cours dans le temps et dans l'espace entre excédents et déficits. Or cette stabilisation du mouvement des prix, utilisant une caractéristique des profits agricoles qu'Edgar Faure a mise en évidence sous le nom de « parabole de Turgot » à partir des lettres à l'abbé Terray [39], aurait permis d'améliorer le revenu des exploitants sans pénaliser pour autant les consommateurs. De plus l'absence de liberté commerciale donnait le moyen de répartir la pénurie, non d'accroître l'offre. Rétablir cette liberté aurait pour résultat de régulariser les fluctuations et d'ouvrir à l'agriculture les marchés extérieurs.

L'abbé Terray resta insensible à cette argumentation, et en décembre 1770 un arrêt du Conseil supprima bel et bien le libre-échange en matière de céréales... tout en le proclamant solennellement. Pour obtenir ce résultat paradoxal, il suffit d'exiger de tous ceux qui voulaient entreprendre le commerce des grains qu'ils se fissent enregistrer auprès de la police, et de défendre de vendre ailleurs que sur les marchés (au sens matériel du terme) — d'où une série de conséquences que décrit avec une précision vengeresse le préambule de l'arrêt du Conseil du 13 septembre 1774 (qui, très peu de temps après l'accession de Turgot au Contrôle général, abrogea les dispositions prises par Terray) : frais d'acheminement et droits de magasinage qui renchérissent les transactions, retards résultant de l'obligation de ne faire des affaires qu'aux jours et heures d'ouverture des marchés ; enfin, « n'étant pas possible de faire dans les marchés aucun achat considérable sans y faire hausser extraordinairement les prix, et sans y produire un vide subit qui, répandant l'alarme, soulève les esprits du peuple, défendre d'acheter hors des marchés, c'est mettre tout négociant dans l'impossibilité d'acheter une quantité de grains suffisante pour secourir d'une manière efficace les provinces qui sont dans le besoin ».

Cet arrêt de 1774 grâce auquel, comme l'écrivit plaisamment Voltaire, « malgré les préjugés les plus sacrés, il était permis à tout Périgourdin de vendre et d'acheter du blé en Auvergne, et tout Champe-

39. « Les bases expérimentales... », *op. cit.*, pp. 409-14.

nois pouvait manger du pain fait avec du blé de Picardie »[40] n'alla cependant pas jusqu'à rétablir la liberté d'exportation, dont Edgar Faure a bien montré qu'elle constituait le point faible de la thèse libre-échangiste, puisque cette dernière postulait, à tort[41], que toutes les régions d'un même pays étaient d'un accès plus facile que n'importe quel marché situé en dehors des frontières, et qu'il n'y avait donc pas de risques de voir une partie des ressources en céréales détournées en cas de mauvaise récolte vers l'exportation (celle-ci n'était censée servir que pour absorber les excédents).

Cette modération dans le retour au libre-échange n'empêcha point que ne se manifestent contre l'arrêt de 1774 des oppositions violentes qui allèrent même jusqu'à l'émeute — la « guerre des Farines » — et furent à l'époque interprétées comme le résultat d'un complot, thèse dont Edgar Faure a démontré l'inanité[42].

2° *Les droits acquis faisant obscacle à la croissance économique.*

Bien qu'il y ait certains chevauchements inévitables, ce second volet de l'action réformatrice de Turgot se distingue du précédent en ce qu'il

40. *Diatribe à l'auteur des Ephémérides* (10 mai 1775). Ce pamphlet est un autre exemple des embarras qu'ont pu susciter à Turgot des amis bien intentionnés, car si le texte de Voltaire apportait de l'eau au moulin du libre-échange, il contenait en même temps des attaques virulentes contre le clergé qui ne pouvaient que renforcer l'opposition contre Turgot (voir l'article de Madeleine FIELDS, « La dernière escarmouche entre Voltaire et Fréron », *French Review,* février 1963).

41. C'est précisément la critique qu'adresse Diderot à Morellet dans son *Apologie de l'abbé Galiani :* « Vous prétendez qu'en tout état de cause les provinces méditerranées [c'est-à-dire continentales] attireront le blé des provinces maritimes ; et vous ne pensez pas que, quand, en tout état de cause, elles attireraient le blé qui y est, elles n'attireront pas le blé qui n'y est plus, si ou le besoin ou la cupidité étrangère a enlevé le grain de ces provinces avant que les provinces méditerranées ou n'aient senti la disette, ou n'aient appelé le blé des provinces maritimes ; qu'attireront alors ces provinces méditerranées ? » ((*Œuvres politiques,* Garnier, p. 84.)

42. Edgar FAURE note (*Disgrâce de Turgot,* p. 312) que dans cette Guerre des Farines, « la manifestation (...) tend vers un *ordre* et non vers un désordre », ce qui illustre la remarque faite par J. BAECHLER dans sa remarquable étude sur *les Phénomènes révolutionnaires* (P.U.F., 1970, pp. 51-2), selon laquelle l'une des fonctions des révolutions est de restaurer un équilibre rompu « par violation unilatérale du contrat social ».

concerne moins le dirigisme administratif que l'ensemble des droits et obligations relatifs aux agents économiques autres que le pouvoir central, en tant qu'ils constituaient un obstacle au meilleur emploi des facteurs de production.

Nous laisserons de côté les idées de Turgot relatives à l'amélioration des structures agricoles — allègements fiscaux, encouragement à la grande culture, substitution du fermage au métayage — puisqu'il n'a malheureusement pas eu l'occasion de les mettre en application, de même que son grand projet de refonte des pouvoirs municipaux qui n'est connu que par ce que Dupont de Nemours en a dit [43], pour ne retenir que les trois affaires suivantes : les « prêts d'argent » ; la liberté des vins ; et enfin les jurandes.

a) L'affaire dite des prêts d'argent se produisit pendant que Turgot était intendant, et elle lui permit de traduire dans les faits sa vision économique du prêt à intérêt (et aussi d'utiliser dans un cadre professionnel la profonde connaissance des questions théologiques acquise dans ses études antérieures !). En 1769, certains commerçants d'Angoulême ayant des difficultés à rembourser leurs emprunts imaginèrent de poursuivre leurs créanciers pour usure, ce qui non seulement avait pour résultat de rendre l'argent rare et portait atteinte à la prospérité de la ville, mais encore risquait de créer un précédent grave. Turgot obtint que l'affaire fut évoquée au Conseil d'Etat (qui arrêta les poursuites), et justifia sa démarche par un mémoire (reproduit p. 254 et suiv.) dans lequel on voit nettement s'affronter deux conceptions antagoniques des « mouvements d'argent » : l'une, qu'on appellera faute de mieux traditionnelle, aux yeux de laquelle il n'y a guère de raison vraiment légitime de faire circuler l'argent puisque celui-ci sert primordialement aux besoins domestiques de son propriétaire, et qui ne voit au fond que deux raisons à une telle circulation — soit à titre provisoire et sans contrepartie, pour rendre service, comme on prête à son voisin un outil dont on n'a pas momentanément l'usage, soit à titre définitif, pour des fins charitables ; la seconde, que d'aucuns seront tentés d'appeler capitaliste, mais qui est en fait inhérente à toute ordre écono-

43. Voir sur ces deux questions E. Faure, « Les bases expérimentales.. » op. cit., pp. 382 sqq:. et *La Disgrâce de Turgot, op. cit.*, pp. 356 sqq.

mique. Elle fait valoir en faveur du taux d'intérêt deux considérations, la première purement pratique (si l'argent ne peut être prêté contre intérêt, nul ne consentira de prêts ; or le commerce ne peut vivre sans apports de capitaux extérieurs), la seconde de nature plus théorique (l'argent est un moyen pour lequel il existe au moins deux usages concurrents — le conserver, ou le confier à autrui ; mais la cession suppose une contrepartie, qui ne peut être le simple remboursement, car comme l'écrit Turgot, « au moment du prêt, il n'existe certainement qu'une somme d'argent d'un côté, et une promesse de l'autre », et elles ne peuvent être tenues pour équivalentes, sinon pourquoi emprunterait-on [44] ?

b) L'édit sur le libre commerce des vins, que Turgot fit prendre en avril 1776 peu de temps avant sa chute, mit fin à une situation qui, si elle avait duré, aurait fourni au rapport Rueff-Armand un de ses meilleurs chapitre [45]. Les villes de Bordeaux et de Marseille détenaient depuis fort longtemps le privilège assez effarant de pouvoir interdire sur leur territoire l'entrée de vins « étrangers » d'autres régions de France. Un certain nombre de localités en tiraient argument pour obtenir le même avantage abusif. Le retour à la libre circulation des vins eut selon Dupont de Nemours des effets extrêmement favorables sur les exportations, mais l'ami de Turgot va un peu loin lorsqu'il prévoit que cet édit « augmentera peut-être d'un million d'âmes la population des provinces auxquelles il a été accordé » (*Mémoires...*, tome II, p. 237).

c) La suppression des jurandes et l'instauration du « droit de s'établir sans payer de maîtrise » (Dupont de Nemours) est un des aspects les mieux connus des réformes de Turgot. On rappellera simplement que cette mesure n'était pas seulement conforme à la philosophie générale de Turgot, hostile à tout ce qui ressemblait à des castes ou à des chasses gardées et favorable au libre affrontement des initiatives,

44. Il existe une remarquable parenté entre le raisonnement utilisé par Turgot et les observations de Montesquieu sur les prêts à intérêt dans *l'Esprit des Lois :* « C'est bien une action très bonne de prêter à un autre son argent sans intérêt, mais on sent que ce ne peut être qu'un conseil de religion, et non une loi civile » (XXII,19).

45. Cf. E. Faure, *la Disgrâce de Turgot, op. cit.*, pp. 376 sqq.

mais qu'elle présentait à ses yeux des avantages économiques considérables : accroissement de la concurrence, d'où diminution du coût de la vie, et possibilité d'exploiter la rupture des liens commerciaux entre l'Angleterre et ses colonies (« S'il y a un moment où l'on puisse espérer attirer en France beaucoup d'ouvriers anglais, et avec eux une multitude de procédés utiles inconnus dans nos fabriques, c'est celui-ci. L'existence des jurandes fermant la porte à tout ouvrier qui n'a pas passé par de longues épreuves, et en général aux étrangers, ferait perdre au royaume des avantages qu'il peut retirer de cette circonstance unique », écrivait-il à Louis XVI). Turgot prit également soin de combattre l'argument de la baisse de qualité qu'entraînerait la disparition des corporations [46] en faisant valoir qu'avec ou sans jurandes, les industriels n'ont pas intérêt à utiliser de la main-d'œuvre médiocre.

TURGOT ET L'ÉCONOMIE « HORS MARCHÉ »

Libéral sur le plan économique, Turgot a en même temps consacré au service de l'Etat l'essentiel d'une vie trop brève. Ne cherchons pas à expliquer ce paradoxe, et demandons-nous plutôt quelle place tient cet Etat dans une pensée qui, théoriquement, aurait dû le confiner dans un rôle secondaire. On cherchera d'abord s'il a existé chez Turgot une conception tant soit peu systématique des biens collectifs, comme on dirait aujourd'hui. On sait qu'il existe à cet égard deux vues extrêmes [47]. La théorie de l'échange considère que l'économie publique est l'économie

46. Diderot n'était pas non plus inquiet à cet égard, et dans une note à l'abbé Galiani (qui était hostile à Turgot et favorable au maintien des jurandes), il donnait deux arguments supplémentaires en faveur de la suppression : d'abord, « grâce à ces jurandes, ce n'était pas un mauvais ouvrier qui trouvait des difficultés à se faire recevoir maître ; c'était un bon. En qualité de fils d'ouvrier, je sais là-dessus des détails qui faisaient écumer de rage mon père » ; ensuite, il existe en France une ville (qu'il ne nomme pas, mais qui paraît être Lyon), où existe la liberté d'établissement, et où l'on n'a noté aucune baisse de la qualité de la main-d'œuvre (*Correspondance de Diderot,* éd. Roth et Varloot, Editions de Minuit, tome XIV, p. 191).

47. Je m'appuie ici sur le remarquable travail d'A. WOLFELSPERGER, *cité* note 32.

privée continuée par d'autres moyens, une voie complémentaire, et non antagonique, offerte aux individus pour satisfaire leurs besoins tels qu'ils les ont eux-mêmes définis, et elle cherche à rendre compte de la régulation de l'économie publique par les mêmes concepts d'offre, de demande et de prix mis en œuvre pour décrire la façon dont se réalise l'équilibre sur un marché privé. En sens inverse, la théorie de la contrainte fait de l'Etat le promoteur d'un intérêt général supérieur aux intérêts particuliers, et c'est l'usage de la contrainte légitime qui, selon elle, permet de dégager un équilibre entre ressources rares et besoins illimités.

Les textes de Turgot auxquels on peut se référer pour préciser sa position, tout en étant en nombre limité, indiquent cependant qu'il se range plutôt du côté de la théorie de l'échange, ce qui n'est pas très surprenant. Certes, il écrit dans l'article « Fondation » (*infra,* p. 77) que « l'utilité publique est la loi suprême », que les « corps particuliers » n'ont pas le moindre droit à l'encontre de l'Etat, et que le bien général doit l'emporter sur les intérêts particuliers, ce qui semble se situer dans le droit fil de la conception « organiciste » de l'Etat, mais ces remarques sont parfaitement compatibles avec la théorie de l'échange dans la mesure où celle-ci se réfère parfois à l'intérêt collectif, défini « comme un intérêt individuel commun à plusieurs personnes » [48]. Le fait que Turgot ait pris nettement position, dans une lettre à Dupont de Nemours, contre l'emploi de l'adjectif « tutélaire » pour parler de l'autorité publique [49] montre bien d'ailleurs dans quel sens allaient ses préférences. En

48. *Ibid.*, p. 17. Turgot mentionne d'ailleurs dans l'article « Fondation » (*infra,* p. 75) des besoins généraux de la société « qui appartiennent à la société entière, et ne seront que le résultat des intérêts de chacune de ses parties » .

49. « Les mots *tutélaire* et *protectrice* sont impropres (...), offensifs aux oreilles libres qui ne veulent ni tuteurs ni protecteurs, mais bien des gens d'affaires : receveurs, garde-bois, baillis, procureurs fiscaux, etc. ; qui dit tuteur dit mineur, qui dit protecteur dit protégé, ce qui fait deux corrélatifs distincts, dont l'un est subordonné à l'autre, comme l'inférieur au supérieur, comme le troupeau au berger, au lieu que le vrai rapport est celui du mandat au mandataire, ou au fondé de procuration, qu'il a choisi parce que cela lui convenait », lettre à Dupont de Nemours du 25 mars 1774 (Schelle, III, 663). Cité par G. WEULERSSE, *la Physiocratie à la fin du règne de Louis XV* (P.U.F., 1959), pp. 217-8.

outre, dans les deux textes — l'*Eloge de Gournay* et l'article « Fondation » — où il a tenté de préciser ce que devrait être le rôle de l'Etat, Turgot prend parti pour la théorie de l'échange. Il définit en effet l'Etat comme le « protecteur des particuliers qui le composent » et comme un « corps politique obligé à se défendre contre les invasions extérieures et à employer de grandes sommes dans des améliorations intérieures » (*infra,* p. 87), c'est-à-dire des fonctions qui peuvent difficilement être assurées par le marché, et il précise par ailleurs ce qu'implique l'accomplissement de ces deux fonctions : pour les besoins dits généraux, il s'agit pour l'Etat d'éliminer les obstacles à l'action propre de chaque individu, ou ce qui pourrait troubler la jouissance des fruits de cette action. Pour les besoins dits accidentels, « bornés à certains lieux et à certains temps », des contributions entièrement volontaires doivent permettre d'apporter des solutions à la fois spontanées et dosées suivant la gravité du problème. Turgot cite le cas de la ville de Bayeux, dont les habitants se cotisèrent pour éliminer la mendicité de l'agglomération, en fournissant du travail aux mendiants aptes à un emploi et des secours aux autres.

Mais Turgot a écrit ces lignes à trente ans, quatre ans avant de devenir intendant, et on peut penser qu'il a réagi plus en intellectuel qu'en praticien de l'économie. Il faut donc regarder de plus près ce que furent ses paroles et ses actes pendant sa période « publique » pour être mieux en mesure de préciser son attitude. On examinera trois cas : les consommations collectives, les « externalités », et les phénomènes de redistribution.

1. Sur le premier point, on observe que Turgot n'a jamais été hostile à l'initiative économique de l'Etat, s'agit-il même de l'Etat-entrepreneur, comme l'atteste la création d'une régie d'Etat en août 1775 pour les transports interurbains de voyageurs (les « turgotines »), mais il était extrêmement conscient des risques de rigidité et de gaspillage inhérents à toute bureaucratie, privée aussi bien que publique (voir sa remarque : « L'Europe est encore couverte de maladreries, quoique depuis longtemps on n'y connaisse plus la lèpre », p. 74). Pour se prémunir contre ces risques il fit appel à deux moyens :

— la professionnalisation des fonctions publiques, c'est-à-dire le recours à un personnel qualifié pour exécuter les missions de l'Etat. C'est ainsi que dans le Limousin il améliora le rendement de la taille en remplaçant les collecteurs analphabètes préposés à chaque paroisse par un agent salarié opérant dans plusieurs paroisses à la fois, donc mieux rémunéré et astreint à la tenue d'une comptabilité [50] ;

— l'utilisation du calcul économique (ce que Turgot appelait la « valeur vénale ») comme critère de sélection entre plusieurs politiques concurrentes, par exemple pour critiquer les « grandes foires » (*infra*, p. 68) ou pour justifier la suppression des corvées à l'aide d'une comparaison [51] entre le coût de la construction et de l'entretien des routes, et le dommage causé par les corvées aux exploitants agricoles. Etant contrôleur général, Turgot alla même jusqu'à proposer à son collègue le comte de Saint-Germain, ministre de la Guerre, un programme d'économies inspiré de considérations d'efficacité militaire [52], qui fut évidemment fort mal accueilli. L'expérience américaine de rationalisation des décisions budgétaires (P.P.B.S.) a montré que c'est seulement de l'intérieur d'un ministère que l'on peut changer les méthodes, et que l'influence, pourtant non négligeable, des Finances, ne saurait y suffire.

2. Rappelons que le terme assez barbare d'externalités désigne les avantages ou inconvénients qui ne font pas l'objet d'une transaction et ne donnent donc pas lieu à paiement. De tels phénomènes constituent donc un cas typique de carence du marché, puisque le prix appa-

50. Cet exemple montre la similitude des problèmes que rencontrait un administrateur dans la France de Louis XVI, et de ceux qui pèsent aujourd'hui sur les pays insuffisamment développés. Une autre illustration frappante de cette ressemblance nous est procurée par Dupont de Nemours lorsqu'il raconte la difficulté qu'a eue Turgot à promouvoir la consommation de pommes de terre étant donné que « le paysan limousin, très attaché à ses usages, ne peut se déterminer qu'avec la plus grande répugnance à changer ses aliments ordinaires » (*Mémoires...*, *op. cit.*, tome I. p. 118).

51. Notons que dans ce calcul n'interviennent pas des éléments « intangibles » du genre de ceux que Condorcet évoquait dans une lette précisément adressée à Turgot : « L'abolition seule des corvées leur sera un bien inappréciable. On peut calculer ce que cette suppression peut épargner d'argent au peuple ; mais ce qu'elle lui épargnera du sentiment pénible de l'oppression et de l'injustice est au-dessus de nos méthodes de calcul. » (*Correspondance inédite...*, *op. cit.*, p. 198.)

52. E. FAURE, *la Disgrâce de Turgot*, *op. cit.*, pp. 177-80 et 400-8.

rent, effectivement pratiqué, est supérieur ou inférieur au prix « réel », celui qui inclurait le coût social ou l'économie externe engendré. Dupont de Nemours nous en donne un bon exemple qui se situe dans les années « préfectorales » de Turgot. Celui-ci eut en effet à lutter contre les réticences des paysans limousins à apporter leurs céréales aux étuves préparées pour tuer les charançons, et que décourageait l'idée que l'année suivante leur récolte serait quand même contaminée par les blés non traités de leurs voisins. « A force d'exhortations, de soins, de discours, de lettres, de petites gratifications », l'administration parvint à changer suffisamment les comportements pour conjurer le mal.

Cet exemple montre que si Turgot n'a pas inventé le concept, il était du moins conscient de la réalité qui le sous-tendait. Le cas précité de la manufacture de Sèvres (p. 20) dénote la même attitude. Cependant on peut se demander si la rareté des références aux externalités dans son œuvre n'est pas le signe qu'il éprouvait une certaine méfiance vis-à-vis d'un concept susceptible de conduire à de nombreux abus, en ruinant tout calcul économique sérieux pour peu que l'on gonfle la partie « avantages » d'un projet anti-économique de toute sortes d'économies externes plus ou moins hypothétiques, comme dans ces activités qualifiées « de pointe », momentanément peu rentables mais dont on espère de grands profits futurs sous forme de retombées technologiques. C'est en tout cas ce que suggère la position qu'il adopta lors de son bref passage à la Marine : constatant que la construction navale suédoise était 20 % moins chère qu'en France, il était partisan, raconte Dupont de Nemours, de ne réserver aux chantiers français qu'un tiers des commandes de l'Etat pour « conserver la science et l'habitude » des constructions de bateaux et « ne jamais manquer d'ouvriers capables et expérimentés » (ce que Raymond Aron appelle la préservation d'une capacité d'accueil technique), et il comptait que les revenus ainsi gagnés par les Suédois seraient réutilisés en produits français, tandis que les économies réalisées pourraient servir, soit à des allègements fiscaux, soit à la réalisation d'investissements d'infrastructure.

3. On prête volontiers à Turgot des opinions antisociales, ou tout au moins anti-égalitaires, sur la base d'un texte de jeunesse, la lettre où il adressait à Madame de Graffigny des commentaires sur l'un de ses

romans, et qu'il écrivit à vingt-quatre ans. Or sans vouloir rabaisser systématiquement le « jeune Turgot », il est raisonnable de supposer qu'il n'a pas gardé les mêmes idées tout au long de sa vie. En matière de commerce international, par exemple, il était initialement hostile à une large extension des échanges, et il adopta plus tard des vues plus favorables à la division du travail entre les nations. En ce qui concerne les phénomènes de redistribution, il apparaît clairement que Turgot n'en était pas seulement bien conscient, mais qu'il faisait de la correction des inégalités un critère de décision important. Déjà lorsqu'il était intendant, il justifiait la substitution d'une contribution financière au système des corvées par l'avantage indû que ce dernier procurait aux propriétaires. Dans la lettre à Trudaine qui a déjà été mentionnée (p. 24) il faisait valoir que « la dépense en argent se répartit sur tous les sujets du Roi à proportion de leur fortune ; la dépense en nature frappe au hasard quelques particuliers ». Ce sont les mêmes considérations d'équité qu'il mettra en avant pour l'édit de 1776 sur les corvées, et l'avocat général Séguier se situera précisément sur ce terrain lors du lit de justice du 12 mars, en faisant observer que les voituriers et les voyageurs devraient également participer aux charges puisqu'ils contribuent eux aussi à l'usure des routes.

Si les idées de Turgot en matière d'inégalités ont pu être à ce point mal perçues, c'est peut-être parce qu'elles étaient un peu trop en avance sur son temps. On sait que pour la théorie économique du bien-être, il importe de ne pas distordre les mécanismes d'allocation des ressources à des fins de redistribution [53]. Or c'est exactement ce que soutenait Turgot lorsqu'il disait que l'on ne pouvait pas améliorer le bien-être du consommateur aux dépens des producteurs. Les « ateliers de charité » qu'il créa en 1766 dans le Limousin, puis en 1775 après le retour à la libre circulation des grains, avaient précisément pour objet de susciter « l'approvisionnement par la certitude où seront les vendeurs de trouver des acheteurs qui auront les moyens de payer [54] ».

Au fond Turgot est l'un des premiers à avoir pris conscience que si

53. On trouve un point de vue plus nuancé dans l'article de S.-Ch. KOLM, « Le juste prix des services publics », *Analyse et Prévision,* décembre 1969, p. 741.

54. Cité par E. FAURE, *ibid.*, p. 238.

les actions ne résultent pas toutes d'un arbitrage entre coûts et avantages matériels, les chances de réussite d'une politique sont d'autant plus faibles qu'elles entraînent des désavantages nets, et réciproquement. Il considérait par exemple que le plus sûr moyen de propager le désir de s'instruire était que les « emplois et les places » fussent distribués selon le mérite et le travail de chacun (article « Fondation », *infra*, p. 76). Il n'envisagea pas d'étendre ces stimulants économiques à la lutte contre les nuisances, par exemple en faisant payer les pollueurs, parce qu'à son époque il pouvait encore écrire sans être contredit : « L'eau est un bien qui n'a point de valeur » (*Graslin, infra*, p. 196). Mais il n'aurait sans doute pas été choqué de voir des économistes appliquer l'analyse coût-avantage à la lutte contre la criminalité [55], puisque lui-même n'avait pas hésité, dans des conditions psychologiques infiniment moins favorables, à appliquer le raisonnement économique à cet instrument régalien par excellence qu'est l'impôt, et à des institutions bien établies comme les corvées ou les corporations.

Il est possible que Turgot ait espéré sauver la monarchie, et dans ce cas il a échoué. Mais il est probable qu'il a cherché à détruire certains obstacles au progrès économique, et ici son échec n'a été que provisoire car corvées et jurandes ne lui ont guère survécu. Il est certain qu'il a voulu démontrer, par la théorie et par l'exemple, le caractère artificiel du contraste dessiné par Rousseau : « L'un est content quand l'argent circule, l'autre exige que le peuple ait du pain » (*le Contrat social*). Ici l'histoire lui a donné pleinement raison, puisque c'est finalement grâce à une certaine façon de faire « circuler l'argent » que le peuple a eu du pain et un peu plus. Mais si Turgot revenait sur terre, il serait sans doute étonné de voir à quel point tout ce pour quoi il s'est battu reste à conquérir. Les corvées sont bien mortes, mais notre « société bloquée » a su recréer d'autres formes de corporations. A l'impératif agricole des Physiocrates a succédé un impératif industriel non moins pressant. Et l'on continue d'opposer avec passion économie de profit et économie de besoins. Oui, Turgot aurait encore beaucoup à nous dire. Quoi de plus naturel : un grand esprit ne se démode pas si aisément.

Bernard CAZES

55. Voir le numéro spécial de la *Chronique sociale de France* sur « Urbanisation et criminalité », pp. 87-94.

Avertissement

LES textes du présent recueil ont été choisis à partir de l'édition complète des œuvres de Turgot (5 volumes) publiée par les éditions Alcan sous la direction de G. Schelle (1913).

Il nous a paru opportun de maintenir certaines notes de l'édition Schelle toutes les fois qu'elles apportent une précision historique utile à la compréhension du texte. Toutefois, afin d'éviter toute ambiguïté, nous avons pris soin de les faire suivre des initiales G. S. afin de les distinguer des notes de Turgot lui-même.

Tableau philosophique des progrès successifs de l'esprit humain

Discours prononcé en latin, *
dans les écoles de la Sorbonne,
pour la clôture des Sorbonniques,
par l'abbé Turgot, prieur de la maison,
le 11 décembre 1750

* « Turgot, dit Du Pont, écrivit d'abord ce discours, comme le précédent, en français ; il n'en conserva que ce qui était l'expression des sentiments du philosophe religieux, et supprima l'exorde relatif à la circonstance. » Cet exorde n'existe point dans les copies que Turgot fit faire, et n'a sans doute pas écrit ; on ne s'expliquerait pas pourquoi Turgot aurait supprimé des passages relatifs à la religion dans les copies de son second discours, alors qu'il fit copier intégralement son premier discours. (G. S.).

Dans le cours de ses études de théologie, Turgot fut élu en décembre 1749 prieur de Sorbonne ce qu'Edgar Faure suggère de traduire en langage plus moderne par : « cacique dans une promotion de l'Ecole Normale supérieure ». En cette qualité il prononça deux discours, l'un le 13 juillet 1750 sur « Les Avantages que la religion chrétienne a procurés au genre humain » (non reproduit) et l'autre, le 11 décembre de la même année, le « Tableau des progrès de l'esprit humain ». C'est dans ce discours, écrit Dupont de Nemours, « que le jeune Prieur de Sorbonne avait prévu et prédit ce que le ministre l'Etat a depuis vu s'effectuer : la séparation des colonies anglaises d'avec leur métropole ». C'est également là que l'on trouve la première formulation cohérente de la croyance en un progrès indéfini de l'homme, qui sera développée ensuite par Condorcet peu avant sa fin tragique sous la Terreur.

(Les lois naturelles. — Le progrès humain. — Diversité des langues et des degrés de civilisation. — Formation des Empires. — Invention de l'écriture. — Les sciences. — La poésie. — La philosophie dans l'Antiquité. — La Grèce et Rome. — Le christianisme. — Le Moyen Age. — Les arts mécaniques. — Les langues modernes. — L'imprimerie. — Le siècle de Louis XIV.)

Les phénomènes de la nature, soumis à des lois constantes, sont renfermés dans un cercle de révolutions toujours les mêmes ; tout renaît, tout périt ; et, dans ces générations successives par lesquelles les végétaux et les animaux se reproduisent, le temps ne fait que ramener à chaque instant l'image de ce qu'il a fait disparaître.

La succession des hommes, au contraire, offre de siècle en siècle un spectacle toujours varié. La raison, les passions, la liberté produisent sans cesse de nouveaux événements : tous les âges sont enchaînés les uns aux autres par une suite de causes et d'effets qui lient l'état présent du monde à tous ceux qui l'ont précédé. Les signes arbitraires du langage et de l'écriture, en donnant aux hommes le moyen de s'assurer la possession de leurs idées et de les communiquer aux autres, ont formé de toutes les connaissances particulières un trésor commun qu'une génération transmet à l'autre, ainsi qu'un héritage toujours augmenté des découvertes de chaque siècle ; et le genre humain, considéré depuis son origine, paraît aux yeux d'un philosophe un tout immense qui, lui-même, a, comme chaque individu, son enfance et ses progrès.

On voit s'établir des sociétés, se former des nations, qui dominent tour à tour et obéissent à d'autres nations ; les Empires s'élèvent et tombent ; les lois, les formes de gouvernement se succèdent les unes aux autres ; les arts, les sciences tour à tour se découvrent et se perfectionnent ; tour à tour retardés et accélérés dans leurs progrès, ils passent de climats en climats ; l'intérêt, l'ambition, la vaine gloire changent à chaque instant la scène du monde, inondent la terre de sang ; et au milieu de leurs ravages, les mœurs s'adoucissent, l'esprit humain s'éclaire, les nations isolées se rapprochent les unes des autres ; le commerce et la politique réunissent enfin toutes les parties du globe, et la masse totale du genre humain par des alternatives de calme et d'agitation, de biens et de maux, marche toujours, quoique à pas lents, à une perfection plus grande.

Les bornes qui nous sont prescrites ne nous permettent pas de présenter à vos yeux un tableau si vaste : nous essaierons seulement d'indiquer le fil des progrès de l'esprit humain ; et quelques réflexions sur la naissance, les accroissements, les révolutions des sciences et des arts, rapprochées de la suite des faits historiques, formeront tout le plan de ce discours.

Les Livres Saints, après nous avoir éclairés sur la création de l'Univers, l'origine des hommes et la naissance des premiers arts, nous font bientôt voir le genre humain concentré de nouveau dans une seule famille par un déluge universel. A peine commençait-il à réparer ses pertes, que la division miraculeuse des langues força les hommes de se séparer. La nécessité de s'occuper des besoins pressants de la nourriture dans des déserts stériles et qui n'offraient que des bêtes sauvages, les obligea de s'écarter les uns des autres dans toutes les directions et hâta leur diffusion dans tout l'Univers. Bientôt les premières traditions furent oubliées ; les nations séparées par de vastes espaces et plus encore par la diversité des langages, inconnues les unes aux autres, furent presque toutes plongées dans la même barbarie où nous voyons encore les Américains.

Mais les ressources de la nature et le germe fécond des sciences se trouvent partout où il y a des hommes. Les connaissances les plus sublimes ne sont et ne peuvent être que les premières idées sensibles développées ou combinées, de même que l'édifice, dont la hauteur étonne le plus nos regards, s'appuie nécessairement sur cette terre que nous foulons aux pieds ; et les mêmes sens, les mêmes organes, le spectacle du même Univers, ont partout donné aux hommes les mêmes idées, comme les mêmes besoins et les mêmes penchants leur ont partout enseigné les mêmes arts.

Une clarté faible commence à percer de loin en loin la nuit étendue sur toutes les nations, et se répand de proche en proche. Les habitants de la Chaldée, plus voisins de la source des premières traditions, les Egyptiens, les Chinois paraissent devancer le reste des peuples. D'autres les suivent de loin ; les progrès amènent d'autres progrès ; l'inégalité des nations augmente ; ici les arts commencent à naître ; là, ils avancent à grands pas vers la perfection ; plus loin, ils s'arrêtent dans leur médiocrité ; ailleurs les premières ténèbres ne sont point encore dissipées ; et, dans cette inégalité variée à l'infini, l'état actuel de l'Univers, en nous présentant à la fois toutes les nuances de la barbarie et de la politesse semées sur la terre, nous montre en quelque sorte sous un seul coup d'œil les monuments, les vestiges de tous les pas de l'esprit humain, l'image de tous les degrés par lesquels il a passé, et l'histoire de tous les âges.

La nature n'est-elle donc pas partout la même ? et si elle conduit tous les hommes aux mêmes vérités, si leurs erreurs même se ressemblent, pourquoi ne marchent-ils pas tous d'un pas égal dans cette route qui leur est tracée ? Sans doute l'esprit humain renferme partout le principe des mêmes progrès ; mais la nature, inégale en ses dons, a donné à certains esprits une abondance de talents qu'elle a refusée à d'autres ; les circonstances développent ces talents ou les laissent enfouis dans l'obscurité ; et, de la variété infinie de ces circonstances, naît l'inégalité du progrès des nations.

La barbarie égalise tous les hommes ; et dans les premiers temps, tous ceux qui naissent avec du génie trouvent à peu près les mêmes obstacles et les mêmes ressources. Cependant les sociétés se forment et s'étendent : les haines des nations, l'ambition ou plutôt l'avarice, seule ambition des peuples barbares, multiplient les guerres et les ravages ; les conquêtes, les révolutions mêlent en mille manières les peuples, les langages, les mœurs ; les chaînes de montagnes, les grands fleuves, les mers, en arrêtant entre certaines bornes, les courses des peuples, et par conséquent leurs mélanges, formèrent des langues générales qui devinrent un lien pour plusieurs nations, et partagèrent toutes celles de l'Univers comme en un certain nombre de classes. Le labourage rendit les habitations plus fixes. Il nourrit plus d'hommes qu'il n'en occupe, et dès lors impose à ceux qu'il laisse oisifs la nécessité de se rendre utiles ou redoutables aux cultivateurs. De là, les villes, le commerce, les arts d'utilité ou de simple agrément, la séparation des professions, la différence de l'éducation, l'inégalité des conditions plus grande ; de là, ce loisir par lequel le génie dégagé du poids des premiers besoins sort de la sphère étroite où ils le retiennent, et dirige toutes ses forces à la culture des arts : de là, cette allure plus rigoureuse et plus rapide de l'esprit humain, qui entraîne toutes les parties de la société, et qui reçoit de leur perfection une vivacité nouvelle. Les passions se développèrent avec le génie ; l'ambition prit des forces ; la politique lui prêta des vues toujours plus vastes ; les victoires eurent des suites plus durables et formèrent des empires dont les lois, les mœurs, le gouvernement, influant diversement sur le génie des hommes, deviennent une espèce d'éducation générale pour les nations, et mettent entre un peuple et un peuple la même différence que l'éducation met entre un homme et un homme.

Réunis, divisés, élevés sur les ruines les uns des autres, les empires se suivent avec rapidité. Leurs révolutions font succéder les uns aux autres tous les états possibles, rapprochent et séparent tous les éléments des corps politiques. Il se fait comme un flux et un reflux de la puissance d'une nation à l'autre, et dans la même nation, des princes à la multitude et de la multitude aux princes. Dans ces balancements, tout se rapproche peu à peu de l'équilibre et prend à la longue une situation plus fixe et plus tranquille. L'ambition, en formant les grands Etats des débris d'une foule de petits, met elle-même des bornes à ses ravages. La guerre ne désole plus que les frontières des Empires ; les villes et les campagnes commencent à respirer dans le sein de la paix ; les liens de la société unissent un plus grand nombre d'hommes ; la communication des lumières devient plus prompte et plus étendue, et les arts, les sciences, les mœurs avancent d'un pas plus rapide dans leurs progrès. Ainsi que les tempêtes qui ont agité les flots de la mer, les maux inséparables des révolutions disparaissent ; le bien reste, et l'humanité se perfectionne. Au milieu de cette combinaison variée d'événements tantôt favorables, tantôt contraires, dont l'action opposée doit à la longue s'entre-détruire, le génie que la nature, en le distribuant à quelques hommes, a cependant répandu sur la masse totale à des distances égales à peu près, agit sans cesse ; et ses effets deviennent sensibles avec le temps.

Sa marche d'abord lente, ignorée, ensevelie dans l'oubli général où le temps précipite les choses humaines, sort avec elles de l'obscurité par l'invention de l'*écriture*. Précieuse invention ! qui sembla donner aux peuples qui la possédèrent les premiers, des ailes pour devancer les autres nations ! invention inestimable qui arrache au pouvoir de la mort la mémoire des grands hommes et les exemples de la vertu, unit les lieux et les temps, fixe la pensée fugitive et lui assure une existence durable, par laquelle les productions, les vues, les expériences, les découvertes de tous les âges accumulés servent de base et de degré à la postérité pour s'élever toujours plus haut !

Mais quel spectacle présente la succession des opinions des hommes ! j'y cherche les progrès de l'esprit humain, et je n'y vois presque autre chose que l'histoire de ses erreurs. Pourquoi sa marche, si sûre dès les premiers pas dans l'étude des mathématiques, est-elle dans tout le reste si chancelante, si sujette à s'égarer ? Essayons d'en découvrir les raisons. L'esprit, dans les mathématiques, déduit les unes des autres une chaîne de propositions dont la vérité ne consiste que dans leur dépendance mutuelle. Il n'en est pas de même des autres sciences, où ce n'est plus de la comparaison des idées entre elles que naît la vérité, mais de leur conformité avec une suite de faits réels. Pour la découvrir et la constater, il ne s'agit plus d'établir un petit nombre de principes simples d'où l'esprit n'ait qu'à se laisser entraîner par le fil des conséquences. Il faut partir de la nature telle qu'elle est, et de cette diversité infinie d'effets auxquels ont concouru tant de causes contrebalancées les unes par les autres. Les notions ne sont plus des assemblages d'idées que l'esprit forme à son gré, et dont il connaisse précisément l'étendue. Les idées naissent et s'assemblent dans notre âme presque à notre insu ; les images des objets viennent l'assaillir dès le berceau : peu à peu nous apprenons à les distinguer, moins par rapport à ce qu'ils sont en eux-mêmes, que par rapport à nos usages et à nos besoins ; les signes du langage s'impriment dans l'esprit encore faible, se lient par le moyen de l'habitude et de l'imitation, d'abord aux objets particuliers, puis parviennent à rappeler des notions plus générales : ce chaos d'idées, d'expressions, s'accroît et se confond sans cesse, et l'homme, quand il commence à chercher la vérité, se trouve au milieu d'un labyrinthe où il est entré les yeux bandés : faut-il s'étonner de ses erreurs ?

Spectateur de l'Univers, ses sens en lui montrant les effets lui laissent ignorer les causes ; et chercher par l'examen des effets leur cause inconnue, c'est deviner une énigme, imaginer un ou plusieurs mots, les essayer successivement jusqu'à ce qu'on en rencontre un qui remplisse toutes les conditions.

Le physicien forme des hypothèses, les suit dans leurs conséquences ; il les compare à l'énigme de la nature ; il les essaie, pour ainsi dire sur les faits, comme on vérifie un cachet en l'appliquant sur son empreinte : les suppositions, imaginées d'après un petit nombre de faits mal connus, cèdent à des suppositions moins absurdes sans être plus vraies. Le temps, les recherches, les hasards accumulent les observations, dévoilent les liens cachés qui unissent plusieurs phénomènes.

Toujours inquiète, incapable de trouver le repos ailleurs que dans la vérité, toujours excitée par l'image de cette vérité qu'elle croit toucher et qui fuit devant elle, la curiosité des hommes multiplie les questions et les disputes, et les oblige d'analyser, d'une manière toujours plus exacte et plus approfondie, les idées et les faits. Les vérités mathématiques devenues de jour en jour plus nombreuses, et dès là plus fécondes, apprennent à développer des hypothèses plus étendues et plus précises, indiquent de nouvelles expériences qui leur donnent à leur tour de nouveaux problèmes à résoudre. Ainsi, le besoin perfectionne l'instrument ; ainsi, les mathématiques s'appuient sur la physique à qui elles prêtent leur flambeau ; ainsi, tout est lié ; ainsi, malgré la diversité de leur marche, toutes les sciences se rendent l'une à l'autre un secours mutuel ; ainsi, à force de tâtonner, de multiplier les systèmes, d'épuiser, pour ainsi dire, les erreurs, on arrive enfin à la connaissance d'un grand nombre de vérités.

Que d'opinions extravagantes ont marqué nos premiers pas ! Quelle absurdité dans les causes que nos pères ont imaginées pour rendre raison de ce qu'ils voyaient ! Quels tristes monuments de la faiblesse de l'esprit humain ! Les sens sont l'unique source de ses idées : tout le pouvoir de l'imagination se borne à combiner les idées qu'elle a reçues d'eux : à peine même peut-elle en former des assemblages dont les sens ne lui fournissent pas le modèle : de là, ce penchant presque invincible à juger de ce qu'on ignore par ce qu'on connaît : de là, ces analogies trompeuses auxquelles la grossièreté des premiers hommes s'abandonnait avec tant d'inconsidération : de là, les égarements monstrueux de l'idolâtrie. Les hommes dans l'oubli des premières traditions, frappés de phénomènes sensibles, supposèrent que tous les effets indépendants de leur action étaient produits par des êtres semblables à eux, mais invisibles et plus puissants qu'ils substituèrent à la divinité. Contemplant la nature, appliquant en quelque sorte leurs regards sur la surface d'une mer profonde, au lieu du fond caché par les eaux, ils n'y virent que leur image. Tous les objets de la nature eurent leurs dieux, qui, formés sur le modèle des hommes, en eurent les attributs et les vices. La superstition consacra partout l'univers les caprices de l'imagination ; et le seul vrai Dieu, seul digne d'être adoré, ne fut connu que dans un coin de la terre, par le peuple qu'il s'était expressément choisi.

Dans cette progression lente d'opinions et d'erreurs qui se chassent les unes les autres, je crois voir ces premières feuilles, ces enveloppes que la nature a données à la tige naissante des plantes, sortir avant elles de la terre, se flétrir successivement à la naissance d'autres enveloppes, jusqu'à ce qu'enfin cette tige paraisse et se couronne de fleurs et de fruits : image de la tardive vérité !

Malheur donc aux nations chez lesquelles par un zèle aveugle pour les sciences, on les resserra dans les limites des connaissances actuelles en voulant les fixer. C'est par cette cause que les régions qui ont été les premières éclairées ne sont pas celles où elles ont fait le plus de progrès. Le respect que l'éclat de la nouveauté imprime aux hommes pour la philosophie naissante tend à perpétuer les premières opinions : l'esprit de secte s'y joint ; et cet esprit est naturel aux premiers philosophes, parce que l'orgueil se nourrit de l'ignorance, parce que moins on sait, moins on doute ; moins on a découvert, moins on voit ce qui reste à découvrir. En Egypte, et longtemps après, dans les Indes, la superstition qui faisait, des dogmes de l'ancienne philosophie, comme le patrimoine des familles sacerdotales, qui, en les consacrant, les enchaînait et les incorporait aux dogmes d'une fausse religion ; dans la grande Asie, le despotisme politique, effet de l'établissement des grands empires dans des siècles barbares ; le despotisme civil né de l'esclavage et de la pluralité des femmes qui en est une suite ; la mollesse des princes ; l'abattement des sujets ; à la Chine, le soin même que prirent les empereurs de régler les études et de mêler les sciences à la constitution politique de l'Etat, les retinrent à jamais dans la médiocrité ; ces tiges trop fécondes en branches dès leur origine cessèrent bientôt de s'élever.

Le temps s'écoulait et de nouveaux peuples se formaient. Dans l'inégalité des progrès des nations, les peuples policés, environnés de barbares tantôt conquérants, tantôt conquis, se mêlaient avec eux ; soit que ceux-ci reçussent des premiers leurs arts et leurs lois avec la servitude, soit que vainqueurs, ils cédassent à l'empire naturel de la raison et de la politesse sur la force, les limites de la barbarie se reculaient toujours.

Les Phéniciens, habitants d'une côte aride, s'étaient faits les ministres des échanges entre les peuples. Leurs vaisseaux répandus dans toute la Méditerranée commencèrent à dévoiler les nations aux nations.

L'astronomie, la navigation, la géographie se perfectionnèrent l'une par l'autre. Les côtes de la Grèce et de l'Asie Mineure se remplirent de colonies phéniciennes. Les colonies sont comme des fruits qui ne tiennent à l'arbre que jusqu'à leur maturité ; devenues suffisantes à elles-mêmes, elles firent ce que fit Carthage, ce que fera un jour l'Amérique.

Du mélange de ces colonies, indépendantes les unes des autres, avec les anciens peuples de la Grèce et avec les restes de tous les essaims de barbares qui l'avaient successivement ravagée, se forma la nation grecque, ou plutôt, ce peuple de nations composé d'une foule de petits peuples qu'une égale faiblesse et la nature du pays, coupé par les montagnes et par la mer, empêchaient de s'agrandir aux dépens les uns des autres, et que leurs associations, leurs intérêts publics et particuliers, leurs guerres civiles et nationales, leurs migrations, les devoirs réciproques des colonies et des métropoles, une langue, des mœurs, une religion commune, le commerce, les jeux publics, le tribunal des Amphyctions mélangeaient, divisaient, réunissaient en mille manières. Dans ces révolutions, par ces mélanges multipliés, se formait cette langue riche, expressive, sonore, la langue de tous les arts.

La poésie, qui n'est que l'art de peindre par le moyen du langage, et dont la perfection dépend si fort du génie des langues qu'elle emploie, se revêtit en Grèce d'une magnificence qu'elle n'avait point connue encore. Ce n'était plus, comme chez les premiers hommes, une suite de mots barbares asservie à la mesure d'un chant rustique et aux pas d'une danse aussi grossière que la joie tumultueuse qu'elle exprimait. Elle s'était parée d'une harmonie qui n'était qu'à elle. L'oreille, toujours plus difficile à contenter, avait conduit à des règles plus sévères ; et si le joug en était devenu plus pesant, les expressions, les tours nouveaux, les hardiesses heureuses, multipliées à proportion, donnaient plus de force pour le porter.

Le goût avait achevé de proscrire ces figures entassées, ces métaphores gigantesques qu'on reproche à la poésie des Orientaux.

Dans ces contrées de l'Asie où les sociétés se sont mises plus tôt dans un état fixe, où il y a eu plus tôt des écrivains, les langues ont été fixées plus près des premières origines et, dès lors, l'emphase dans le style en est devenue le caractère, parce qu'elle est une suite de la première imperfection du langage. Les langues sont la mesure des idées des hommes : par conséquent, elles n'eurent des noms dans les premiers temps que pour les objets les plus familiers aux sens ; pour exprimer ces premières idées, il fallut se servir de métaphores. Un mot qu'on invente ne signifie rien : il fallut, en rassemblant les signes des idées les plus approchantes, essayer de mettre l'esprit sur la voie de celle qu'on voulait lui donner : l'imagination s'étudia à saisir le fil d'une certaine analogie qui lie, et nos sensations, et leurs différents objets : une analogie imparfaite ou éloignée fit naître ces métaphores grossières et fréquentes que la nécessité plus ingénieuse que délicate emploie, que le goût désavoue, dont les premières langues sont pleines et dont les étymologistes aperçoivent même encore les vestiges dans les plus cultivées.

Les langues, nécessairement maniées par tous les hommes, et dès lors souvent par des hommes de génie, se perfectionnent toujours avec le temps, quand elles ne sont pas fixées par des écrits qui deviennent une règle constante pour juger de leur pureté. L'usage habituel de la parole amène sans cesse de nouvelles combinaisons d'idées, fait remarquer entre elles de nouveaux rapports, de nouvelles nuances, et fait sentir le besoin de nouvelles expressions. De plus, par les migrations des peuples, les langages se mêlent comme les fleuves et s'enrichissent du concours de plusieurs langages.

Ainsi la langue grecque, formée du mélange d'un plus grand nombre de langues, fixée plus tard que celles de l'Asie, réunit l'harmonie, l'abondance et la variété. Homère acheva de la faire triompher, y versa les trésors de son génie et l'éleva au plus haut point par le nombre de sa poésie, le charme de ses expressions, la pompe de ses images.

Dans la suite, la liberté qui, par une révolution naturelle aux petits Etats, vint à s'établir dans toutes les villes sur les ruines du gouvernement d'un seul, donna au génie des Grecs un nouvel essor. Les différentes formes d'administration où les passions opposées des puissants et des peuples les précipitaient tour à tour, enseignaient aux législateurs à comparer, à peser tous les éléments des sociétés, à trouver le juste équilibre entre leurs forces, en même temps que les querelles et les intérêts combinés de tant de Républiques voisines ambitieuses, faibles et jalouses, apprenaient aux Etats à se craindre, à s'observer sans cesse, à contre-balancer les succès par des ligues, et perfectionnaient à la fois, la politique et l'art de la guerre.

Ce ne fut qu'après plusieurs siècles qu'on vit paraître des philosophes dans la Grèce ; ou plutôt, ce ne fut qu'alors que l'étude de la philosophie devint le partage de certains esprits et parut assez vaste pour les occuper tout entiers. Jusque-là, les poètes avaient été à la fois les seuls philosophes et les seuls historiens. Quand les hommes sont ignorants, il est aisé de tout savoir. Mais les idées n'étaient point encore assez éclaircies ; les faits n'étaient point en assez grand nombre ; le temps de la vérité n'était point arrivé : les systèmes des philosophes grecs ne pouvaient être encore qu'ingénieux. Leur métaphysique chancelante sur les plus importantes vérités, souvent superstitieuse ou impie, n'était guère qu'un amas de fables poétiques, ou un tissu de mots inintelligibles ; et leur physique elle-même n'était qu'une métaphysique frivole.

La morale, quoique encore imparfaite, se sentit moins de l'enfance de la raison. Les besoins renaissants qui rappellent sans cesse l'homme à la société et le forcent de se plier à ses lois, cet instinct, ce sentiment du bon et de l'honnête que la Providence a gravé dans tous les cœurs, qui devance la raison, qui souvent l'entraîne malgré elle-même, ramène les philosophes de tous les temps aux mêmes principes fondamentaux de la science des mœurs. Socrate guida ses concitoyens dans le chemin de la vertu ; Platon le sema de fleurs ; le charme de l'éloquence embellit ses erreurs mêmes. Aristote, l'esprit le plus étendu, le plus profond, le plus véritablement philosophe de toute l'Antiquité, porta le premier le flambeau d'une analyse exacte dans la philosophie et dans les arts ; et, dévoilant les principes de la certitude et les ressorts du sentiment, il asservit à des règles constantes la marche de la raison et la fougue même du génie.

Siècles heureux ! où tous les beaux-arts répandaient de tous côtés leur lumière ! où le feu d'une noble émulation se communiquait avec rapidité d'une ville à l'autre. La peinture, la sculpture, l'architecture, la poésie, l'histoire s'élevaient partout à la fois, comme on voit dans l'étendue d'une forêt mille arbres divers naître, monter, se couronner ensemble.

Athènes, gouvernée par les décrets d'une multitude dont les orateurs calmaient ou soulevaient à leur gré les flots tumultueux ; Athènes, où Périclès avait appris aux chefs à acheter l'Etat aux dépens de l'Etat même, à dissiper ses trésors pour se dispenser d'en rendre compte ; Athènes, où l'art de gouverner le peuple était l'art de l'amuser, l'art de repaître ses oreilles, ses yeux, sa curiosité toujours avide de nouvelles, de fêtes, de plaisirs, de spectacles renaissants, Athènes dut aux mêmes vices de son gouvernement qui la firent succomber sous Lacédémone, cette éloquence, ce goût, cette magnificence, cet éclat dans tous les arts qui l'ont rendue le modèle des nations.

Tandis que les Athéniens, les Spartiates, les Thébains s'arrachent successivement la supériorité sur les autres villes, la puissance macédonienne, ignorée, telle qu'un fleuve qui surmonte ses rives, s'étend lentement dans la Grèce sous Philippe, inonde avec impétuosité l'Asie sous Alexandre. Cette foule de régions, d'Etats dont les conquêtes des Assyriens, des Mèdes, des Perses, en s'engloutissant successivement les unes les autres, avaient formé ce grand corps, l'ouvrage de tant de conquérants et de tant de siècles, se sépare avec fracas à la mort du vainqueur de Darius. Les guerres entre ses généraux établissent de nouveaux royaumes ; la Syrie, l'Egypte deviennent une partie de la Grèce, et reçoivent la langue, les mœurs et les sciences de leurs conquérants. Le commerce et les arts rendent Alexandrie la rivale d'Athènes. L'astronomie et les sciences mathématiques y sont portées même plus haut qu'elles ne l'avaient encore été. Surtout on y voit briller cette érudition que jusque-là les Grecs avaient peu connue ; cette espèce d'étude qui s'exerce moins sur les choses que sur les livres, qui consiste moins à produire, à découvrir, qu'à rassembler, à comparer, à juger ce qu'on a produit, ce qu'on a découvert ; qui ne va point en avant, mais qui tourne les yeux en arrière pour observer le chemin qu'on a fait. Les études qui demandent le plus de génie ne sont pas toujours celles qui supposent le plus de progrès dans la masse des hommes. Il est des esprits à qui la nature a donné une mémoire capable de rassembler une foule de connaissances, une raison exacte capable de les comparer et de leur donner cet arrangement qui les met dans tout leur jour, mais à qui, en même temps, elle a refusé cette ardeur de génie qui invente et qui s'ouvre des routes nouvelles. Faits pour réunir des découvertes anciennes sous un point de vue, pour les éclaircir et même pour les perfectionner, si ce ne sont pas des flambeaux qui brillent par eux-mêmes, ce sont des diamants qui réfléchissent avec éclat une lumière empruntée, mais qu'une obscurité totale confondrait avec les pierres les plus viles.

L'Univers connu, si j'ose ainsi parler, l'Univers commerçant, l'Univers politique s'était agrandi par les conquêtes d'Alexandre. Les dissensions de ses successeurs commençaient à présenter un spectacle plus vaste et, dans ces chocs et ces balancements des grandes puissances, les petites villes de la Grèce situées au milieu d'elles, souvent le théâtre de leurs combats, en proie aux ravages de tous les partis, ne sentirent plus que leur faiblesse. L'éloquence ne fut plus le ressort de la politique : dès lors, avilie dans l'ombre des écoles par des déclamations puériles, elle perdit son éclat avec son pouvoir.

Cependant déjà depuis plusieurs siècles, Rome, dans l'Italie comme dans un monde à part, marchait par une suite continuelle de triomphes à la conquête de l'Univers. Victorieuse de Carthage, elle parut soudain au milieu des nations. Les peuples tremblèrent et furent soumis : les Romains conquérants de la Grèce connurent un nouvel empire, celui de l'esprit et du savoir. Leur rudesse austère s'apprivoisa. Athènes trouva des disciples dans ses vainqueurs, et bientôt des émules. Cicéron déploya, au Capitole et sur la tribune aux harangues, une éloquence puisée dans les leçons des Grecs et dont ses maîtres asservis ne connaissaient plus que les règles. La langue latine adoucie, enrichie, poliça l'Afrique, l'Espagne et les Gaules. Les limites de l'Univers éclairé se confondirent avec celles de la puissance romaine, et deux langues rivales, le grec et le latin, le partagèrent entre elles.

Les lois de Rome, faites pour gouverner une ville, succombèrent sous le poids du monde entier : la liberté romaine s'éteignit dans des flots de sang. Octave recueillit enfin seul le fruit des discordes civiles. Usurpateur cruel, prince modéré, il donna à la terre des jours tranquilles. Sa protection éclairée anima tous les arts. L'Italie eut un Homère moins fécond que le premier, mais plus sage, plus égal, aussi harmonieux, peut-être plus parfait. Le sublime, la raison et les grâces s'unirent pour former Horace. Le goût se perfectionna dans tous les genres.

La connaissance de la nature et de la vérité est infinie comme elles : les arts dont l'objet est de nous plaire, sont bornés comme nous. Le temps fait sans cesse éclore de nouvelles découvertes dans les sciences ; mais la poésie, la peinture, la musique ont un point fixe que le génie des langues, l'imitation de la nature, la sensibilité limitée de nos organes déterminent, qu'elles atteignent à pas lents et qu'elles ne peuvent passer. Les grands hommes du siècle d'Auguste y arrivèrent et sont encore nos modèles.

Depuis ce temps jusqu'à la chute de l'Empire, je ne vois plus qu'une décadence générale où tout se précipite. Les hommes ne s'élèvent-ils donc que pour tomber ? Mille causes se réunissent pour dépraver de plus en plus le goût : la tyrannie qui abaisse les esprits au-dessous de tout ce qui est grand ; le luxe aveugle qui, né de la vanité, et jugeant moins les ouvrages de l'art comme des objets de goût que comme des signes d'opulence, est aussi contraire à leur perfection qu'un amour éclairé de la magnificence lui est favorable ; l'ardeur pour les choses nouvelles dans ceux qui n'ayant point assez de génie pour en inventer, n'eurent que trop souvent assez d'esprit pour gâter les anciennes ; l'imitation des vices des grands hommes et même l'imitation déplacée de leurs beautés. Les écrivains se multiplient dans les provinces et corrompent la langue : je ne sais quels restes de l'ancienne philosophie grecque, mêlés avec les superstitions orientales, confondus avec une foule d'allégories vaines, avec les prestiges de la magie, s'emparent des esprits, étouffent la saine physique, qui commençait à naître dans les écrits de Sénèque et de Pline l'Ancien.

Bientôt l'Empire, abandonné aux caprices d'une milice insolente, devient la proie d'une foule de tyrans qui, en se l'arrachant les uns aux autres, promènent dans les provinces la désolation et le ravage. La discipline militaire s'anéantit, les barbares du Nord pénètrent de tous côtés, les peuples se précipitent sur les peuples, les villes deviennent désertes, les campagnes incultes, et l'Empire d'Occident, affaibli par le transport de toutes les forces à Constantinople, ruiné en détail par tant de ravages redoublés, s'affaisse enfin tout à coup, et laisse les Bourguignons, les Goths, les Francs se disputer ses vastes débris et fonder des royaumes dans les diverses contrées de l'Europe.

Serait-ce dans ce sanctuaire que je passerais sous silence cette nouvelle lumière qui, tandis que l'Empire marchait à sa ruine, s'était répandue sur l'univers ; lumière plus précieuse mille fois que celles des lettres et de la philosophie. Religion sainte, pourrais-je vous oublier ? Pourrais-je oublier les mœurs perfectionnées, les ténèbres de l'idolâtrie enfin dissipées, les hommes éclairés sur la divinité ! Dans la ruine presque totale des lettres, vous seuls formiez encore des écrivains qu'animait le désir d'instruire les fidèles ou de repousser les attaques des ennemis de la foi ; et quand l'Europe fut la proie des barbares, vous seule apprivoisâtes leur férocité ; vous seule avez perpétué l'intelligence de la langue latine abolie ; vous seule, vous avez transmis à travers tant de siècles l'esprit, si j'ose ainsi parler, de tant de grands hommes confié à cette langue ; et la conservation du trésor des connaissances humaines prêt à se dissiper est un de vos bienfaits.

Mais la plaie du genre humain était trop profonde ; il fallait des siècles pour la guérir. Si Rome n'avait été conquise que par un seul peuple, le chef serait devenu Romain, et sa nation aurait été absorbée dans l'Empire avec sa langue. On aurait vu ce que l'histoire du monde présente plus d'une fois : le spectacle d'un peuple policé envahi par des barbares, qui leur communique ses mœurs, son langage, ses connaissances, et les force de ne faire avec lui qu'un seul peuple. Cicéron, Virgile auraient soutenu la langue latine, comme Homère, Platon, Démosthène avaient défendu la leur contre la puissance romaine. Mais trop de peuples, trop de ravages se succédèrent ; trop de couches de barbarie furent données coup sur coup avant que les premières eussent le temps de disparaître et de céder à la force des sciences romaines ; les conquérants trop nombreux, trop uniquement livrés à la guerre, furent pendant plusieurs siècles trop occupés de leurs dissensions. Le génie des Romains s'éteignit et leur langue se perdit, confondue avec les langues germaniques.

C'est une suite du mélange de deux langues, qu'il s'en forme une nouvelle différente de chacune d'elles : mais il se passe bien du temps avant qu'elles puissent se confondre d'une manière assez intime. La mémoire flottante entre les deux se détermine au hasard pour les expressions de l'une et de l'autre. L'analogie, c'est-à-dire l'art de former les conjugaisons, les déclinaisons, d'exprimer les rapports des objets, d'arranger les expressions dans le discours, n'a plus de règles fixes. Les idées se lient d'une manière confuse ; plus d'harmonie, plus de clarté dans le langage. Versez deux liqueurs dans le même vase, vous les verrez se troubler, s'obscurcir et ne reprendre la transparence qu'elles avaient séparément que lorsque le temps a rendu leur mélange plus intime et plus homogène. Ainsi, jusqu'à ce qu'une longue suite de siècles ait achevé de donner au nouveau langage comme sa couleur propre et uniforme, la poésie, l'éloquence, le goût disparaissent presque entièrement. Ainsi, de nouvelles langues naissaient en Europe, et, dans le chaos de leur première formation, l'ignorance et la grossièreté dominaient partout.

Déplorable empire des Césars, faut-il que de nouveaux malheurs poursuivent encore jusqu'aux restes échappés à ton naufrage ! Faut-il que la barbarie détruise à la fois tous les asiles des arts ! Et toi, Grèce aussi, tes honneurs sont donc éclipsés ! Le Nord enfin paraît s'être épuisé, et de nouveaux orages se forment dans le Midi contre les seules provinces qui ne gémissent point encore sous un joug étranger !

L'étendard d'un faux prophète réunit les pâtres errants dans les déserts de l'Arabie ; en moins d'un siècle, la Syrie, la Perse, l'Egypte, l'Afrique, sont couvertes par ce torrent fougueux qui embrasse dans ses ravages depuis les frontières de l'Inde jusqu'à l'océan Atlantique et aux Pyrénées. L'Empire grec resserré dans des bornes étroites, dévasté au Midi par les Sarrasins, et depuis par les Turcs, au Nord par les Bulgares, désolé au-dedans par les factions et par l'instabilité de son trône, tombe dans un état de faiblesse et de langueur, et la culture des lettres et des arts cesse d'occuper des hommes avilis dans une lâche indolence.

En vain, Charlemagne dans l'Occident veut ranimer quelques étincelles d'un feu enseveli sous la cendre ; leur éclat est aussi passager que faible. Bientôt les discordes de ses petits-fils troublent son empire : le Nord fait encore sortir de son sein de nouveaux destructeurs : les Normands, les Hongrois, couvrent encore l'Europe de nouvelles ruines et de nouvelles ténèbres. Dans la faiblesse générale, une nouvelle forme de gouvernement achève de tout perdre : la puissance royale anéantie fait place à cette foule de petites souverainetés subordonnées les unes aux autres, entre lesquelles les lois des fiefs entretiennent je ne sais quelle fausse image de l'ordre, au sein même de l'anarchie qu'elles perpétuent.

Les rois sans autorité, les nobles sans frein, les peuples esclaves, les campagnes couvertes de forteresses et sans cesse ravagées, la guerre allumée entre une ville et une ville, un village et un village, pénétrant, si j'ose ainsi parler, toute la masse des royaumes ; tout commerce, toute communication interrompus ; les villes habitées par des artisans pauvres et sans loisir ; les seules richesses, le seul loisir dont quelques hommes jouissent encore, perdus dans l'oisiveté d'une noblesse répandue çà et là dans ses châteaux et qui ne savait que se livrer des combats inutiles à la patrie ; l'ignorance la plus grossière étendue sur toutes les nations, sur toutes les professions ! Tableau déplorable, mais trop ressemblant de l'Europe pendant plusieurs siècles !

Et cependant, du sein de cette barbarie, ressortiront un jour les sciences et les arts perfectionnés. Au milieu de l'ignorance, un progrès insensible prépare les éclatants succès des derniers siècles ; sous cette terre, se développent déjà les faibles racines d'une moisson éloignée. Les villes chez tous les peuples policés sont par leur nature le centre du commerce et des forces de la société. Elles subsistaient ; et si l'esprit du gouvernement féodal, né des anciennes coutumes de la Germanie, combinées avec quelques circonstances accidentelles, les avait abaissées, c'était dans la constitution des Etats une contradiction qui devait s'effacer à la longue. Je vois bientôt les villes se relever sous la protection des princes ; ceux-ci, en tendant la main aux peuples opprimés, diminuer la puissance de leurs vassaux et rétablir peu à peu la leur.

On étudiait déjà le latin et la théologie dans les universités avec la dialectique d'Aristote. Dès longtemps, les Arabes musulmans s'étaient instruits dans la philosophie des Grecs, et leurs lumières se répandaient dans l'Occident. Les mathématiques s'étaient étendues par leurs travaux. Plus indépendantes que les autres sciences de la perfection du goût et peut-être même de la justesse de l'esprit, on ne peut les étudier sans être conduit au vrai. Toujours certaines, toujours pures, les vérités naissaient environnées des erreurs de l'astrologie judiciaire. Les chimériques espérances du grand œuvre, en animant les philosophes Arabes à séparer, à rapprocher tous les éléments des corps, avaient fait éclore sous leurs mains la science immense de la chimie, et l'avaient répandue partout où les hommes peuvent être trompés par leurs désirs avides. Enfin, de tous côtés, les arts mécaniques se perfectionnaient par cela seul que le temps s'écoulait, parce que dans la chute même des sciences et du goût, les besoins de la vie les conservent, et parce que, dès lors, dans cette foule d'artisans qui les cultivent successivement, il est impossible qu'il ne se rencontre quelqu'un de ces hommes de génie qui sont mêlés avec le reste des hommes, comme l'or avec la terre d'une mine.

De là, quelle foule d'inventions ignorées des anciens et dues à ces siècles barbares ! Notre art de noter la musique, les lettres de change, notre papier, le verre à vitres, les grandes glaces, les moulins à vent, les horloges, les lunettes, la poudre à canon, l'aiguille aimantée, la perfection de la marine et du commerce. Les arts ne sont que l'usage de la nature, et la pratique des arts est une suite d'expériences physiques qui la dévoilent de plus en plus. Les faits s'amassaient dans l'ombre des temps d'ignorance, et les sciences dont le progrès, pour être caché, n'en était pas moins réel, devaient reparaître un jour accrues de ces nouvelles richesses, et telles que ces rivières qui, après s'être dérobées quelque temps à notre vue dans un canal souterrain, se montrent plus loin, grossies de toutes les eaux filtrées à travers les terres.

Différentes suites d'événements naissent dans les différentes contrées du monde, et toutes, comme par autant de routes séparées, concourent enfin au même but, à relever les ruines de l'esprit humain. Ainsi, pendant la nuit, on voit les étoiles se lever successivement ; elles s'avancent chacune sur leur cercle ; elles semblent dans leur révolution commune entraîner avec elles toute la sphère céleste, et nous amener le jour qui les suit. L'Allemagne, le Danemark, la Suède, la Pologne par les soins de Charlemagne et des Othon, la Russie par le commerce avec l'empire des Grecs cessent d'être des forêts incultes. Le christianisme, en rassemblant ces sauvages épars, en les fixant dans des villes va tarir pour jamais la source de ces inondations tant de fois funestes aux sciences. L'Europe est encore barbare ; mais ses connaissances portées chez des peuples plus barbares encore sont pour eux un progrès immense. Peu à peu les mœurs apportées de la Germanie dans le Midi de l'Europe disparaissent. Les nations, dans les querelles des nobles et des princes, commencent à se former les principes d'un gouvernement plus fixe, à acquérir par la variété des circonstances où elles se trouvent le caractère particulier qui les distingue : les guerres contre les Musulmans dans la Palestine, en donnant à tous les Etats de la chrétienté un intérêt commun, leur apprennent à se connaître, s'unir, jettent les semences de cette politique moderne par laquelle tant de nations semblent ne composer qu'une vaste République. Déjà, on voit l'autorité royale renaître en France ; la puissance du peuple s'établir en Angleterre ; les villes d'Italie se former en républiques et présenter l'image de l'ancienne Grèce ; les petites monarchies d'Espagne chasser les Maures devant elles et se rejoindre peu à peu dans une seule. Bientôt les mers qui, jusque-là, séparaient les nations, en deviennent le lien par l'invention de la boussole. Les Portugais à l'Orient, les Espagnols à l'Occident découvrent de nouveaux mondes : l'Univers est enfin connu.

Déjà le mélange des langues barbares avec le latin a produit dans la suite des siècles de nouvelles langues. Tandis que l'italienne, moins éloignée de leur source commune, moins mêlée avec les langages étrangers, s'élève la première à l'élégance du style et aux beautés de la poésie, les Ottomans, répandus dans l'Asie et dans l'Europe avec la rapidité d'un vent impétueux, achèvent d'abattre l'empire de Constantinople et dispersent dans l'Occident les faibles étincelles des sciences que la Grèce conservait encore.

Quel art nouveau naît tout à coup comme pour faire voler en tous lieux les écrits et la gloire des grands hommes qui vont paraître ? Que les moindres progrès sont lents en tout genre ! Depuis deux mille ans les médailles présentent à tous les yeux des caractères imprimés sur l'airain et, après tant de siècles, un particulier obscur soupçonne qu'on peut en imprimer sur le papier. Aussitôt les trésors de l'Antiquité tirés de la poussière passent dans toutes les mains, pénètrent dans tous les lieux, vont porter la lumière aux talents qui se perdaient dans l'ignorance, vont appeler le génie au fond de ses retraites.

Les temps sont arrivés. Sors, Europe, de la nuit qui te couvrait ! Noms immortels des Médicis, de Léon X, de François Ier, soyez consacrés à jamais ! Que les bienfaiteurs des arts partagent la gloire de ceux qui les cultivent ! Je te salue, ô Italie ! heureuse terre pour la seconde fois la patrie des lettres et du goût, la source d'où leurs eaux se sont répandues pour fertiliser nos régions. Notre France ne regarde encore que de loin tes progrès. Sa langue encore infectée d'un reste de barbarie ne peut les suivre. Bientôt de funestes discordes déchireront l'Europe entière ; des hommes audacieux ont ébranlé les fondements de la foi et ceux des Empires ; les tiges fleuries des beaux-arts croissent-elles arrosées de sang ? Un jour viendra, et ce jour n'est pas loin, qu'elles embelliront toutes les contrées de l'Europe.

Temps, déployez vos ailes rapides ! Siècle de Louis, siècle des grands hommes, siècle de la raison, hâtez-vous ! Déjà dans les troubles de l'hérésie, la fortune des Etats longtemps agitée a achevé de se situer comme par une dernière secousse. Déjà l'étude opiniâtre de l'Antiquité a remis les esprits au point où elle s'était arrêtée ; déjà cette multitude de faits, d'expériences, d'instruments, de manœuvres ingénieuses que la pratique des arts accumulait depuis tant de siècles, tirée de l'obscurité par l'impression ; déjà les productions des deux mondes, rassemblées sous les yeux par un commerce immense, sont devenues le fondement d'une physique inconnue jusque-là, et dégagée enfin des spéculations étrangères ; déjà de tous côtés des yeux attentifs sont fixés sur la nature : les moindres hasards mis à profit enfantent les découvertes. Le fils d'un artisan, dans la Zélande, assemble en se jouant deux verres convexes dans un tube ; les limites de nos sens sont reculées, et dans l'Italie les yeux de Galilée ont découvert un nouveau ciel. Déjà Kepler, en cherchant dans les astres les nombres de Pythagore, a trouvé ces deux fameuses lois du cours des planètes qui deviendront un jour dans les mains de Newton la clef de l'Univers. Déjà Bacon a tracé à la postérité la route qu'elle doit suivre.

Quel mortel ose rejeter les lumières de tous les âges et les notions mêmes qu'il a cru les plus certaines ? il semble vouloir éteindre le flambeau des sciences pour le rallumer lui seul au feu pur de la raison. Veut-il imiter ces peuples de l'Antiquité chez lesquels c'était un crime d'allumer à des feux étrangers celui qu'on faisait brûler sur les autels des Dieux ? Grand Descartes, s'il ne vous pas été donné de trouver toujours la vérité, du moins vous avez détruit la tyrannie de l'erreur.

La France que l'Espagne et l'Angleterre ont déjà devancée dans la gloire de la poésie ; la France, dont le génie n'achève de se former que lorsque l'esprit philosophique commence à se répandre, devra peut-être à cette lenteur même l'exactitude, la méthode, le goût sévère de ses écrivains. Les pensées subtiles et recherchées ; le pesant étalage d'une érudition fastueuse corrompent encore notre littérature. Etrange différence de nos progrès dans le goût et de ceux des anciens ! L'avancement réel de l'esprit humain se décèle jusque dans ses égarements ; les caprices de l'architecture gothique n'appartiennent point à ceux qui n'ont que des cabanes de bois. L'acquisition des connaissances chez les premiers hommes et la formation du goût marchaient, pour ainsi dire, du même pas. De là, une rudesse grossière, une trop grande simplicité étaient leur apanage. Guidés par l'instinct et l'imagination, ils saisirent peu à peu ces rapports entre l'homme et les objets de la nature qui sont les seuls fondements du beau. Dans les derniers temps où, malgré l'imperfection du goût, le nombre des idées et des connaissances était augmenté, où l'étude des modèles et des règles avait fait perdre de vue la nature et le sentiment, il fallait se ramener par la réflexion où les premiers hommes avaient été conduits par un instinct aveugle : et qui ne sait que c'est là le suprême effort de la raison ?

Enfin, toutes les ombres sont dissipées : quelle lumière brille de toutes parts ! quelle foule de grands hommes dans tous les genres ! quelle perfection de la raison humaine ! Un homme [1] a soumis l'infini au calcul, a dévoilé les propriétés de la lumière qui, en éclairant tout, semblait se cacher elle-même, a mis dans la balance les astres, la terre et toutes les forces de la nature. Cet homme a trouvé un rival. Leibnitz embrasse dans sa vaste intelligence tous les objets de l'esprit humain. Les différentes sciences, resserrées d'abord dans un petit nombre de notions simples, communes à tous, ne peuvent plus, lorsqu'elles sont devenues par leurs progrès plus étendues et plus difficiles, être envisagées que séparément ; mais un progrès plus grand encore les rapproche, parce qu'on découvre cette dépendance mutuelle de toutes les vérités qui, en les enchaînant entre elles, les éclaire l'une par l'autre : parce que, si chaque jour ajoute à l'immensité des sciences, chaque jour les rend plus faciles, parce que les méthodes se multiplient avec les découvertes, parce que l'échafaud s'élève avec l'édifice.

O Louis ! Quelle majesté t'environne ! Quel éclat ta main bienfaisante a répandu sur tous les arts ! Ton peuple heureux est devenu le centre de la politesse ! Rivaux de Sophocle, de Ménandre, d'Horace, rassemblez-vous autour de son trône ! Académies savantes, naissez, unissez vos travaux pour la gloire de son règne ! Quelle multitude de monuments publics, de productions du génie, d'arts nouveaux inventés, d'arts anciens perfectionnés ! Qui pourrait suffire à les peindre ? Ouvrez les yeux et voyez ! Siècle de Louis le Grand, que votre lumière embellisse le règne précieux de son successeur ! Qu'elle soit à jamais durable, qu'elle s'étende sur tout l'Univers ! Puissent les hommes faire sans cesse de nouveaux pas dans la carrière de la vérité ! Plutôt encore, puissent-ils devenir sans cesse meilleurs et plus heureux !

Au milieu de ces vicissitudes des opinions, des sciences, des arts

1. Newton. (G. S.).

et de tout ce qui est humain, jouissez, Messieurs, du plaisir de voir cette religion à laquelle vous avez consacré vos cœurs et vos talents, toujours semblable à elle-même, toujours pure, toujours entière, se perpétuer dans l'Eglise, conserver tous les traits du sceau dont l'a marquée la Divinité. Vous serez ses ministres et vous serez digne d'elle. La Faculté attend de vous sa gloire, l'Eglise de France ses lumières, la Religion ses défenseurs ; le génie, l'érudition et la piété s'unissent pour fonder leurs espérances.

Articles « Foire » et « Fondation » pour l'Encyclopédie

(1757)

Turgot rédigea en tout cinq articles pour l'Encyclopédie, *en demandant que son nom ne soit pas mentionné. Diderot lui proposa en 1759 de continuer sa collaboration : « Choisissez les articles qui vous conviendront. Vous pouvez être sûr que je vous garderai le secret le plus inviolable et que vous ne serez point exposé à l'inconvénient qui pouvait vous arrêter. Quelques articles, en grâce, Monsieur, quelques articles. » Il semble que Turgot ait envisagé une réponse positive, mais finalement il ne traita aucun des sujets que lui proposait Diderot (notamment* Intérêt de l'argent).

FOIRE [1]

Article de l'Encyclopédie.

(Définition. — Utilité des foires et des marchés. — Inconvénients des taxes et des gênes attachées aux foires.)

FOIRE, s. f. (*Commerce et Politique*). Ce mot qui vient de forum, place publique, a été dans son origine synonyme de celui de *marché*, et l'est encore à certains égards. L'un et l'autre signifient un concours de *marchands* et d'*acheteurs* dans des lieux et des temps marqués ; mais le mot de *foire* paraît présenter l'idée d'un concours plus nombreux, plus solennel et, par conséquent, plus rare. Cette différence, qui frappe au premier coup d'œil, paraît être celle qui détermine dans l'usage l'application de ces deux mots ; elle provient cependant elle-même d'une autre différence plus cachée et, pour ainsi dire, plus radicale entre ces deux choses. Nous allons la développer.

Il est évident que les marchands et les acheteurs ne peuvent se rassembler dans certains temps et dans certains lieux sans un attrait, un intérêt qui compense ou même qui surpasse les frais du voyage et du transport des denrées ou des marchandises. Sans cet attrait chacun resterait chez soi : plus il sera considérable, plus les denrées supporteront de longs transports, plus le concours des marchands et des acheteurs sera nombreux et solennel, plus le district dont ce concours est le centre pourra être étendu. Le cours naturel du commerce suffit pour former ce concours et pour l'augmenter jusqu'à un certain point. La concurrence des vendeurs limite le prix des denrées, et le prix des denrées limite à son tour le nombre des vendeurs. En effet, tout commerce devant nourrir

1. On a donné inexactement à cet article le titre de *Foires et marchés*. (G. S.).

celui qui l'entreprend, il faut bien que le nombre des ventes dédommage le marchand de la modicité des profits qu'il fait sur chacune, et que, par conséquent, le nombre des marchands se proportionne au nombre actuel des consommateurs, en sorte que chaque marchand correspond à un certain nombre de ceux-ci. Cela reconnu, je suppose que le prix d'une denrée soit tel, qu'afin d'en soutenir le commerce il soit nécessaire d'en vendre pour la consommation de trois cents familles ; il est évident que trois villages, dans chacun desquels il n'y aura que cent familles, ne pourront entretenir qu'un seul marchand de cette denrée. Ce marchand se trouvera probablement dans celui des trois villages où le plus grand nombre des acheteurs pourra se rassembler plus commodément ou à moins de frais, parce que cette diminution de frais fera préférer le marchand établi dans ce village à ceux qui seraient tentés de s'établir dans l'un des deux autres. Mais plusieurs espèces de denrées seront vraisemblablement dans le même cas et les marchands de chacune de ces denrées se réuniront dans le même lieu par la même raison de la diminution des frais, et parce qu'un homme qui a besoin de deux espèces de denrées aime mieux ne faire qu'un voyage pour se les procurer que d'en faire deux : c'est réellement comme s'il payait chaque marchandise moins cher. Le lieu, devenu considérable par cette réunion même des différents commerces, le devient de plus en plus, parce que tous les artisans que le genre de leur travail ne retient pas à la campagne et tous les hommes à qui leur richesse permet d'être oisifs, s'y rassemblent pour y chercher les commodités de la vie. La concurrence des acheteurs attire les marchands par l'espérance de vendre ; il s'en établit plusieurs pour la même denrée. La concurrence des marchands attire les acheteurs par l'espérance du bon marché, et toutes deux continuent à s'augmenter mutuellement jusqu'à ce que le désavantage de la distance compense pour les acheteurs éloignés le bon marché de la denrée produit par la concurrence, et même ce que l'usage et la force de l'habitude ajoutent à l'attrait du bon marché. Ainsi se forment naturellement différents centres de commerce ou *marchés,* auxquels répondent autant de cantons ou d'arrondissements plus ou moins étendus, suivant la nature des denrées, la facilité plus ou moins grande des communications, et l'état de la population plus ou moins nombreuse. Et telle est, pour le dire en passant, la première et la plus commune origine des *bourgades* et des *villes.*

La même raison de commodité qui détermine le concours des marchands et des acheteurs à certains lieux, le détermine aussi à certains jours, lorsque les denrées sont trop viles pour soutenir de longs transports, et que le canton n'est pas assez peuplé pour fournir à un concours suffisant et journalier. Ces jours se fixent par une espèce de convention tacite, et la moindre circonstance suffit pour cela. Le nombre des journées de chemin entre les lieux les plus considérables des environs, combiné avec certaines époques qui déterminent le départ des voyageurs, telles que le voisinage de certaines fêtes, certaines échéances d'usage dans les paiements, toutes sortes de solennités périodiques, enfin tout ce qui rassemble à certains jours un certain nombre d'hommes, devient le principe de l'établissement d'un marché à ces mêmes jours, parce que les marchands ont toujours intérêt à chercher les acheteurs, et réciproquement.

Mais il ne faut qu'une distance assez médiocre pour que cet intérêt et le bon marché produit par la concurrence, soient contrebalancés par les frais de voyage et de transport des denrées. Ce n'est donc point au cours naturel d'un commerce animé par la liberté, qu'il faut attribuer ces foires brillantes où les productions d'une partie de l'Europe se rassemblent à grands frais, et qui semblent être le rendez-vous des nations. L'intérêt qui doit compenser ces frais exorbitants ne vient point de la nature des choses, mais il résulte des privilèges et des franchises accordés au commerce en certains lieux et en certains temps, tandis qu'il est accablé partout ailleurs de taxes et de droits. Il n'est pas étonnant que l'état de gêne et de vexation habituelles sous lequel le commerce a gémi si longtemps dans toute l'Europe, en ait déterminé le cours avec violence vers les lieux où on lui offrait un peu plus de liberté. C'est ainsi que les princes, en accordant des exemptions de droits, ont produit tant de foires dans les différentes parties de l'Europe, et il est évident que ces foires doivent être d'autant plus considérables, que le commerce dans les temps ordinaires est plus surchargé de droits.

Une foire et un marché sont donc l'un et l'autre un concours de marchands et d'acheteurs dans des lieux et des temps marqués ; mais pour les marchés, c'est l'intérêt réciproque que les acheteurs et les vendeurs ont de se chercher qui les réunit, et pour les foires, c'est le désir de jouir de certains privilèges : d'où suit qu'il doit être bien plus nombreux et bien plus solennel dans les foires.

Quoique le cours naturel du commerce suffise pour établir des marchés, il est arrivé, par une suite de ce malheureux principe qui, dans presque tous les gouvernements, a si longtemps infecté l'administration du commerce, je veux dire la manie de tout conduire, de tout régler et de ne jamais s'en rapporter aux hommes sur leur propre intérêt ; il est arrivé, dis-je que pour établir des marchés on a fait intervenir la police ; qu'on en a borné le nombre sous prétexte d'empêcher qu'ils ne se nuisissent les uns aux autres ; qu'on a défendu de vendre certaines marchandises ailleurs que dans certains lieux désignés, soit pour la commodité des commis chargés de recevoir les droits dont elles sont grevées, soit parce qu'on a voulu les assujettir à des formalités de visite et de marque, et qu'on ne peut pas mettre partout des bureaux. On ne peut trop saisir toutes les occasions de combattre ce système fatal à l'industrie ; il s'en trouvera plus d'une dans l'*Encyclopédie.*

Les foires les plus célèbres sont, en France, celles de Lyon, de Bordeaux, de Guibray, de Beaucaire, etc. ; en Allemagne, celles de Leipzig, de Francfort, etc. Mon objet n'est point ici d'en faire l'énumération, ni d'exposer en détail les privilèges accordés par différents souverains, soit aux foires en général, soit à telle ou telle foire en particulier ; je me bornerai à quelques réflexions contre l'illusion assez commune, qui fait citer à quelques personnes la grandeur et l'étendue du commerce de certaines foires comme une preuve de la grandeur du commerce d'un Etat.

Sans doute, une foire doit enrichir le lieu où elle se tient et faire la grandeur d'une ville particulière et, lorsque toute l'Europe gémissait dans les entraves multipliées du gouvernement féodal, lorsque chaque village, pour ainsi dire, formait une souveraineté indépendante, lorsque les seigneurs renfermés dans leurs châteaux ne voyaient dans le commerce qu'une occasion d'augmenter leurs revenus, en soumettant à des contributions et à des péages exorbitants tous ceux que la nécessité forçait de passer sur leurs terres ; il n'est pas douteux que ceux qui, les premiers, furent assez éclairés pour sentir qu'en se relâchant un peu de la rigueur de leurs droits ils seraient plus que dédommagés par l'augmentation du commerce et des consommations, virent bientôt les lieux de leur résidence enrichis, agrandis, embellis. Il n'est pas douteux que, lorsque les rois et les empereurs eurent assez augmenté pour soustraire aux taxes levées par leurs vassaux les marchandises destinées pour les foires de certaines villes qu'ils voulaient favoriser, ces villes devinrent nécessairement le centre d'un très grand commerce et virent accroître leur puissance avec leurs richesses ; mais, depuis que toutes ces petites souverainetés se sont réunies pour ne former qu'un grand Etat sous un seul prince, si la négligence, la force de l'habitude, la difficulté de réformer les abus lors même qu'on le veut, et la difficulté de le vouloir, ont engagé à laisser subsister les mêmes gênes, les mêmes droits locaux et les mêmes privilèges qui avaient été établis lorsque chaque province et chaque ville obéissaient à différents souverains, n'est-il pas singulier que cet effet du hasard ait été non seulement loué, mais imité comme l'ouvrage d'une saine politique ? N'est-il pas singulier qu'avec de très bonnes intentions et dans la vue de rendre le commerce florissant, on ait encore institué de nouvelles foires, qu'on ait augmenté encore les privilèges et les exemptions de certaines villes, qu'on ait même empêché certaines branches de commerce de s'établir au sein des provinces pauvres, dans la crainte de nuire à quelques autres villes enrichies depuis longtemps par ces mêmes branches de commerce ? Et qu'importe que ce soit Pierre ou Jacques, le Maine ou la Bretagne, qui fabriquent telle ou telle marchandise, pourvu que l'Etat s'enrichisse et que des Français vivent ? Qu'importe qu'une étoffe soit vendue à Beaucaire ou dans le lieu de sa fabrication, pourvu que l'ouvrier reçoive le prix de son travail ? Une masse énorme de commerce, rassemblée dans un lieu et amoncelée sous un seul coup d'œil, frappera d'une manière plus sensible les yeux des politiques superficiels. Les eaux rassemblées artificiellement dans des bassins et des canaux amusent le voyageur par l'étalage d'un luxe frivole ; mais les eaux que les pluies répandent uniformément sur la surface des campagnes, que la seule pente du terrain dirige et distribue dans tous les vallons pour y former des fontaines, portent partout la richesse et la fécondité. Qu'importe qu'il se fasse un grand commerce dans une certaine ville et dans un certain moment, si ce commerce momentané n'est grand que par les causes mêmes qui gênent le commerce, et qui tendent à le diminuer dans tout autre temps et dans toute l'étendue de l'Etat ? « Faut-il, dit le magistrat citoyen [1] auquel nous devons la traduction de Child et auquel la France devra peut-être un jour la destruction des obstacles que l'on a mis aux progrès du commerce en voulant le favoriser, « faut-il jeûner toute l'année pour faire bonne « chère à certains jours ? En Hollande il n'y a point de foires ; mais « toute l'étendue de l'Etat et toute l'année ne forment pour ainsi dire « qu'une foire continuelle, parce que le commerce y est toujours et « partout également florissant. »

On dit : « L'Etat ne peut se passer de revenus ; il est indispensable, pour subvenir à ses besoins, de charger les marchandises de différentes taxes. Cependant, il n'est pas moins nécessaire de faciliter le débit de nos productions, surtout chez l'étranger, ce qui ne peut se faire sans en baisser le prix autant qu'il est possible. Or, on concilie ces deux objets en indiquant des lieux et des temps de franchise, où

1. Vincent de Gournay. (G. S.).

le bas prix des marchandises invite l'étranger et produit une consommation extraordinaire, tandis que la consommation habituelle et nécessaire fournit suffisamment aux revenus publics. L'envie même de profiter de ces moments de grâce donne aux vendeurs et aux acheteurs un empressement que la solennité de ces *grandes foires* augmente encore par une espèce de séduction, d'où résulte une augmentation dans la masse totale du commerce. » Tels sont les prétextes qu'on allègue pour soutenir l'utilité des *grandes foires*. Mais il n'est pas difficile de se convaincre qu'on peut, par des arrangements généraux, et en favorisant également tous les membres de l'Etat, concilier avec bien plus d'avantages les deux objets que le gouvernement peut se proposer. En effet, puisque le prince consent à perdre une partie de ses droits et à les sacrifier aux intérêts du commerce, rien n'empêche qu'en rendant tous les droits uniformes, il ne diminue sur la totalité la même somme qu'il consent à perdre ; l'objet de décharger des droits la vente à l'étranger, en ne les laissant subsister que sur les consommations intérieures, sera même bien plus aisé à remplir en exemptant de droits toutes les marchandises qui sortent ; car enfin on ne peut nier que nos *foires* ne fournissent à une grande partie de notre consommation. Dans cet arrangement, la consommation extraordinaire qui se fait dans le temps des foires diminuerait beaucoup ; mais il est évident que la modération des droits, dans les temps ordinaires, rendrait la consommation générale bien plus abondante ; avec cette différence que, dans le cas du droit uniforme, mais modéré, le commerce gagne tout ce que le prince veut lui sacrifier : au lieu que dans le cas du droit général plus fort, avec des exemptions locales et momentanées, le roi peut sacrifier beaucoup, et le commerce ne gagner presque rien, ou, ce qui est la même chose, les denrées ou les marchandises peuvent baisser de prix beaucoup moins que les droits ne diminuent, et cela parce qu'il faut soustraire, de l'avantage que donne cette diminution, les frais du transport des denrées et des marchandises au lieu désigné pour la *foire*, le changement de séjour, les loyers des places de *foire* enchéris encore par le monopole des propriétaires, enfin le risque de ne pas vendre dans un espace de temps assez court, et d'avoir fait un long voyage en pure perte : or, il faut toujours que la marchandise paie tous ces frais et ces risques. Il s'en faut donc beaucoup que le sacrifice des droits du prince soit aussi utile au commerce par les exemptions momentanées et locales, qu'il le serait par une modération légère sur la totalité des droits ; il s'en faut beaucoup que la consommation extraordinaire augmente autant par l'exemption particulière, que la consommation journalière diminue par la surcharge habituelle. Ajoutons qu'il n'y a point d'exemption particulière qui ne donne lieu à des fraudes pour en profiter, à des gênes nouvelles, à des multiplications de commis et d'inspecteurs pour empêcher ces fraudes, à des peines pour les punir ; autre perte d'argent et d'hommes pour l'Etat.

Concluons que les *grandes foires* ne sont jamais aussi utiles que la gêne qu'elles supposent est nuisible, et que bien loin d'être la preuve de l'état florissant du commerce, elles ne peuvent exister, au contraire, que dans les Etats où le commerce est gêné, surchargé de droits et, par conséquent, médiocre.

FONDATION

Article de l'Encyclopédie.

(Définition. — Vices des fondations. — Laissez-faire.)

FONDATION, *s. f.* (*Politique et Droit naturel*). Les mots *fonder, fondement,* FONDATION, s'appliquent à tout établissement durable et permanent, par une métaphore bien naturelle, puisque le nom d'*établissement* est appuyé précisément sur la même métaphore.

Dans ce sens, on dit : *la fondation d'un empire, d'une république.* Mais nous ne parlerons point, dans cet article, de ces grands objets : ce que nous pourrions en dire tient aux principes primitifs du droit politique, à la première institution des gouvernements parmi les hommes.

On dit aussi : *fonder une secte.* Enfin on dit : *fonder une académie, un collège, un hôpital, un couvent, des messes, des prix à distribuer, des jeux publics,* etc. *Fonder* dans ce sens, c'est assigner un fonds ou une somme d'argent pour être employée à perpétuité à remplir l'objet que le fondateur s'est proposé, soit que cet objet regarde le culte divin ou l'utilité publique, soit qu'il se borne à satisfaire la vanité du fondateur, motif souvent l'unique véritable, lors même que les deux autres lui servent de voile.

Les formalités nécessaires pour transporter, à des personnes chargées de remplir les intentions du fondateur, la propriété ou l'usage des fonds que celui-ci y a destinés ; les précautions à prendre pour assurer l'exécution perpétuelle de l'engagement contracté par ces personnes ; les dédommagements dus à ceux que ce transport de propriété peut intéresser, comme par exemple au suzerain privé pour jamais des droits qu'il percevait à chaque mutation de propriétaire sur le fonds donné ; les bornes que la politique a sagement voulu mettre à l'excessive multiplication de ces libéralités indiscrètes ; enfin différentes circonstances essentielles ou accessoires aux *fondations,* ont donné lieu à différentes lois, dont le détail n'appartient point à cet article, et sur lesquelles nous renvoyons aux articles FONDATION (*jurisprudence*), MAINMORTE, AMORTISSEMENT, etc.

Notre but n'est, dans celui-ci, que d'examiner l'utilité des *fondations* en général par rapport au bien public, ou plutôt d'en montrer les inconvénients : puissent les considérations suivantes concourir, avec l'esprit philosophique du siècle, à dégoûter des *fondations* nouvelles et à détruire un reste de respect superstitieux pour les anciennes !

1° Un *fondateur* est un homme qui veut éterniser l'effet de ses volontés : or, quand on lui supposerait toujours les intentions les plus pures, combien n'a-t-on pas de raisons de se défier de ses lumières ? Combien n'est-il pas aisé de faire le mal en voulant faire le bien ? Prévoir avec certitude si un établissement produira l'effet qu'on s'en est promis, et n'en aura pas un tout contraire ; démêler à travers l'illusion d'un bien prochain et apparent, les maux réels qu'un long enchaînement de causes ignorées amènera à sa suite ; connaître les véritables plaies de la société, remonter à leurs causes ; distinguer les remèdes des palliatifs ; se défendre enfin des prestiges de la séduction ; porter un regard sévère et tranquille sur un projet, au milieu de cette atmosphère de gloire dont les éloges d'un public aveugle et notre propre enthousiasme nous le montrent environné : ce serait l'effort du plus profond génie, et peut-être les sciences politiques ne sont-elles pas encore assez avancées de nos jours pour y réussir. Souvent on présente à quelques particuliers des secours contre un mal dont la cause est générale, et quelquefois le remède même qu'on voudrait opposer à l'effet augmente l'influence de la cause. Nous avons un exemple frappant de cette espèce de maladresse, dans quelques maisons destinées à servir d'asile aux femmes repenties. Il faut faire preuve de débauche pour y entrer. Je sais bien que cette précaution a dû être imaginée pour empêcher que la *fondation* ne soit détournée à d'autres objets ; mais cela seul ne prouve-t-il pas que ce n'était point par de pareils établissements, étrangers aux véritables causes du libertinage, qu'il fallait le combattre ? Ce que j'ai dit du libertinage est vrai de la pauvreté. Le pauvre a des droits incontestables sur l'abondance du riche ; l'humanité, la religion, nous font également un devoir de soulager nos semblables dans le malheur : c'est pour accomplir ces devoirs indispensables que tant d'établissements de charité ont été élevés dans le monde chrétien pour soulager des besoins de toute espèce ; que des pauvres sans nombre sont rassemblés dans des hôpitaux, nourris à la porte des couvents par des distributions journalières. Qu'est-il arrivé ? C'est que, précisément dans les pays où ces ressources gratuites sont les plus abondantes, comme en Espagne et dans quelques parties de l'Italie, la misère est plus commune et plus générale qu'ailleurs. La raison en est bien simple, et mille voyageurs l'ont remarquée. Faire vivre gratuitement un grand nombre d'hommes, c'est soudoyer l'oisiveté et tous les désordres qui en sont la suite ; c'est rendre la condition du fainéant préférable à celle de l'homme qui travaille ; c'est, par conséquent, diminuer pour l'Etat la somme du travail et des productions de la terre, dont une partie devient nécessairement inculte ; de là, les disettes fréquentes, l'augmentation de la misère, et la dépopulation qui en est la suite : la race des citoyens industrieux est remplacée par une populace vile, composée de mendiants vagabonds et livrés à toutes sortes de crimes. Pour sentir l'abus de ces aumônes mal dirigées, qu'on suppose un Etat si bien administré, qu'il ne s'y trouve aucun pauvre (chose possible sans doute pour un Etat qui a des colonies à peupler), l'établissement d'un secours gratuit pour un certain nombre d'hommes y créerait tout aussitôt des pauvres, c'est-à-dire donnerait à autant d'hommes un intérêt de le devenir, en abandonnant leurs occupations ; d'où résulterait un vide dans le travail et la richesse de l'Etat, une augmentation du poids des charges publiques sur la tête de l'homme industrieux, et tous les désordres que nous remarquons dans la constitution présente des sociétés. C'est ainsi que les vertus les plus pures peuvent tromper ceux qui se livrent sans précaution à tout ce qu'elles leur inspirent. Mais, si des desseins pieux et respectables démentent les espérances qu'on en avait conçues, que faudra-t-il penser de ces *fondations* qui n'ont eu de motif et d'objet véritable que la satisfaction d'une vanité frivole, et qui sont sans doute les plus nombreuses ? Je ne craindrai point de dire que, si l'on comparait les avantages et les inconvénients de toutes les *fondations* qui existent aujourd'hui en Europe, il n'y en aurait peut-être pas une qui soutînt l'examen d'une politique éclairée.

2° Mais, de quelque utilité que puisse être une *fondation,* elle porte dans elle-même un vice irrémédiable et qu'elle tient de sa nature, l'impossibilité d'en maintenir l'exécution. Les fondateurs s'abusent bien grossièrement, s'ils s'imaginent que leur zèle se communiquera de siècle en siècle aux personnes chargées d'en perpétuer les effets. Quand elles en auraient été animées quelque temps, il n'est point de corps qui n'ait à la longue perdu l'esprit de sa première origine. Il n'est point de sentiment qui ne s'amortisse par l'habitude même et la familiarité avec les objets qui l'excitent. Quels mouvements confus d'horreur, de tristesse, d'attendrissement sur l'humanité, de pitié pour les malheureux qui souffrent, n'éprouve pas un homme qui entre pour la première fois dans une salle d'hôpital ! Eh bien, qu'il ouvre les yeux et qu'il voie : dans ce lieu même, au milieu de toutes les misères humaines rassemblées, les ministres destinés à les secourir se promènent d'un air inattentif et distrait ; ils vont, machinalement et sans intérêt, distribuer, de malade en malade, des aliments et des remèdes prescrits quelquefois avec une négligence meurtrière ; leur âme se prête à des conversations indifférentes et peut-être aux idées les plus gaies et les plus folles ; la vanité, l'envie, la haine, toutes les passions règnent là comme ailleurs, s'occupent de leur objet, le poursuivent, et les gémissements, les cris aigus de la douleur, ne les détournent pas davantage que le murmure d'un ruisseau n'interromprait une conversation animée. On a peine à le concevoir, mais on a vu le même lit être à la fois le lit de la mort et le lit de la débauche. Tels sont les effets de l'habitude par rapport aux objets les plus capables d'émouvoir le cœur humain. Voilà pourquoi aucun enthousiasme ne se soutient. Et comment, sans enthousiasme, les ministres de la *fondation* la rempliront-ils toujours avec exactitude ? Quel intérêt balancera en eux la paresse, ce poids attaché à la nature humaine, qui tend sans cesse à nous retenir dans l'inaction ? Les précautions mêmes que le fondateur a prises pour leur assurer un revenu constant les dispensent de le mériter. Fondera-t-il des surveillants, des inspecteurs, pour faire exécuter les conditions de la *fondation ?* il en sera de ces inspecteurs comme de tous ceux qu'on établit pour quelque règle que ce soit. Si l'obstacle qui s'oppose à l'exécution de la règle vient de la paresse, la même paresse les empêchera d'y veiller ; si c'est un intérêt pécuniaire, ils pourront aisément en partager le profit. Les surveillants eux-mêmes auraient donc besoin d'être surveillés ; et où s'arrêterait cette progression ridicule ? Il est vrai qu'on a obligé les chanoines à être assidus aux offices, en réduisant presque tous leurs revenus à des distributions manuelles ; mais ce moyen ne peut obliger qu'à une assistance purement corporelle, et de quelle utilité peut-il être pour les autres objets bien plus importants des *fondations* ? Aussi, presque toutes les *fondations* anciennes ont-elles dégénéré de leur institution primitive : alors le même esprit qui avait fait naître les premières en a fait établir de nouvelles sur le même plan ou sur un plan différent ; lesquelles, après avoir dégénéré à leur tour, sont aussi remplacées de la même manière. Les mesures sont ordinairement si bien prises par les fondateurs pour mettre leurs établissements à l'abri des innovations extérieures, qu'on trouve ordinairement plus aisé, et sans doute aussi plus honorable, de fonder de nouveaux établissements que de réformer les anciens ; mais, par ces doubles et triples emplois, le nombre des bouches inutiles dans la société, et la somme des fonds retirés de la circulation générale, s'augmentent continuellement [1].

Certaines *fondations* cessent encore d'être exécutées par une raison différente, et par le seul laps du temps : ce sont les *fondations* faites en *argent* et en *rentes.* On sait que toute espèce de rente a perdu à la longue presque toute sa valeur par deux principes : le premier est l'augmentation graduelle et successive de la valeur numéraire du marc d'argent, qui fait que celui qui recevait dans l'origine une livre valant douze onces d'argent, ne reçoit plus aujourd'hui, en raison du même titre, qu'une de nos livres, qui ne vaut pas la soixante-treizième partie de ces douze onces. Le second principe est l'accroissement de la masse d'argent, qui fait qu'on ne peut aujourd'hui se procurer qu'avec trois onces d'argent ce qu'on avait pour une seule avant que l'Amérique fût découverte. Il n'y aurait pas grand inconvénient à cela, si ces fondations étaient entièrement anéanties ; mais le corps de la fondation n'en subsiste pas moins, seulement les conditions n'en sont plus remplies. Par exemple, si les revenus d'un hôpital souffrent cette diminution, on supprimera les lits des malades, et l'on se contentera de pourvoir à l'entretien des chapelains.

3° Je veux supposer qu'une *fondation* ait eu dans son origine une utilité incontestable ; qu'on ait pris des précautions suffisantes pour

1. Voir à ce sujet : Thiers, bachelier en théologie et curé de Champrond, *l'Avocat des pauvres,* Paris, 1676, in-12, avec approbation de docteurs en théologie.

empêcher que la paresse et la négligence ne la fassent dégénérer ; que la nature des fonds la mette à l'abri des révolutions du temps sur les richesses publiques : l'immutabilité que les fondateurs ont cherché à lui donner est encore un inconvénient considérable, parce que le temps amène de nouvelles révolutions qui font disparaître l'utilité dont elle pouvait être dans son origine, et qui peuvent même la rendre nuisible. La société n'a pas toujours les mêmes besoins : la nature et la distribution des propriétés, la division entre les différents ordres du peuple, les opinions, les mœurs, les occupations générales de la nation ou de ses différentes portions, le climat même, les maladies et les autres accidents de la vie humaine, éprouvent une variation continuelle ; de nouveaux besoins naissent, d'autres cessent de se faire sentir ; la proportion de ceux qui demeurent change de jour en jour dans la société, et avec eux disparaît ou diminue l'utilité des *fondations* destinées à y subvenir. Les guerres de Palestine ont donné lieu à des *fondations* sans nombre, dont l'utilité a cessé avec ces guerres. Sans parler des ordres de religieux militaires, l'Europe est encore couverte de maladreries, quoique depuis longtemps on n'y connaisse plus la lèpre. La plupart de ces établissements survivent longtemps à leur utilité : premièrement, parce qu'il y a toujours des hommes qui en profitent et qui sont intéressés à les maintenir ; secondement, parce que, lors même qu'on est bien convaincu de leur inutilité, on est très longtemps à prendre le parti de les détruire, à se décider, soit sur les mesures et les formalités nécessaires pour abattre ces grands édifices affermis depuis tant de siècles, et qui souvent tiennent à d'autres bâtiments qu'on craint d'ébranler, soit sur l'usage ou le partage qu'on fera de leurs débris ; troisièmement, parce qu'on est très longtemps à se convaincre de leur inutilité, en sorte qu'ils ont quelquefois le temps de devenir nuisibles avant qu'on ait soupçonné qu'ils sont inutiles.

Il y a tout à présumer qu'une *fondation,* quelque utile qu'elle paraisse, deviendra un jour au moins inutile, peut-être nuisible, et le sera longtemps : n'en est-ce pas assez pour arrêter tout *fondateur* qui se propose un autre but que celui de satisfaire sa vanité ?

4° Je n'ai rien dit encore du luxe des édifices et du faste qui environne les grandes *fondations :* ce serait quelquefois évaluer bien favorablement leur utilité, que de l'estimer la centième partie de la dépense.

5° Malheur à moi si mon objet pouvait être, en présentant ces considérations, de concentrer l'homme dans son seul intérêt ; de le rendre insensible à la peine ou au bien-être de ses semblables ; d'éteindre en lui l'esprit de citoyen, et de substituer une prudence oisive et basse à la noble passion d'être utile aux hommes ! Je veux que l'humanité, que la passion du bien public procure aux hommes les mêmes biens que la vanité des *fondateurs,* mais plus sûrement, plus complètement, à moins de frais, et sans le mélange des inconvénients dont je me suis plaint. Parmi les différents besoins de la société qu'on voudrait remplir par la voie des établissements durables ou des *fondations,* distinguons-en deux sortes : les uns appartiennent à la société entière, et ne seront que le résultat des intérêts de chacune de ses parties : tels sont les besoins généraux de l'humanité, la nourriture pour tous les hommes, les bonnes mœurs et l'éducation des enfants, pour toutes les familles ; et cet intérêt est plus ou moins pressant pour les différents besoins, car un homme sent plus vivement le besoin de la nourriture que l'intérêt qu'il a de donner à ses enfants une bonne éducation. Il ne faut pas beaucoup de réflexion pour se convaincre que cette première espèce de besoins de la société n'est point de nature à être remplie par des *fondations,* ni par aucun autre moyen *gratuit ;* et qu'à cet égard le bien général doit être le résultat des efforts de chaque particulier pour son propre intérêt. Tout homme sain doit se procurer sa subsistance par son travail, parce que s'il était nourri sans travailler, il le serait aux dépens de ceux qui travaillent. Ce que l'Etat doit à chacun de ses membres, c'est la destruction des obstacles qui les gêneraient dans leur industrie, ou qui les troubleraient dans la jouissance des produits qui en sont la récompense. Si ces obstacles subsistent, les bienfaits particuliers ne diminueront point la pauvreté générale, parce que la cause restera tout entière.

De même, toutes les familles doivent l'éducation aux enfants qui naissent : elles y sont toutes intéressées immédiatement, et ce n'est que des efforts de chacune en particulier que peut naître la perfection générale de l'éducation. Si vous vous amusez à fonder des maîtres et des bourses dans des collèges, l'utilité ne s'en fera sentir qu'à un petit nombre d'hommes favorisés au hasard, et qui peut-être n'auront point les talents nécessaires pour en profiter : ce ne sera pour toute la nation d'une goutte d'eau répandue sur une vaste mer, et vous aurez fait à très grands frais de très petites choses. Et puis, faut-il accoutumer les hommes à tout demander, à tout recevoir, à ne rien devoir à eux-mêmes ? Cette espèce de mendicité qui s'étend dans toutes les conditions dégrade un peuple, substitue à toutes les passions hautes un caractère de bassesse et d'intrigue. Les hommes sont-ils puissamment intéressés au bien que vous voulez leur procurer, *laissez-les faire :* voilà le grand, l'unique principe. Vous paraissent-ils s'y porter avec moins d'ardeur que vous ne désireriez, augmentez leur intérêt. Vous voulez perfectionner l'éducation : proposez des prix à l'émulation des pères et des enfants ; mais que ces prix soient offerts à quiconque peut les mériter, du moins dans chaque ordre de citoyens ; que les emplois et les places en tout genre deviennent la récompense du mérite et la perspective assurée du travail, et vous verrez l'émulation s'allumer à la fois dans le sein de toutes les familles ; bientôt votre nation s'élèvera au-dessus d'elle-même ; vous aurez éclairé son esprit, vous lui aurez donné des mœurs, vous aurez fait de grandes choses, et il ne vous en aura pas tant coûté que pour fonder un collège.

L'autre classe de besoins publics auxquels on a voulu subvenir par des *fondations,* comprend ceux qu'on peut regarder comme accidentels, qui, bornés à certains lieux et à certains temps, entrent moins dans le système de l'administration générale, et peuvent demander des secours particuliers. Il s'agira de remédier aux maux d'une disette, d'une épidémie, de pourvoir à l'entretien de quelques vieillards, de quelques orphelins, à la conservation des enfants exposés ; de faire ou d'entretenir des travaux utiles à la commodité ou à la salubrité d'une ville ; de perfectionner l'agriculture ou quelques arts languissants dans un canton ; de récompenser des services rendus par un citoyen à la ville dont il est membre, d'y attirer des hommes célèbres par leurs talents, etc. Or, il s'en faut beaucoup que la voie des établissements publics et des *fondations* soit la meilleure pour procurer aux hommes tous ces biens dans la plus grande étendue possible. L'emploi libre des revenus d'une communauté, ou la contribution de tous ses membres dans le cas où le besoin serait pressant et général ; une association libre et des souscriptions volontaires de quelques citoyens généreux, dans le cas où l'intérêt serait moins prochain et moins universellement senti : voilà de quoi remplir parfaitement toutes sortes de vues vraiment utiles ; et cette méthode aura sur celle des *fondations* cet avantage inestimable, qu'elle n'est sujette à aucun abus important. Comme la contribution de chacun est entièrement volontaire, il est impossible que les fonds soient détournés de leur destination. S'ils l'étaient, la source en tarirait aussitôt ; il n'y a point d'argent perdu en frais inutiles, en luxe et en bâtiments. C'est une société du même genre que celles qui se font dans le commerce, avec cette différence qu'elle n'a pour objet que le bien public ; et, comme les fonds ne sont employés que sous les yeux des actionnaires, ils sont à portée de veiller à ce qu'ils le soient de la manière la plus avantageuse. Les ressources ne sont point éternelles pour des besoins passagers : le secours n'est jamais appliqué qu'à la partie de la société qui souffre, à la branche de commerce qui languit. Le besoin cesse-t-il, la libéralité cesse, et son cours se tourne vers d'autres besoins. Il n'y a jamais de doubles ni de triples emplois, parce que l'utilité actuelle reconnue est toujours ce qui détermine la générosité des bienfaiteurs publics. Enfin, cette méthode ne retire aucun fonds de la circulation générale ; les terres ne sont point irrévocablement possédées par des mains paresseuses, et leurs productions, sous la main d'un propriétaire actif, n'ont de borne que celle de leur propre fécondité. Qu'on ne dise point que ce sont là des idées chimériques : l'Angleterre, l'Ecosse et l'Irlande sont remplies de pareilles sociétés, et en ressentent, depuis plusieurs années, les heureux effets. Ce qui a lieu en Angleterre peut avoir lieu en France ; et quoi qu'on en dise, les Anglais n'ont pas le droit exclusif d'être citoyens. Nous avons même déjà dans quelques provinces des exemples de ces associations qui en prouvent la possibilité. Je citerai en particulier la ville de Bayeux, dont les habitants se sont cotisés librement pour bannir entièrement de leur ville la mendicité, et y ont réussi en fournissant du travail à tous les mendiants valides, et des aumônes à ceux qui ne le sont pas. Ce bel exemple mérite d'être proposé à l'émulation de toutes nos villes : rien ne sera si aisé, quand on le voudra bien, que de tourner vers des objets d'une utilité générale et certaine l'émulation et le goût d'une nation aussi sensible à l'honneur que la nôtre, et aussi facile à se plier à toutes les impressions que le gouvernement voudra et saura lui donner.

6° Ces réflexions doivent faire applaudir aux sages restrictions que le Roi a mises, par son édit de 1749, à la liberté de faire des fondations nouvelles. Ajoutons qu'elles ne doivent laisser aucun doute sur le droit incontestable qu'ont le gouvernement d'abord dans l'ordre civil, puis le gouvernement et l'église dans l'ordre de la religion, de disposer des fondations anciennes, d'en diriger les fonds à de nouveaux objets, ou mieux encore de les supprimer tout à fait. L'utilité publique est la loi suprême, et ne doit être balancée ni par un respect superstitieux pour ce qu'on appelle l'*intention des fondateurs,* comme si des particuliers ignorants et bornés avaient eu droit d'enchanter à leurs volontés capricieuses les générations qui n'étaient point encore ; ni par la crainte de blesser les droits prétendus de certains corps, comme si les corps particuliers avaient quelques droits vis-à-vis de l'Etat. Les citoyens ont des droits, et des droits sacrés pour le corps même de la société ; ils existent indépendamment d'elle ; ils en sont les éléments nécessaires, et ils n'y entrent que pour se mettre, avec tous leurs droits, sous la protection de ces mêmes lois qui assurent leurs propriétés et leur liberté. Mais les corps particuliers n'existent point par eux-mêmes, ni pour eux ; ils ont été formés pour la société, et ils doivent cesser d'exister au moment qu'ils cessent d'être utiles.

Concluons qu'aucun ouvrage des hommes n'est fait pour l'immortalité ; et puisque les *fondations,* toujours multipliées par la vanité, absorberaient à la longue tous les fonds et toutes les propriétés particulières, il faut bien qu'on puisse à la fin les détruire. Si tous les hommes qui ont vécu avaient eu un tombeau, il aurait bien fallu, pour trouver des terres à cultiver, renverser ces monuments stériles et remuer les cendres des morts pour nourrir les vivants.

Eloge de Vincent de Gournay

(1759)

*Turgot avait accompagné Vincent de Gournay dans les tournées que celui-ci effectua à titre d'intendant du Commerce dans le Sud-Ouest en 1755, et en 1756 dans la vallée de la Loire et en Bretagne, et il resta ensuite en rapports étroits avec Gournay jusqu'à la mort de ce dernier en 1759. L'*Eloge *fut rédigé à l'intention de Marmontel, qui s'en servit pour une notice nécrologique parue dans le* Mercure *d'août 1759.*

(La science du commerce. — Vincent de Gournay. — La liberté du travail. — Les hommes à systèmes. — La protection de l'industrie. — Les taxes et la finance. — Le bureau du commerce. — Les encouragements. — La traduction de Child. — Voyages de Gournay. — Sa vie. — Son système.)

Jacques-Claude-Marie VINCENT, seigneur de GOURNAY, conseiller honoraire au Grand-Conseil, intendant honoraire du commerce, est mort à Paris le 27 juin dernier, âgé de quarante-sept ans.

Il était né à Saint-Malo, au mois de mai 1712, de Claude Vincent, l'un des plus considérables négociants de cette ville et secrétaire du roi.

Ses parents le destinèrent au commerce et l'envoyèrent à Cadix en 1729, à peine âgé de dix-sept ans.

Abandonné de si bonne heure à sa propre conduite, il sut se garantir des écueils et de la dissipation trop ordinaires à cet âge, et pendant tout le temps qu'il habita Cadix, sa vie fut partagée entre l'étude, les travaux de son état, les relations sans nombre qu'exigeait son commerce et celles que son mérite personnel ne tarda pas à lui procurer.

Son goût pour l'application lui fit trouver le temps d'enrichir son esprit d'une foule de connaissances utiles, et de ne pas même négliger celles de pur agrément ; mais ce fut surtout à la science du commerce qu'il s'attacha et vers laquelle il dirigea toute la vigueur de son esprit.

Comparer entre elles les productions de la nature et des arts dans les différents climats ; connaître la valeur de ces productions ou, en d'autres termes, leur rapport avec les besoins et les richesses des nationaux et des étrangers ; les frais de transport variés suivant la nature des denrées et la diversité des routes, les impôts multipliés auxquels elles sont assjetties, etc. ; en un mot, embrasser dans toute son étendue et suivre dans ses révolutions continuelles l'état des productions naturelles, de l'industrie, de la population, des richesses, des finances, des besoins et des caprices mêmes de la mode chez toutes les nations que le commerce réunit, pour appuyer sur l'étude approfondie de tous ces détails des spéculations lucratives, c'est étudier le commerce en négociant, ce n'est encore qu'une partie de la science du commerce. Mais découvrir les causes et les effets cachés de cette multitude de révolutions et de leurs variations continuelles ; remonter aux ressorts simples dont l'action, toujours combinée et quelquefois déguisée par les circonstances locales, dirige toutes les opérations du commerce ; reconnaître ces lois uniques et primitives, fondées sur la nature même, par lesquelles toutes les valeurs existant dans le commerce se balancent entre elles et se fixent à une valeur déterminée, comme les corps abandonnés à leur propre pesanteur s'arrangent d'eux-mêmes suivant l'ordre de leur gravité spécifique ; saisir ces rapports compliqués par lesquels le commerce s'enchaîne avec toutes les branches de l'économie politique ; apercevoir la dépendance réciproque du commerce et de l'agriculture, l'influence de l'un et de l'autre sur les richesses, sur la population et sur la force des Etats, leur liaison intime avec les lois, les mœurs et toutes les opérations du gouvernement, surtout avec la dispensation des finances ; peser les secours que le commerce reçoit de la marine militaire et ceux qu'il lui rend, le changement qu'il produit dans les intérêts respectifs des Etats et le poids qu'il met dans la balance politique ; enfin démêler, dans les hasards des événements et dans les principes d'administration adoptés par les différentes nations de l'Europe, les véritables causes de leurs progrès ou de leur décadence dans le commerce, c'est l'envisager en philosophe et en homme d'Etat.

Si la situation actuelle où se trouvait M. Vincent le déterminait à s'occuper de la science du commerce sous le premier de ces deux points de vue, l'étendue et la pénétration de son esprit ne lui permettaient pas de s'y borner.

Aux lumières qu'il tirait de sa propre expérience et de ses réflexions, il joignit la lecture des meilleurs ouvrages que possèdent sur cette matière les différentes nations de l'Europe et en particulier la nation anglaise, la plus riche de toutes en ce genre, et dont il s'était rendu pour cette raison la langue familière.

Les ouvrages qu'il lut avec le plus de plaisir et dont il goûta le plus la doctrine, furent les *Traités*[1] du célèbre Josias Child, qu'il a depuis traduits en français, et les *Mémoires*[2] du grand pensionnaire Jean de Witt. On sait que ces deux grands hommes sont regardés, l'un en Angleterre, l'autre en Hollande, comme les législateurs du commerce ; que leurs principes sont devenus des principes nationaux, et que l'observation de ces principes est regardée comme une des sources de la prodigieuse supériorité que ces deux nations ont acquise dans le commerce sur toutes les autres puissances. M. Vincent trouvait sans cesse dans la pratique d'un commerce étendu la vérification de ces principes simples et lumineux ; il se les rendait propres sans prévoir qu'il était destiné à en répandre un jour la lumière en France et à mériter de sa patrie le même tribut de reconnaissance que l'Angleterre et la Hollande rendent à la mémoire de ces deux bienfaiteurs de leur nation et de l'humanité. Les talents et les connaissances de M. Vincent, joints à la plus parfaite probité, lui assurèrent l'estime et la confiance de cette foule de négociants que le commerce rassemble à Cadix de toutes les parties de l'Europe, en même temps que l'aménité de ses mœurs lui conciliait leur amitié. Il y jouit bientôt d'une considération au-dessus de son âge, dont les naturels du pays, ses propres compatriotes et les étrangers s'empressaient également de lui donner des marques.

Pendant son séjour à Cadix, il avait fait plusieurs voyages soit à la cour d'Espagne, soit dans les différentes provinces de ce royaume.

En 1744, quelques entreprises de commerce, qui devaient être concertées avec le gouvernement, le ramenèrent en France et le mirent en relation avec M. le comte de Maurepas, alors ministre de la Marine[3] qui pénétra bientôt tout ce qu'il valait.

M. Vincent, après avoir quitté l'Espagne, prit la résolution d'employer quelques années à voyager dans les différentes parties de l'Europe, soit pour augmenter ses connaissances, soit pour étendre ses correspondances et former des liaisons avantageuses pour le commerce qu'il se proposait de continuer. Il voyagea à Hambourg ; il parcourut la Hollande et l'Angleterre. Partout, il faisait des observations et ras-

1. La première édition anglaise de l'ouvrage original date de 1688.
2. *Mémoires de Jean de Witt, grand pensionnaire de Hollande,* traduite de l'original en français par M. de..., La Haye, 1709.
3. Maurepas dirigea la marine jusqu'au 24 avril 1749. (G. S.).

semblait des mémoires sur l'état du commerce et de la marine, et sur les principes d'administration adoptés par ces différentes nations sur ces grands objets. Il entretenait pendant ses voyages une correspondance suivie avec M. de Maurepas, auquel il faisait part des lumières qu'il recueillait. Partout il se faisait connaître avec avantage ; il s'attirait l'estime et l'amitié des négociants les plus considérables, des hommes les plus distingués en tout genre de mérite, des ministres des puissances étrangères qui résidaient dans les lieux qu'il parcourait. La cour de Vienne et celle de Berlin voulurent l'une et l'autre se l'attacher, et lui firent faire des propositions très séduisantes, qu'il refusa toujours. Il n'avait d'autre vue que de continuer le commerce, et de retourner en Espagne après avoir vu encore l'Allemagne et l'Italie, lorsqu'un événement imprévu interrompit ses projets et le rendit à sa patrie.

M. Jametz de Villebarre, son associé et son ami, mourut en 1746, et, se trouvant sans enfants, le fit son légataire universel. M. Vincent était en Angleterre lorsqu'il reçut cette nouvelle ; il revint en France. L'état de sa fortune suffisait à des désirs modérés : il crut devoir se fixer dans sa patrie, et quitta le commerce en 1748. Il prit alors le nom de la terre de Gournay, qui faisait partie du legs universel qu'il avait reçu de M. de Villebarre. Le ministère sentit de quelle utilité les connaissances qu'il avait sur le commerce pourraient être pour l'administration de cette partie importante. La cour avait eu dessein de l'envoyer aux conférences qui se tenaient à Bréda pour parvenir à la paix générale, à peu près comme M. Ménager l'avait été en 1711, aux conférences qui avaient précédé le traité d'Utrecht, pour discuter nos intérêts relativement aux affaires de commerce. Les changements arrivés dans les conférences ne permirent pas que ce projet sage fût mis à exécution ; mais M. de Maurepas conserva le désir de rendre les talents de M. de Gournay utiles au gouvernement : il lui conseilla de porter ses vues du côté d'une place d'intendant du commerce, et de prendre en attendant une charge dans une cour souveraine. En conséquence, M. de Gournay acheta en 1749 une charge de conseiller au Grand Conseil et, une place d'intendant du commerce étant venue à vaquer au commencement de 1751, M. de Machault[1], à qui le mérite de M. de Gournay était aussi très connu, la lui fit donner. C'est de ce moment que la vie de M. de Gournay devint celle d'un homme public : son entrée au bureau du commerce parut être l'époque d'une révolution. M. de Gournay, dans une pratique de vingt ans du com-

1. Machault d'Arnouville, contrôleur général de 1745 à 1750. (G. S.).

merce le plus étendu et le plus varié, dans la fréquentation des plus habiles négociants de Hollande et d'Angleterre, dans la lecture des auteurs les plus estimés de ces deux nations, dans l'observation attentive des causes de leur étonnante prospérité, s'était fait des principes qui parurent nouveaux à quelques-uns des magistrats qui composaient le bureau du commerce.

M. de Gournay pensait que tout citoyen qui travaille mérite la reconnaissance du public. Il fut étonné de voir qu'un citoyen ne pouvait rien fabriquer ni rien vendre sans en avoir acheté le droit en se faisant recevoir à grands frais dans une communauté, et qu'après l'avoir acheté, il fallait encore quelquefois soutenir un procès pour savoir si, en entrant dans telle ou telle communauté, on avait acquis le droit de vendre ou de faire précisément telle ou telle chose. Il pensait qu'un ouvrier qui avait fabriqué une pièce d'étoffe avait ajouté à la masse des richesses de l'Etat une richesse réelle ; que si cette étoffe était inférieure à d'autres, il se trouverait parmi la multitude des consommateurs quelqu'un à qui cette infériorité même conviendrait mieux qu'une perfection plus coûteuse. Il était bien loin d'imaginer que cette pièce d'étoffe, faute d'être conforme à certains règlements, dût être coupée de trois aunes en trois aunes, et le malheureux qui l'avait faite condamné à une amende capable de réduire toute une famille à la mendicité ; qu'un ouvrier, en faisant une pièce d'étoffe, s'exposât à des risques et des frais dont l'homme oisif était exempt ; qu'une pièce d'étoffe fabriquée entraînât nécessairement un procès et une discussion pénible pour savoir si elle était conforme à un règlement très long et souvent difficile à entendre ; que cette discussion dût se faire entre un fabricant qui ne sait pas lire et un inspecteur qui ne sait pas fabriquer, que cet inspecteur fût cependant juge souverain de la fortune de ce malheureux, etc.

M. de Gournay n'avait pas imaginé non plus que, dans un Royaume où l'ordre des successions n'a été établi que par la coutume, et où l'application de la peine de mort à plusieurs crimes est encore abandonnée à la jurisprudence, le gouvernement eût daigné régler par des lois expresses la longueur et la largeur de chaque pièce d'étoffe, le nombre des fils dont elle doit être composée, et consacrer par le sceau de la puissance législative quatre volumes in-quarto remplis de ces détails importants et des statuts sans nombre dictés par l'esprit de monopole, dont tout l'objet est de décourager l'industrie, de concentrer le commerce dans le plus petit nombre de mains possible par la multiplication des formalités et des frais, par l'assujettissement à des apprentissages et des compagnonnages de dix ans, pour des métiers qu'on peut savoir en dix jours, par l'exclusion de ceux qui ne sont pas fils de maîtres, de ceux qui sont nés hors de certaines limites, par la défense d'employer les femmes à la fabrication des étoffes, etc.

Il n'avait pas imaginé que, dans un Royaume soumis au même prince, chaque province, chaque ville, se regarderaient mutuellement comme ennemies, s'arrogeraient le droit d'interdire le travail dans leur enceinte à des Français désignés sous le nom d'*étrangers,* de s'opposer à la vente et au passage libre des denrées d'une province voisine, de combattre ainsi, pour un intérêt léger, l'intérêt général de l'Etat, etc.

Il n'était pas moins étonné de voir le gouvernement s'occuper de régler le cours de chaque denrée, interdire un genre d'industrie pour en faire fleurir un autre, assujettir à des gênes particulières la vente des provisions les plus nécessaires à la vie, défendre de faire des magasins d'une denrée dont la récolte varie tous les ans et dont la consommation est toujours à peu près égale ; défendre la sortie d'une denrée sujette à tomber dans l'avilissement, et croire s'assurer l'abondance du blé en rendant la condition du laboureur plus incertaine et plus malheureuse que celle de tous les autres citoyens, etc.

M. de Gournay n'ignorait pas que plusieurs des abus auxquels il s'opposait avaient été autrefois établis dans une grande partie de l'Europe, et qu'il en restait même encore des vestiges en Angleterre ; mais il savait aussi que le gouvernement anglais en avait détruit une partie ; que s'il en restait encore quelques-uns, bien loin de les adopter comme des établissements utiles, il cherchait à les restreindre, à les empêcher de s'étendre, et ne les tolérait encore que parce que la constitution républicaine met quelquefois des obstacles à la réformation de certains abus, lorsque ces abus ne peuvent être corrigés que par une autorité dont l'exercice le plus avantageux au peuple excite toujours sa défiance. Il savait enfin que depuis un siècle toutes les personnes éclairées, soit en Hollande, soit en Angleterre, regardaient ces abus comme des restes de la barbarie gothique et de la faiblesse de tous les gouvernements, qui n'avaient ni connu l'importance du commerce, ni su défendre la liberté publique des invasions de l'esprit monopoleur et de l'intérêt particulier.

M. de Gournay avait fait et vu faire pendant vingt ans le plus grand commerce de l'univers, sans avoir une occasion d'apprendre autrement que par les livres l'existence de toutes ces lois auxquelles il voyait attacher tant d'importance ; il ne croyait point alors qu'on le prendrait pour un *novateur* et un *homme à systèmes,* lorsqu'il ne ferait que développer les principes que l'expérience lui avait enseignés, et qu'il voyait universellement reconnus par les négociants les plus éclairés avec lesquels il vivait.

Ces principes, qu'on qualifiait de *système nouveau,* ne lui paraissaient que les maximes du plus simple bon sens. Tout ce prétendu *système* était appuyé sur cette maxime : un homme connaît mieux son intérêt qu'un autre homme à qui cet intérêt est entièrement indifférent.

De là, M. de Gournay concluait que là où l'intérêt des particuliers est précisément le même que l'intérêt général, ce qu'on peut faire de mieux est de laisser chaque homme libre de faire ce qu'il veut. Or, il est impossible que, dans le commerce abandonné à lui-même, l'intérêt particulier ne concoure pas avec l'intérêt général. Le commerce ne peut être relatif à l'intérêt général, ou, ce qui est la même chose, l'Etat ne peut s'intéresser au commerce que sous deux points de vue : comme protecteur des particuliers qui le composent, il est intéressé à ce que personne ne puisse faire à un autre un tort considérable, et dont celui-ci ne puisse se garantir ; comme formant un corps politique obligé à se défendre contre des invasions extérieures, et à employer de grandes sommes dans des améliorations intérieures, il est intéressé à ce que la masse des richesses de l'Etat, et des productions annuelles de la terre et de l'industrie, soit la plus grande qu'il est possible. Sous l'un et l'autre de ces points de vue, il est encore intéressé à ce qu'il n'arrive pas dans la valeur des denrées de ces secousses subites qui, en plongeant le peuple dans les horreurs de la disette, peuvent troubler la tranquillité publique et la sécurité des citoyens et des magistrats. Or, relativement à tous ces objets, il est clair que l'intérêt de tous les particuliers, dégagé de toute gêne, remplit nécessairement toutes ces vues d'utilité générale.

Quant au premier objet, qui consiste à ce que les particuliers ne puissent se nuire les uns aux autres, il suffit évidemment que le gouvernement protège toujours la liberté naturelle que l'acheteur a d'acheter et le vendeur de vendre. Car l'acheteur étant toujours maître d'acheter ou de ne pas acheter, il est certain qu'il choisira entre les vendeurs celui qui lui donnera au meilleur marché la marchandise qui lui convient le mieux. Il ne l'est pas moins que chaque vendeur, ayant l'intérêt le plus capital à mériter la préférence sur ses concurrents, vendra en général la meilleure marchandise, au plus bas prix. Il n'est donc pas vrai que le marchand ait intérêt de tromper, à moins qu'il n'ait un privilège exclusif.

Mais, si le gouvernement limite le nombre des vendeurs par des privilèges exclusifs ou autrement, il est certain que le consommateur sera lésé, et que le vendeur, assuré du débit, le forcera d'acheter chèrement de mauvaises marchandises.

Si c'est le nombre des acheteurs qui est diminué par l'exclusion des étrangers ou de certaines personnes, alors le vendeur est lésé ; et si la lésion est portée à un point que le prix ne le dédommage pas avec avantage de ses frais et de ses risques, il cessera de produire la denrée en aussi grande abondance, et la disette s'ensuivra.

La liberté générale d'acheter et de vendre est donc le seul moyen d'assurer, d'un côté, au vendeur, un prix capable d'encourager la production ; de l'autre, au consommateur, la meilleure marchandise au plus bas prix. Ce n'est pas que, dans des cas particuliers, il ne puisse y avoir un marchand fripon et un consommateur dupe ; mais le consommateur trompé s'instruira, et cessera de s'adresser au marchand fripon ; celui-ci sera discrédité et puni par là de sa fraude ; et cela n'arrivera jamais fréquemment, parce qu'en général les hommes seront toujours éclairés sur un intérêt évident et prochain.

Vouloir que le gouvernement soit obligé d'empêcher qu'une pareille fraude n'arrive jamais, c'est vouloir l'obliger de fournir des bourrelets à tous les enfants qui pourraient tomber. Prétendre réussir à prévenir par des règlements toutes les malversations possibles en ce genre, c'est sacrifier à une perfection chimérique tous les progrès de l'industrie ; c'est resserrer l'imagination des artistes dans les limites étroites de ce qui se fait ; c'est leur interdire toutes les tentatives nouvelles ; c'est renoncer même à l'espérance de concourir avec les étrangers dans la fabrication des étoffes nouvelles qu'ils inventent journellement, puisque n'étant point conformes aux règlements, les ouvriers ne peuvent les imiter qu'après en avoir obtenu la permission du gouvernement, c'est-à-dire, souvent, lorsque les fabriques étrangères, après avoir profité du premier empressement des consommateurs pour cette nouveauté, l'ont déjà remplacée par une autre. C'est oublier que l'exécution de ces règlements est toujours confiée à des hommes qui peuvent avoir d'autant plus d'intérêt à frauder ou à conniver à la fraude, que celle qu'ils commettraient serait couverte, en quelque sorte, par le sceau de l'autorité publique et par la confiance qu'elle inspire au consommateur. C'est oublier aussi que ces règlements, ces inspecteurs, ces bureaux de marque et de visite entraînent toujours des frais ; que ces frais sont toujours prélevés sur la marchandise et, par conséquent, surchargent le consommateur national, éloignent le consommateur étranger ; que, par une injustice palpable, on fait porter au commerce en général et, par conséquent à la nation, un impôt onéreux pour dispenser un petit nombre d'oisifs de s'instruire ou de consulter pour n'être pas trompés ; que c'est, en supposant tous les consommateurs dupes et tous les marchands et fabricants fripons, les autoriser à l'être, et avilir toute la partie laborieuse de la nation.

Quant au second objet du gouvernement, qui consiste à procurer à la nation la plus grande masse possible de richesses, n'est-il pas évident que l'Etat n'ayant de richesses réelles que les produits annuels de ses terres et de l'industrie de ses habitants, sa richesse sera la plus grande possible quand le produit de chaque arpent de terre et de l'industrie de chaque individu sera porté au plus haut point possible ? Et que le propriétaire de chaque terre a plus d'intérêt que personne à en tirer le plus grand revenu possible ? Que chaque individu a le même intérêt à gagner avec ses bras le plus d'argent qu'il peut ?

Or, il n'est pas moins évident que l'emploi de la terre ou de l'industrie qui procurera le plus de revenu à chaque propriétaire ou à chaque habitant est toujours l'emploi le plus avantageux à l'Etat, parce que la somme que l'Etat peut employer annuellement à ses besoins est toujours une partie aliquote de la somme des revenus qui se produisent annuellement dans l'Etat, et que la somme de ces revenus est composée du revenu net de chaque terre, et du produit net de l'industrie de chaque particulier. Si donc, au lieu de s'en rapporter là-dessus à l'intérêt particulier, le gouvernement s'ingère de prescrire à chacun ce qu'il doit faire, il est clair que tout ce que les particuliers perdront de bénéfices par la gêne qui leur sera imposée, sera autant de retranché à la somme du revenu net produit dans l'Etat chaque année.

S'imaginer qu'il y a des denrées que l'Etat doit s'attacher à faire produire à la terre plutôt que d'autres ; qu'il doit établir certaines manufactures plutôt que d'autres ; en conséquence prohiber certaines productions, en commander d'autres, interdire certains genres d'industrie dans la crainte de nuire à d'autres genres d'industrie ; soutenir les manufactures aux dépens de l'agriculture, en forçant le prix des vivres au-dessous de ce qu'il serait naturellement ; établir certaines manufactures aux dépens du trésor public ; accumuler sur elles les privilèges, les grâces, les exclusions de toute autre manufacture du même genre dans la vue de procurer aux entrepreneurs un gain qu'on s'imagine que le débit de leurs ouvrages ne produirait pas naturellement, c'est se méprendre grossièrement sur les vrais avantages du commerce ;

c'est oublier qu'aucune nation ne pouvant faire seule le commerce de toute la terre, tout vendre aux étrangers et ne rien acheter d'eux, ne gagne à produire une denrée plutôt qu'une autre qu'autant que cette denrée rapporte, tous frais déduits, plus d'argent à celui qui la fait produire à sa terre ou qui la fabrique ; qu'ainsi, la valeur vénale de chaque denrée, tous frais déduits, est la seule règle pour juger de l'avantage que retire l'Etat d'une certaine espèce de productions ; que, par conséquent, toute manufacture, dont la valeur vénale ne dédommage pas avec avantage des frais qu'elle exige, n'est d'aucun avantage, et les sommes employées à la soutenir malgré le cours naturel du commerce sont un impôt mis sur la nation en pure perte.

Il est inutile de prouver que chaque particulier est le seul juge de cet emploi le plus avantageux de sa terre et de ses bras. Il a seul les connaissances locales sans lesquelles l'homme le plus éclairé ne raisonne qu'à l'aveugle. Il a seul une expérience d'autant plus sûre qu'elle est bornée à un seul objet. Il s'instruit par des essais réitérés, par ses succès, par ses pertes, et acquiert un tact dont la finesse, aiguisée par le sentiment du besoin, passe de bien loin toute la théorie du spéculateur indifférent.

Si l'on objecte qu'indépendamment de la valeur vénale, l'Etat peut avoir encore un intérêt d'être le moins qu'il est possible dans la dépendance des autres nations pour les denrées de première nécessité : 1° on prouvera seulement que la liberté de l'industrie et la liberté du commerce des productions de la terre étant l'une et l'autre très précieuses, la liberté du commerce des productions de la terre est encore plus essentielle ; 2° il sera toujours vrai que la plus grande richesse et la plus grande population donneront à l'Etat en question le moyen d'assurer son indépendance d'une manière bien plus solide. Au reste, cet article est de pure spéculation ; un grand Etat produit toujours de tout, et à l'égard d'un petit, une mauvaise récolte ferait bientôt écrouler ce beau système d'indépendance.

Quant au troisième objet, qui peut intéresser l'Etat à double titre, et comme protecteur des particuliers auxquels il doit faciliter les moyens de se procurer par le travail une subsistance aisée, et comme corps politique intéressé à prévenir les troubles intérieurs que la disette pourrait occasionner, cette matière [1] a été si clairement développée dans

1. *Essai sur la police des grains* par Herbert (1700-1758), directeur des Carrosses publics de Bordeaux. (G. S.).

l'ouvrage de M. Herbert, et dans l'article *Grains,* de M. Quesnay, que je m'abstiens d'en parler ici, M. Marmontel connaissant à fond ces deux ouvrages.

Il suit de cette discussion que, sous tous les points de vue sous lesquels le commerce peut intéresser l'Etat, l'intérêt particulier abandonné à lui-même produira toujours plus sûrement le bien général que les opérations du gouvernement, toujours fautives et nécesairement dirigées par une théorie vague et incertaine.

M. de Gournay en concluait que le seul but que dût se proposer l'administration était : 1° de rendre à toutes les branches du commerce cette liberté précieuse que les préjugés des siècles d'ignorance, la facilité du gouvernement à se prêter à des intérêts particuliers, le désir d'une perfection mal entendue, leur ont fait perdre ; 2° de faciliter le travail à tous les membres de l'Etat afin d'exciter la plus grande concurrence dans la vente, d'où résulteront nécessairement la plus grande perfection dans la fabrication et le prix le plus avantageux à l'acheteur ; 3° de donner en même temps à celui-ci le plus grand nombre de concurrents possible, en ouvrant au vendeur tous les débouchés de sa denrée, seul moyen d'assurer au travail sa récompense, et de perpétuer la production, qui n'a d'autre objet que cette récompense.

L'administration doit se proposer en outre d'écarter les obstacles qui retardent les progrès de l'industrie en diminuant l'étendue ou la certitude de ses profits. M. de Gournay mettait à la tête de ces obstacles le haut intérêt de l'argent, qui, offrant à tous les possesseurs de capitaux la facilité de vivre sans travailler, encourage le luxe et l'oisiveté, retire du commerce et rend stériles pour l'Etat les richesses et l'industrie d'une foule de citoyens ; qui exclut la nation de toutes les branches de commerce dont le produit n'est pas de 1 ou 2 p. 100 au-dessus du taux actuel de l'intérêt ; qui, par conséquent, donne aux étrangers le privilège exclusif de toutes ces branches de commerce, et la facilité d'obtenir sur nous la préférence dans presque tous les autres pays, en baissant les prix plus que nous ne pouvons faire ; qui donne aux habitants de nos colonies un intérêt puissant de faire la contrebande avec l'étranger, et par là diminue l'affection naturelle qu'ils doivent avoir pour la métropole ; qui seul assurerait aux Hollandais et aux villes anséatiques le commerce de cabotage dans toute l'Europe et sur nos propres côtes ; qui nous rend annuellement tributaires des étrangers par les gros intérêts que nous leur payons des fonds qu'ils nous prêtent ; qui enfin condamne à rester incultes toutes les terres dont les frais de défrichement ne rapporteraient pas plus de 5 p. 100, puisque avec le même capital on peut, sans travail, se procurer le même revenu [1].

Le second genre d'obstacles aux progrès de l'industrie dont M. de Gournay pensait qu'il était essentiel de la délivrer au plus tôt, était cette multide de taxes que la nécessité de subvenir aux besoins de l'Etat a fait imposer sur tous les genres d'industrie et que les embarras de la perception rendent quelquefois plus onéreuse ; l'arbitraire de la taille, la multiplicité des droits sur chaque espèce de marchandises, la variété des tarifs, l'inégalité de ces droits dans les différentes provinces, les bureaux sans nombre établis aux frontières de ces provinces, la multiplication des visites, l'importunité des recherches nécessaires pour aller au-devant des fraudes, la nécessité de s'en rapporter, pour constater ces fraudes, au témoignage solitaire d'hommes intéressés et d'un état avili ; les contestations interminables, si funestes au commerce, qu'il n'est presque pas de négociant qui ne préfère un accommodement désavantageux au procès le plus évidemment fondé dans ce genre ; enfin l'obscurité et le mystère impénétrable résultant de cette multiplicité de droits locaux et de lois publiées en différents temps, obscurité dont l'abus est toujours en faveur de la finance contre le commerce ; les droits excessifs, les maux de la contrebande, la perte d'une foule de citoyens qu'elle entraîne, etc.

La finance est nécessaire, puisque l'Etat a besoin de revenus ; mais l'agriculture et le commerce sont, ou plutôt l'agriculture animée par le commerce est la source de ces revenus. Il ne faut donc pas que la finance puise au commerce, puisqu'elle se nuirait à elle-même. Ces deux intérêts sont donc essentiellement unis, et s'ils ont paru opposés, c'est peut-être parce qu'on a confondu l'intérêt de la finance par rapport au Roi et à l'Etat, qui ne meurent point, avec l'intérêt des financiers, qui, n'étant intéressés que pour un certain temps, ont plus d'intérêt à gros-

1. Du Pont a intercalé ici un paragraphe relatif à la liberté de l'intérêt de l'argent qui n'est pas dans le manuscrit. Ce paragraphe est ainsi conçu :

« Mais il croyait aussi que le commerce des capitaux, dont le prix est l'intérêt de l'argent, ne peut être amené à régler ce prix équitablement, avec toute l'économie nécessaire, que, comme tous les autres commerces, par la concurrence et la liberté réciproques, et que le gouvernement ne saurait influer utilement qu'en s'abstenant : d'une part, de prononcer des lois dans les cas où les conventions peuvent y suppléer ; et, d'autre part, en évitant de grossir le nombre des débiteurs et des demandeurs de capitaux, soit en empruntant lui-même, soit en ne payant pas avec exactitude. »

De cette addition on peut conclure que, dans l'opinion de Du Pont, Gournay avait été, autant que Turgot, partisan de la liberté du taux de l'intérêt de l'argent. (G. S.).

sir les revenus qu'à conserver le fonds. Ajoutons la manière incertaine et fortuite dont s'est formée cette hydre de droits de toute espèce, la réunion successive d'une foule de fiefs et de souverainetés, et la conservation des impôts dont jouissait chaque souverain particulier, sans que les besoins urgents du royaume aient jamais laissé le loisir de refondre ce chaos et d'établir un droit uniforme ; enfin la facilité que la finance a eue dans tous les temps de faire entendre sa voix au préjudice du commerce.

La finance, depuis longtemps, forme un corps d'hommes accrédités, et d'autant plus accrédités, que les besoins de l'Etat sont plus pressants, toujours occupés d'un seul objet, sans distraction et sans négligence, résidant dans la capitale et dans une relation perpétuelle avec le ministère. Les négociants, au contraire, occupés chacun d'un objet particulier, dispersés dans les provinces, éloignés de la cour, inconnus et sans protection, sans aucun point de réunion, ne peuvent, dans chaque occasion particulière, élever qu'une voix faible et solitaire, trop sûrement étouffée, et par la multitude des voix de leurs adversaires, et par leur crédit, et par la facilité qu'ils ont d'employer à la défense de leurs intérêts des plumes exercées.

Si le négociant consent à abandonner le soin de ses affaires pour soutenir une contestation plutôt que de céder, il risque de succomber ; et lors même qu'il triomphe, il reste toujours à la merci d'un corps puissant qui a, dans la rigueur des lois qu'il a suggérées au ministère, un moyen facile d'écraser le négociant ; car (et ceci n'est pas un des moindres abus) il existe plusieurs lois de ce genre impossibles dans l'exécution, et qui ne servent aux fermiers qu'à s'assurer de la soumission des particuliers par la menace d'en faire tomber sur eux l'application rigoureuse.

M. de Gournay pensait que le Bureau du commerce était bien moins utile pour conduire le commerce, qui doit aller tout seul, que pour le défendre contre les entreprises de la finance. Il aurait souhaité que les besoins de l'Etat eussent permis de libérer le commerce de toutes sortes de droits. Il croyait qu'une nation, assez heureuse pour être parvenue à ce point, attirerait nécessairement à elle la plus grande partie du commerce de l'Europe : il pensait que tous les impôts, de quelque genre qu'ils soient, sont, en dernière analyse, toujours payés par le propriétaire de terre, qui vend d'autant moins les produits de sa terre, et que si tous les impôts étaient répartis sur les fonds, les propriétaires et le Royaume y gagneraient tout ce qu'absorbent les frais de régie, toute la consommation ou l'emploi stérile des hommes perdus, soit à percevoir les impôts, soit à faire la contrebande, soit à l'empêcher, sans compter la prodigieuse augmentation de valeur résultant de l'augmentation du commerce.

Il est d'autres obstacles aux progrès de l'industrie découlant de nos mœurs, de nos préjugés, de quelques-unes de nos lois civiles ; mais les deux plus funestes sont ceux dont j'ai parlé, et les autres entraîneraient trop de détails.

Au reste, M. de Gournay ne prétendait pas tellement borner les soins de l'administration, en matière de commerce, à celui d'en maintenir la liberté et d'écarter les obstacles qui s'opposent aux progrès de l'industrie, qu'il ne fût très convaincu de l'utilité des encouragements à donner à l'industrie, soit en récompensant les auteurs des découvertes utiles, soit en cherchant à naturaliser en France les arts étrangers, soit en excitant l'émulation des artistes pour la perfection, par des prix et des gratifications. Il savait que lors même que l'industrie jouit de la plus grande liberté, ces moyens sont souvent utiles pour hâter sa marche naturelle, et qu'ils sont surtout nécessaires lorsque la crainte des gênes n'est pas tout à fait dissipée et ralentit encore son essor. Mais il ne pouvait approuver que ces encouragements pussent, en aucun cas, nuire à de nouveaux progrès par des prohibitions ou des avantages exclusifs ; il ne se prêtait qu'avec beaucoup de réserve aux avances faites par le gouvernement, et préférait à tous les autres encouragements, les gratifications accordées à proportion de la production et les prix proposés à la perfection du travail, enfin les marques d'honneur et tout ce qui peut présenter à un plus grand nombre d'hommes un objet d'émulation.

Telle était à peu près la manière de penser de M. de Gournay sur l'administration du commerce ; ce sont les principes qu'il a constamment appliqués à toutes les affaires qui ont été agitées au Bureau du commerce depuis le moment où il y entra. Comme il ne pensait nullement à faire un système nouveau, il se contentait de développer, à l'occasion de chaque affaire en particulier, ce qui était nécessaire pour soutenir son avis ; mais on ne fut pas longtemps sans être frappé de la liaison et de la fécondité de ses principes, et bientôt il eut à soutenir une foule de contradictions.

Il se prêtait avec plaisir à ces disputes, qui ne pouvaient qu'éclaircir les matières et produire de façon ou d'autre la connaissance de la vérité. Dégagé de tout intérêt personnel, de toute ambition, il n'avait pas même cet attachement à son opinion que donne l'amour propre : il n'aimait et ne respirait que le bien public ; aussi proposait-il son opinion avec autant de modestie que de courage. Aussi incapable de prendre un ton dominant que de parler contre sa pensée, il exposait son sentiment d'une manière simple, et qui n'était impérieuse que par la force des raisons qu'il avait l'art de mettre à la portée de tous les esprits par une sorte de précision lumineuse dans l'exposition des principes, fortifiés par une application sensible à quelques exemples heureusement choisis. Lorsqu'il était contredit, il écoutait avec patience, et quelque vive que fût l'attaque, il ne s'écartait jamais de sa politesse et sa douceur ordinaires, et il ne perdait rien du sang-froid ni de la présence d'esprit nécessaires pour démêler avec la plus grande netteté l'art des raisonnements qu'on lui opposait.

Son éloquence simple, et animée de cette chaleur intéressante que donne aux discours d'un homme vertueux la persuasion la plus intime qu'il soutient la cause du bien public, n'ôtait jamais rien à la solidité de la discussion ; quelquefois elle était assaisonnée par une plaisanterie sans amertume, et d'autant plus agréable qu'elle était toujours une raison.

Son zèle était doux, parce qu'il était dégagé de tout amour propre ; mais il n'en était pas moins vif, parce que l'amour du bien public était une passion dans M. de Gournay.

Il était convaincu, sans être trop attaché à son opinion ; son esprit, toujours sans prévention, était toujours prêt à recevoir de nouvelles lumières importantes, et il ne paraissait pas que son ancienne opinion eût retardé le moins du monde l'impression subite que la vérité offerte faisait naturellement sur un esprit aussi juste que le sien.

Il eut le bonheur de rencontrer dans M. Trudaine[1], qui était dès lors à la tête de l'administration du commerce, le même amour de la vérité et du bien public qui l'animait ; comme il n'avait encore développé ses principes que par occasion, dans la discussion des affaires ou dans la conversation, M. Trudaine l'engagea à donner comme une espèce de corps de sa doctrine ; et c'est dans cette vue qu'il traduisit, en 1752, les traités sur le commerce et sur l'intérêt de l'argent, de Josias Child et de Thomas Culpeper. Il joignit au texte une grande quantité de remarques intéressantes, dans lesquelles il approfondit et discuta des principes du texte, et les éclaircit par des applications aux questions les plus importantes du commerce. Ces remarques[2] forment un ouvrage aussi considérable que le texte et M. de Gournay comptait les

1. Daniel Trudaine (1703-1769), intendant des finances, chargé des ponts et chaussées et du détail du commerce. (G. S.).
2. Voir Schelle, *Vincent de Gournay*. (G. S.).

faire imprimer ensemble ; il n'a cependant fait imprimer que le texte, en 1754 : des raisons, qui ne subsistent plus, s'opposèrent alors à l'impression du commentaire.

La réputation de M. de Gournay s'établissait et son zèle se communiquait. C'est à la chaleur avec laquelle il cherchait à tourner du côté de l'étude du commerce et de l'économie politique tous les talents qu'il pouvait connaître, et à la facilité avec laquelle il communiquait toutes les lumières qu'il avait acquises, qu'on doit attribuer cette heureuse fermentation qui s'est excitée depuis quelques années sur ces objets importants ; fermentation qui a éclaté deux ou trois ans après que M. de Gournay a été intendant du commerce, et qui depuis ce temps nous a déjà procuré plusieurs ouvrages remplis de recherches laborieuses et de vues profondes, qui ont lavé notre nation du reproche de frivolité qu'elle n'avait que trop mérité par son indifférence pour les études les plus véritablement utiles.

M. de Gournay goûtait en même temps la satisfaction, au milieu de toutes les contradictions qu'il essuyait, de réussir à déraciner une partie des abus qu'il attaquait, à affaiblir l'autorité et surtout à restreindre l'application de ces anciens principes, dont on était déjà obligé d'adoucir la rigueur pour pouvoir les soutenir contre lui. Quelque peine qu'on eût à adopter ses principes dans toute leur étendue, ses lumières, son expérience, l'estime générale de tous les négociants pour sa personne, la pureté de ses vues au-dessus de tout soupçon, lui attiraient nécessairement la confiance du ministère et le respect de ceux même qui combattaient encore ses principes.

Son zèle lui fit former le dessein de visiter le royaume pour y voir par lui-même l'état du commerce et des fabriques, et reconnaître les causes des progrès ou de la décadence de chaque branche de commerce, les abus, les besoins, les ressources en tout genre. Il commença l'exécution de ce projet en 1753, et partit au mois de juillet. Depuis ce temps jusqu'au mois de décembre, il parcourut la Bourgogne, le Lyonnais, le Dauphiné, la Provence, le haut et le bas Languedoc, et revint encore par Lyon.

En 1754, une loupe placée dans le dos, dont il souffrit deux fois l'extirpation par le feu, et qu'on fut obligé d'extirper une troisième fois par les caustiques au commencement de 1755, ne lui permit pas de voyager. Il reprit la suite de ses tournées en 1755, et visita La Rochelle, Bordeaux, Montauban, le reste de la Guyenne, et Bayonne. En 1756, il suivit le cours de la Loire depuis Orléans jusqu'à Nantes, parcourut en même temps le Maine et l'Anjou ; puis il suivit la côte de Bretagne depuis Nantes jusqu'à Saint-Malo, et se trouva à Rennes pendant la tenue des Etats de 1756. L'état de sa santé ne lui a pas permis de faire depuis d'autres voyages [1].

M. Gournay trouvait à chaque pas de nouveaux motifs de se confirmer dans ses principes, et de nouvelles armes contre les gênes qu'il attaquait. Il recueillait les plaintes du fabricant pauvre et sans appui, et qui, ne sachant point écrire et colorer ses intérêts sous des prétextes spécieux, n'ayant point de députés à la cour, a toujours été la victime de l'illusion faite au gouvernement par les hommes intéressés auxquels il était forcé de s'adresser. M. de Gournay s'attachait à dévoiler l'intérêt caché qui avait fait demander, comme utiles, des règlements dont tout l'objet était de mettre de plus en plus le pauvre à la merci du riche. Les fruits des voyages de M. de Gournay furent la réforme d'une infinité d'abus de ce genre ; une connaissance du véritable état des provinces, plus sûre et plus capable de diriger les opérations du ministère ; une appréciation plus exacte des plaintes et des demandes ; la facilité procurée au peuple et au simple artisan de faire entendre les siennes ; enfin, une émulation nouvelle sur toutes les parties du commerce, que M. de Gournay savait répandre par son éloquence persuasive, par la netteté avec laquelle il rendait ses idées, et par l'heureuse contagion de son zèle patriotique.

Il cherchait à inspirer aux magistrats, aux personnes considérées dans chaque lieu, une sorte d'ambition pour la prospérité de leur ville ou de leur canton ; il voyait les gens de lettres, leur proposait des questions à traiter, et les engageait à tourner leurs études du côté du commerce, de l'agriculture et de toutes les matières économiques.

C'est en partie à ses insinuations et au zèle qu'il avait inspiré aux Etats de Bretagne pendant son séjour à Rennes, en 1756, qu'on doit l'existence de la *Société* établie en Bretagne, de l'autorité des Etats et sous les auspices de M. le duc d'Aiguillon [2], pour la perfection de l'agriculture, du commerce et de l'industrie. Cette Société [3] est la première de ce genre qui ait été formée en France. Le plan, qui est

1. Turgot accompagna Gournay dans ses voyages en 1755 et 1756, et prit des notes ; Du Pont a cherché vainement ces notes. Il suppose que Turgot les a remises à Gournay pour la rédaction du compte que celui-ci voulait rendre au gouvernement. (G. S.).

2. D'Aiguillon (1720-1780), gouverneur de Bretagne dont les démêlés avec La Chalotais sont connus, ministre des Affaires étrangères en 1771. (G. S.).

3. La Société d'agriculture de Bretagne, au sujet de laquelle fut publié un *Corps d'observations* par Abeille et Montaudoin. (G. S.).

lié à l'administration municipale de la province, a été dressé par M. de Montaudouin, négociant à Nantes [1].

M. de Gournay savait se proportionner au degré d'intelligence de ceux qui l'écoutaient, et répondait aux objections absurdes, dictées par l'ignorance, avec le même sang-froid et la même netteté qu'il savait répondre, à Paris, aux contradictions aigres dictées par un tout autre principe.

Plein d'égards pour toutes les personnes chargées de l'administration dans les provinces qu'il visitait, il ne leur donna jamais lieu de penser que sa mission pût faire le moindre ombrage à leur autorité. S'oubliant toujours, se sacrifiant toujours sans effort au bien de la chose, c'était toujours, autant qu'il était possible, par eux et avec eux qu'il agissait ; il semblait ne faire que seconder leur zèle, et leur faisait souvent honneur auprès du ministère de ses propres vues. Par cette conduite, s'il n'a pas toujours réussi à les persuader de ses principes, il a du moins toujours mérité leur amitié.

La vie de M. de Gournay ne présente aucun autre événement remarquable, pendant le temps qu'il est demeuré intendant du commerce. Occupé sans relâche des fonctions de sa place, ne laissant échapper aucune occasion de proposer des idées utiles, de répandre des lumières dans le public, il n'est presque aucune question importante, de commerce ou d'économie politique, sur laquelle il n'ait écrit plusieurs mémoires ou lettres raisonnées. Il se livrait à ce genre de travail avec une sorte de prodigalité, produisant presque toujours, à chaque occasion, de nouveaux mémoires, sans renvoyer aux mémoires antérieurs qu'il avait écrits, ne cherchant à s'éviter ni la peine de retrouver les idées qu'il avait déjà écrites, ni le désagrément de se répéter. La raison de cette manière de travailler était le peu de prix qu'il attachait à ce qu'il composait, et l'oubli total de toute réputation littéraire. Plein de ses principes lumineux et féconds, il les appliquait à chaque matière avec une extrême facilité. Uniquement occupé de persuader une idée utile, il ne croyait point être auteur. Sans attache à ce qu'il avait écrit, il l'abandonnait sans réserve à tous ceux qui voulaient s'instruire ou écrire sur ces matières, et le plus souvent ne gardait pas même de copies de ce qu'il avait fait. Ces morceaux cependant, écrits à la hâte et oubliés par leur auteur, sont précieux, à ne les regarder même que du côté de la composition : une éloquence naturelle, une précision lumineuse dans l'expo-

1. Montaudoin de La Touche, qui donna à un navire le nom de Voltaire. (G. S.).

sition des principes, un art singulier de les présenter sous toutes sortes de faces, de les proportionner à tous les esprits, de les rendre sensibles par des applications toujours justes et souvent piquantes par la justesse même ; une politesse toujours égale, et une logique fine dans la discussion des objections ; enfin, un ton de patriotisme et d'humanité qu'il ne cherchait point à prendre et qu'il n'en avait que mieux, caractérisaient ses écrits comme sa conversation.

M. de Gournay ne se contentait pas de proposer ses idées par écrit et de vive voix : il employait à faire valoir les idées qu'il croyait utiles la même activité, la même chaleur, la même persévérance, qu'un ambitieux met à la poursuite de ses propres intérêts. Incapable de se rebuter lorsqu'il s'agissait du bien, il n'aurait pas craint de solliciter jusqu'à l'importunité. Aucun propriétaire de nos Iles n'a sollicité avec autant de zèle que lui la liberté générale du commerce des vaisseaux neutres, dans nos colonies, pendant la guerre. Ses sollicitations étaient d'autant plus vives et plus pressantes, qu'il ne demandait rien pour lui, au point qu'il est mort sans aucun bienfait de la cour.

Cependant, tandis qu'il s'occupait uniquement de l'utilité publique, sa fortune s'était dérangée [1] aussi bien que sa santé. Il avait essuyé des pertes sur les fonds qu'il avait laissés en Espagne, et l'état de sa fortune le détermina, en 1758, à quitter sa place d'intendant du commerce. Des personnes en place, qui sentaient combien il y était utile, lui proposèrent de demander pour lui des grâces de la cour qui le dédommageraient de ce qu'il pouvait avoir perdu. Il répondit qu'il ne s'estimait pas assez pour croire que l'Etat dût acheter ses services ; qu'il avait toujours regardé de pareilles grâces comme d'une conséquence dangereuse, surtout dans les circonstances où l'Etat se trouvait, et qu'il ne voulait point qu'on eût à lui reprocher de se prêter en sa faveur à des exceptions à ses principes. Il ajouta qu'il ne se croirait point dispensé par sa retraite de s'occuper d'objets utiles et du bien du commerce. Il demanda, dans cette vue, de conserver la

1. D'une lettre de Montaudoin à Turgot du 1er février 1760 il résulte que celui-ci avait été mal renseigné :

« On m'a assuré que la raison qu'on donne de sa retraite en 1758 dans le petit Eloge qui a été inséré à l'article des *Morts* à la fin du *Mercure* d'août dernier n'était point exacte et que sa fortune n'a nullement été dérangée par des pertes en Espagne. »

Il résulte de la même lettre que Turgot avait en 1760 le projet de refaire et compléter l'*Eloge* de son ami. Il avait demandé à cet effet des renseignements à Montaudouin et à d'autres personnes. (G. S.).

séance au Bureau du commerce, avec le titre d'*honoraire,* qui lui fut accordé.

Quelque temps auparavant, il avait aussi vendu sa charge de conseiller au Grand Conseil, et conservé le titre d'*honoraire.*

La retraite de M. de Gournay ne lui ôta rien de sa considération. Son zèle n'en était point ralenti ; ses lumières pouvaient toujours être également utiles. M. de Silhouette [1], qui avait pour M. de Gournay une estime qui fait l'éloge de l'un et de l'autre, ne fut pas plus tôt contrôleur général, qu'il résolut d'arracher à la retraite un homme dont les talents et le zèle étaient si propres à seconder ses vues. Il commença par le faire inviter à se trouver à la conférence que les intendants du commerce ont toutes les semaines avec le contrôleur général, à laquelle M. de Gournay avait cessé d'assister. Il le destinait aussi à remplir une des places de commissaires du roi à la ferme générale. M. de Gournay, dans cette place, aurait été à portée d'apprécier exactement les plaintes réciproques du commerce et de la finance, et de chercher les moyens de concilier, autant qu'il est possible, ces deux intérêts de l'Etat ; mais il n'a pas pu profiter de ce témoignage de l'estime de M. de Silhouette. Lorsque la proposition lui en fut faite, il était déjà attaqué de la maladie dont il est mort.

Il y avait longtemps que sa santé s'affaiblissait ; mais, ayant été passer le carnaval à Gournay, il en revint avec une douleur à la hanche, qu'il prit d'abord pour une sciatique. La douleur augmenta insensiblement pendant quelque temps et, au bout de deux mois, on découvrit une tumeur qui paraissait être la source du mal ; mais on tenta inutilement de la résoudre par différents remèdes. La faiblesse et l'amaigrissement augmentaient. On avait proposé les eaux ; il n'était pas en état de supporter le voyage ; cependant une fièvre lente le consumait. On voulut faire un dernier effort, et employer le mercure comme fondant ; mais on ne l'eut pas plutôt appliqué que M. de Gournay tomba dans une fièvre violente accompagnée de délire. Cet état dura trois jours ; au bout de ce temps, il recouvra sa connaissance, dont il profita pour faire son testament et recevoir les sacrements de l'Eglise. Il mourut le soir même.

Il avait épousé en... [2] Clotilde Verduc, avec laquelle il a vécu dans une grande union, et dont il n'a point laissé d'enfants.

1. Silhouette (1709-1767), contrôleur général du 4 mars au 21 novembre 1759. (G. S.).
2. En 1748, lorsqu'il quitta le commerce. (G. S.).

M. de Gournay mériterait la reconnaissance de la nation, quand elle ne lui aurait d'autre obligation que d'avoir contribué plus que personne à tourner les esprits du côté des connaissances économiques. Cette gloire lui serait acquise quand ses principes pourraient encore souffrir quelque contradiction ; et la vérité aurait toujours gagné à la discussion des matières qu'il a donné occasion d'agiter. La postérité jugera entre lui et ses adversaires. Mais en attendant qu'elle ait jugé, on réclamera avec confiance pour sa mémoire l'honneur d'avoir le premier répandu en France les principes de Child et de Jean de Witt. Et, si ces principes deviennent un jour le fondement de notre administration dans le commerce, s'ils ont jamais pour la France, comme ils l'ont été pour la Hollande et l'Angleterre, une source d'abondance et de prospérité, nos descendants sauront que la reconnaissance en sera due à M. de Gournay.

La réclamation que ces principes excitaient dans quelques esprits a donné occasion à plusieurs personnes de représenter M. de Gournay comme un enthousiaste et un *homme à systèmes.* Ce nom *d'homme à systèmes* est devenu une espèce d'arme dans la bouche de toutes les personnes prévenues ou intéressées à maintenir quelques abus, contre tous ceux qui proposent des changements dans quelque ordre que ce soit.

Les philosophes de ces derniers temps se sont élevés avec autant de force que de raison contre l'esprit de *système* et ils entendaient par ce mot ces suppositions arbitraires par lesquelles on s'efforce d'expliquer tous les phénomènes, et qui effectivement les expliquent tous également, parce qu'ils n'en expliquent aucun ; ces analogies indirectes par lesquelles on se hasarde à convertir un fait particulier en principe général, à juger d'un tout immense par un coup d'œil superficiel jeté sur une partie ; cette présomption aveugle qui rapporte tout ce qu'elle ignore au peu qu'elle connaît ; qui, éblouie d'une idée ou d'un principe, le voit partout, comme l'œil, fatigué par la vue fixe du soleil, en promène l'image sur tous les objets vers lesquels il se dirige ; qui veut tout connaître, tout expliquer, tout arranger, et qui, méconnaissant l'inépuisable variété de la nature, prétend l'assujettir à ses méthodes arbitraires et bornées, et veut circonscrire l'infini pour l'embrasser.

Si les gens du monde condamnent les *systèmes,* ce n'est pas dans le sens philosophique : accoutumés à recevoir successivement toutes les opinions, comme une glace réfléchit toutes les images sans s'en approprier aucune, à trouver tout probable sans être jamais convaincus, à ignorer la liaison intime des conséquences avec leur principe, à se contredire à tous les moments, sans s'en douter, ils ne peuvent qu'être étonnés lorsqu'ils rencontrent un homme intérieurement convaincu d'une vérité, et qui en déduit les conséquences avec la rigueur d'une logique exacte. Ils se sont prêtés à l'écouter : ils se prêteront le lendemain à écouter des propositions toutes contradictoires, et seront surpris de ne pas voir en lui la même flexibilité. Ils n'hésitent pas à le qualifier d'enthousiaste et d'*homme à systèmes.* Ainsi, dans leur langage, un système signifie une opinion adoptée mûrement, appuyée sur des preuves et suivie dans ses conséquences.

Dans ce dernier sens, il est cependant vrai que tout homme qui pense a un *système* et qu'un système ne peut être un reproche, puisqu'un système ne peut être renversé que par un système contraire [1]. N'importe. Les deux sens du mot de système se confondront et celui qui a un système dans le sens des gens du monde, c'est-à-dire une opinion fixe sur une matière, encourra les reproches faits par les philosophes à l'esprit de système pris dans un sens tout différent.

Il est sans doute vrai qu'à prendre le mot de système dans le sens populaire, M. de Gournay en avait un, puisqu'il avait une opinion, mais ses adversaires étaient tous, autant que lui, des gens *à système,* puisqu'ils soutenaient une opinion contraire à la sienne.

Mais, si l'on prend le mot de *système* dans le sens philosophique que j'ai développé en premier lieu, personne n'en a jamais été plus éloigné que lui, et il aurait eu bien plutôt le droit de rejeter ce reproche sur les principes qu'il combattait, puisque toute sa doctrine se fondait sur l'impossibilité absolue de diriger, par des règles constantes et par une inspection continuelle, une multitude d'opérations que leur immensité seule empêcherait de connaître, et qui, de plus, dépendent continuellement d'une foule de circonstances toujours changeantes, qu'on ne peut ni maîtriser ni même prévoir ; il voulait en conséquence que l'administration ne présumât pas de conduire tous les hommes par la lisière, qu'elle les laissât marcher, et qu'elle comptât plus sur le ressort naturel de l'intérêt que sur la contrainte extérieure et artificielle de règlements toujours arbitraires dans leur composition et souvent dans leur application. Si l'arbitraire et la manie de plier les choses à ses idées, et non pas ses idées aux choses, sont la marque

1. Du Pont a substitué à cette phrase, celle-ci :
« Il est cependant vrai que tout homme qui pense à un système, qu'un homme qui n'aurait aucun système ou aucun enchaînement dans les idées ne pourrait être qu'un imbécile ou un fou. » (G. S.).

caractéristique de l'esprit de *système,* ce n'était assurément pas M. de Gournay qui était *homme à systèmes.*

Il l'était encore moins par un attachement opiniâtre à ses idées. La douceur avec laquelle il les soutenait prouve bien qu'il n'y était nullement attaché par amour propre, et qu'il ne les défendait que comme citoyen. On peut même dire que peu de gens ont été aussi parfaitement libres que lui de cette espèce de vanité qui ferme l'accès aux vérités nouvelles. Il cherchait à s'instruire comme s'il n'avait rien su, et se prêtait à l'examen de toute vérité, comme s'il n'avait eu aucune opinion contraire.

Il faut dire encore que ce prétendu système de M. de Gournay a cela de particulier, que les principes généraux en sont à peu près adoptés par tout le monde ; que, de tout temps, le vœu du commerce chez toutes les nations a été renfermé dans ces deux mots : *liberté* et *protection,* et surtout liberté. On sait le mot de M. Le Gendre à M. Colbert : *laissez-nous faire.* M. de Gournay ne différait souvent des gens qui le traitaient *d'homme à systèmes,* qu'en ce qu'il se refusait, avec la rigidité d'un esprit juste et d'un cœur droit, aux exceptions qu'ils admettaient en faveur de leur intérêt.

Tout est plein de gens qui condamnent, par exemple, les privilèges exclusifs, mais qui croient qu'il y a certaines denrées sur lesquelles ils sont nécessaires, et cette exception est ordinairement fondée sur un intérêt personnel, ou sur celui de quelques particuliers avec lesquels on est lié. C'est ainsi que la plus grande partie des hommes est naturellement portée aux principes doux de la liberté du commerce. Mais chacun, soit par intérêt, soit par routine, soit par séduction, y met toujours quelques petites modifications ou exceptions.

M. de Gournay, en se refusant à chaque exception en particulier, avait pour lui la pluralité des voix ; mais en se refusant à toutes à la fois, il élevait contre lui toutes les voix qui voulaient chacune une exception, quoiqu'elles ne se réunissent pas sur la sorte d'exception qu'elles désiraient, et il en résultait contre ces principes une fausse unanimité, et contre sa personne une imputation presque générale du titre d'*homme à systèmes.*

Cette imputation était saisie comme un mot de ralliement par ceux que l'envie, ou l'attachement à leur opinion, rendait ses adversaires, et servait de prétexte pour présenter ce vain fantôme d'unanimité comme un corps formidable, dont tout homme moins zélé que lui pour le bien public, ou moins indifférent sur ses propres intérêts, aurait été effrayé.

Mais cette contradiction ne faisait qu'exciter son courage. Il savait bien qu'en annonçant moins crûment l'universalité de ses principes, en n'avouant pas les conséquences éloignées qu'on tirait de ces principes, en se prêtant à quelques modifications légères, il aurait évité ce titre si redouté d'*homme à systèmes,* et aurait échappé aux préventions qu'on s'efforçait de répandre contre lui. Mais il croyait utile que les principes fussent développés dans toute leur étendue ; il voulait que la nation s'instruisît ; et elle ne pouvait être instruite que par l'exposition la plus claire de la vérité. Il pensait que ces ménagements ne seraient utiles qu'à lui, et il se comptait pour rien.

Ce n'était pas qu'il crût, comme bien des gens l'en accusaient, qu'il ne fallût garder aucun ménagement dans la réforme des abus ; il savait combien tous les changements ont besoin d'être préparés, combien les secousses trop subites sont dangereuses ; mais il pensait que le ménagement devait être dans l'action et non dans la spéculation. Il ne voulait pas qu'on abattît tout le vieil édifice avant d'avoir jeté les fondements du nouveau ; mais il voulait qu'avant de mettre la main à l'œuvre on eût un plan fait dans toute son étendue, afin de n'agir à l'aveugle ni en détruisant, ni en conservant, ni en reconstruisant de nouveau.

Enfin, une gloire bien personnelle à M. de Gournay est celle de sa vertu, tellement reconnue que, malgré les contradictions sans nombre qu'il a essuyées, l'ombre même du soupçon n'a jamais terni un instant l'éclat de sa réputation. Cette vertu s'est soutenue pendant toute sa vie. Appuyée sur un sentiment profond de justice et de bienfaisance, elle en a fait un homme doux, modeste, indulgent dans la société, irréprochable, et même austère dans sa conduite et dans ses mœurs ; mais austère pour lui seul, égal et sans humeur dans son domestique, occupé dans sa famille de rendre heureux tout ce qui l'environnait, toujours disposé à sacrifier à la complaisance tout ce qu'il ne regardait pas comme un devoir. Dans sa vie publique, on l'a vu dégagé de tout intérêt, de toute ambition, et presque de tout amour de la gloire, n'en être ni moins actif, ni moins infatigable, ni moins adroit à presser l'exécution de ses vues, qui n'avaient d'objet que le bien général ; citoyen uniquement occupé des prospérités et de la gloire de sa patrie et du bonheur de l'humanité. Cette humanité était un des motifs qui l'attachaient le plus fortement à ce qu'on appelait *son système ;* ce qu'il reprochait le plus vivement aux principes qu'il attaquait, était de favoriser toujours la partie riche et oisive de la société au préjudice de la partie pauvre et laborieuse.

C'est une sorte de malheur que les hommes recommandables par les vertus pures, les plus respectables et les plus véritablement utiles, soient les moins avantageusement partagés dans la distribution de la gloire. La postérité ne juge guère que les actions publiques éclatantes, et peut-être est-elle plus sensible à leur éclat qu'à leur utilité. Mais, en supposant même son jugement toujours équitable à cet égard, les motifs, l'esprit qui ont produit ces actions, et qui seuls ont pu leur imprimer le caractère de vertueuses, sont ignorés. Ces traits délicats se perdent dans le récit de l'historien, comme la fleur du teint et la finesse de la physionomie s'évanouissent sous les couleurs du peintre. Il ne reste que des traits sans vie, et des actions sans caractère. Tantôt la malignité, tantôt la flatterie les interprètent à leur gré, et ne réussissent que trop souvent à rendre flottant le jugement de la postérité entre la vertu la plus pure et le vice adroit qui a su emprunter son masque.

On ne s'y trompe pas cependant quand ils vivent ; il est un moment où le cri public démentirait la malignité qui voudrait ternir une vertu reconnue, et la flatterie qui essayerait d'en décerner les honneurs à qui ne les aurait pas mérités. Ce moment passe bientôt, et le seul moyen de conserver, au petit nombre d'hommes dont la vertu a été ainsi constatée, l'hommage éclairé de la postérité, et de fixer ce parfum de vertu qui s'exhale autour d'eux, est de provoquer le témoignage de la génération présente et d'attester la mémoire récente des faits. En rendant à la pureté des vertus de M. de Gournay l'hommage public qu'elle mérite, nous sommes bien sûrs qu'il ne s'élèvera aucune voix contre nous.

Le commerce des grains
Projet de lettre au contrôleur général Bertin sur un projet d'édit

(1763)

L'intendant Turgot donne ici son avis sur les mesures en préparation tendant à établir à l'intérieur de la France la libre commercialisation des céréales, et qui se traduisirent par l'édit de juillet 1764 (dont le texte est reproduit ci-après.)

(Les producteurs et les consommateurs. — Opinion de Vincent de Gournay. — Variations des récoltes. — Les magasins de blé. — Exportation et circulation du blé.)

La circonstance de la translation de M. de Marcheval à l'intendance de Grenoble a fait errer pendant quelque temps la lettre que vous m'avez fait l'honneur de m'écrire en date du 1er août pour me demander mon avis sur la liberté du commerce des grains ; elle ne m'est parvenue qu'après plusieurs détours et c'est ce qui m'a empêché de vous répondre aussi promptement que je l'aurais désiré sur l'importante question qui fait l'objet de cette lettre et du mémoire que vous y avez joint. Je n'ai même pu m'occuper de cet objet pendant les premiers jours qui ont suivi mon arrivée, et que j'ai été obligé d'employer, soit à expédier un grand nombre d'affaires arriérées, soit à préparer le travail des départements. Je me console de ce retardement involontaire par la réflexion que la matière a été si pleinement éclaircie dans plusieurs ouvrages imprimés depuis quelques années et doit avoir reçu un tel degré de lumière par la discussion à laquelle votre lettre[1] a donné lieu, que je ne puis me flatter de vous présenter aucune idée nouvelle et qu'il ne peut me rester qu'à applaudir à la sagesse des mesures que vous allez prendre pour assurer enfin au peuple une subsistance toujours également à sa portée, aux cultivateurs le fruit de leurs travaux, et aux propriétaires des biens-fonds, un revenu proportionné à la fertilité naturelle de la terre.

1. La lettre de Bertin n'est pas connue. (G. S.).

Cependant, puisque vous me faites l'honneur de me demander ma façon de penser, je ne puis me dispenser de vous la développer et de faire tous mes efforts pour surmonter l'embarras où l'on se trouve nécessairement lorsqu'on est obligé d'établir des principes qui paraissent évidents et dont, cependant, quelques personnes doutent encore ; on se fatigue à vouloir deviner ce qui peut avoir besoin d'éclaircissement et l'on flotte entre la crainte de manquer à répondre aux doutes et celle de s'appesantir à démontrer laborieusement des choses trop palpables.

I. — Le blé ne vient pas tout seul ; pour en avoir, il faut labourer, semer et recueillir ; cette vérité est d'une telle évidence que l'énonciation en devient ridicule. Il n'est pas moins évident que tout cela ne se fait pas sans peine, ni sans frais.

Ceux dont le métier est de labourer, de semer et de recueillir, ne prennent cette peine et ne font ces frais que dans la vue d'en retirer un profit. Ce profit ne peut être que ce qu'ils retirent de la vente de leurs denrées. Le laboureur ne cultive donc qu'autant qu'il peut vendre son grain et le vendre assez cher pour y gagner ; s'il cessait de gagner, il cesserait de cultiver. On peut tirer de là une conséquence qui devient un principe, c'est que le gain du laboureur est le mobile de la culture et, par conséquent, la source de la production du blé. La seule manière de favoriser le consommateur et de lui procurer une abondance durable est donc de favoriser le laboureur.

II. — La faveur que le laboureur demande, l'objet qu'il se propose en cultivant, la récompense qu'il attend de son travail ne peuvent être que la vente facile et avantageuse de ses récoltes. Or, la vente est d'autant plus facile et d'autant plus avantageuse qu'il y a plus de concurrents pour l'achat. Il ne peut donc y avoir trop d'acheteurs, et tout ce qui tend à en resserrer le nombre tend à diminuer les profits et les espérances du laboureur, et diminue par contrecoup la production : seconde conséquence et second principe.

III. — Je ne puis m'empêcher de placer ici une réflexion de feu M. de Gournay bien lumineuse et bien propre à montrer combien les préjugés qui ont régné depuis si longtemps en France sur la police des grains nous ont écartés des vrais principes de l'administration. « Nos lois sur la police des grains, disait-il, ont eu principalement en vue de les retenir dans le Royaume et d'écarter de nos marchés le consommateur étranger pour favoriser le consommateur national. » En même temps, nos lois sur le commerce renferment toutes sortes de précautions pour fermer l'entrée du Royaume aux productions des manufactures étrangères, afin de procurer aux manufactures nationales un débit plus assuré. Qu'arrive-t-il ? Le laboureur a besoin de vendre son blé et d'acheter du drap ; le fabricant a besoin de vendre son drap et d'acheter du blé ; mais le fabricant peut acheter son blé et vendre son drap chez toutes les nations de l'univers ; le laboureur ne peut, au contraire, ni vendre son blé, ni acheter son drap à d'autres qu'à des Français. Le fabricant vend à qui il veut, achète de qui il veut ; le laboureur ne peut vendre qu'à ses concitoyens et ne peut acheter que de ses concitoyens ; ceux-ci exercent ainsi contre lui un double monopole, comme acheteurs, et comme vendeurs. La condition du laboureur est donc moins avantageuse dans les deux cas que celle du fabricant, et il résulte de ce rapprochement des principes suivis jusqu'ici, pour l'administration de l'agriculture et pour celle du commerce, qu'en croyant favoriser le commerce, on a sacrifié l'agriculture. On est bien tenté de comparer cette conduite à celle d'un jardinier qui s'imaginerait rendre les branches d'un arbre plus touffues et plus vigoureuses en empêchant ses racines de s'étendre.

IV. — Si du moins le travail, auquel le laboureur se livre tous les ans pour mettre sa terre en état de produire, était tous les ans suivi d'une récolte également abondante, les soins qu'on prendrait pour exclure les étrangers de nos marchés n'auraient d'autre inconvénient que de restreindre la culture à la quantité de terrain suffisante pour répondre à la consommation du Royaume et de retrancher de la somme des richesses nationales le produit des terres qui, dans l'hypothèse d'une plus grande liberté, auraient été cultivées pour fournir à la consommation de l'étranger. La consommation étant toujours la même et proportionnée à la population, la culture s'y proportionnerait d'elle-même. Le peuple trouverait toujours sa nourriture au même prix et le laboureur recevrait toujours le même prix de son travail.

Malheureusement, cette égalité de récoltes n'a jamais eu lieu plusieurs années de suite. La température des saisons est tantôt favorable, tantôt contraire aux productions de l'agriculture ; mille accidents inévitables détruisent souvent la plus grande partie des récoltes. Dans tous les lieux de la terre, l'abondance et la stérilité se succèdent avec une variété qui n'est assujettie à aucune règle et dont les vicissitudes ne se compensent que dans une assez longue suite d'années. C'est surtout dans les zones tempérées, les seules qui soient propres à la production du blé, que l'inégalité des récoltes est plus sensible et plus irrégulière. Il suit de là que si la consommation était proportionnée à la production des années abondantes, une grande partie du peuple mourrait de faim dans les années stériles. Si, au contraire, la consommation ne répondait qu'à la production des années stériles, le laboureur, dans les années abondantes, ne pourrait vendre qu'une partie de son blé à très bas prix et ne pourrait en retirer de quoi payer le prix de sa ferme et les impositions, ni de quoi se rembourser de ses avances qui sont toujours les mêmes ; il perdrait donc au lieu de gagner ; le travail serait découragé et le revenu des terres serait anéanti.

Dans le fait, la consommation n'est et ne peut être précisément égale, ni à la production des années abondantes, ni à celles des années stériles ; mais elle répond à la quantité moyenne des denrées que les terres produisent, année commune et compensation faite des années abondantes avec les années stériles, ou pour mieux dire, la culture s'étend ou se restreint d'elle-même à la quantité de terre suffisante pour produire, année commune, la quantité qui répond à la consommation annuelle.

V. — Puisque la consommation est égale à l'année commune de la production, il est évident, d'un côté, que le peuple ne peut vivre dans les années stériles que du superflu des années abondantes et que, de l'autre, le laboureur ne peut vendre avantageusement les denrées qu'il a recueillies au-delà de la consommation dans les années abondantes qu'en les réservant pour les années stériles. Il est donc évident que les magasins, formés du superflu des années abondantes pour être vendu dans les années stériles, sont le soutien du laboureur dans l'abondance et le salut du consommateur dans la cherté.

On ne peut donc trop donner de facilités et même d'encouragements à l'emmagasinement des blés et on ne peut trop éviter tout ce qui peut en détourner.

VI. — Pour faire des magasins de blé considérables, il faut faire d'avance des achats pour ne vendre quelquefois qu'après plusieurs années. La garde du blé est d'ailleurs sujette à de grands frais et à un déchet très considérable. Il faut donc que le magasinier puisse espérer de retrouver dans les années stériles, non seulement le principal de ses achats, mais les intérêts de ses avances et l'indemnité, tant de ses frais de garde que du déchet. S'il arrivait que le magasinier put être forcé de vendre son blé d'une façon moins avantageuse et s'il était toujours dans le cas de craindre que le gouvernement ou les magistrats ne l'obligeassent d'ouvrir ses greniers plus tôt qu'il ne l'eût voulu, on ne trouverait personne qui voulût entreprendre un pareil commerce et s'exposer en même temps à une ruine certaine et à des imputations déshonorantes de la part d'une populace autorisée dans son injustice et animée par des magistrats qui devraient la calmer. Le commerce de la garde du blé, devenu ruineux et odieux, tombera totalement et ne sera plus exercé que par des hommes vils et sans fortune ou par des riches protégés et malintentionnés ; le blé tombera en *non-valeur* dans les années abondantes et le peuple souffrira dans les années stériles toutes les horreurs de la famine.

VII. — Si l'on ne fait pas de magasins de blé dans les années où la production surpasse la consommation, que fera-t-on du blé superflu ? Car, quelque bas que puisse en être le prix, le peuple n'en achètera pas au-delà de ses besoins. Il faut opter entre trois partis : ou le garder pour des années dont la production sera au-dessous de la consommation, ou l'envoyer dans des lieux où la récolte soit moins abondante, ou bien le perdre et le faire consommer par des animaux.

Personne n'a jamais pu penser sérieusement que ce dernier parti fût le plus avantageux ; mais on s'est conduit comme si l'on eût été dans cette opinion, car c'est le seul parti sur lequel on ait laissé une liberté pleine et entière, puisque toutes les lois qu'on a faites sur la police des grains tendent, d'un côté, à gêner leur exportation et leur circulation de province à province et de ville à ville et, de l'autre, à intimider ceux qui seraient tentés de les emmagasiner, c'est-à-dire en d'autres termes, qu'elles tendent à ce que les grains soient toujours consommés le plus qu'il est possible dans la même année et dans le même lieu où ils ont été produits.

VIII. — Il ne faut cependant pas des réflexions bien profondes pour sentir que si le blé n'est pas transporté des lieux où il regorge dans ceux où il manque, et conservé dans les années abondantes pour subvenir à la stérilité des années qui doivent suivre, il y aura toujours quelque canton où le peuple mourra de faim, et que chaque canton en particulier aura son tour et passera de l'excès du superflu aux horreurs de la disette. Plus il y aura de facilité au transport et à la conservation des grains, c'est-à-dire en d'autres termes, plus la circulation et l'emmagasinage des grains seront encouragés et plus l'inégalité des saisons sera corrigée, plus le prix des grains se rapprochera de l'égalité dans tous les temps, plus les revenus de la terre et la subsistance du peuple seront assurés.

IX. — La circulation libre des grains dans un grand nombre de lieux a sur l'emmagasinage, qui ne serait pas joint à cette circulation, l'avantage immense de rendre les spéculations du commerce des grains beaucoup plus certains, non seulement parce qu'il est plus aisé à un négociant de fonder ses opérations sur l'état présent et connu des récoltes que sur la prévoyance fautive des variations d'une année à l'autre, mais encore parce que les calculs fondés sur des risques sont d'autant plus sûrs que le nombre des hasards compensés les uns par les autres est plus grand.

X. — Cette circulation a encore un autre avantage, encore plus précieux, en ce qu'elle abrège le temps de la conservation des grains, ce qui épargne aux consommateurs les intérêts des avances pendant tout le temps de la garde du blé et conserve au genre humain l'immense quantité de grains que la corruption ou les insectes auraient détruits.

XI. — La circulation facilitée devient une sûreté de plus pour le magasinier qui ne peut retirer ses frais que dans les temps de cherté. Si l'abondance lui ferme des débouchés dans un lieu, la disette lui en ouvrira dans d'autres. La circulation encouragera donc l'emmagasinage, et la multiplicité des magasins, en multipliant les entrepôts, facilitera la circulation ; ces deux voies de communication toujours ouvertes réuniront les lieux et les temps et entretiendront entre les prix des grains un niveau partout uniforme et toujours constant. Le laboureur ne verra jamais dans l'abondance qu'un sujet de joie et ne craindra pas de perdre le fruit de ses travaux, tandis que l'artisan laborieux verra sans inquiétude la vicissitude des saisons et trouvera toujours sa subsistance dans une portion déterminée de son salaire. La *non-valeur* et la *cherté* ne peuvent être bannies que par l'égalité du prix et l'égalité du prix ne peut être établie que par la liberté entière de la circulation et du magasinage.

XII. — Plus le commerce des grains embrasse un espace étendu, et plus les climats et les terrains sont variés, plus les avantages de ce commerce sont grands et assurés. La circulation des grains de ville à ville dans la même province n'empêcherait pas la disette de se faire sentir quelque fois et le magasinage serait sa principale ressource. Dans un grand royaume, les avantages commencent à être plus sensibles par la différence des climats des différentes provinces et l'inégalité de leurs productions ; enfin, la circulation dans l'Europe et dans le monde entier qui résulte de la libre exportation du grain ôte à ce commerce toute espèce de risque. Le négociant qui compte sur les besoins du monde entier calcule à coup sûr.

XII. — Jusqu'ici, je n'ai considéré la liberté du commerce des grains ou plutôt l'égalité de prix qui en résulte que par rapport au profit du laboureur et à la subsistance du consommateur.

Il est un autre point de vue aussi important à considérer ; je parle de l'effet de cette égalité de prix sur le revenu des terres et par conséquent sur la richesse et la puissance des Etats [1]...

DÉCLARATION DU ROI, PORTANT PERMISSION DE FAIRE CIRCULER LES GRAINS, FARINES ET LÉGUMES DANS TOUTE L'ÉTENDUE DU ROYAUME, EN EXEMPTION DE TOUS DROITS, MÊME CEUX DE PÉAGES.

Versailles, 25 mai 1763.

Louis..., etc. La culture et le commerce des denrées nécessaires à la vie ayant toujours été regardée comme l'objet le plus important pour le bien des peuples, les Rois nos prédécesseurs ont donné une attention particulière aux moyens d'en procurer l'abondance, en ménageant également les intérêts des cultivateurs et ceux des consommateurs. Ils ont regardé la liberté de la circulation dans l'intérieur comme nécessaire à maintenir ; mais les précautions qu'ils ont cru devoir prendre pour empêcher les abus ont souvent donné quelque atteinte à cette liberté. Animés du même esprit et persuadés que rien n'est plus propre à arrêter les inconvénients du monopole qu'une concurrence libre et entière dans le commerce des denrées, nous avons cru devoir restreindre la rigueur des règlements précédemment rendus pour encourager les cultivateurs dans leurs travaux, et donner à cette portion précieuse de nos sujets des marques particulières du soin que nous prenons de ses intérêts ; à ces causes...

ARTICLE PREMIER. — Permettons à tous nos sujets de quelque qualité et condition qu'ils soient, même les nobles et privilégiés, de faire ainsi que bon leur semblera, dans l'intérieur du Royaume, le commerce des grains, d'en vendre et d'en acheter, même d'en faire des magasins, sans que, pour raison de ce commerce, ils puissent être inquiétés, ni astreints à aucune formalité.

ART. II. — Permettons pareillement à tous nos sujets de transporter librement d'une province du Royaume dans une autre, toutes espèces de grains et denrées, sans être obligé de faire aucune déclaration, ni prendre aucun congé ou permission. Faisons très expresses inhibitions et défenses à tous nos officiers, et à ceux des seigneurs, d'exiger aucune formalité, sous quelque prétexte que ce puisse être.

ART. III. — Défendons pareillement à tous nos sujets qui jouissent des droits de péage, passage, pontonage, ou travers, à titre de pro-

1. Turgot n'a pas développé ce point de vue. (G. S.).

priété, engagement, ou à quelqu'autre titre que ce soit, d'exiger aucun desdits droits sur les grains, farines et légumes qui circuleront dans le Royaume, sans préjudice néanmoins des droits de halage, minage et autres droits de marchés, qui continueront à être perçus à la manière accoutumée.

ART. IV. — N'entendons néanmoins, quant à présent, rien changer ni innover aux règlements rendus précédemment pour l'approvisionnement de la ville de Paris, qui continueront d'être exécutés.

ART. V. — Dérogeons par ces présentes, à tous les précédents édits et règlements, en ce qui pourrait y être contraire.

Registré, ouï et ce requérant le Procureur général du Roi pour être exécuté selon la forme et teneur, sans néanmoins que les officiers de police puissent prétendre être compris directement ou indirectement dans la permission accordée par l'article premier de ladite Déclaration, comme aussi sans préjudice de l'indemnité, s'il y a lieu, pour raison des droits mentionnés dans l'article III de ladite Déclaration.

ÉDIT DU ROI, CONCERNANT LA LIBERTÉ DE LA SORTIE ET DE L'ENTRÉE DES GRAINS DANS LE ROYAUME.

Compiègne, juillet 1764.

Louis..., etc. L'attention que nous devons à tout ce qui peut contribuer au bien de nos sujets, nous a porté à écouter favorablement les vœux qui nous ont été adressés de toutes parts, pour établir la plus grande liberté dans le commerce des grains, et révoquer les lois et les règlements qui auraient été faits précédemment, pour le restreindre dans des bornes trop étroites. Après avoir pris les avis des personnes les plus éclairées en ce genre, et en avoir mûrement délibéré en notre Conseil, nous avons cru devoir déférer aux instances qui nous ont été faites pour la libre exportation et importation des grains et farines, comme propre à animer et à étendre la culture des terres dont le produit est la source la plus réelle et la plus sûre des richesses d'un Etat, à entretenir l'abondance, par les magasins et l'entrée des blés étrangers, à empêcher que les grains ne soient à un prix qui décourage le cultivateur, à écarter le monopole par l'exclusion sans retour de toutes permissions particulières, et par la libre et entière concurrence dans ce commerce, entretenir enfin entre les différentes nations cette communication d'échanges du superflu avec le nécessaire, si conforme à l'ordre établi par la divine Providence, et aux vues d'humanité qui doivent animer tous les Souverains. Nous avons reconnu qu'il était digne de nos soins continuels, pour le bonheur de nos peuples, et de notre justice pour les propriétaires des terres et pour les fermiers, de leur accorder une liberté qu'ils désirent avec tant d'empressement ; et nous avons même cru devoir mettre par une loi solennelle et perpétuelle, les marchands et négociants à l'abri de toute crainte de retour aux lois prohibitives [1] : mais pour ne laisser aucune inquiétude à ceux qui ne sentiraient pas encore assez les avantages que doit procurer la liberté d'un tel commerce, il nous a paru nécessaire de fixer un prix au grain, au-delà duquel toute exportation hors du Royaume en serait interdite, dès que le blé serait monté à ce prix ; et comme nous ne devons négliger aucune occasion d'exciter l'industrie, nous avons résolu de favoriser en même temps la navigation française, en assurant aux vaisseaux et aux équipages français, exclusivement à tous autres, le transport des grains exportés. A ces causes...

ARTICLE PREMIER. — Notre Déclaration du 25 mai 1763 concernant le libre transport des grains dans notre Royaume, avec permission d'en faire les magasins, ensemble les Lettres patentes interprétatives d'icelle du 5 mars dernier, seront exécutées en leur forme et teneur ; en conséquence, voulons qu'il ne puisse être donné aucune atteinte à ladite circulation dans l'intérieur.

ART. II. — Permettons aussi à tous nos sujets de quelque qualité et condition qu'ils puissent être, même les nobles et privilégiés, de faire commerce de toutes espèces de grains, graines et grenailles, légumes et farines, soit avec les régnicoles, soit avec les étrangers, et de faire à cet effet de tels magasins qu'ils jugeront nécessaires, sans qu'ils puissent être recherchés, inquiétés ou astreints à aucune formalité, autre que celles portées par le présent Edit, ni que lesdits nobles et privilégiés puissent être assujettis à aucune imposition pour raison de ce commerce seulement.

ART. III. — Voulons, en conséquence, que la sortie à l'étranger de tous grains, graines, grenailles et farines, soit entièrement libre par terre et par mer, aux seules exceptions et limitations portées par les articles suivants. Faisons très expresses inhibitions et défenses à tous nos officiers et à ceux des seigneurs d'y mettre aucun obstacle ou empêchement en aucun cas et sous quelque prétexte que ce puisse être.

1. A la première partie de ce préambule, toute physiocratique, et à la rédaction de laquelle collaborèrent Turgot et Du Pont, le contrôleur général, L'Averdy, ajouta la partie restrictive qui suit. (G. S.).

ART. IV. — La sortie des blés, seigles, méteils et farines, ne sera permise par mer quant à présent, jusqu'à ce qu'il en soit par nous autrement ordonné, que par les ports de Calais, Saint-Valéry, Dunkerque, Fécamp, Dieppe, Le Havre, Rouen, Honfleur, Cherbourg, Caen, Granville, Morlaix, Saint-Malo, Brest, Port-Louis, Nantes, Vannes, La Rochelle, Rochefort, Bordeaux, Blaye, Libourne, Bayonne, Cette, Vendres, Marseille, et Toulon ; et l'exportation ne pourra en être faite que sur des vaisseaux français, dont le capitaine et les deux tiers au moins de l'équipage seront français, sous peine de confiscation.

ART. V. — Désirant pourvoir, par l'introduction des blés étrangers dans notre Royaume, à ce que le blé ne monte pas à un prix onéreux à nos peuples, nous permettons à tous nos sujets et à tous étrangers de faire librement entrer dans le Royaume, sur toutes espèces de vaisseaux indistinctement, tous grains, graines, grenailles, farines et légumes, venant de l'étranger, en payant les droits ordonnés par le présent Edit.

ART. VI. — Dans le cas néanmoins où, contre notre attente et malgré les espérances légitimes que donne la libre entrée desdits blés étrangers, le prix du blé serait porté à la somme de 12 livres 10 sols le quintal et au-dessus, dans quelques-uns des ports ou des lieux situés sur la frontière de notre Royaume, et que ce prix serait soutenu dans le même lieu pendant trois marchés consécutifs, voulons que la liberté, accordée par les articles précédents, demeure suspendue dans ce lieu de plein droit, et sans qu'il soit besoin d'aucun nouveau règlement. Faisons, en conséquence, très expresses inhibitions et défenses dans ledit cas, à tous nos sujets, de faire sortir aucun grains par ledit lieu jusqu'à ce que, sur les représentations des officiers dudit lieu, qui seront adressées au Contrôleur général de nos finances, l'ouverture dudit lieu ait été ordonnée en notre Conseil, à l'effet d'y rétablir la liberté générale et indéfinie pour l'entrée et la sortie des grains, sans que, dans aucun cas, nos gouverneurs, commandants, commissaires départis, et autres nos officiers, puissent donner à ce sujet aucune permission particulière.

ART. VII. — Le blé froment sera assujetti, à l'entrée du Royaume, à un droit de 1 p. 100, et les seigles, menus grains, graines, grenailles, farines et légumes, à celui de 3 p. 100 ; voulons néanmoins que lesdits grains ne payent à la sortie de notre Royaume que le droit d'un demi p. 100, à l'effet de quoi, ceux qui voudront faire entrer et sortir ces denrées seront tenus, sous de telles peines qu'il appartiendra, de faire aux bureaux établis sur les frontières de notre Royaume pour la perception de nos droits, des déclarations conformes aux règlements, des quantité et qualité desdites denrées.

ART. VIII. — Permettons à tous étrangers ou régnicoles de faire entrer toutes espèces de grains dans notre Royaume et de les y laisser en entrepôts, savoir : les blés pendant un an, les menus grains, graines, grenailles, farines et légumes pendant six mois seulement ; pendant lequel temps, ils pourront les exporter librement à l'étranger, soit en nature de grains, soit en farines sur tous vaisseaux indistinctement, sans payer aucuns droits ; et ils ne seront assujettis à payer les droits portés dans l'article précédent, que dans les cas où lesdites denrées seraient introduites pour la consommation des habitants de notre Royaume, ou après l'expiration du terme fixé pour l'entrepôt.

ART. IX. — Dérogeons à tous Edits, Déclarations et Règlements à ce contraires, sans néanmoins rien innover, quant à présent, aux règles de police suivies jusqu'à ce jour pour l'approvisionnement de notre bonne ville de Paris, lesquelles continueront d'être observées, comme par le passé, jusqu'à ce qu'il en ait été par nous autrement ordonné.

Réflexions sur la formation et la distribution des richesses

(novembre 1766)

Voici, selon Dupont de Nemours, dans quelles conditions cet ouvrage a été composé : « Lorsque l'on a renvoyé dans leur patrie MM. Ko et Yang, deux jeunes Chinois de beaucoup d'esprit, qui avaient été amenés en France et élevés par les Jésuites, et qu'on a fait repasser à Canton, chargés de bienfaits, et soutenus par une pension du Roi, pour entretenir une correspondance suivie qui pût faire bien connaître la littérature et les sciences chinoises, M. Turgot leur donna des livres et des instruments précieux. Il y joignit un grand nombre de questions parfaitement bien conçues sur toutes les parties du gouvernement et des arts de la Chine. Il fit plus ; *pour leur instruction et afin de les mettre à portée de bien répondre aux questions qui regardaient la culture, ses moyens, ses avances, ses produits, la population qui se les partage, et les différents travaux qui en sont la suite, il composa l'excellent ouvrage intitulé :* « Réflexions sur la formation et la distribution des richesses. » *Il indique en outre que ce travail parut dans les* Ephémérides du citoyen, *tomes XI et XII de 1769 et tome I de 1770, mais Turgot l'avait rédigé en novembre 1766.*

I. — Impossibilité du commerce dans la supposition d'un partage égal des terres, où chaque homme n'aurait que ce qu'il lui faudrait pour se nourrir.

Si la terre était tellement distribuée entre tous les habitants d'un pays, que chacun en eût précisément la quantité nécessaire pour se nourrir, et rien de plus, il est évident que, tous étant égaux, aucun ne voudrait travailler pour autrui ; personne aussi n'aurait de quoi payer le travail d'un autre, car chacun, n'ayant de terre que ce qu'il en faudrait pour produire sa subsistance, consommerait tout ce qu'il aurait recueilli, et n'aurait rien qu'il pût échanger contre le travail des autres.

II. — L'hypothèse ci-dessus n'a jamais existé, et n'aurait pu subsister. La diversité des terrains et la multiplicité des besoins amènent l'échange des productions de la terre contre d'autres productions.

Cette hypothèse n'a jamais pu exister, parce que les terres ont été cultivées avant d'être partagées, la culture même ayant été le seul motif du partage et de la loi qui assure à chacun sa propriété. Or, les premiers qui ont cultivé ont probablement cultivé autant de terrain que leurs forces le permettaient et, par conséquent, plus qu'il n'en fallait pour les nourrir.

Quand cet état aurait pu exister, il n'aurait pu être durable : chacun ne tirant de son champ que sa subsistance, et n'ayant pas de quoi payer le travail des autres, ne pourrait subvenir à ses autres besoins, du logement, du vêtement, etc., que par son propre travail ; ce qui serait à peu près impossible, *toute terre ne produisant pas tout,* à beaucoup près.

Celui dont la terre ne serait propre qu'aux grains, et ne produirait ni coton, ni chanvre, manquerait de toile pour s'habiller ; l'autre aurait une terre propre au coton qui ne produirait pas de grains ; tel autre manquerait de bois pour se chauffer, tandis que tel autre manquerait de grains pour se nourrir. Bientôt l'expérience apprendrait à chacun quelle est l'espèce de production à laquelle sa terre serait le plus propre, et il se bornerait à la cultiver, afin de se procurer les choses dont il manquerait par la voie de l'échange avec ses voisins, qui, ayant fait de leur côté, les mêmes réflexions, auraient cultivé la denrée la plus propre à leur champ et abandonné la culture de toutes les autres.

III. — Les productions de la terre exigent des préparations longues et difficiles pour être rendues propres aux besoins de l'homme.

Les denrées que la terre produit pour satisfaire aux différents besoins de l'homme ne peuvent y servir, pour la plus grande partie, dans l'état où la nature les donne ; elles ont besoin de subir différents changements et d'être préparées par l'art : il faut convertir le froment en farine et en pain ; tanner ou passer les cuirs ; filer les laines, les cotons ; tirer la soie des cocons, rouir, teiller, filer les chanvres et les lins, en former ensuite différents tissus, et puis les tailler, les coudre pour en faire des vêtements, des chaussures, etc. Si le même homme qui fait produire à sa terre ces différentes choses, et qui les emploie à ses besoins, était obligé de leur faire subir toutes ces préparations intermédiaires, il est certain qu'il réussirait fort mal. La plus grande partie de ces préparations exige des soins, une attention, une longue expérience, qui ne s'acquiert qu'en travaillant de suite et sur une grande quantité de matières. Prenons pour exemple la préparation des cuirs : quel laboureur pourrait suivre tous les détails nécessaires pour cette opération qui dure plusieurs mois et quelquefois plusieurs années ? S'il le pouvait, le pourrait-il sur un seul cuir ? Quelle perte de temps, de place, de matières qui auraient pu servir en même temps ou successivement à tanner une grande quantité de cuir ! Mais quand il réussirait à tanner un cuir tout seul, il ne lui faut qu'une paire de souliers : que ferait-il du reste ? Tuera-t-il un bœuf pour avoir cette paire de souliers ? Coupera-t-il un arbre pour se faire une paire de sabots ? On peut dire la même chose de tous les autres besoins de chaque homme qui, s'il était réduit à son champ et à son travail, consumerait beaucoup de temps et de peine pour être fort mal équipé à tous égards, et cultiverait très mal son terrain.

IV. — La nécessité des préparations amène l'échange des productions contre le travail.

Le même motif qui a établi l'échange de denrée à denrée, entre les cultivateurs de terrains de diverse nature, a donc dû amener aussi l'échange de la denrée contre le travail entre les cultivateurs et une autre partie de la société, qui aura préféré l'occupation de préparer et de mettre en œuvre les productions de la terre à celle de les faire naître.

Tout le monde gagnait à cet arrangement, car chacun en se livrant à un seul genre de travail y réussissait beaucoup mieux. Le laboureur tirait de son champ la plus grande quantité de productions possible, et se procurait bien plus facilement tous ses autres besoins par l'échange de son superflu qu'il ne l'eût fait par son travail. Le cordonnier, en faisant des souliers pour le laboureur, s'appropriait une partie de la récolte de celui-ci. Chaque ouvrier travaillait pour les besoins des ouvriers de tous les autres genres, qui, de leur côté, travaillaient tous pour lui.

V. — Prééminence du laboureur qui produit, sur l'artisan qui prépare. Le laboureur est le premier mobile de la circulation des travaux ; c'est lui qui fait produire a la terre le salaire de tous les artisans.

Il faut cependant observer que le laboureur, fournissant à tous l'objet le plus important et le plus considérable de leur consommation (je veux dire leurs aliments, et de plus la matière de presque tous les ouvrages), a l'avantage d'une plus grande indépendance. Son travail, dans l'ordre des travaux partagés entre les différents membres de la société, conserve la même primauté, la même prééminence qu'avait, entre les différents travaux qu'il était obligé, dans l'état solitaire, de consacrer à ses besoins de toute espèce, le travail qui subvenait à sa nourriture. Ce n'est pas ici une primauté d'honneur ou de dignité ; elle est de *nécessité physique.* Le laboureur peut, absolument parlant, se passer du travail des autres ouvriers, mais aucun ouvrier ne peut travailler si le laboureur ne le fait vivre. Dans cette circulation, qui, par l'échange réciproque des besoins, rend les hommes nécessaires les uns aux autres et forme le lien de la société, c'est donc le travail du laboureur qui donne le premier mouvement. Ce que son travail fait produire à la terre au-delà de ses besoins personnels est l'unique fonds des salaires que reçoivent tous les autres membres de la société en échange de leur travail. Ceux-ci, en se servant du prix de cet échange pour acheter à leur tour les denrées du laboureur, ne lui rendent exactement que ce qu'ils en ont reçu. C'est une différence bien essentielle entre ces deux genres de travaux, sur laquelle il est nécessaire d'appuyer pour en bien sentir l'évidence avant de se livrer aux conséquences sans nombre qui en découlent.

VI. — Le salaire de l'ouvrier est borné, par la concurrence entre les ouvriers, a sa subsistance. Il ne gagne que sa vie.

Le simple ouvrier, qui n'a que ses bras et son industrie, n'a rien qu'autant qu'il parvient à vendre à d'autres sa peine. Il la vend plus ou moins cher, mais ce prix plus ou moins haut ne dépend pas de lui seul : il résulte de l'accord qu'il fait avec celui qui paye son travail. Celui-ci le paye le moins cher qu'il peut ; comme il a le choix entre un grand nombre d'ouvriers, il préfère celui qui travaille au meilleur marché. Les ouvriers sont donc obligés de baisser le prix à l'envi les uns des autres. En tout genre de travail, il doit arriver et il arrive, en effet, que le salaire de l'ouvrier se borne à ce qui lui est nécessaire pour lui procurer sa subsistance.

VII. — Le laboureur est le seul dont le travail produise au-dela du salaire du travail. Il est donc l'unique source de toute richesse.

La position du laboureur est bien différente. La terre, indépendamment de tout autre homme et de toute convention, lui paie immédiatement le prix de son travail. La nature ne marchande point avec lui pour l'obliger à se contenter du nécessaire absolu. Ce qu'elle donne n'est proportionné, ni à son besoin, ni à une évaluation conventionnelle du prix de ses journées : c'est le résultat physique de la fertilité du sol et de la justesse, bien plus que de la difficulté, des moyens qu'il a employés pour le rendre fécond. Dès que le travail du laboureur produit au-delà de ses besoins, il peut, avec ce superflu que la nature lui accorde en pur don au-delà du salaire de ses peines, acheter le travail des autres membres de la société. Ceux-ci, en le lui vendant, ne gagnent que leur vie ; mais le laboureur recueille, outre sa subsistance, une richesse indépendante et disponible, qu'il n'a point achetée et qu'il vend. Il est donc l'unique source de toutes les richesses qui, par leur circulation, animent tous les travaux de la société, parce qu'il est le seul dont le travail produise au-delà du salaire du travail.

VIII. — Première division de la société en deux classes : l'une *productrice,* ou des cultivateurs, l'autre *stipendiée,* ou des artisans.

Voilà donc toute la société partagée, par une nécessité fondée sur la nature des choses, en deux classes, toutes deux laborieuses, mais dont l'une, par son travail, produit ou plutôt tire de la terre des richesses continuellement renaissantes qui fournissent à toute la société la subsistance et la matière de tous ses besoins ; l'autre, occupée à donner aux matières produites les préparations et les formes qui les rendent propres à l'usage des hommes, vend à la première son travail, et en reçoit en échange sa subsistance. La première peut s'appeler classe *productrice* ; et la seconde, classe *stipendiée.*

IX. — Dans les premiers temps, le propriétaire n'a pas dû être distingué du cultivateur.

Jusqu'ici, nous n'avons point encore distingué le laboureur du propriétaire des terres et, dans la première origine, il n'était point en effet distingué. C'est, par le travail de ceux qui ont les premiers labouré des champs et qui les ont enclos pour s'en assurer la récolte, que toutes les terres ont cessé d'être communes à tous et que les propriétés foncières se sont établies. Jusqu'à ce que les sociétés aient été affermies et que la force publique, ou la loi devenue supérieure à la force particulière, ait pu garantir à chacun la possession tranquille de sa propriété contre toute invasion étrangère, on ne pouvait conserver la propriété d'un champ que comme on l'avait acquise et en continuant de le cultiver. Il n'aurait point été sûr de faire labourer son champ par un autre qui, ayant pris toute la peine, n'aurait pas facilement compris que toute la récolte ne lui appartenait pas. D'ailleurs, dans ce premier temps, tout homme laborieux, trouvant autant de terre qu'il en voulait, ne pouvait être tenté de labourer pour autrui ; il fallait que tout propriétaire cultivât son champ ou l'abandonnât entièrement.

X. — Progrès de la société ; toutes les terres ont un maître.

Mais la terre se peuplait et se défrichait de plus en plus. Les meilleures terres se trouvèrent à la longue toutes occupées ; il ne resta plus, pour les derniers venus, que des terrains stériles, rebutés par les premiers. Mais à la fin, toute terre trouva son maître, et ceux qui ne purent avoir des propriétés n'eurent d'abord d'autre ressource que celle d'échanger le travail de leurs bras dans les emplois de la classe *stipendiée* contre le superflu des denrées du propriétaire-cultivateur.

XI. — Les propriétaires commencent a pouvoir se décharger du travail de la culture sur des cultivateurs salariés.

Cependant, puisque la terre rendait au maître qui la cultivait non seulement sa subsistance, non seulement de quoi se procurer, par la voie de l'échange, ses autres besoins, mais encore un superflu considérable, il put, avec ce superflu, payer des hommes pour cultiver sa terre, et pour des hommes qui vivent de salaires, autant vaut les gagner à ce métier qu'à tout autre. La propriété dut donc être séparée du travail de la culture, et bientôt elle le fut.

XII. — Inégalité dans le partage des propriétés : causes qui la rendent inévitable.

Les premiers propriétaires occupèrent d'abord, comme on l'a déjà dit, autant de terrain que leurs forces leur permettaient d'en cultiver avec leur famille. Un homme plus fort, plus laborieux, plus inquiet de l'avenir, en prit davantage qu'un homme d'un caractère opposé ; celui dont la famille était plus nombreuse, ayant plus de besoins et plus de bras, étendit davantage ses possessions ; c'était déjà une première inégalité.

Tous les terrains ne sont pas également fertiles ; deux hommes, avec la même étendue de terrain et le même travail, peuvent en tirer un produit fort différent : seconde source d'inégalité.

Les propriétés, en passant des pères aux enfants, se partagent en portions plus ou moins petites, suivant que les familles sont plus ou moins nombreuses ; à mesure que les générations se succèdent, tantôt les héritages se subdivisent encore, tantôt ils se réunissent de nouveau par l'extinction des branches : troisième source d'inégalité.

Le contraste de l'intelligence, de l'activité et surtout de l'économie des uns avec l'indolence, l'inaction et la dissipation des autres, fut un quatrième principe d'inégalité et le plus puissant de tous.

Le propriétaire négligent et sans prévoyance, qui cultive mal, qui dans les années abondantes consume en choses frivoles la totalité de son superflu, se trouve réduit, au moindre accident, à demander du secours à son voisin plus sage et à vivre d'emprunts. Si, par de nouveaux accidents, ou par la continuation de sa négligence, il se trouve hors d'état de rendre, s'il est obligé de faire de nouveaux emprunts, il n'aura enfin d'autre ressource que d'abandonner une partie ou même la totalité de son fonds à son créancier, qui la prendra en équivalent, ou de la céder à un autre en échange d'autres valeurs avec lesquelles il s'acquittera vis-à-vis de son créancier.

XIII. — Suite de l'inégalité. Le cultivateur distingué du propriétaire.

Voilà les fonds de terre dans le commerce, achetés et vendus. La portion du propriétaire dissipateur ou malheureux tourne à l'accroissement de celle du propriétaire plus heureux ou plus sage, et dans cette inégalité des possessions variées à l'infini, il est impossible qu'un grand nombre de propriétaires n'en aient plus qu'ils n'en peuvent cultiver. D'ailleurs, il est assez naturel qu'un homme riche désire de jouir tranquillement de sa richesse, et qu'au lieu d'employer tout son temps à des travaux pénibles, il préfère de donner une partie de son superflu à des gens qui travaillent pour lui.

XIV. — Partage des produits entre le cultivateur et le propriétaire. Produit net ou revenu.

Par ce nouvel arrangement, le produit de la terre se divise en deux parts : l'une comprend la subsistance et les profits du laboureur, qui sont la récompense de son travail et la condition sous laquelle il se charge de cultiver le champ du propriétaire ; ce qui reste est cette partie indépendante et disponible que la terre donne en pur don à celui qui la cultive au-delà de ses avances et du salaire de ses peines, et c'est la part du propriétaire ou le *revenu* avec lequel celui-ci peut vivre sans travail et qu'il porte où il veut.

XV. — Nouvelle division de la société en trois classes : des cultivateurs, des artisans et des propriétaires, ou classe *productrice,* classe *stipendiée,* et classe *disponible.*

Voilà maintenant la société partagée en trois classes : la classe des laboureurs, à laquelle on peut conserver le nom de *classe productrice ;* la classe des artisans et autres *stipendiés* des produits de la terre, et la classe des *propriétaires,* la seule qui, n'étant point attachée par le besoin de la subsistance à un travail particulier, puisse être employée aux besoins généraux de la société, comme la guerre et l'administration de la justice, soit par un service personnel, soit par le paiement d'une partie de ses revenus avec laquelle l'Etat ou la société soudoie des hommes pour remplir ces fonctions. Le nom qui lui convient le mieux par cette raison est celui de *classe disponible.*

XVI. — Ressemblance entre les deux classes laborieuses ou non disponibles.

Les deux classes des cultivateurs et des artisans se ressemblent par bien des rapports, et surtout en ce que ceux qui les composent ne possèdent aucun revenu et vivent également de salaires qui leur sont payés sur les produits de la terre. Les uns et les autres ont encore cela de commun qu'ils ne gagnent que le prix de leur travail et de leurs avances, et ce prix est à peu près le même dans les deux classes. Le propriétaire, marchandant avec ceux qui cultivent sa terre pour leur abandonner la moindre part possible des produits, de la même manière qu'il dispute avec son cordonnier pour acheter ses souliers le moins cher qu'il est possible. En un mot, le cultivateur et l'artisan n'ont tous deux que la rétribution de leur travail.

XVII. — Différence essentielle entre ces deux classes laborieuses.

Mais il y a cette différence entre les deux genres de travaux, que le travail du cultivateur produit son propre salaire, et en outre le revenu qui sert à salarier toute la classe des artisans et autres stipendiés ; au lieu que les artisans reçoivent simplement leur salaire, c'est-à-dire leur part de la production des terres en échange de leur travail, et ne produisent aucun revenu. Le propriétaire n'a rien que par le travail du cultivateur ; il reçoit de lui sa subsistance et ce avec quoi il paie les travaux des autres stipendiés. Il a besoin du cultivateur par la nécessité de l'ordre physique, en vertu duquel la terre ne produit point sans travail ; mais le cultivateur n'a besoin du propriétaire qu'en vertu des conventions humaines et des lois civiles [1] qui ont garanti aux premiers cultivateurs et à leurs héritiers la propriété des terrains qu'ils avaient occupés, lors même qu'ils cesseraient de les cultiver. Mais ces lois n'ont pu garantir à l'homme oisif que la partie de la production que la terre donne au-delà de la rétribution due aux cultivateurs. Le propriétaire est forcé d'abandonner celle-ci, à peine de tout perdre.

Le cultivateur, tout borné qu'il est à la rétribution de son travail, conserve donc cette primauté naturelle et physique qui le rend le premier moteur de toute la machine de la société et qui fait dépendre

1. Dans les *Ephémérides,* Du Pont avait modifié ce chapitre de la manière ci-après :

Il avait biffé les mots *humaines* et *civiles* puis ajouté à la période ce membre de phrase :

« Et cela pour prix des *avances foncières* par lesquelles ils ont mis ces terrains en état d'être cultivés et qui se sont pour ainsi dire incorporées au sol même. »

Il a maintenu ces corrections dans son édition des *Œuvres de Turgot.* (G. S.).

de son travail seul, et sa subsistance, et la richesse du propriétaire, et le salaire de tous les autres travaux.

L'artisan, au contraire, reçoit son salaire, soit du propriétaire, soit du cultivateur, et ne leur donne, par l'échange de son travail, que l'équivalent de ce salaire et rien au-delà.

Ainsi, quoique le cultivateur et l'artisan ne gagnent l'un et l'autre que la rétribution de leur travail, le cultivateur fait naître, au-delà de cette rétribution, le revenu du propriétaire ; et l'artisan ne fait naître aucun revenu, ni pour lui, ni pour d'autres.

XVIII. — Cette différence autorise leur distinction en classe productrice et classe stérile.

On peut donc distinguer les deux classes non disponibles, en classe *productrice* qui est celle des cultivateurs, et classe *stérile* qui comprend tous les autres membres stipendiés de la société.

XIX. — Comment les propriétaires peuvent tirer le revenu de leurs terres.

Les propriétaires qui ne travaillent pas eux-mêmes leurs terres peuvent s'y prendre de différentes manières pour les faire cultiver, ou faire différents arrangements avec ceux qui les cultivent.

XX. — Première manière : culture par des hommes salariés.

Ils peuvent premièrement payer des hommes à la journée, ou à l'année, pour labourer leur champ, et se réserver la totalité des produits, ce qui suppose que le propriétaire fasse l'avance, et des semences, et du salaire des ouvriers jusqu'après la récolte.

Mais cette première manière a l'inconvénient d'exiger beaucoup de travail et d'assiduité de la part du propriétaire, qui peut seul conduire les ouvriers dans leurs travaux, veiller sur l'emploi de leur temps et sur leur fidélité à ne rien détourner des produits.

Il est vrai qu'il peut aussi salarier un homme plus intelligent et dont il connaisse la fidélité, qui, en qualité de régisseur ou de conducteur, dirige les ouvriers et fasse le compte des produits ; mais il sera toujours exposé à être trompé.

D'ailleurs, cette méthode est extrêmement dispendieuse, à moins qu'une grande population et le défaut d'emploi dans les autres genres de travail ne force les ouvriers à se contenter de salaires très bas.

XXI. — Seconde manière : culture par esclaves [1].

Dans les temps voisins de l'origine des sociétés, il était à peu près impossible de trouver des hommes qui voulussent travailler le terrain d'autrui parce que, tous les terrains n'étant pas encore occupés, ceux qui voulaient travailler préféraient de défricher de nouvelles terres et de les cultiver pour leur propre compte ; c'est à peu près le cas où l'on se trouve dans toutes les colonies nouvelles.

Des hommes violents ont alors imaginé de contraindre par force

1. Dans les *Ephémérides,* Du Pont, avait complètement bouleversé le texte en ce qui concerne l'esclavage. Au lieu d'un chapitre, il en avait fait trois. Voici le texte qu'il avait substitué à celui de Turgot ; les phrases de ce dernier sont en caractère ordinaire ; les corrections de Du Pont, en italique.

XXI. — Autre manière, qui est très mauvaise, qui a malheureusement été très générale dans les siècles de barbarie, et qui, a la honte du genre humain, existe encore dans beaucoup de pays qui ne sont ni éclairés ni bien civilisés.

Dans les temps d'ignorance et de férocité, il y a eu beaucoup d'occasions de querelles entre les hommes mal armés et timides, et, par conséquent, plus susceptibles d'appréhension et de haine réciproque ; car il est d'expérience qu'on ne se bat presque jamais que par faiblesse, et dans la crainte bien ou mal fondée d'un malheur qu'on regarde comme certain, et auquel on préfère le hasard du combat. — Dans les commencements, on massacrait les vaincus sans pitié, comme font encore quelques sauvages d'Amérique.

L'introduction de la culture adoucit un peu les mœurs sans les corriger entièrement ou plutôt d'une manière qui rendit la dépravation moins cruelle en apparence, plus réellement dangereuse et plus universelle en effet. Les plus forts pensèrent qu'au lieu de tuer les plus faibles, ils auraient plus de profit à se les approprier et à leur faire travailler la terre comme esclaves.

Dès que cette abominable coutume a été établie, les guerres sont encore devenues plus fréquentes. Avant cette époque, elles n'arrivaient que par accident ; depuis, elles se sont faites précisément dans la vue d'enlever des esclaves, que les vainqueurs faisaient travailler pour leur compte où qu'ils vendaient à d'autres. *Tel a été* le principal objet des guerres que les anciens peuples se faisaient, *et* ce brigandage et ce commerce règnent encore dans d'autres hommes à travailler pour eux. Ils ont eu des esclaves. Ces derniers n'ont aucune justice à réclamer vis-à-vis de gens qui n'ont pu les réduire en esclavage sans violer tous les droits de l'humanité. Cepen-

toute leur horreur sur les côtes de Guinée, où les Européens les fomentent en allant acheter des noirs pour la culture des colonies d'Amérique.

XXII. — Portion que la nature assure aux cultivateurs, même esclaves, sur le produit de leurs travaux.

Les esclaves n'ont aucune justice à réclamer vis-à-vis de gens qui n'ont pu les réduire en esclavage sans violer *toutes les lois de l'ordre et de la morale, et* tous les droits de l'humanité.

Cependant, la loi physique de la nature leur assure encore une part aux productions qu'ils font naître, car il faut bien que le maître les nourrisse pour profiter de leur travail. Mais cette espèce de salaire est bornée au plus étroit nécessaire et à leur subsistance.

XXIII. — Combien la culture exécutée par les esclaves est peu profitable et chère pour le maître et pour l'humanité.

Les esclaves n'ont aucun motif pour s'acquitter des travaux auxquels on les contraint avec l'intelligence et les soins qui pourraient en assurer le succès ; d'où suit que ces travaux produisent très peu.

Les maîtres avides ne savent autre chose, pour suppléer à ce défaut de production qui résulte nécessairement de la culture par esclaves, que de forcer ceux-ci à des travaux encore plus rudes, plus continus et plus violents. Ces travaux excessifs en font périr beaucoup, et il faut, pour entretenir toujours le nombre nécessaire à la culture, que le commerce en fournisse chaque année une très grande quantité, *que les maîtres sont obligés de racheter. Ainsi, ils ne donnent point de salaires à leurs esclaves, mais ils payent un capital considérable pour se procurer ces mauvais ouvriers,* et comme c'est toujours la guerre qui fait les premiers fonds de ce commerce, il est évident qu'il ne peut subsister *que par une énorme destruction d'hommes,* et qu'autant qu'ils sont divisés en nations très petites, qui se déchirent sans cesse, et que chaque bourgade fait la guerre à sa voisine. Que l'Angleterre, la France et l'Espagne se fassent la guerre la plus acharnée, les frontières seules de chaque État seront entamées, et cela par un petit nombre de points seulement ; tout le reste du pays sera tranquille et le petit nombre de prisonniers qu'on pourrait faire de part et d'autre serait une bien faible ressource pour la culture de chacune des trois nations.

Dans son édition des *Œuvres de Turgot,* Du Pont a encore modifié le texte autrement :

XXI. — Seconde manière : culture par esclaves.

Dans les temps voisins de l'origine des sociétés, il était à peu près impossible de trouver des hommes qui voulussent travailler le terrain d'autrui, dant, la loi physique de la nature leur assure encore leur part aux productions qu'ils font naître, car il faut bien que le maître les nourrisse pour profiter de leur travail. Mais cette espèce de salaire est bornée au plus étroit nécessaire et à leur subsistance.

Cette abominable coutume de l'esclavage a été autrefois universelle, et est encore répandue dans la plus grande partie de la terre. Le principal objet des guerres que les anciens peuples se faisaient était d'enlever des esclaves que les vainqueurs faisaient travailler pour leur compte ou qu'ils vendaient à d'autres. Ce brigandage et ce commerce règnent encore dans toute leur horreur sur les côtes de Guinée, où les Européens le fomentent en allant acheter des noirs pour la culture des colonies d'Amérique.

Les travaux excessifs, auxquels des maîtres avides forcent leurs esclaves, en font périr beaucoup ; et il faut, pour entretenir toujours le nombre nécessaire à la culture, que le commerce en fournisse chaque année une très grande quantité. Et, comme c'est toujours la guerre

parce que tous les terrains n'étant pas encore occupés, ceux qui voulaient travailler préféraient de défricher de nouvelles terres et de les cultiver pour leur propre compte. — *Aussi n'est-ce pas dans l'origine des sociétés que les propriétaires peuvent cesser d'être cultivateurs ; c'est, comme nous l'avons fait voir plus haut* (§ *XI et suivants*), *seulement lorsque les progrès de la société et de la culture ont fait naître et bien distinguer la classe stipendiée.*

Mais, lors des premiers temps d'ignorance et de férocité, il y a eu beaucoup d'occasions de querelles entre les hommes mal armés, timides, éprouvant des besoins, n'ayant pas de subsistance bien assurée et, par conséquent, très susceptibles d'appréhension et de haine réciproque ; car il est d'expérience qu'on ne se bat presque jamais que par faiblesse, par inquiétude, par la crainte bien ou mal fondée d'une privation ou d'un malheur qu'on regarde comme certains, et auxquels on préfère le hasard du combat. — On a longtemps massacré les vaincus sans pitié, comme font encore quelques sauvages d'Amérique.

L'introduction de la culture adoucit un peu les mœurs sans les corriger entièrement, et d'une manière qui rendit la dépravation moins cruelle, mais plus universelle, et ainsi plus réellement dangereuse pour l'humanité en général. — Les plus forts pensèrent qu'au lieu de tuer les plus faibles, on trouverait du profit à se les approprier et à leur faire travailler la terre comme esclaves.

Dès que cette abominable coutume a été établie, les guerres sont devenues encore plus fréquentes. Avant cette époque, elles n'arrivaient que par accident ; depuis, on les a entreprises précisément dans la vue de faire des esclaves, que les vainqueurs forçaient de travailler pour leur compte ou qu'ils vendaient à d'autres. Tel a été le principal objet des guerres que les anciens peuples se faisaient, et...

(Le reste est conforme au texte des *Ephémérides.*) (G. S.).

qui fait les premiers fonds de ce commerce, il est évident qu'il ne peut subsister qu'autant que les hommes sont divisés en nations très petites, qui se déchirent sans cesse, et que chaque bourgade fait la guerre à sa voisine.

Que l'Angleterre, la France et l'Espagne se fassent la guerre la plus acharnée, les frontières seules de chaque Etat seront entamées et cela par un petit nombre de points seulement. Tout le reste du pays sera tranquille, et le petit nombre de prisonniers qu'on pourrait faire de part et d'autre, serait une bien faible ressource pour la culture de chacune des trois nations.

XXII. — La culture par esclaves ne peut subsister dans les grandes sociétés.

Ainsi, lorsque les hommes se rassemblent en grandes sociétés, les recrues d'esclaves cessent d'être assez abondantes pour subvenir à la consommation qui s'en fait par la culture. Et, quoiqu'on supplée au travail des hommes par celui des bestiaux, il vient un temps où les terres ne peuvent plus être travaillées par des esclaves. L'usage ne s'en conserve que pour le service de l'intérieur des maisons, et à la longue, il s'anéantit, parce qu'à mesure que les nations se policent, elles font entre elles des conventions pour l'échange des prisonniers de guerre. Ces conventions se font d'autant plus facilement, que chaque particulier est très intéressé à écarter de lui le danger de tomber dans l'esclavage.

XXIII. — L'esclavage de la glèbe succède a l'esclavage proprement dit.

Les descendants des premiers esclaves, attachés d'abord à la culture des terres, changent eux-mêmes de condition. La paix intérieure des nations, ne laissant plus au commerce de quoi fournir à une trop grande consommation d'esclaves, les maîtres sont obligés de les ménager davantage.

Ceux qui sont nés dans la maison, accoutumés dès l'enfance à leur état, en sont moins révoltés, et les maîtres ont moins besoin d'employer la rigueur pour les contenir ; peu à peu, la glèbe qu'ils cultivent devient leur patrie ; ils n'ont d'autre langue que celle de leurs maîtres ; ils deviennent partie de la même nation ; la familiarité s'établit, et à la suite, la confiance et l'humanité de la part des maîtres.

XXIV. — Le vasselage succède a l'esclavage de la glèbe, et l'esclave devient propriétaire. Troisième manière : aliénation du fonds a la charge d'une redevance.

L'administration d'un bien cultivé par des esclaves exige des soins pénibles et une résidence gênante. Le maître s'assure une jouissance plus libre, plus facile et plus sûre en intéressant ses esclaves à la culture, et en leur abandonnant à chacun une certaine étendue de terrain, à condition de lui rendre une portion des fruits. Les uns ont fait ce marché pour un temps, et n'ont laissé à leurs *serfs* qu'une possession précaire et révocable ; d'autres ont abandonné le fonds à perpétuité, en se retenant une rente annuelle, payable en denrées ou en argent, et exigeant des possesseurs certains devoirs. Ceux qui recevaient ces terres sous la condition prescrite devenaient propriétaires et libres, sous le nom de *tenanciers* ou de *vassaux*, et les anciens propriétaires, sous le nom de *seigneurs,* conservaient seulement le droit d'exiger le paiement de la rente et des autres devoirs convenus : c'est ainsi que les choses se sont passées dans la plus grande partie de l'Europe.

XXV. — Quatrième manière : colonage partiaire.

Ces fonds devenus libres à la charge de la rente, peuvent encore changer de propriétaires, se diviser et se réunir par la voie des successions et des ventes ; et tel *vassal* peut à son tour en avoir plus qu'il ne peut en cultiver lui-même. Le plus souvent, la rente à laquelle les fonds sont assujettis n'est pas assez forte pour qu'en les cultivant bien, l'on ne puisse encore se procurer au-delà des avances, des frais et de la subsistance du cultivateur, une surabondance de productions qui forme un revenu : dès lors, le *vassal* propriétaire doit aussi désirer de jouir sans peine de ce revenu, et de faire cultiver son fonds par d'autres. D'un autre côté, la plus grande partie des seigneurs n'aliènent que les parties de leurs possessions les moins à leur portée, et gardent celles qu'ils peuvent faire cultiver à moins de frais. La culture par esclaves n'étant plus praticable, le premier moyen qui s'offrit, et le plus simple pour engager des hommes libres à cultiver des fonds qui ne leur appartenaient pas, fut de leur abandonner une portion des fruits, ce qui les engageait à mieux cultiver que ne le feraient des ouvriers auxquels on donnerait un salaire fixe. Le partage le plus commun a été de faire deux parts égales, dont l'une appartenait au colon, et l'autre au propriétaire ; c'est ce qui a donné lieu au nom de *métayer* (*medietarius*), ou colon à moitié fruits. Dans les arrangements de ce genre qui ont lieu dans la plus grande partie de la France, le propriétaire fait toutes les avances de la culture, c'est-à-dire qu'il fournit à ses dépens les bestiaux de labour, les charrues et autres outils aratoires, la semence et la nourriture du colon et de sa famille, depuis l'instant où celui-ci entre dans la métairie jusqu'après la première récolte.

XXVI. — Cinquième manière : fermage ou louage des terres.

Des cultivateurs intelligents et riches, qui soupçonnaient à quel point une culture active et bien dirigée, pour laquelle on n'épargnerait ni travaux, ni dépenses, pourrait porter la fécondité des terres, jugèrent avec raison qu'ils gagneraient davantage si le propriétaire consentait à leur abandonner pendant un certain nombre d'années la totalité des récoltes, à la charge de lui payer chaque année un revenu constant, et de faire toutes les avances de la culture. Par là, ils s'assuraient que l'accroissement de productions que feraient naître leurs dépenses et leur travail leur appartiendrait en entier. Le propriétaire, de son côté, y gagnait une jouissance de son revenu, plus tranquille puisqu'il était débarrassé du soin de faire des avances et de compter des produits, plus égale, puisqu'il recevait chaque année le même prix de sa ferme, et plus certaine, parce qu'il ne courait jamais le risque de perdre ses avances, et que les bestiaux et autres effets dont les fermiers avaient meublé sa ferme devenaient un gage qui l'assurait du paiement. D'ailleurs, le bail n'étant que pour un petit nombre d'années, si son fermier avait donné de ses terres un prix trop bas, il pouvait l'augmenter à la fin du bail.

XXVII. — Cette dernière méthode est la plus avantageuse de toutes, mais elle suppose un pays déja riche.

Cette méthode d'affermer les terres est de toutes la plus avantageuse aux propriétaires et aux cultivateurs ; elle s'établit partout où il y a des cultivateurs riches en état de faire les avances de la culture ; et comme des cultivateurs riches sont en état de donner bien plus de labours et d'engrais à la terre, il en résulte une prodigieuse augmentation dans les productions et dans le revenu des biens-fonds.

Dans la Picardie, la Normandie, les environs de Paris, et dans la plupart des provinces du nord de la France, les terres sont cultivées par des fermiers. Dans les provinces du Midi, elles le sont par des métayers ; aussi, les provinces du nord de la France sont-elles incomparablement plus riches et mieux cultivées que celles du Midi.

XXVIII. — Récapitulation des différentes manières de faire valoir les terres.

Je viens de compter cinq manières différentes dont les propriétaires ont pu, en s'exemptant du travail de la culture, faire valoir leurs fonds par les mains d'autrui ; — la première, par des ouvriers payés à salaire fixe ; — la seconde, par des esclaves ; — la troisième, en abandonnant le fonds moyennant une rente ; — la quatrième, en abandonnant au cultivateur une portion déterminée et, le plus communément, la moitié des fruits, le propriétaire se chargeant de faire les avances de la culture ; — la cinquième, en louant la terre à des fermiers qui se chargent de faire toutes les avances de la culture, et qui s'engagent à donner au propriétaire, pendant le nombre d'années convenu, un revenu toujours égal.

De ces cinq manières, la première, trop dispendieuse, est très rarement mise en usage ; la seconde ne peut avoir lieu que dans des pays encore ignorants et barbares ; la troisième est moins une manière de faire valoir sa propriété qu'un abandon de sa propriété moyennant une créance sur le fonds, en sorte que l'ancien propriétaire n'est plus, à proprement parler, qu'un créancier du nouveau.

Les deux dernières méthodes de culture sont le plus généralement en usage, savoir : la culture des métayers dans les pays pauvres, et la culture des fermiers dans les pays les plus riches.

XXIX. — Des capitaux en général et du revenu de l'argent.

Il y a un autre moyen d'être riche sans travailler et sans posséder des terres, dont je n'ai point encore parlé. Il est nécessaire d'en expliquer l'origine et la liaison avec le reste du système de la distribution des richesses dans la société, dont je viens de crayonner l'ébauche. Ce moyen consiste à vivre de ce qu'on appelle le revenu de son argent, ou de l'intérêt qu'on retire de l'argent prêté.

XXX. — De l'usage de l'or et de l'argent dans le commerce.

L'argent et l'or sont deux marchandises comme les autres, et moins précieuses que beaucoup d'autres, puisqu'elles ne sont d'aucun usage pour les véritables besoins de la vie. Pour expliquer comment ces deux métaux sont devenus le gage représentatif de toute espèce de richesse, comment ils influent dans la marche du commerce et comment ils entrent dans la composition des fortunes, il faut remonter un peu haut et revenir sur nos pas.

XXXI. — Naissance du commerce. Principe de l'évaluation des choses commerçables.

Le besoin réciproque a introduit l'échange de ce qu'on avait contre ce qu'on n'avait pas. On échangea une denrée contre une autre, les denrées contre le travail. — Dans ces échanges, il fallait que les deux parties convinssent de la qualité et de la quantité de chacune des choses échangées. — Dans cette convention, il est naturel que chacun désire de recevoir le plus qu'il peut et de donner le moins qu'il peut. — Et tous deux, étant également maîtres de ce qu'ils ont à donner dans l'échange, c'est à chacun d'eux à balancer l'attachement qu'il a pour la denrée qu'il donne avec le désir qu'il a de la denrée qu'il veut recevoir, et à fixer en conséquence la quantité de chacune des choses échangées. — S'ils ne sont pas d'accord, il faudra qu'ils se rapprochent en cédant un peu de part et d'autre, en offrant plus et se contentant de moins. — Je suppose que l'un offrant plusd X6(Hr
contentant de moins. — Je suppose que l'un ait besoin de blé et l'autre de vin, et qu'ils s'accordent à échanger *un boisseau de blé* contre *six pintes de vin* : il est évident que pour chacun d'eux *un boisseau de blé* et *six pintes de vin* sont regardés comme exactement équivalents, et que, dans cet échange particulier, le prix d'*un boisseau* de blé est *six pintes* de vin et le prix de *six pintes* de vin est *un boisseau* de blé. Mais, dans un autre échange entre d'autres hommes,

ce prix sera différent suivant que l'un d'eux aura un besoin plus ou moins pressant de la denrée de l'autre, et *un boisseau* de blé pourra être échangé contre *huit pintes de vin,* tandis qu'*un* autre *boisseau* sera échangé contre *quatre pintes* seulement. Or, il est évident qu'aucun de ces trois prix ne saurait être regardé plutôt que l'autre comme le véritable prix du boisseau de blé ; car, pour chacun des contractants, le vin qu'il a reçu était l'équivalent du blé qu'il a donné ; en un mot, tant que l'on considère chaque échange comme isolé et en particulier, la valeur de chacune des choses échangées n'a d'autre mesure que le besoin ou le désir des contractants balancé de part et d'autre, et n'est fixée que par l'accord de leur volonté.

XXXII. — Comment s'établit la valeur courante dans l'échange des marchandises.

Cependant, il se trouve que plusieurs particuliers ont du vin à offrir à celui qui a du blé. Si l'un n'a voulu donner que *quatre pintes* pour *un boisseau,* le propriétaire du blé ne lui donnera pas son blé lorsqu'il saura qu'un autre lui donnera *six pintes* ou *huit* pour le même boisseau. Si le premier veut avoir du blé, il sera obligé de hausser le prix au niveau de celui qui offre davantage. Les vendeurs de vin profitent, de leur côté, de la concurrence entre les vendeurs de blé. Chacun ne se détermine à donner sa denrée qu'après avoir comparé les différentes offres qu'on lui fait de la denrée dont il a besoin, et donne la préférence à l'offre la plus forte. La valeur du blé et du vin n'est plus débattue entre deux seuls particuliers relativement à leurs besoins et à leurs facultés réciproques ; elle se fixe par la balance des besoins et des facultés de la totalité des vendeurs de blé avec ceux de la totalité des vendeurs de vin. Car, tel qui donnerait volontiers *huit pintes* de vin pour *un boisseau* de blé, n'en donnera que *quatre,* lorsqu'il saura qu'un propriétaire de blé consent à donner *deux boisseaux* de blé pour *huit pintes.* Le prix mitoyen entre les différentes offres et les différentes demandes deviendra le prix courant auquel tous les acheteurs et les vendeurs se conformeront dans leurs échanges, et il sera vrai de dire que *six pintes* de vin seront, pour tout le monde, l'équivalent d'*un boisseau* de blé, si c'est là le prix mitoyen, jusqu'à ce que la diminution de l'offre, d'un côté, ou de la demande, de l'autre, fasse changer cette évaluation.

XXXIII. — LE COMMERCE DONNE A CHAQUE MARCHANDISE UNE VALEUR COURANTE RELATIVEMENT A CHAQUE AUTRE MARCHANDISE ; D'OU IL SUIT QUE TOUTE MARCHANDISE EST L'ÉQUIVALENT D'UNE CERTAINE QUANTITÉ DE TOUTE AUTRE MARCHANDISE, ET PEUT ÊTRE REGARDÉE COMME UN GAGE QUI LA REPRÉSENTE.

Le blé ne s'échange pas seulement contre le vin, mais contre tous les autres objets dont peuvent avoir besoin les propriétaires de blé, contre le bois, le cuir, la laine, le coton, etc. ; il en est de même du vin et de chaque denrée en particulier. Si *un boisseau* de blé est l'équivalent de *six pintes* de vin et qu'*un mouton* soit l'équivalent de *trois boisseaux* de blé, ce même mouton sera l'équivalent de *dix-huit pintes* de vin. Celui qui, ayant du blé, aurait besoin de vin, pourrait sans inconvénient échanger son blé contre un mouton, afin de pouvoir ensuite échanger ce mouton contre le vin dont il a besoin.

XXXIV. — CHAQUE MARCHANDISE PEUT SERVIR D'ÉCHELLE OU DE MESURE COMMUNE POUR Y COMPARER LA VALEUR DE TOUTES LES AUTRES.

Il suit de là que, dans un pays où le commerce est fort animé, où il y a beaucoup de productions et beaucoup de consommation, où il y a beaucoup d'offres et de demandes de toutes sortes de denrées, chaque espèce aura un prix courant relativement à chaque autre espèce, c'est-à-dire qu'une certaine quantité de l'une équivaudra à une certaine quantité de chacune des autres. Ainsi, la même quantité de blé qui vaudra *dix-huit pintes* de vin, vaudra aussi *un mouton, une pièce de cuir* préparé *une* certaine *quantité de fer,* et toutes ces choses auront dans le commerce une valeur égale.

Pour exprimer et faire connaître la valeur d'une chose en particulier, il est évident qu'il suffit d'énoncer la quantité d'une autre denrée connue qui en serait regardée comme l'équivalent. Ainsi, pour faire connaître ce que vaut une pièce de cuir d'une certaine grandeur, on peut dire indifféremment qu'elle vaut *trois boisseaux de blé* ou *dix-huit pintes de vin.* On peut de même exprimer la valeur d'une certaine quantité de vin par le nombre *des moutons* ou *des boisseaux de blé* qu'elle vaut dans le commerce.

On voit par là que toutes les espèces de denrées qui peuvent être l'objet du commerce se mesurent, pour ainsi dire, les unes les autres, que chacune peut servir de mesure commune ou d'échelle de comparaison pour y rapporter les valeurs de toutes les autres. Et pareillement, chaque marchandise devient, entre les mains de celui qui la possède, un moyen de se procurer toutes les autres, une espèce de gage universel.

XXXV. — Toute marchandise ne présente pas une échelle des valeurs également commode. On a du préférer, dans l'usage, celles qui, n'étant pas susceptibles d'une grande différence dans la qualité, ont une valeur principalement relative au nombre ou a la quantité.

Mais, quoique toutes les marchandises aient essentiellement cette propriété de représenter toutes les autres, de pouvoir servir de commune mesure pour exprimer leur valeur, et de gage universel pour se les procurer toutes par la voie de l'échange, toutes ne peuvent pas être employées avec la même facilité à ces deux usages.

Plus une marchandise est susceptible de changer de valeur à raison de sa qualité, plus il est difficile de la faire servir d'échelle pour y rapporter la valeur des autres marchandises.

Par exemple, si *dix-huit pintes* de vin d'*Anjou* sont l'équivalent d'un mouton, *dix-huit pintes* de vin du *Cap* seront l'équivalent de dix-huit moutons ; ainsi, celui qui, pour faire connaître la valeur d'un mouton, dirait qu'il vaut *dix-huit pintes de vin,* emploierait un langage équivoque et qui ne donnerait aucune idée précise, à moins qu'il n'ajoutât beaucoup d'explications, ce qui serait très incommode.

On a donc dû choisir par préférence, pour échelle de comparaison, des denrées qui, étant d'un usage plus commun et par là d'une valeur plus connue, étaient plus semblables les unes aux autres et dont, par conséquent, la valeur était plus relative au nombre ou à la quantité qu'à la qualité.

XXXVI. — Au défaut de l'exacte correspondance entre la valeur et le nombre ou la quantité, on y supplée par une évaluation moyenne qui devient une espèce de monnaie idéale.

Dans un pays où il n'y a qu'une race de moutons, on peut facilement prendre la valeur d'une toison ou celle d'un mouton pour la mesure commune des valeurs, et l'on dira qu'*une barrique de vin* ou *une pièce d'étoffe* valent un certain nombre de *toisons* ou de *moutons.* A la vérité, il y a entre les moutons quelque inégalité, mais quand il s'agit de vendre des moutons, on a soin d'évaluer cette inégalité et de compter par exemple deux agneaux pour un mouton. Lorsqu'il s'agit d'évaluer toute autre marchandise, on prend pour unité la valeur commune d'un mouton d'un âge moyen et d'une force moyenne.

De cette sorte, l'énonciation des valeurs *en moutons* devient comme un langage de convention, et ce mot *un mouton,* dans le langage du commerce, ne signifie qu'une certaine valeur qui, dans l'esprit de ceux qui l'entendent, porte l'idée non seulement d'*un mouton,* mais d'une certaine quantité de chacune des denrées les plus communes, qui sont regardées comme l'équivalent de cette valeur ; et cette expression finira si bien par s'appliquer à une valeur fictive et abstraite plutôt qu'à un mouton réel, que si par hasard il arrive une mortalité sur les moutons et que, pour en avoir un, il faille donner *le double du blé* ou *du vin* qu'on donnait auparavant, on dira qu'*un mouton* vaut *deux moutons,* plutôt que de changer l'expression à laquelle on est accoutumé pour toutes les autres valeurs.

XXXVII. — Exemples de ces évaluations moyennes qui deviennent une expression idéale des valeurs.

On connaît dans le commerce de toutes les nations plusieurs exemples de ces évaluations fictives en marchandises, qui ne sont, pour ainsi dire, qu'un langage de convention pour exprimer leur valeur.

Ainsi, les rôtisseurs de Paris, les marchands de poisson, qui fournissent de grandes maisons, font ordinairement leurs marchés *à la pièce.* Une poularde grasse est comptée pour une pièce, un poulet pour une demi-pièce, plus ou moins suivant la saison, et ainsi du reste. — Dans le commerce des nègres vendus aux colonies d'Amérique, on vend une cargaison de nègres à raison de tant par tête de nègre *pièce d'Inde.* Les femmes et les enfants s'évaluent en sorte, par exemple, que trois enfants, ou bien une femme et un enfant, sont comptés pour une tête de nègre. On augmente ou on diminue l'évaluation à raison de la vigueur ou des autres qualités des esclaves, en sorte que tel esclave peut être compté pour deux têtes de nègre.

Les nègres *Mandingos,* qui font le commerce de la poudre d'or avec les marchands arabes, rapportent toutes les denrées à une échelle fictive dont les parties s'appellent *macutes,* en sorte qu'ils disent aux marchands qu'ils leur donnent tant de *macutes* en or. Ils évaluent aussi en *macutes* les marchandises qu'ils reçoivent et se débattent avec les marchands sur cette évaluation.

C'est ainsi qu'on compte en Hollande par *florins de banque,* qui ne sont qu'une monnaie fictive et qui dans le commerce s'évaluent tantôt plus cher, tantôt moins cher que la monnaie qu'on appelle *florins.*

XXXVIII. — TOUTE MARCHANDISE EST UN GAGE REPRÉSENTATIF DE TOUS LES OBJETS DU COMMERCE, MAIS PLUS OU MOINS COMMODE DANS L'USAGE, SUIVANT QU'ELLE EST PLUS OU MOINS FACILE A TRANSPORTER ET A CONSERVER SANS ALTÉRATION.

La variation dans la qualité des marchandises et dans leur prix à raison de cette qualité, qui les rend plus ou moins propres que d'autres à servir de commune mesure, s'oppose aussi plus ou moins à ce qu'elles soient un gage représentatif de toute autre marchandise d'une pareille valeur.

Cependant, il y a aussi, quant à cette dernière propriété, une très grande différence entre les différentes espèces de marchandises.

Il est évident, par exemple, qu'un homme qui a chez lui une pièce de toile est bien plus sûr de se procurer, quand il voudra, une certaine quantité de blé que s'il avait une barrique de vin de pareille valeur, le vin étant sujet à une infinité d'accidents qui peuvent en un instant lui faire perdre tout son prix.

XXXIX. — TOUTE MARCHANDISE A LES DEUX PROPRIÉTÉS ESSENTIELLES DE LA MONNAIE, DE MESURER ET DE REPRÉSENTER TOUTE VALEUR ; ET, DANS CE SENS, TOUTE MARCHANDISE EST MONNAIE.

Ces deux propriétés de servir de commune mesure de toutes les valeurs, et d'être un gage représentatif de toutes les marchandises de pareille valeur, renferment tout ce qui constitue l'essence et l'utilité de ce qu'on appelle monnaie, et il suit des détails dans lesquels je viens d'entrer que toutes les marchandises sont à quelques égards *monnaie* et participent à ces deux propriétés essentielles, plus ou moins à raison de leur nature particulière. — Toutes sont plus ou moins propres à servir de commune mesure à raison de ce qu'elles sont d'un usage plus général, d'une qualité plus semblable, et plus faciles à se diviser en parties d'une valeur égale. — Toutes sont plus ou moins propres à être un gage universel des échanges, à raison de ce qu'elles sont moins susceptibles de déchet et d'altération dans leur quantité ou dans leur qualité.

XL. — Réciproquement, toute monnaie est essentiellement marchandise.

On ne peut prendre pour commune mesure des valeurs que ce qui a une valeur, ce qui est reçu dans le commerce en échange des autres valeurs, et il n'y a de gage universellement représentatif d'une valeur qu'une autre valeur égale. — Une monnaie de pure convention est donc une chose impossible.

XLI. — Différentes matières ont pu servir et ont servi de monnaie usuelle.

Plusieurs nations ont adopté dans leur langage et dans leur commerce, pour commune mesure de valeurs, différentes matières plus ou moins précieuses ; il y a encore aujourd'hui quelques peuples barbares qui se servent d'une espèce de petits coquillages appelés *cauris*. Je me souviens d'avoir vu au collège des noyaux d'abricots échangés et troqués, comme une espèce de monnaie, entre les écoliers qui s'en servaient pour jouer à différents jeux. — J'ai déjà parlé de l'évaluation par tête de bétail. On en trouve des vestiges dans les lois des anciennes nations germaniques, qui détruisirent l'empire romain. Les premiers Romains, ou du moins les Latins leurs ancêtres, s'en étaient aussi servis. On prétend que les premières monnaies qu'on frappa en cuivre représentaient la valeur d'un mouton et portaient l'empreinte de cet animal, et que c'est de là qu'est venu le mot *pecunia,* de *pecus.* Cette conjecture a beaucoup de vraisemblance.

XLII. — Les métaux, et surtout l'or et l'argent, y sont plus propres qu'aucune autre substance, et pourquoi.

Nous voici arrivés à l'introduction des métaux précieux dans le commerce. Tous les métaux, à mesure qu'ils ont été découverts, ont été admis dans les échanges à raison de leur utilité réelle : leur brillant les a fait rechercher pour servir de parure ; leur ductilité et leur solidité les ont rendus propres à faire des vases plus durables et plus légers que ceux d'argile. Mais ces substances ne purent être dans le commerce sans devenir presque aussitôt la monnaie universelle. Un morceau de quelque métal que ce soit a exactement les mêmes qualités qu'un autre morceau du même métal, pourvu qu'il soit également pur. Or, la facilité qu'on a de séparer, par différentes opérations de chimie, un métal des autres métaux avec lesquels il serait allié, fait qu'on peut toujours les réduire au degré de pureté ou, comme on s'exprime, au *titre* qu'on veut ; alors la valeur du métal ne peut plus différer que par son poids. En exprimant la valeur de chaque marchandise par le poids du métal qu'on donne en échange, on aura donc l'expression de toutes les valeurs la plus claire, la plus commode et la plus susceptible de précision, et dès lors il est impossible que, dans l'usage, on ne la préfère pas à toute autre. Les métaux ne sont pas moins propres que les autres marchandises à devenir le gage universel de toutes les valeurs qu'ils peuvent mesurer ; comme ils sont susceptibles de toutes les divisions imaginables, il n'y a aucun objet dans le commerce dont la valeur, petite ou grande, ne puisse être exactement payée par une certaine quantité de métal. A cet avantage de se prêter à toutes sortes de divisions, ils joignent celui d'être inaltérables, et ceux qui sont rares, comme l'argent et l'or, ont une très grande valeur sous un poids et un volume très peu considérables.

Ces deux métaux sont donc de toutes les marchandises les plus faciles à vérifier pour leur qualité, à diviser pour leur quantité, à conserver éternellement sans altération, et à transporter en tous lieux aux moindres frais. Tout homme qui a une denrée superflue, et qui n'a pas, au moment, besoin d'une autre denrée d'usage, s'empressera donc de l'échanger contre de l'argent, avec lequel il est plus sûr qu'avec toute autre chose de se procurer la denrée qu'il voudra au moment du besoin.

XLIII. — L'OR ET L'ARGENT SONT CONSTITUÉS, PAR LA NATURE DES CHOSES, MONNAIE ET MONNAIE UNIVERSELLE, INDÉPENDAMMENT DE TOUTE CONVENTION ET DE TOUTE LOI.

Voilà donc l'or et l'argent constitués monnaie et monnaie universelle, et cela sans aucune convention arbitraire des hommes, sans l'intervention d'aucune loi, mais par la nature des choses. Ils ne sont point, comme bien des gens l'ont imaginé, des signes de valeurs ; ils ont eux-mêmes une valeur. S'ils sont susceptibles d'être la mesure et le gage des autres valeurs, cette propriété leur est commune avec tous les autres objets qui ont une valeur dans le commerce.

Ils n'en différent que, parce qu'étant tout à la fois plus divisibles, plus inaltérables et plus faciles à transporter que les autres marchandises, il est plus commode de les employer à mesurer et à représenter les valeurs.

XLIV. — Les autres métaux ne sont employés a ces usages que subsidiairement.

Tous les métaux seraient susceptibles d'être employés comme monnaie.

Mais ceux qui sont fort communs ont trop peu de valeur sous un trop grand volume pour être employés dans les échanges courants du commerce. Le cuivre, l'argent et l'or sont les seuls dont on ait fait un usage habituel.

Et même, à l'exception de quelques peuples auxquels, ni les mines, ni le commerce n'avaient point encore pu fournir une quantité suffisante d'or et d'argent, le cuivre n'a jamais servi que dans les échanges des plus petites valeurs.

XLV. — L'usage de l'or et de l'argent comme monnaie en a augmenté la valeur comme matière.

Il est impossible que l'empressement avec lequel chacun a cherché à échanger ses denrées superflues contre l'or ou l'argent, plutôt que contre aucune autre denrée, n'ait pas beaucoup augmenté la valeur de ces deux métaux dans le commerce. Ils n'en sont devenus que plus commodes pour leur emploi de gage et de commune mesure.

XLVI. — Variations dans la valeur de l'or et de l'argent comparés avec les autres objets du commerce et entre eux.

Cette valeur est susceptible de changer et change en effet continuellement, en sorte que la même quantité de métal qui répondait à une certaine quantité de telle ou telle denrée cesse d'y répondre, et qu'il faut plus ou moins d'argent pour représenter la même denrée. Lorsqu'il en faut plus, on dit que la denrée est plus chère et lorsqu'il en faut moins, on dit qu'elle est à meilleur marché ; mais on pourrait dire tout aussi bien que c'est l'argent qui est à meilleur marché dans le premier cas, et plus cher dans le second.

Non seulement, l'argent et l'or varient de prix, comparés avec toutes les autres denrées, mais ils varient de prix entre eux à raison de ce qu'ils sont plus ou moins abondants. Il est notoire qu'on donne aujourd'hui, en Europe, de *quatorze à quinze onces d'argent* pour *une once d'or,* et que dans des temps plus anciens on ne donnait que *dix à onze onces d'argent* pour *une once d'or.*

Encore aujourd'hui, à la Chine, on ne donne guère qu'environ *douze onces d'argent* pour avoir *une once d'or,* en sorte qu'il y a un très grand avantage à porter de l'argent à la Chine pour l'échanger contre de l'or que l'on rapporte en Europe. Il est visible qu'à la longue ce commerce doit rendre l'or plus commun en Europe et plus rare à la Chine, et que la valeur de ces deux métaux doit enfin se ramener partout à la même proportion.

Mille causes différentes concourent à fixer dans chaque moment et à faire varier sans cesse la valeur des denrées comparées, soit les unes avec les autres, soit avec l'argent. Les mêmes causes fixent et font varier la valeur de l'argent, comparé, soit à la valeur de chaque denrée en particulier, soit à la totalité des autres qui sont actuellement dans le commerce. Il ne serait pas possible de démêler ces différentes causes et de développer leurs effets sans se livrer à des détails très étendus et très difficiles, et je m'abstiendrai d'entrer dans cette discussion.

XLVII. — L'usage des paiements en argent a donné lieu a la distinction entre le vendeur et l'acheteur.

A mesure que les hommes se sont familiarisés avec l'habitude de tout évaluer en argent, d'échanger tout leur superflu contre de l'argent et de n'échanger l'argent que contre les choses qui leur étaient utiles ou agréables pour le moment, ils se sont accoutumés à considérer les échanges du commerce sous un nouveau point de vue.

Ils y ont distingué deux personnes : le vendeur et l'acheteur. — Le vendeur était celui qui donnait la denrée pour de l'argent, et l'acheteur celui qui donnait l'argent pour avoir la denrée.

XLVIII. — L'usage de l'argent a beaucoup facilité la séparation des divers travaux entre les différents membres de la société.

Plus l'argent tenait lieu de tout, plus chacun pouvait, en se livrant uniquement à l'espèce de culture ou d'industrie qu'il avait choisie, se débarrasser de tout soin pour subvenir à ses autres besoins, et ne penser qu'à se procurer le plus d'argent qu'il pourrait par la vente de ses fruits ou de son travail, bien sûr, avec cet argent, d'avoir tout le reste : c'est ainsi que l'usage de l'argent a prodigieusement hâté les progrès de la société.

XLIX. — De la réserve des produits annuels, accumulés pour former des capitaux.

Aussitôt qu'il s'est trouvé des hommes à qui la propriété des terres assurait un revenu annuel plus que suffisant pour satisfaire à tous leurs besoins, il dut se trouver des hommes ou inquiets de l'avenir, ou simplement prudents, qui mirent en réserve une partie de ce qu'ils recueillaient chaque année, soit pour subvenir aux accidents possibles, soit pour augmenter leur aisance. Lorsque les denrées qu'ils recueillaient étaient difficiles à conserver, ils durent chercher à se procurer en échange des objets d'une nature plus durable et auxquels le temps ne ferait pas perdre leur valeur, ou qui pouvaient être employés de façon à procurer des profits qui en répareraient avec avantage le dépérissement.

L. — Richesses mobiliaires. Amas d'argent.

Ce genre de possessions résultantes de l'accumulation des produits annuels non consommés est connu sous le nom de *richesses mobiliaires*. Les meubles, les maisons, la vaisselle, les marchandises emmagasinées, les outils de chaque métier, les bestiaux appartiennent à ce genre de richesses. Il est évident que l'on était fortement appliqué à se procurer le plus qu'on avait pu de ces richesses avant de connaître l'argent ; mais il n'est pas moins sensible que dès qu'il fut connu, dès qu'il fut constaté que c'était le plus inaltérable de tous les objets de commerce et le plus facile à conserver sans embarras, il dut être principalement recherché par quiconque voulut amasser. Ce ne furent pas seulement les propriétaires des terres qui accumulèrent ainsi de leur superflu. Quoique les profits de l'industrie ne soient pas, comme les revenus de la terre, un don de la nature, et que l'homme industrieux ne retire de son travail que le prix que lui en donne celui qui lui paie son salaire ; quoique ce dernier économise le plus qu'il peut sur ce salaire, et que la concurrence oblige l'homme industrieux à se contenter d'un prix moindre qu'il ne voudrait, il est certain cependant que cette concurrence n'a jamais été assez nombreuse, assez animée dans tous les genres de travaux pour qu'un homme plus adroit, plus actif et surtout plus économe que les autres pour sa consommation personnelle, n'ait pu, dans tous les temps, gagner un peu plus qu'il ne faut pour le faire subsister, lui et sa famille, et réserver ce surplus pour s'en faire un petit pécule.

LI. — Les richesses mobiliaires sont un préalable indispensable pour tous les travaux lucratifs.

Il est même nécessaire que, dans chaque métier, les ouvriers ou les entrepreneurs qui les font travailler aient un certain fonds de richesses mobiliaires amassées d'avance. Nous sommes encore ici obligés de revenir sur nos pas pour rappeler plusieurs choses qui n'ont été d'abord qu'indiquées en passant, quand on a parlé du partage des différentes professions et des différents moyens par lesquels les propriétaires peuvent faire valoir leurs fonds, parce qu'alors on aurait pu les bien expliquer sans interrompre le fil des idées.

LII. — Nécessité des avances pour la culture.

Tous les genres de travaux de la culture, de l'industrie, du commerce exigent des avances. Quand on labourerait la terre avec les mains, il faudrait semer avant de recueillir ; il faudrait vivre jusqu'après la récolte. Plus la culture se perfectionne et s'anime, plus les avances sont fortes. Il faut des bestiaux, des outils aratoires, des bâtiments pour contenir les bestiaux, pour serrer les fruits ; il faut payer et faire subsister jusqu'à la récolte, un nombre de personnes proportionné à l'étendue de l'exploitation. Ce n'est que par de fortes avances qu'on obtient de riches produits, et que les terres donnent beaucoup de revenu. Dans quelque métier que ce soit, il faut d'avance que l'ouvrier ait des outils, qu'il ait une suffisante quantité des matières qui sont l'objet de son travail ; il faut qu'il subsiste en attendant la vente de ses ouvrages.

LIII. — Premières avances fournies par la terre encore inculte.

C'est toujours la terre qui est la première et l'unique source de toute richesse ; c'est elle qui, par la culture, produit tout le revenu ; c'est elle aussi qui a donné le premier fonds des avances antérieures à toute culture. Le premier cultivateur a pris les graines qu'il a semées sur des plantes que la terre avait produites d'elle-même ; en attendant la récolte, il a vécu de chasse, de pêche, de fruits sauvages ; ses outils ont été des branches d'arbres arrachées dans les forêts, taillées avec des pierres tranchantes, aiguisées contre d'autres pierres ; il a pris lui-même à la course, ou fait tomber dans ses pièges les animaux errants dans les bois ; il les a soumis, apprivoisés ; il s'en est servi d'abord pour sa nourriture, ensuite, pour l'aider dans son travail. Ce premier fonds s'est accru peu à peu ; les bestiaux surtout furent, de toutes les richesses mobiliaires, la plus recherchée dans ces premiers temps, et celle qu'il fut le plus facile d'accumuler : ils périssent, mais ils se reproduisent, et la richesse en est en quelque sorte impérissable : ce fonds même s'augmente par la seule voie de la génération, et donne un produit annuel, soit en laitages, soit en laines, en cuirs et autres matières, qui, avec les bois pris dans les forêts, ont été le premier fonds des ouvrages d'industrie.

LIV. — Bestiaux, richesse mobiliaire antérieure même a la culture des terres.

Dans un temps où il y avait encore une grande quantité de terres incultes et qui n'appartenaient à personne, on put avoir des bestiaux sans être propriétaire de terres. Il est même probable que les hommes ont presque partout commencé à rassembler des troupeaux et à vivre de leur produit avant de se livrer au travail plus pénible de la culture.

Il paraît que les nations qui ont le plus anciennement cultivé la terre sont celles qui ont trouvé dans leur pays des espèces d'animaux plus susceptibles d'être apprivoisés, et qui par là ont été conduites de la vie errante et agitée des peuples qui vivent de chasse et de pêche, à la vie plus tranquille des peuples pasteurs.

La vie pastorale fait séjourner plus longtemps dans un même lieu ; elle donne plus de loisir, plus d'occasions d'étudier la différence des terrains, d'observer la marche de la nature dans la production des plantes qui servent à la nourriture des bestiaux. Peut-être est-ce par cette raison que les nations Asiatiques ont cultivé la terre les premières, et que les peuples de l'Amérique sont restés si longtemps dans l'état de sauvages.

LV. — Autre genre de richesses mobiliaires et d'avances de la culture : les esclaves.

Les esclaves furent un autre genre de richesses mobiliaires qu'on se procura d'abord par la violence, et dans la suite par la voie du commerce et de l'échange.

Ceux qui en avaient beaucoup les employaient non seulement à la culture des terres, mais encore aux différents travaux de l'industrie. La facilité d'accumuler, presque sans borne, ces deux sortes de richesses et d'en faire usage, même indépendamment des terres, fit qu'on put évaluer les terres elles-mêmes, et comparer leur valeur à celle des richesses mobiliaires.

LVI. — Les richesses mobiliaires ont une valeur échangeable contre la terre elle-même.

Un homme qui aurait eu une grande quantité de terres sans bestiaux ni esclaves, aurait certainement fait un marché avantageux en cédant une partie de ses terres à un homme qui lui aurait donné en échange des bestiaux et des esclaves pour cultiver le reste. C'est par là principalement que les fonds de terre eux-mêmes entrèrent dans le commerce et eurent une valeur comparable à celle de toutes les autres denrées. Si *quatre boisseaux* de blé, produit net d'un arpent de terre, valaient *six moutons,* l'arpent lui-même qui les produisait aurait pu être donné pour une certaine valeur, plus grande à la vérité, mais toujours facile à déterminer de la même manière que le prix de toutes les autres marchandises, c'est-à-dire, d'abord par le débat entre les deux contractants, et ensuite d'après le prix courant établi par le concours de ceux qui veulent échanger des terres contre des bestiaux et de ceux qui veulent donner des bestiaux pour avoir des terres. C'est d'après ce prix courant qu'on évalue les terres lorsqu'un débiteur, poursuivi par son créancier, est obligé de lui céder son fonds.

LVII. — Evaluation des terres par la proportion du revenu avec la somme des richesses moibiliaires, ou la valeur contre laquelle elles sont échangées : cette proportion est ce qu'on appelle le denier du prix des terres.

Il est évident que si une terre qui produit un revenu équivalent à *six moutons* peut être vendue pour une certaine valeur qu'on peut toujours exprimer par un nombre de moutons équivalant à cette valeur, ce nombre aura une proportion déterminée avec celui de *six,* et le contiendra un certain nombre de fois. Le prix d'un fonds ne sera donc qu'un certain nombre de fois son revenu ; vingt fois, si le prix est *cent vingt* moutons ; trente fois, si c'est *cent quatre-vingts* moutons. Le prix courant des terres se règle ainsi par la proportion de la valeur du fonds avec la valeur du revenu, et le nombre de fois que le prix du fonds contient le revenu s'appelle le *denier du prix des terres.* Elles se vendent le *denier vingt,* le *denier trente, quarante,* etc., lorsque l'on paie, pour les avoir, vingt, trente ou quarante fois leur revenu. Il est encore évident que ce prix ou ce *denier* doit varier suivant qu'il y a plus ou moins de gens qui veulent vendre ou acheter des terres, ainsi que le prix de toutes les autres marchandises varie à raison de la différente proportion entre l'offre et la demande.

LVIII. — Tout capital en argent, ou toute somme de valeur quelconque, est l'équivalent d'une terre produisant un revenu égal a une portion déterminée de cette somme. Premier emploi des capitaux. Achat d'un fonds de terre.

Replaçons-nous maintenant à l'époque postérieure à l'introduction de l'argent. La facilité de l'accumuler en a bientôt fait la plus recherchée des richesses mobiliaires, et a donné les moyens d'en augmenter sans cesse la quantité par la simple voie de l'économie. Quiconque, soit par le revenu de sa terre, soit par les salaires de son travail ou de son industrie, reçoit chaque année plus de valeurs qu'il n'a besoin d'en dépenser, peut mettre en réserve ce superflu et l'accumuler : ces valeurs accumulées sont ce qu'on appelle *un capital.* L'avare pusillanime, qui n'amasse l'argent que pour rassurer son imagination contre la crainte de manquer des choses nécessaires à la vie dans un avenir incertain, garde son argent en masse. Si les dangers qu'il a prévus se réalisaient, et s'il était réduit par la pauvreté à vivre chaque année sur son trésor, ou s'il arrivait qu'un héritier prodigue le dépensât en détail, ce trésor serait bientôt épuisé, et le capital entièrement perdu pour le possesseur : celui-ci peut en tirer un parti bien plus avantageux. Puisqu'un fonds de terre d'un certain revenu n'est que l'équivalent d'une somme de valeur égale à ce revenu répété un certain nombre de fois, il s'ensuit qu'une somme quelconque de valeurs est l'équivalent d'un fonds de terre produisant un revenu égal à une portion déterminée de cette somme : il est absolument indifférent que cette somme de valeurs, ou ce capital, consiste en une masse de métal ou en toute autre chose, puisque l'argent représente toute espèce de valeur, comme toute espèce de valeur représente l'argent. Le possesseur d'un *capital* peut donc d'abord l'employer à acheter des terres ; mais il a encore d'autres ressources.

LIX. — Autre emploi de l'argent en avances des entreprises de fabrication et d'industrie.

J'ai remarqué que tous les travaux, soit de la culture, soit de l'industrie, exigent des avances, et j'ai montré comment la terre, par les fruits et les herbes qu'elles produit d'elle-même pour la nourriture des hommes et des bestiaux, et par les arbres dont les hommes ont formé leurs premiers outils, avait fourni les premières avances de la culture, et même des premiers ouvrages manuels que chaque homme peut faire pour son usage. Par exemple, c'est la terre qui a fourni la pierre, l'argile et le bois dont on a construit les premières maisons, et avant la séparation des professions, lorsque le même homme qui cultivait la terre pourvoyait à ses autres besoins par son travail, il ne fallait pas d'autres avances : mais lorsqu'une grande partie de la société n'eut que ses bras pour vivre, il fallut bien que ceux qui vivaient ainsi de salaires commençassent par avoir quelque chose d'avance, soit pour se procurer les matières sur lesquelles ils travaillaient, soit pour vivre, en attendant le paiement de leur salaire.

LX. — Développement sur l'usage de l'avance des capitaux dans les entreprises d'industrie, sur leur rentrée, et sur le profit qu'elles doivent rapporter.

Dans les premiers temps, celui qui faisait travailler fournissait lui-même la matière, et payait jour par jour le salaire de l'ouvrier. Le cultivateur ou le propriétaire donnait lui-même à la fileuse le chanvre qu'il avait recueilli, et la nourrissait pendant qu'elle travaillait ; il donnait ensuite le fil au tisserand, auquel il donnait chaque jour le salaire convenu ; mais ces avances légères et journalières ne peuvent suffire que pour des travaux d'une manœuvre grossière. Un grand nombre d'arts, et même d'arts à l'usage des membres les plus pauvres de la société, exigent que la même matière passe par une foule de mains différentes, et subisse pendant un très long temps des préparations très difficiles et très variées. — J'ai cité déjà la préparation des cuirs dont on fait des souliers : quiconque a vu l'atelier d'un tanneur, sent l'impossibilité absolue qu'un homme, ou même plusieurs hommes pauvres s'approvisionnent de cuirs, de chaux, de tan, d'outils, etc., fassent élever les bâtiments nécessaires pour monter une tannerie, et vivent pendant plusieurs mois jusqu'à ce que les cuirs soient vendus. Dans cet art et dans beaucoup d'autres, ne faut-il pas que ceux qui travaillent aient appris le métier avant d'oser toucher la matière qu'ils gâteraient dans leurs premiers essais ? Voilà encore une nouvelle avance indispensable. Qui donc rassemblera les matières du travail, les ingrédients et les outils nécessaires à la préparation ? Qui fera construire des canaux, des halles, des bâtiments de toute espèce ? Qui fera vivre jusqu'à la vente des cuirs ce grand nombre d'ouvriers dont aucun ne pourrait seul préparer un seul cuir, et dont le profit sur la vente d'un seul cuir ne pourrait faire subsister un seul ? Qui subviendra aux frais de l'instruction des élèves et des apprentis ? Qui leur procurera de quoi subsister jusqu'à ce qu'ils soient instruits en les faisant passer par degrés d'un travail facile et proportionné à leur âge, jusqu'aux travaux qui demandent le plus de force et d'habileté ? Ce sera un de ces possesseurs de *capitaux* ou de valeurs mobiliaires accumulées qui les emploiera, partie aux avances de la construction et des achats de matières, partie aux salaires journaliers des ouvriers qui travaillent à leur préparation. C'est lui qui attendra que la vente des cuirs lui rende non seulement toutes ses avances, mais encore un profit suffisant pour le dédommager de ce que lui aurait valu son argent, s'il l'avait employé en acquisition de fonds, et, de plus, du salaire dû à ses travaux, à ses soins, à ses risques, à son habileté même ; car sans doute, à profit égal, il aurait préféré de vivre, sans aucune peine, du revenu d'une terre qu'il aurait pu acquérir avec le même capital. A mesure que ce capital lui rentre par la vente des ouvrages, il l'emploie à de nouveaux achats pour alimenter et soutenir sa fabrique par cette circulation continuelle : il vit sur ses profits, et il met en réserve ce qu'il peut épargner pour accroître son capital et le verser dans son entreprise en augmentant la masse de ses avances, afin d'augmenter encore ses profits.

LXI. — Subdivision de la classe stipendiée industrieuse, en entrepreneurs, capitalistes et simples ouvriers.

Toute la classe occupée à fournir aux différents besoins de la société l'immense variété des ouvrages de l'industrie se trouve donc, pour ainsi dire, subdivisée en deux ordres : celui des entrepreneurs manufacturiers, maîtres fabricants, tous possesseurs de gros capitaux qu'ils font valoir en faisant travailler par le moyen de leurs avances ; et le second ordre, composé de simples artisans, qui n'ont d'autre bien que leurs bras, qui n'avancent que leur travail journalier et n'ont de profit que leurs salaires.

LXII. — Autre emploi des capitaux en avances des entreprises d'agriculture. Développement sur l'usage, la rentrée et les profits indispensables des capitaux dans les entreprises d'agriculture.

En parlant d'abord de l'emploi des capitaux dans les entreprises de fabrique, j'ai eu pour but de présenter un exemple plus sensible de la nécessité et de l'effet des grosses avances et de la marche de leur circulation ; mais j'ai un peu renversé l'ordre naturel, qui aurait demandé que je commençasse par parler des entreprises de culture, qui ne se font aussi, ne s'étendent et ne deviennent profitables que par le moyen de grosses avances. Ce sont des possesseurs de gros capitaux qui, pour les faire valoir dans des entreprises d'agriculture, afferment les terres et en payent aux propriétaires de gros loyers, en se chargeant de faire toutes les avances de la culture. Leur sort doit être le même que celui des entrepreneurs de fabriques : comme eux, ils doivent faire les premières avances de l'entreprise, se fournir de bestiaux, de chevaux, d'outils aratoires, acheter les premières semences ; comme eux, ils doivent entretenir et nourrir les charretiers, moissonneurs, batteurs, domestiques, ouvriers de toute espèce qui n'ont que leurs bras, n'avancent que leur travail et ne gagnent que leurs salaires ; comme eux, ils doivent recueillir, outre la rentrée de leur capital, c'est-à-dire de toutes les avances primitives et annuelles : 1° un profit égal au revenu qu'ils pourraient acquérir avec leur capital sans aucun travail ; 2° le salaire et le prix de leur travail, de leurs risques, de leur industrie ; 3° de quoi remplacer annuellement le dépérissement des effets employés dans leur entreprise, les bestiaux qui meurent, les outils qui s'usent, etc.

Tout cela doit être prélevé sur le prix des productions de la terre ; le surplus sert au cultivateur à payer au propriétaire la permission que celui-ci lui a donnée de se servir de son champ pour y établir son entreprise. C'est le prix du fermage, le revenu du propriétaire, le *produit net,* car tout ce que la terre produit jusqu'à la concurrence de la rentrée des avances et des profits de toute espèce de celui qui les fait, ne peut être regardé comme un *revenu,* mais seulement comme *rentrée des frais de culture,* attendu que si le cultivateur ne les retirait pas il se garderait bien d'employer ses richesses et sa peine à cultiver le champ d'autrui.

LXIII. — La concurrence des capitalistes entrepreneurs de culture établit le prix courant des fermages et la grande culture.

La concurrence des riches entrepreneurs de culture établit le prix courant des fermages à raison de la fertilité de la terre et du prix auquel se vendent ses productions, toujours d'après le calcul que les fermiers font de tous leurs frais et des profits qu'ils doivent retirer de leurs avances : ils ne peuvent rendre au propriétaire que le surplus.

Mais lorsque la concurrence entre eux est fort animée, ils lui rendent tout ce surplus, le propriétaire ne donnant sa terre qu'à celui qui lui offre un loyer plus fort.

LXIV. — Le défaut de capitalistes entrepreneurs de culture borne l'exploitation des terres a la petite culture.

Lorsqu'au contraire il n'y a point d'hommes riches qui aient de gros capitaux à mettre dans les entreprises d'agriculture, lorsque, par le bas prix des productions de la terre ou par toute autre cause, les récoltes ne suffisent pas pour assurer aux entrepreneurs, outre la rentrée de leurs fonds, des profits égaux au moins à ceux qu'ils tireraient de leur argent en l'employant de toute autre manière, on ne trouve point de fermiers qui veuillent louer les terres.

Les propriétaires sont forcés de les faire cultiver par des colons ou métayers hors d'état de faire aucune avance et de bien cultiver.

Le propriétaire fait lui-même des avances médiocres qui lui produisent un très médiocre revenu : si la terre appartient à un propriétaire pauvre, ou obéré, ou négligent, à une veuve, à un mineur, elle reste inculte.

Tel est le vrai principe de la différence que j'ai déjà remarquée entre les provinces où la terre est cultivée par des fermiers riches, comme la Normandie et l'Ile-de-France, et celles où elle n'est cultivée que par de pauvres métayers, comme le Limousin, l'Angoumois, le Bourbonnais et beaucoup d'autres.

LXV. — Subdivision de la classe des cultivateurs en entrepreneurs ou fermiers, et simples salariés, valets ou journaliers.

Il suit de là que la classe des cultivateurs se partage comme celle des fabricants en deux ordres d'hommes, celui des entrepreneurs ou capitalistes qui font toutes les avances, et celui des simples ouvriers salariés. On voit encore que ce sont les capitaux seuls qui forment et soutiennent les grandes entreprises d'agriculture ; qui donnent aux terres une valeur locative constante, si j'ose ainsi parler ; qui assurent aux propriétaires un revenu toujours égal et le plus grand qu'il soit possible.

LXVI. — Quatrième emploi des capitaux en avances des entreprises de commerce. Nécessité de l'interposition des marchands proprement dits entre les producteurs de la denrée et les consommateurs.

Les entrepreneurs, soit de culture, soit de manufactures, ne retirent leurs avances et leurs profits que par la vente des fruits de la terre ou des ouvrages fabriqués.

Ce sont toujours les besoins et les facultés du consommateur qui mettent le prix à la vente ; mais le consommateur n'a pas toujours besoin de la chose fabriquée ou produite, au moment de la récolte ou de l'achèvement des ouvrages.

Cependant les entrepreneurs ont besoin que leurs fonds leur rentrent immédiatement et régulièrement pour les reverser dans leurs entreprises. Il faut que les labours et la semence succèdent sans interruption à la récolte ; il faut occuper sans cesse les ouvriers d'une manufacture, commencer de nouveaux ouvrages à mesure que les premiers se finissent, remplacer les matières à mesure qu'elles sont consommées. On n'interromprait pas impunément les travaux d'une entreprise montée, et on ne les reprendrait pas quand on le voudrait.

L'entrepreneur a donc le plus grand intérêt de faire rentrer très promptement ses fonds, par la vente de ses récoltes ou de ses ouvrages. D'un autre côté, le consommateur a intérêt de trouver quand il veut et où il veut, les choses dont il a besoin ; il lui serait fort incommode d'être obligé d'acheter, au moment de la récolte, sa provision de toute une année.

Parmi les objets de la consommation usuelle, il y en a beaucoup qui exigent des travaux longs et dispendieux, des travaux qui ne peuvent être entrepris avec profit que sur une très grande quantité de matières, et telle que la consommation d'un petit nombre d'hommes, ou d'un canton borné, ne peut suffire au débit des ouvrages d'une seule manufacture.

Les entreprises de ce genre d'ouvrages sont donc nécessairement en petit nombre, à une distance considérable les unes des autres, et par conséquent fort loin du domicile du plus grand nombre des consommateurs ; il n'y a point d'hommes au-dessus de l'extrême misère qui ne soit dans le cas de consommer plusieurs choses qui ne se recueillent ou ne se fabriquent que dans des lieux très éloignés de chez lui, et non moins éloignés les uns des autres. Un homme qui ne pourrait se procurer les objets de sa consommation qu'en les achetant immédiatement de la main de celui qui les recueille ou qui les fabrique, se passerait de bien des choses, ou emploierait sa vie à voyager.

Ce double intérêt qu'ont le producteur et le consommateur, le premier de trouver à vendre, l'autre de trouver à acheter, et cependant de ne pas perdre un temps précieux à attendre l'acheteur ou à chercher le vendeur, a dû faire imaginer à des tiers de s'entremettre entre l'un et l'autre. C'est l'objet de la profession des marchands, qui achètent la denrée de la main du producteur pour en faire des amas ou magasins, dans lesquels le consommateur vient se pourvoir.

Par ce moyen, l'entrepreneur, assuré de la vente et de la rentrée de ses fonds, s'occupe sans inquiétude et sans relâche à de nouvelles productions, et le consommateur trouve à sa portée et dans tous les moments les choses dont il a besoin.

LXVII. — Différents ordres de marchands. Tous ont cela de commun, qu'ils achètent pour revendre, et que leur trafic roule sur des avances qui doivent rentrer avec profit pour être de nouveau versées dans l'entreprise.

Depuis la revendeuse qui étale des herbes au marché, jusqu'à l'armateur de Nantes ou de Cadix, qui étend ses ventes et ses achats jusque dans l'Inde et dans l'Amérique, la profession de marchand, ou le commerce proprement dit, se divise en une infinité de branches, et pour ainsi dire de degrés. Tel marchand se borne à s'approvisionner d'une ou de plusieurs sortes de denrées qu'il vend dans sa boutique à tous ceux qui se présentent. Tel autre va vendre certaines denrées dans le lieu où elles manquent, pour en rapporter en échange les denrées qui y croissent et qui manquent dans le lieu d'où il est parti. L'un fait ses échanges de proche en proche, et par lui-même ; l'autre par le moyen des correspondants, et par le ministère des voituriers qu'il paie, envoie et fait venir d'une province dans une autre, d'un royaume dans un autre royaume, d'Europe en Asie, d'Asie en Europe. L'un vend ses marchandises par petites parties à chacun de ceux qui les consomment ; l'autre ne vend que de grosses quantités à la fois à d'autres marchands qui les revendent en détail aux consommateurs ; mais tous ont cela de commun qu'ils *achètent pour revendre,* et que leurs premiers achats sont une avance qui ne leur rentre qu'avec le temps. Elle doit leur rentrer comme celle des entrepreneurs de culture et de fabrique, non seulement tout entière dans un certain terme pour être reversée dans de nouveaux achats, mais encore : 1° avec un profit égal au revenu qu'ils pourraient acquérir avec leur capital sans aucun travail ; 2° avec le salaire et le prix de leur travail, de leurs risques, de leur industrie. Sans l'assurance de cette rentrée et de ces profits indispensables, aucun marchand n'entreprendrait le commerce ; aucun ne pourrait le continuer : c'est, d'après ce point de vue, qu'il se règle dans ses achats, sur le calcul de la quantité et du prix des choses qu'il peut espérer de vendre dans un certain temps. Le *détailleur* apprend par l'expérience, par le succès d'essais bornés faits avec précaution, quelle est à peu près la quantité des besoins des consommateurs qu'il est à portée de fournir. Le négociant s'instruit par ses correspondances de l'abondance ou de la rareté et du prix des marchandises dans les différentes contrées où il étend son commerce ; il dirige ses spéculations en conséquence ; il envoie les marchandises du lieu où elles sont à bas prix dans ceux où elles se vendent plus cher, bien entendu que les frais de la voiture entrent dans le calcul des avances qui doivent lui rentrer.

Puisque le commerce est nécessaire, et qu'il est impossible d'entreprendre aucun commerce sans des avances proportionnées à son étendue, voilà encore un emploi des richesses mobiliaires, un nouvel usage que le possesseur d'une masse de valeurs mises en réserve et accumulées, d'une somme d'argent, d'un capital en un mot, peut en faire pour en tirer avantage, pour se procurer sa subsistance, et pour augmenter, s'il le peut, ses richesses.

LXVIII. — Véritable notion de la circulation de l'argent.

On voit, par ce qui vient d'être dit, comment la culture des terres, les fabriques de tout genre, et toutes les branches de commerce roulent sur une masse de *capitaux* ou de richesses mobiliaires accumulées qui, ayant été d'abord avancées par les entrepreneurs dans chacune de ces différentes classes de travaux, doivent leur rentrer chaque année avec un profit constant ; savoir, le capital pour être reversé et avancé de nouveau dans la continuation des mêmes entreprises, et le profit pour la subsistance plus ou moins aisée des entrepreneurs. C'est cette avance et cette rentrée continuelle des capitaux qui constituent ce *qu'on doit appeler la circulation de l'argent,* cette circulation utile et féconde qui anime tous les travaux de la société, qui entretient le mouvement et la vie dans le corps politique, et qu'on a grande raison de comparer à la circulation du sang dans le corps animal. Car si, par un dérangement quelconque dans l'ordre des dépenses des différentes classes de la société, les entrepreneurs cessent de retirer leurs avances avec le profit qu'ils ont droit d'en attendre, il est évident qu'ils seront obligés de diminuer leurs entreprises, que la somme du travail, celle des consommations des fruits de la terre, celle des productions et du revenu, seront d'autant diminuées, que la pauvreté prendra la place de la richesse, et que les simples ouvriers, cessant de trouver de l'emploi, tomberont dans la plus profonde misère.

LXIX. — Toutes les entreprises de travaux, surtout celles de fabrique et de commerce, n'ont pu être que très bornées avant l'introduction de l'or et de l'argent dans le commerce.

Il n'est presque pas nécessaire de remarquer que les entreprises de tout genre, mais surtout celles de fabrique, et encore plus celles de commerce, n'ont pu être que très bornées avant l'introduction de l'or et de l'argent dans le commerce, puisqu'il était presque impossible d'accumuler des capitaux considérables, et encore plus difficile de multiplier et de diviser les paiements, autant qu'il est nécessaire, pour faciliter et multiplier les échanges au point où l'exigent un commerce et une circulation animés. La seule culture des terres pouvait se soutenir un peu, parce que les bestiaux sont le principal emploi des avances qu'elle exige ; encore est-il probable qu'il n'y avait d'autre entrepreneur de culture que le propriétaire. Quant aux arts de toute espèce, ils n'ont pu être que dans la plus extrême langueur avant l'introduction de l'argent. Ils se bornaient aux ouvrages les plus grossiers, dont les propriétaires faisaient les avances en nourrissant les ouvriers et leur fournissant les matières, ou qu'ils faisaient faire chez eux par leurs domestiques.

LXX. — Les capitaux étant aussi nécessaires a toutes les entreprises que le travail et l'industrie, l'homme industrieux partage volontiers les profits de son entreprise avec le capitaliste qui lui fournit les fonds dont il a besoin.

Puisque les capitaux sont la base indispensable de toute entreprise, puisque l'argent est un moyen principal pour économiser de petits gains, amasser des profits et s'enrichir, ceux qui, avec l'industrie et l'ardeur du travail, n'ont point de capitaux ou n'en ont point assez pour les entreprises qu'ils veulent former, n'ont pas de peine à se résoudre à céder aux possesseurs de capitaux ou d'argent qui veulent leur en confier, une portion des profits qu'ils espèrent recueillir outre la rentrée de leurs avances [1].

LXXI. — Cinquième emploi des capitaux : le prêt a intérêt. Nature du prêt.

Les possesseurs d'argent balancent le risque que leur capital peut courir, si l'entreprise ne réussit pas, avec l'avantage de jouir sans travail d'un profit constant, et se règlent là-dessus pour exiger plus ou moins de profit ou d'intérêt de leur argent, ou pour consentir à le prêter moyennant l'intérêt que leur offre l'emprunteur. Voilà encore un débouché ouvert au possesseur d'argent : le prêt à intérêt ou le commerce d'argent. Car il ne faut pas s'y méprendre, le prêt à intérêt n'est exactement qu'un commerce dans lequel le prêteur est un homme qui vend l'*usage* de son argent, et l'emprunteur un homme qui l'achète, précisément comme le propriétaire d'une terre et son fermier vendent et achètent respectivement l'*usage* d'un fonds affermé.

C'est ce qu'exprimait parfaitement le nom que les Latins donnaient à l'intérêt de l'argent prêté, *usura pecuniae,* mot dont la traduction

1. On lit, dans la *Lettre de Turgot à Caillard* du 16 mars 1770 : « Si vous avez mon manuscrit sur la Richesse, je vous prie de me le renvoyer : il y a, à la page 96 du volume de décembre des *Ephémérides,* une phrase que je trouve louche et inintelligible et je soupçonne qu'il y a deux ou trois lignes de passées et je ne puis y suppléer. » Le chapitre imprimé à la page 96 des *Ephémérides* de décembre 1769 est le chapitre ci-dessus. Aucune correction n'y avait été faite par Turgot dans le tirage à part. (G. S.).

française est devenue odieuse par les suites des fausses idées qu'on s'est faites sur l'intérêt de l'argent.

LXXII. — Fausses idées sur le prêt a intérêt.

Le prix du prêt n'est point du tout fondé, comme on pourrait l'imaginer, sur le profit que l'emprunteur espère de faire avec le capital dont il achète l'usage. Ce prix se fixe, comme le prix de toutes les marchandises, par le débat entre le vendeur et l'acheteur, par la balance de l'offre avec la demande.

On emprunte dans toutes sortes de vues et pour toutes sortes de motifs. Tel emprunte pour former une entreprise qui fera sa fortune, tel autre pour acheter une terre, tel pour payer une dette au jeu, tel pour suppléer à la perte de son revenu dont un accident l'a privé, tel pour vivre en attendant qu'il ait pu gagner par son travail. Mais tous ces motifs qui déterminent l'emprunteur sont fort indifférents au prêteur. Celui-ci n'est occupé que de deux choses, de l'intérêt qu'il recevra et de la sûreté de son capital. Il ne s'inquiète pas plus de l'usage qu'en fera l'emprunteur qu'un marchand ne s'embarrasse de l'usage que fera l'acheteur des denrées qu'il lui vend.

LXXIII. — Erreurs des scolastiques réfutées.

C'est faute d'avoir envisagé le prêt à intérêt sous son véritable point de vue, que des moralistes plus rigides qu'éclairés, ont voulu le faire regarder comme un crime. Les théologiens scolastiques ont conclu, de ce que l'argent ne produit rien par lui-même, qu'il était injuste d'exiger l'intérêt de l'argent prêté. Pleins de leurs préjugés, ils ont cru voir leur doctrine consacrée par ce passage de l'Evangile : *Mutuum date nihil inde sperantes.*

Les théologiens, qui avaient adopté sur la matière de l'intérêt des principes plus raisonnables, ont essuyé les plus vifs reproches de la part des écrivains du parti opposé.

Cependant, il ne faut qu'un peu de réflexion pour sentir la frivolité des prétextes dont on s'est servi pour condamner le prêt à intérêt. Le prêt est un contrat réciproque, libre entre les deux parties, et qu'elles ne font que parce qu'il leur est avantageux. Il est évident que si le prêteur trouve un avantage à recevoir un loyer de son argent, l'emprunteur n'est pas moins intéressé à trouver l'argent dont il a besoin, puisqu'il se détermine à emprunter et à payer le loyer de cet argent : or, d'après quel principe peut-on imaginer du crime dans un contrat avantageux aux deux parties, dont toutes deux sont contentes, et qui certainement ne nuit à personne autre ? Dire que le prêteur abuse du besoin d'argent qu'a l'emprunteur pour en exiger l'intérêt, c'est parler avec autant d'absurdité que si l'on disait qu'un boulanger qui exige de l'argent pour le pain qu'il vend, abuse du besoin qu'en a l'acheteur. Si, dans ce dernier cas, l'argent est l'équivalent du pain que reçoit l'acheteur, l'argent que l'emprunteur reçoit aujourd'hui est également l'équivalent du capital et de l'intérêt qu'il promet de rendre dans un certain terme ; car, enfin, c'est un avantage pour l'emprunteur d'avoir dans cet intervalle l'argent dont il a besoin, et c'est un désavantage pour le prêteur d'en être privé. Ce désavantage est appréciable et il est apprécié : l'intérêt en est le prix. Ce prix doit être encore plus fort si le prêteur court le risque de perdre son capital par l'insolvabilité de l'emprunteur. Le marché est donc parfaitement égal de part et d'autre et, par conséquent, légitime. L'argent, considéré comme une substance physique, comme une masse de métal, ne produit rien ; mais l'argent employé en avances d'entreprises de culture, de fabriques, de commerce, procure un profit certain. Avec l'argent, on peut acquérir une terre et se procurer un revenu : celui qui prête son argent ne cède donc pas uniquement la possession stérile de cet argent, mais il se prive du profit ou du revenu qu'il aurait pu se procurer, et l'intérêt qui le dédommage de cette privation ne saurait être regardé comme injuste. Les scolastiques, forcés de se rendre à ces considérations, ont permis de retirer l'intérêt de l'argent, pourvu qu'on aliénât le capital, c'est-à-dire pourvu que le prêteur renonçât à exiger le remboursement de son argent dans un certain temps et laissât l'emprunteur maître de le garder tant qu'il voudrait en payant seulement l'intérêt. La raison de cette tolérance était, qu'alors ce n'est plus un argent prêté dont on retire l'intérêt, c'est une rente que l'on achète avec une somme d'argent, comme on achète une terre. C'était une petite subtilité à laquelle ils avaient recours pour céder à la nécessité absolue du prêt, dans le courant des affaires de la société, sans avouer nettement la fausseté des principes sur lesquels ils l'avaient condamné ; mais cette clause de l'aliénation du capital n'est point un avantage pour l'emprunteur qui ne reste pas moins chargé de la dette jusqu'à ce qu'il ait remboursé ce capital, et dont les biens sont toujours affectés à la sûreté de ce capital. C'est même un désavantage, en ce qu'il trouve plus difficilement de l'argent à emprunter lorsqu'il en a besoin ; car, tel qui consentirait volontiers à prêter pendant un an ou deux une somme qu'il destine à acheter une terre, ne voudra pas la prêter pour un temps indéfini. D'ailleurs, si l'on peut vendre son argent pour une rente perpétuelle, pourquoi ne pourrait-on pas le louer pour quelques années, moyennant une rente qui ne durerait que ce nombre d'années ? Si une rente de 1 000 francs par an est l'équivalent d'une somme de 20 000 francs, pour celui qui garde cette somme à perpétuité, 1 000 francs seront chaque année l'équivalent de la possession de cette somme pendant un an.

LXXIV. — Vrai fondement de l'intérêt de l'argent.

On peut donc louer son argent aussi légitimement qu'on peut le vendre ; et le possesseur de l'argent peut faire l'un et l'autre, non seulement parce que l'argent est l'équivalent d'un revenu et un moyen de se procurer un revenu, non seulement parce que le prêteur perd, pendant le temps du prêt, le revenu qu'il aurait pu se procurer, non seulement parce qu'il risque son capital, non seulement parce que l'emprunteur peut l'employer à des acquisitions avantageuses ou dans des entreprises dont il tirera de gros profits : le propriétaire d'argent peut légitimement en tirer l'intérêt par un principe plus général et plus décisif. Quand rien de tout cela n'aurait lieu, il n'en serait pas moins en droit d'exiger l'intérêt du prêt par la seule raison que son argent est à lui. Puisqu'il est à lui, il est libre de le garder ; rien ne lui fait un devoir de prêter ; si donc il prête, il peut mettre à son prêt telle condition qu'il veut. Il ne fait en cela aucun tort à l'emprunteur, puisque celui-ci se soumet à la condition et n'a aucune espèce de droit à la somme prêtée. Le profit qu'on peut se procurer avec de l'argent est, sans doute, un des motifs les plus fréquents qui déterminent l'emprunteur à emprunter moyennant un intérêt ; c'est une des sources de la facilité qu'il trouve à payer cet intérêt ; mais ce n'est point du tout ce qui donne droit au prêteur de l'exiger : il suffit pour cela que son argent soit à lui, et ce droit est inséparable de la propriété. Celui qui achète du pain a pour motif de se nourrir ; mais le droit qu'a le boulanger d'en exiger un prix est très indépendant de cet usage du pain : c'est le même droit qu'il aurait de lui vendre des pierres ; droit fondé uniquement sur ce que le pain étant à lui, personne n'a droit de l'obliger à le donner pour rien.

LXXV. — Le taux de l'intérêt ne doit être fixé que comme celui de toutes les marchandises, par le seul cours du commerce.

J'ai déjà dit que le prix de l'argent prêté se réglait, comme celui de toutes les autres marchandises, par la balance de l'offre à la demande. Ainsi, quand il y a beaucoup d'emprunteurs qui ont besoin d'argent, l'intérêt de l'argent devient plus haut ; quand il y a beaucoup de possesseurs d'argent qui en offrent à prêter, l'intérêt baisse. C'est donc encore une erreur de croire que l'intérêt de l'argent dans le commerce doive être fixé par les lois des princes : c'est un prix courant fixé comme celui de toutes les autres marchandises. Ce prix est un peu différent suivant le plus ou moins de sûreté qu'a le prêteur de ne pas perdre son capital ; mais, à sûreté égale, il doit hausser ou baisser à raison de l'abondance et du besoin, et la loi ne doit pas plus fixer le taux de l'intérêt de l'argent qu'elle ne doit taxer toutes les autres marchandises qui ont cours dans le commerce.

LXXVI. — L'argent a dans le commerce deux évaluations distinctes : l'une exprime la quantité d'argent qu'on donne pour se procurer les différentes espèces de denrées ; l'autre exprime le rapport d'une somme d'argent a l'intérêt qu'elle procure suivant le cours du commerce.

Il paraît, par ce développement de la manière dont l'argent se vend, ou se loue, moyennant un intérêt annuel, qu'il y a deux manières d'évaluer l'argent dans le commerce.

Dans les achats et les ventes, un certain poids d'argent représente une certaine quantité de valeurs ou de marchandises de chaque espèce ; par exemple, une once d'argent équivaut à une certaine quantité de blé ou à un certain nombre de journées d'homme.

Dans le prêt et dans le commerce d'argent, un capital est l'équivalent d'une rente égale à une portion déterminée de ce capital, et réciproquement une rente annuelle représente un capital égal au montant de cette rente répété un certain nombre de fois suivant que l'intérêt est à un denier plus ou moins haut.

LXXVII. — Ces deux évaluations sont indépendantes l'une de l'autre, et sont réglées par des principes tout différents.

Ces deux différentes appréciations ont beaucoup moins de rapport et dépendent beaucoup moins l'une de l'autre qu'on ne serait tenté de le croire au premier coup d'œil.

L'argent pourrait être très commun dans le commerce ordinaire, y avoir très peu de valeur, répondre à une très petit quantité de denrées, et l'intérêt de l'argent pourrait être en même temps très haut.

Je suppose qu'y ayant *un million d'onces d'argent* qui roule actuellement dans le commerce, *une once d'argent* se donne au marché pour une mesure de blé ; je suppose qu'il survienne, de quelque manière que ce soit, dans l'Etat, *un second million* d'onces d'argent, et que cette augmentation soit distribuée dans toutes les bourses suivant la même proportion que le premier million, en sorte que celui qui avait précédemment deux onces d'argent en ait maintenant quatre : l'argent, considéré comme masse de métal, diminuera certainement de prix, ou, ce qui est la même chose, les denrées seront payées plus cher, et il faudra, pour avoir la mesure de blé qu'on avait avec une once d'argent, donner beaucoup plus d'argent, et peut-être *deux onces* au lieu d'*une.*

Mais, il ne s'ensuivra nullement de là que l'intérêt de l'argent baisse, si tout cet argent est porté au marché et employé aux dépenses courantes de ceux qui le possèdent, comme l'était, par la supposition, le *premier million* d'onces d'argent, car l'intérêt de l'argent ne baisse qu'autant qu'il y a plus d'argent à prêter, à proportion des besoins des emprunteurs, qu'il n'y en avait auparavant.

Or, l'argent qu'on porte au marché n'est point à prêter : c'est l'argent mis en réserve, ce sont les capitaux accumulés qu'on prête, et bien loin que l'augmentation de l'argent au marché, ou l'abaissement de son prix vis-à-vis des denrées dans le commerce ordinaire, entraîne infailliblement et, par une liaison immédiate, l'abaissement de l'intérêt de l'argent, il peut arriver au contraire que la cause même qui augmente la quantité de l'argent au marché et qui augmente le prix des autres denrées, en baissant le prix de l'argent, soit précisément celle qui augmente le loyer de l'argent ou le taux de l'intérêt.

En effet, je suppose pour un moment que tous les riches d'une nation, au lieu d'épargner sur leurs revenus ou sur leurs profits annuels, en dépensent la totalité [1] que, non contents de dépenser tout leur revenu, ils dépensent leur capital ; qu'un homme qui a cent mille francs en argent, au lieu de les employer d'une manière profitable ou de les

1. Dans les *Ephémérides,* Du Pont mit la note ci-après :

« Nous demandons à l'auteur la permission d'ajouter à ce paragraphe quelques observations qui nous paraissent importantes, qui ne contredisent point sa doctrine, mais qui peuvent empêcher les lecteurs superficiels de se méprendre sur le sens de quelques-unes de ses expressions.

« En général, c'est beaucoup moins par l'*épargne sur la dépense des revenus* que par le bon emploi de cette dépense que l'on parvient à la formation des capitaux. L'auteur distingue dans la phrase suivante, avec très grande raison, une manière *profitable* de dépenser et une manière de dépenser *folle.* On pourrait étendre cette division : appeler *dépense folle* la dépense extraordinaire qui consommerait des capitaux sans nécessité ; *dépense stérile,* la dépense de consommation journalière, qui ne diminuerait ni n'accroîtrait la somme des capitaux ; *dépense conservatrice,* celle qui se ferait pour les travaux qui ne produisent point de richesses, mais qui les approprient à des usages durables, moyennant lesquels on peut jouir, à la fois et pendant un assez long espace de temps, du fruit du travail et des récoltes de plusieurs années ; telles sont les dépenses en construction de maisons, en fabrication de machines, de meubles, etc.; et enfin *dépense productive,* celle qui paye les travaux par lesquels on accroît réellement la masse des productions que l'on consomme pour les besoins journaliers, et celle des matières premières dont on peut, au moyen des dépenses conservatrices, faire des richesses de jouissance durable.

« Ceci posé, nous croyons évident que le meilleur moyen pour accroître les capitaux, est la *dépense productive* et, après elle, la *dépense conservatrice.* Mais l'épargne n'est pas *productive ;* elle n'est même en général que très imparfaitement *conservatrice.* Elle peut être *destructive* et *nuisible,* lorsqu'elle se fait sur les dépenses qui auraient été productives ou seulement profitables.

« Il faut donc écarter la simple idée d'épargne dans les éléments de la formation des capitaux. Dès le premier état de l'homme qui vit de productions spontanées, ce n'est pas l'épargne de ces productions qui le conduit à améliorer sa situation et à se former un capital plus ou moins grand. Lorsqu'il a trouvé de quoi dîner, ce serait en vain qu'il jeûnerait par épargne ; si, d'ailleurs, il demeurait oisif, il risquerait fort de jeûner toujours par nécessité. Le moyen naturel d'acquérir, de profiter, d'amasser, de s'enrichir est le travail : premièrement de la recherche, puis de la conservation, et enfin de la culture.

« Mais pour travailler, il faut d'abord que le travailleur subsiste. Il ne peut subsister que par la consommation des productions de la terre ou des eaux ; cette consommation est *une dépense.* Il faut aussi, pour travailler avec succès, qu'il ait des instruments, soit qu'il emploie son temps à fabriquer lui-même ces instruments, soit qu'il les acquière par le moyen de l'échange, de ceux qui les auraient fabriqués, et qui ont consommé en fabriquant. Les choses qu'il donne en échange, ou les consommations qu'il prêter, les consume en détail en *folles dépenses* : il est visible que, d'un côté, il y aura plus d'argent employé aux achats courants, à la satisfaction des besoins ou des fantaisies de chaque particulier, et que, par

est obligé de faire sont encore *une dépense*. Ce n'est donc que par *des dépenses*, faites avec intelligence et à profit, et non pas par des *épargnes*, que l'on peut augmenter sa fortune dans le commencement des sociétés et avant que les arts multipliés et perfectionnés et l'introduction de l'argent dans le commerce aient étendu et compliqué la circulation des richesses et des travaux.

« Mais, dans la société toute formée, l'*épargne* a des effets plus dangereux encore.

« Dès que les travaux se sont partagés au point que chacun se trouve naturellement fixé à un seul genre d'entreprise, qu'un cultivateur ne fait que du blé, tandis que l'autre ne fait que du vin, qu'un manufacturier ne fabrique que des étoffes de laine, lorsque son voisin ne se livre qu'à la préparation des cuirs, etc ; que tout entrepreneur en chef, soit de culture, soit de purs ouvrages de main, se charge de fournir la société d'un seul article dans la masse des consommations et se soumet à acheter lui-même tout le reste de ce qui pourra être utile ou nécessaire à sa consommation personnelle ou à celle de ses agents, il faut, pour compléter la distribution des richesses, des subsistances et des jouissances entre tous les membres de la société, que tout ce qui se cultive ou se fabrique soit vendu et acheté, excepté dans chaque espèce, la quantité que chaque entrepreneur a pu se réserver directement. Il y a même plusieurs genres de travaux précieux où l'entrepreneur ne garde rien du tout de ce qu'il a fait naître, vend tout le fruit de son travail et de ses avances, se prive de la consommation des objets de son labeur, et rachète d'autres objets du même genre à des qualités inférieures, pour faire des consommations moins coûteuses. C'est ainsi que les cultivateurs du vin de *Chambertin* le vendent tout jusqu'à la dernière bouteille et se pourvoient dans le pays d'autre vin plus commun pour leur boisson. C'est ainsi qu'un bijoutier ne gardera pour lui aucun des diamants qu'il taille ou qu'il monte et qu'il les vendra tous pour faire subsister et pour enrichir sa famille. C'est ainsi qu'un fabricant ou qu'un marchand d'étoffes de soie ne sera cependant habillé que de laine, etc.

« Mais pour que tout ce qui se cultive et se fabrique puisse être vendu, il faut que tous ceux qui reçoivent de la nature et de leur travail, des revenus et des reprises, ou des salaires, qui sont les uniques moyens d'acheter, mettent ces moyens d'acheter en circulation. Car, en vain, la moitié de la société mettrait-elle tous les fruits de son travail d'une année en vente, si l'autre moitié refuse d'acheter et s'obstine à garder, *par épargne*, tout ou forte partie de ses moyens de payer, la première ne pourra pas tout vendre ou vendra à perte : ce qui dérangera et ruinera la culture, et les travaux de tous ceux qui n'en retiraient précisément que leurs frais et qui ne pourraient continuer à les retirer qu'autant qu'ils vendraient toute leur récolte ou qu'ils débiteraient tout leur magasin *à un tel prix*. Et il y a toujours un très grand nombre de gens dans ce cas-là.

« Dans les pays où les revenus se payent en argent, si ces revenus, qui conséquent, il baissera de prix ; de l'autre côté, il y aura certainement beaucoup moins d'argent à prêter, et comme beaucoup de gens se ruineront, il y aura vraisemblablement aussi plus d'emprunteurs. L'intérêt

représentent la partie disponible des récoltes, ne sont pas dépensés par les propriétaires, il y aura justement une partie correspondante de la récolte qui ne sera pas débitée et dont le cultivateur aura cependant payé le prix aux propriétaires, sans l'avoir retiré de ses ventes, par lesquelles seulement il avait combiné pouvoir payer annuellement à ce propriétaire la somme dont ils sont convenus. Cette partie de récolte invendue et dont le fermier voudra cependant se défaire tombera nécessairement à vil prix. Ce vil prix influera tout aussi nécessairement sur les autres prix qui se mettent naturellement de niveau comme l'auteur l'a très bien démontré (dans les paragraphes 30, 31 et 32 de son ouvrage). Mais la diminution des prix nécessitera pareillement celle des reproductions, ainsi que nous venons de le voir en parlant de celles qui ne rendent que les frais ; et celles des revenus qui sont toujours en raison de la quantité de productions à vendre, combinée avec le prix auquel elles sont vendues, et comparée avec les frais d'exploitation. Mais encore la diminution des revenus sera en perte pour les propriétaires parcimonieux, qui auront peine à concevoir comment ils ont fait pour se ruiner en épargnant, et qui n'y verront de ressource que celle d'augmenter leurs épargnes, ce qui précipitera la marche de leur ruine, jusqu'à ce qu'ils soient venus au point où la misère absolue leur rendra l'*épargne* impossible et les forcera de se jeter, *trop tard,* dans les classes laborieuses.

« C'est ainsi qu'à en juger, même par les seules lumières de la raison, on pourrait dire que l'avarice est un véritable *péché mortel,* parce qu'elle fait *mourir* ceux qui auraient subsisté sur la *dépense,* et que peu s'en faut qu'elle ne réduise au même terme, par un chemin plus ou moins long, ceux qui font ce tort à la société.

« Il ne s'ensuit pas de là qu'il ne faille, pour entretenir la société dans un état de richesse, pour animer la circulation, donner la subsistance à beaucoup de gens, et se soutenir soi-même dans l'aisance, que dépenser tout son revenu sans règle. Si l'avarice est le péché des *sots,* la prodigalité est celui des *fous.* Et cela est si reconnu, qu'ainsi que nous l'avons remarqué plus haut, l'on appelle généralement *dépenses folles,* celles qui dissipent sans objet, sans but, sans fruit, des revenus et des capitaux. Ce dont il s'agit n'est donc pas d'*épargner* les revenus, c'est encore moins de dépenser au hasard les capitaux ; c'est de dépenser avec intelligence, tout ce que l'on peut dépenser pour payer des travaux utiles.

« Il n'en coûte pas plus pour faire subsister un travailleur qu'un homme oisif. Il n'en coûte pas plus pour un travailleur productif ou du moins utile, que pour une autre espèce de salarié dont l'utilité serait nulle. C'est donc à ceux qui distribuent des salaires à savoir qu'il vaut mieux employer des laboureurs, des vignerons, des pâtres, des maçons, des pionniers, pour avoir des récoltes, pour soigner et multiplier des troupeaux, pour bâtir des maisons, pour creuser des canaux, etc., que des musiciens et des danseurs.

« Quoi ! me dira-t-on, est-ce que vous voudriez empêcher les grands propriétaires riches de payer des musiciens et des danseurs pour les divertir ?

de l'argent augmentera donc, tandis que l'argent deviendra plus commun au marché et y baissera de prix, et précisément par la même cause.

On cessera d'être surpris de cette apparente bizarrerie, si l'on consi-

Certainement je ne voudrais, pour rien au monde, empêcher qui que ce soit de faire l'usage qu'il lui plaît du revenu qui est à lui. Mais je dirai toujours que si ces propriétaires veulent devenir plus riches, et rendre la dépense de leur revenu plus utile pour eux et pour les autres, ils auront raison de faire plutôt de la musique eux-mêmes, sans compter que la musique que l'on compose ou que l'on exécute fait dix fois plus de plaisir que celle que l'on paye : et quant aux ballets soudoyés, les jeunes demoiselles diront comme moi, qu'il vaudrait mieux qu'on leur laissât danser à elles-mêmes des contredanses à leur gré, et qu'on employât la dépense des danseurs à gages à améliorer la fortune de leurs pères, et à grossir la dot de leur mariage. Les plaisirs des riches mêmes peuvent donc s'accorder avec leur intérêt bien entendu.

« On ne nous soupçonnera pas de solliciter des lois somptuaires, car elles seraient prohibitives ; et toute loi prohibitive d'une action ou d'une conduite qui n'attaque ni la liberté, ni la propriété de personne, est elle-même un attentat contre le droit naturel et une violation de la loi primitive de la justice, qui doit servir de règle souveraine à toutes les lois civiles et politiques. Mais, sans aucune espèce de prohibition, les chefs de la société peuvent, par la seule influence de l'exemple et des distinctions, tourner les mœurs vers les travaux utiles plutôt que vers les dépenses folles, ou vers une *épargne* au moins stérile. Cette dernière paraît tenir le milieu entre les deux autres. On conçoit cependant combien elle est, en elle-même, différente de la bonne administration. C'est celle-ci qui augmente véritablement les capitaux par des dépenses fructueuses. Telle est l'opinion même de l'auteur. Il dit très bien, dans son dernier paragraphe, que « les entrepreneurs ne font d'autre usage de l'argent qu'ils épargnent, que de le convertir *sur-le-champ* dans différentes natures d'effets sur lesquelles roulent leurs entreprises, et qu'ainsi cet argent rentre dans la circulation ». C'est, en effet, par là qu'il leur profite. D'où suit que ce ne sont pas réellement des épargnes, mais des dépenses bien dirigées, qui sont la source de l'augmentation de leurs capitaux, et de l'amélioration de leur fortune, et que, s'il y a quelques moments où ils paraissent épargner réellement, parce qu'ils attendent, ou le temps le plus propre à l'emploi, ou l'accumulation d'une somme assez considérable pour les dépenses que cet emploi demande, cette épargne apparente n'est qu'une espèce d'oscillation qui prépare à un plus grand cours de dépenses ; c'est ainsi, pour nous servir d'un proverbe commun, que l'on peut reculer un instant pour mieux sauter, ou si l'on veut une image plus vraie, c'est ainsi que, lorsque la mer s'élève, le flot s'arrête un instant, et recule même de quelques pouces, pour avancer ensuite de plusieurs toises.

« Il nous semble que c'est en ce sens que doit être entendu tout ce que l'auteur dit de l'épargne dans tout le reste de cet ouvrage. » (G. S.).

dère que l'argent qu'on offre au marché, pour avoir du blé, est celui qu'on dépense journellement pour satisfaire à ses besoins, et que celui qu'on offre à prêter est précisément celui qu'on a retranché de ses dépenses journalières pour le mettre en réserve et former des capitaux.

LXXVIII. — Dans l'évaluation de l'argent comparé aux denrées, c'est l'argent considéré comme métal qui est l'objet de l'appréciation. Dans l'évaluation du denier de l'argent, c'est l'usage de l'argent pendant un temps déterminé qui est l'objet de l'appréciation.

Au marché, une mesure de blé se balance avec un certain poids d'argent ; c'est une quantité d'argent qu'on achète avec la denrée ; c'est cette quantité qu'on apprécie et qu'on compare avec d'autres valeurs étrangères. Dans le prêt à l'intérêt, l'objet de l'apprécation est l'usage d'une certaine quantité de valeurs pendant un certain temps. Ce n'est plus une masse d'argent qu'on compare à une masse de blé ; c'est une masse de valeurs qu'on compare avec une portion déterminée d'elle-même, qui devient le prix de l'usage de cette masse pendant un certain temps. Que *vingt mille onces d'argent* soient au marché l'équivalent de *vingt mille mesures de blé,* ou seulement de *dix mille,* l'usage de ces vingt mille onces d'argent pendant un an n'en vaudra pas moins dans le commerce du prêt la vingtième partie de la somme principale, ou mille onces d'argent si l'intérêt est au *denier vingt.*

LXXIX. — Le prix de l'intérêt dépend immédiatement du rapport de la demande des emprunteurs avec l'offre des prêteurs ; et ce rapport dépend principalement de la quantité de richesses mobiliaires accumulées par l'épargne des revenus et des produits annuels pour en former des capitaux, soit que ces capitaux existent en argent ou en tout autre genre d'effets ayant une valeur dans le commerce.

Le prix de l'argent au marché n'est relatif qu'à la quantité de ce métal employée dans les échanges courants ; mais le taux de l'intérêt est relatif à la quantité de valeurs accumulées et mises en réserve pour former des capitaux. Il est indifférent que ces valeurs soient en métal ou en autres effets, pourvu que ces effets soient faciles à convertir en argent.

Il s'en faut bien que la masse du métal qui existe dans un Etat soit aussi forte que la somme des valeurs qui se prêtent à intérêt dans le cours d'une année ; mais tous les capitaux en meubles, en marchandises, en outils, en bestiaux, tiennent lieu de cet argent et le représentent. Un papier signé d'un homme qui a pour *cent mille francs* d'effets bien connus, et qui promet de payer *cent mille francs* à tel terme, se donne jusqu'à ce terme pour *cent mille francs.* Tous les capitaux de celui qui a signé ce billet répondent du paiement, quelle que soit la nature des effets qu'il a en sa possession, pourvu qu'ils aient une valeur de *cent mille francs.*

Ce n'est donc pas la quantité d'argent existant comme métal qui fait hausser ou baisser l'intérêt de l'argent, ou qui met dans le commerce plus d'argent offert à prêter ; c'est uniquement la somme de capitaux existante dans le commerce, c'est-à-dire la somme actuelle des valeurs mobiliaires de toute espèce, accumulées, épargnées successivement sur les revenus et les profits pour être employées à procurer au possesseur de nouveaux revenus et de nouveaux profits. Ce sont ces épargnes accumulées qui sont offertes aux emprunteurs, et plus il y en a, plus l'intérêt de l'argent est bas, à moins que le nombre des emprunteurs ne soit augmenté à proportion.

LXXX. — L'ESPRIT D'ÉCONOMIE [1] DANS UNE NATION AUGMENTE SANS CESSE LA SOMME DES CAPITAUX ; LE LUXE TEND SANS CESSE A LES DÉTRUIRE.

L'esprit d'économie dans une nation tend à augmenter sans cesse la somme de ses capitaux, à accroître le nombre des prêteurs, à diminuer celui des emprunteurs. L'habitude du luxe fait précisément l'effet contraire et, par ce qui a déjà été remarqué sur l'usage des capitaux dans toutes les entreprises de culture, d'industrie ou de commerce, on peut juger si le luxe enrichit une nation ou s'il l'appauvrit.

1. Note de Du Pont, dans les *Ephémérides :* « Nous prions les lecteurs de se rappeler que le mot d'*économie* doit être pris ici dans le sens de bonne administration, qui proscrit les *dépenses folles,* pour s'occuper avec intelligence des *dépenses conservatrices et productives.* Les avares qui épargnent beaucoup sont de mauvais économes. » (G. S.).

LXXXI. — L'abaissement de l'intérêt prouve qu'en général l'économie a prévalu dans l'Europe sur le luxe.

Puisque l'intérêt de l'argent a sans cesse diminué en Europe depuis quelques siècles, il faut en conclure que l'esprit d'économie a été plus général que l'esprit de luxe. Il n'y a que les gens déjà riches qui se livrent au luxe, et parmi les riches, tous ceux qui sont raisonnables se bornent à dépenser leur revenu et ont grande attention à ne point entamer leurs capitaux. Ceux qui veulent s'enrichir sont en bien plus grand nombre dans une nation que les riches ; or, dans l'état actuel des choses, où toutes les terres sont occupées, il n'y a qu'un seul moyen de devenir riche : c'est d'avoir ou de se procurer, de quelque manière que ce soit, un revenu ou un profit annuel au-delà du nécessaire absolu pour sa subsistance, et de mettre, chaque année, ce superflu en réserve pour en former un capital par le moyen duquel on puisse se procurer un accroissement de revenu ou de profit annuel, qu'on puisse encore épargner et convertir en capital. Il y a donc un grand nombre d'hommes intéressés et occupés à amasser des capitaux.

LXXXII. — Récapitulation des cinq différentes manières d'employer les capitaux.

J'ai compté cinq manières différentes d'employer les capitaux ou de les placer d'une manière profitable :

La première est d'acheter un fonds de terre qui rapporte un certain revenu ;

La seconde est de placer son argent dans des entreprises de culture en affermant des terres dont les fruits doivent rendre, outre le prix du fermage, l'intérêt des avances et le prix du travail de celui qui consacre à leur culture et ses richesses et sa peine ;

La troisième est de placer son capital dans des entreprises d'industrie ou de fabriques ;

La quatrième est de le placer dans des entreprises de commerce ;

Et la cinquième, de le prêter à ceux qui en ont besoin, moyennant un intérêt annuel.

LXXXIII. — INFLUENCE DES DIFFÉRENTS EMPLOIS DE L'ARGENT LES UNS SUR LES AUTRES.

Il est évident que les produits annuels qu'on peut retirer des capitaux placés dans ces différents emplois sont bornés les uns par les autres, et tous relatifs au taux actuel de l'intérêt de l'argent.

LXXXIV. — L'ARGENT PLACÉ EN TERRE DOIT RAPPORTER MOINS.

Celui qui place son argent en achetant une terre affermée à un fermier bien solvable se procure un revenu qui ne lui donne que très peu de peine à recevoir, et qu'il peut dépenser de la manière la plus agréable en donnant carrière à tous ses goûts. Il a de plus l'avantage que la terre est de tous les biens celui dont la possession est la plus assurée contre toute sorte d'accidents.

LXXXV. — L'ARGENT PRÊTÉ DOIT RAPPORTER UN PEU PLUS QUE LE REVENU DES TERRES ACQUISES AVEC UN CAPITAL ÉGAL.

Celui qui prête son argent à intérêt jouit encore plus paisiblement et plus librement que le possesseur de terre ; mais l'insolvabilité de son débiteur peut lui faire perdre son capital.

Il ne se contentera donc pas d'un intérêt égal au revenu de la terre qu'il achèterait avec le même capital.

L'intérêt de l'argent prêté doit donc être plus fort que le revenu d'une terre achetée pour le même capital, car si le prêteur trouvait à acheter une terre d'un revenu égal, il préférerait cet emploi [1].

1. Note de Du Pont dans les *Ephémérides* : « Quand l'auteur dit que l'*intérêt de l'argent prêté doit être plus fort que le revenu d'une terre achetée pour le même capital,* on sent bien qu'il ne veut pas dire que cela *doive* être ainsi statué par les lois. Il a très bien prouvé plus haut que les lois ne devaient point se mêler de fixer le taux de l'intérêt de l'argent *dans le commerce.* Ainsi, tout ce que sa phrase signifie, est que la chose arrive naturellement.

« Quant aux lois, elles ne peuvent jamais avoir à statuer que sur les intérêts judiciaires, comme celui qu'un tuteur doit à son pupille, ou qu'un créancier peut exiger de son débiteur, après la demande faite en justice.

LXXXVI. — L'argent placé dans les entreprises de culture, de fabrique et de commerce, doit rapporter plus que l'intérêt de l'argent prêté.

Par une raison semblable, l'argent employé dans l'agriculture, dans l'industrie, dans le commerce, doit rapporter un profit plus considérable que le revenu du même capital employé en terres ou l'intérêt du même argent prêté ; car ces emplois exigeant, outre le capital avancé, beaucoup de soins et de travail, s'ils n'étaient pas plus lucratifs, il vaudrait beaucoup mieux se procurer un revenu égal dont on pourrait jouir sans rien faire. Il faut donc que, outre l'intérêt de son capital, l'entrepreneur retire chaque année un profit qui le récompense de ses soins, de son travail, de ses talents, de ses risques, et qui de plus lui fournisse de quoi remplacer le dépérissement annuel de ses avances qu'il est obligé de convertir dès le premier moment, en effets susceptibles d'altération et qui sont exposés à toutes sortes d'accidents.

LXXXVII. — Cependant les produits de ces différents emplois se limitent les uns par les autres, et se maintiennent malgré leur inégalité dans une espèce d'équilibre.

Les différents emplois des capitaux rapportent donc des produits très inégaux ; mais cette inégalité n'empêche pas qu'ils n'influent réciproquement les uns sur les autres, et qu'il ne s'établisse entre eux une espèce d'équilibre, comme entre deux liqueurs inégalement pesantes, et qui communiqueraient ensemble par le bas d'un siphon renversé, dont elles occuperaient les deux branches ; elles ne seraient pas de niveau, mais la hauteur de l'une ne pourrait augmenter sans que l'autre ne montât aussi dans la branche opposée.

Dans ce cas même, la loi ne doit pas fixer le taux, mais se conformer au taux que présente le revenu des terres constaté par des actes de notoriété suffisante. Nous disons qu'elle doit se conformer au taux que présente le revenu des terres, quoique ce soit celui qui donne l'intérêt le plus bas, parce que la loi ne saurait exiger d'un tuteur, ou de tout autre homme, plus que l'emploi qui assure le mieux la propriété de celui auquel appartient le capital qui est entre leurs mains, et que cet emploi est évidemment l'achat d'une terre et aussi par d'autres raisons économiques sur la source des moyens de payer l'intérêt, raisons qui ont été exposées et qui seront encore développées ailleurs. » (G. S.).

Je suppose que tout à coup un très grand nombre de propriétaires de terres veuillent les vendre : il est évident que le prix des terres baissera, et qu'avec une somme moindre on acquerra un plus grand revenu. Cela ne peut arriver sans que l'intérêt de l'argent ne devienne plus haut ; car les possesseurs d'argent aimeront mieux acheter des terres que de le prêter à un intérêt qui ne serait pas plus fort que le revenu des terres qu'ils achèteraient. Si donc les emprunteurs veulent avoir de l'argent, ils seront obligés d'en payer un loyer plus fort. Si l'intérêt de l'argent devient plus haut, on aimera mieux le prêter que de le faire valoir, d'une manière plus pénible et plus risquable, dans les entreprises de culture, d'industrie et de commerce, et l'on ne fera d'entreprises que celles qui rapporteront, outre les salaires du travail, un profit beaucoup plus grand que le taux de l'argent prêté. En un mot, dès que les profits, résultant d'un emploi quelconque de l'argent, augmentent ou diminuent, les capitaux s'y versent en se retirant des autres emplois, ou s'en retirent en se versant sur les autres emplois, ce qui change nécessairement dans chacun de ces emplois le rapport du capital au produit annuel. En général, l'argent converti en fonds de terre rapporte moins que l'argent prêté, et l'argent prêté rapporte moins que l'argent employé dans les entreprises laborieuses ; mais le produit de l'argent, employé de quelque manière que ce soit, ne peut augmenter ou diminuer sans que tous les autres emplois éprouvent une augmentation ou une diminution proportionnée.

LXXXVIII. — L'intérêt courant de l'argent est le thermomètre par où l'on peut juger de l'abondance ou de la rareté des capitaux ; il est la mesure de l'étendue qu'une nation peut donner à ses entreprises de culture, de fabrique et de commerce.

L'intérêt courant de l'argent prêté peut donc être regardé comme une espèce de thermomètre de l'abondance ou de la rareté des capitaux chez une nation, et de l'étendue des entreprises de toute espèce auxquelles elle peut se livrer : il est évident que plus l'intérêt de l'argent est bas, plus les terres ont de valeur. Un homme qui a cinquante mille livres de rentes, si les terres ne se vendent qu'au denier vingt, n'a qu'une richesse d'un million ; il a deux millions si les terres se vendent au denier quarante.

Si l'intérêt est à 5 p. 100, toute terre à défricher, dont les produits ne rapporteront pas 5 p. 100, outre le remplacement des avances et la récompense des soins du cultivateur, restera en friche ; toute fabrique, tout commerce qui ne rapporteront pas 5 p. 100, outre le salaire et l'équivalent des peines et des risques de l'entrepreneur, n'existeront pas.

S'il y a une nation voisine chez laquelle l'intérêt ne soit qu'à 2 p. 100, non seulement elle fera tous les commerces dont la nation, où l'intérêt est à 5 p. 100, se trouve exclue, mais encore ses fabricants et ses négociants, pouvant se contenter d'un profit moindre, établiront leurs denrées à plus bas prix dans tous les marchés, et s'attireront le commerce presque exclusif de toutes les choses dont des circonstances particulières ou la trop grande cherté des frais de voitures ne conserveront pas le commerce à la nation où l'argent vaut 5 p. 100.

LXXXIX. — Influence du taux de l'intérêt de l'argent sur toutes les entreprises lucratives.

On peut regarder le prix de l'intérêt comme une espèce de niveau au-dessous duquel tout travail, toute culture, toute industrie, tout commerce cessent. C'est comme une mer répandue sur une vaste contrée : les sommets des montagnes s'élèvent au-dessus des eaux, et forment des îles fertiles et cultivées. Si cette mer vient à s'écouler, à mesure qu'elle descend, les terrains en pente, puis les plaines et les vallons, paraissent et se couvrent de productions de toute espèce. Il suffit que l'eau monte ou s'abaisse d'un pied pour inonder ou pour rendre à la culture des plages immenses. C'est l'abondance des capitaux qui anime toutes les entreprises, et le bas intérêt de l'argent est tout à la fois l'effet et l'indice de l'abondance des capitaux.

XC. — La richesse totale d'une nation est composée : 1° du revenu net de tous les biens-fonds multiplié par le taux du prix des terres ; 2° de la somme de toutes les richesses mobiliaires existantes dans la nation.

Les biens-fonds équivalent à un capital égal à leur revenu annuel multiplié par le denier courant auquel les terres se vendent. Si donc on additionnait le revenu de toutes les terres, c'est-à-dire le revenu net qu'elles rendent aux propriétaires, et à toux ceux qui en partagent la propriété comme le seigneur qui perçoit une rente, le curé qui perçoit la dîme, le souverain qui perçoit l'impôt ; si, dis-je, on additionnait toutes ces sommes et si on les multipliait par le taux auquel se vendent les terres, on aurait la somme des richesses d'une nation en biens-fonds.

Pour avoir la totalité des richesses d'une nation, il faut y joindre : les richesses mobiliaires, qui consistent dans la somme des capitaux employés dans toutes les entreprises de culture, d'industrie et de commerce [1], et qui n'en sortent jamais ; toutes les avances en tout genre d'entreprise devant sans cesse rentrer aux entrepreneurs pour être sans cesse reversées dans l'entreprise, qui sans cela ne pourrait être continuée. Ce serait une erreur bien grossière de confondre la masse immense de ces richesses mobiliaires avec la masse d'argent qui existe dans un Etat ; celle-ci est un très petit objet en comparaison. Il suffit, pour s'en convaincre, de se représenter l'immense quantité de bestiaux, d'outils, de semences qui constituent les avances de l'agriculture ; de matières, d'instruments, de meubles de toute espèce qui font le fonds des manufacturiers, les magasins de tous les marchands et de tous les commerçants ; et l'on sentira que, dans la totalité des richesses, soit foncières, soit mobiliaires, d'une nation, l'argent en nature n'en fait qu'une très petite partie. Mais toutes ces richesses et l'argent étant continuellement échangeables, toutes représentent l'argent, et l'argent les représente toutes.

XCI. — La somme des capitaux prêtés ne pourrait être comprise sans double emploi.

Il ne faut pas comprendre, dans le calcul des richesses de la nation, la somme des capitaux prêtés ; car ces capitaux n'ont pu être prêtés qu'à des propriétaires de terres, ou à des entrepreneurs pour les faire valoir dans leurs entreprises, puisqu'il n'y a que ces deux sortes de personnes qui puissent répondre du capital et payer l'intérêt : un argent prêté à des gens qui n'auraient ni fonds ni industrie serait un

1. Note de Du Pont dans les *Ephémérides,* non reproduite dans les *Œuvres de Turgot :* « Ce que l'auteur appelle ici, par un terme général, la *totalité des richesses d'une nation,* est, en effet, la totalité des *richesses stables et durables,* des capitaux, qui sont les moyens qui lui servent à se procurer les productions ou les *richesses* de consommation annuellement *renaissantes* qui la font subsister, et qui ne doivent pas être confondues avec la valeur des biens-fonds, ni avec celle des capitaux employés à la culture de ces biens, ou aux autres entreprises d'industrie ou de commerce. » (G. S.).

capital éteint, et non un capital employé. Si le propriétaire d'une terre de quatre cent mille francs en emprunte cent mille, son bien est chargé d'une rente qui diminue d'autant son revenu ; et s'il vendait son bien, sur les quatre cent mille francs qu'il recevrait, il en appartiendrait cent mille au prêteur. Le capital du prêteur formerait donc, dans le calcul des richesses existantes, un double emploi avec une partie égale de la valeur de la terre. La terre vaut toujours quatre cent mille francs : quand le propriétaire a emprunté cent mille francs, cela ne fait pas cinq cent mille francs ; cela fait seulement que, sur les quatre cent mille, il en appartient cent mille au prêteur, et qu'il n'en appartient plus que trois cent mille à l'emprunteur.

Le même double emploi aurait lieu si l'on faisait entrer dans le calcul total des capitaux l'argent prêté à un entrepreneur pour être employé aux avances de son entreprise ; car ce prêt n'augmente pas la somme totale des avances nécessaires à l'entreprise ; il en résulte seulement que cette somme, et la partie des profits qui en représente l'intérêt, appartiennent au prêteur. Qu'un commerçant emploie dix mille francs de son bien dans son commerce et en tire tout le profit, ou qu'il ait emprunté ces dix mille francs à un autre auquel il en paie l'intérêt, en se contentant du surplus du profit et du salaire de son industrie, ce n'est jamais que dix mille francs.

Mais si l'on ne peut comprendre, sans faire un double emploi, dans le calcul des richesses d'une nation, le capital des intérêts de l'argent prêté, l'on doit y faire entrer tous les autres biens-meubles qui, quoique formant originairement un objet de dépense et ne portant aucun profit, deviennent cependant, par leur durée, un vrai capital qui s'accumule sans cesse, et qui, pouvant au besoin être échangé contre de l'argent, fait comme un fonds en réserve qui peut rentrer dans le commerce, et suppléer, quand on voudra, à la perte d'autres capitaux. Tels sont les meubles de toute espèce, les bijoux, la vaisselle, les tableaux, les statues, l'argent comptant enfermé dans le coffre des avares : toutes ces choses ont une valeur, et la somme de toutes ces valeurs peut être un objet considérable dans les nations riches ; mais, considérable ou non, toujours est-il vrai qu'il doit être ajouté à la somme du prix des biens-fonds, et à celle des avances circulantes dans les entreprises de tout genre, pour former la somme totale des richesses d'une nation. Au reste, il n'est pas besoin de dire que, quoiqu'on puisse très bien définir, comme on vient de le faire, en quoi consiste la totalité des richesses d'une nation, il est vraisemblablement impossible de découvrir à combien elles se montent, à moins que l'on ne trouve quelque règle pour fixer la proportion du commerce total d'une nation avec le revenu de ses terres : chose faisable peut-être, mais qui n'a pas encore été exécutée d'une manière à lever tous les doutes.

XCII. — Dans laquelle des trois classes de la société doit-on ranger les capitalistes prêteurs d'argent ?

Voyons maintenant comment ce que nous venons de développer sur les différentes manières d'employer les capitaux s'accorde avec ce que nous avons précédemment établi sur le partage de tous les membres de la société en trois classes, la classe *productrice* ou des agriculteurs, la classe *industrieuse* ou commerçante, et la classe *disponible* ou des propriétaires.

XCIII. — Le capitaliste prêteur d'argent appartient, quant a sa personne, a la classe disponible.

Nous avons vu que tout homme riche est nécessairement possesseur ou d'un capital en richesses mobiliaires, ou d'un fonds équivalent à un capital. Tout fonds de terre équivaut à un capital : ainsi tout propriétaire est capitaliste, mais tout capitaliste n'est pas propriétaire de biens-fonds ; et le possesseur d'un capital mobilier a le choix, ou de l'employer à acquérir des fonds, ou de le faire valoir dans des entreprises de la classe cultivatrice ou de la classe industrieuse. Le capitaliste devenu entrepreneur de culture ou d'industrie n'est pas plus disponible, ni lui, ni ses profits, que le simple ouvrier de ces deux classes ; tous deux sont affectés à la continuation de leurs entreprises. Le capitaliste qui se réduit à n'être que prêteur d'argent, prête à un propriétaire ou à un entrepreneur. S'il prête à un propriétaire, il paraît appartenir à la classe des propriétaires ; il devient copartageant de la propriété ; le revenu de la terre est affecté au paiement de l'intérêt de sa créance ; la valeur du fonds est affectée à la sûreté de son capital jusqu'à due concurrence. Si le prêteur d'argent a prêté à un entrepreneur, il est certain que sa personne appartient à la classe disponible ; mais son capital reste affecté aux avances de l'entreprise, et ne peut en être retiré sans nuire à l'entreprise, ou sans être remplacé par un capital d'égale valeur.

XCIV. — L'intérêt que retire le prêteur d'argent est disponible, quant a l'usage qu'il en peut faire.

A la vérité, l'intérêt qu'il tire de ce capital semble être disponible, puisque l'entrepreneur et l'entreprise peuvent s'en passer ; et il semble aussi qu'on puisse en conclure que, dans les profits des deux classes laborieuses employées, soit à la culture, soit à l'industrie, il y en a une portion disponible, savoir, celle qui répond à l'intérêt des avances calculé sur le pied courant de l'intérêt de l'argent prêté ; il semble encore que cette conclusion donne atteinte à ce que nous avons dit, que la seule classe des propriétaires avait un revenu proprement dit, un revenu disponible, et que tous les membres des deux autres classes n'avaient que des salaires ou des profits. Ceci mérite quelque éclaircissement.

Si l'on considère les mille écus que retire chaque année un homme qui a prêté soixante mille francs à un commerçant par rapport à l'usage qu'il en peut faire, nul doute qu'ils ne soient parfaitement disponibles, puisque l'entreprise peut s'en passer.

XCV. — L'intérêt de l'argent n'est pas disponible dans ce sens que l'Etat puisse, sans inconvénient, s'en approprier une partie pour ses besoins.

Mais il ne s'ensuit pas qu'ils soient disponibles dans le sens que l'Etat puisse s'en approprier impunément une portion pour les besoins publics. Ces mille écus ne sont point une rétribution que la culture ou le commerce rendent gratuitement à celui qui a fait les avances ; c'est le prix et la condition de cette avance, sans laquelle l'entreprise ne pourrait subsister. Si cette rétribution est diminuée, le capitaliste retirera son argent, et l'entreprise cessera. Cette rétribution doit donc être sacrée et jouir d'une immunité entière, parce qu'elle est le prix d'une avance faite à l'entreprise, sans laquelle l'entreprise ne pourrait subsister. Y toucher, ce serait augmenter le prix des avances de toutes les entreprises et, par conséquent, diminuer les entreprises elles-mêmes, c'est-à-dire la culture, l'industrie et le commerce.

Cette réponse nous doit faire conclure que, si nous avons dit que le capitaliste qui avait prêté à un propriétaire *paraissait* appartenir à la classe propriétaire, cette *apparence* avait quelque chose d'équivoque qui avait besoin d'être démêlé.

En effet, il est exactement vrai que l'intérêt de son argent n'est pas plus disponible, c'est-à-dire n'est pas plus susceptible de retranchement que celui de l'argent prêté aux entrepreneurs de culture et de commerce. Cet intérêt est également le prix de la convention libre, et l'on ne peut pas plus en retrancher sans altérer ou changer le prix du prêt : or, il importe peu à qui le prêt a été fait ; si le prix du prêt change et augmente pour le propriétaire, il changera et augmentera pour le cultivateur, le manufacturier et le commerçant. En un mot, le capitaliste prêteur d'argent doit être considéré comme marchand d'une denrée absolument nécessaire à la production des richesses, et qui ne saurait être à trop bas prix. Il est aussi déraisonnable de charger son commerce d'un impôt, que de mettre un impôt sur le fumier qui sert à engraisser les terres. Concluons de là que le prêteur d'argent appartient bien à la classe disponible, quant à sa personne, parce qu'il n'a rien à faire, mais non quant à la nature de sa richesse, que l'intérêt de son argent soit payé par le propriétaire des terres sur une portion de son revenu ou qu'il soit payé par un entrepreneur sur la partie de ses profits affectée à l'intérêt des avances.

XCVI. — Objection.

On me dira sans doute que le capitaliste a pu indifféremment, ou prêter son argent, ou l'employer en acquisition de terres ; que, dans l'un et l'autre cas, il ne tire qu'un prix équivalent de son argent, et que, de quelque façon qu'il l'ait employé, il ne doit pas moins contribuer aux dépenses publiques.

XCVII. — Réponse a l'objection.

Je réponds premièrement qu'à la vérité, lorsque le capitaliste a acheté une terre, le revenu équivaut pour lui à ce qu'il aurait retiré de son argent en le prêtant, mais il y a cette différence essentielle pour l'Etat, que le prix qu'il donne pour sa terre ne contribue en rien au revenu qu'elle produit ; elle n'en aurait pas donné moins de revenu quand il ne l'aurait pas achetée : ce revenu est, comme nous l'avons expliqué, ce que la terre donne au-delà du salaire des cultivateurs, de leurs profits et de l'intérêt des avances. Il n'en est pas de même de l'intérêt du prêt ; il est la condition même du prêt, le prix de l'avance, sans lequel les revenus ou les profits qui servent à le payer n'existeraient pas.

Je réponds, en second lieu, que, si les terres étaient chargées seules de la contribution aux dépenses publiques, dès qu'une fois cette contribution serait réglée, le capitaliste qui les achèterait ne compterait pas dans l'intérêt de son argent la partie du revenu affectée à cette contribution : de même qu'un homme qui achète aujourd'hui une terre n'achète pas la dîme que reçoit le curé, mais le revenu qui reste, déduction faite de cette dîme [1].

XCVIII. — Il n'existe de revenu vraiment disponible dans un Etat que le produit net des terres.

On voit, par ce qui a été dit, que l'intérêt de l'argent prêté est pris sur le revenu des terres, ou sur les profits des entreprises de culture, d'industrie ou de commerce.

Mais ces profits eux-mêmes, nous avons déjà démontré qu'ils étaient seulement une part de la production des terres ; que le produit des terres se partageait en deux portions ; que l'une était affectée aux salaires du cultivateur, à ses profits, à la rentrée et à l'intérêt de ses avances ; et que l'autre était la part du propriétaire, ou le revenu que le propriétaire dépensait à son gré, et dont il contribuait aux dépenses générales de l'Etat.

Nous avons démontré que tout ce que reçoivent les autres classes de la société n'est que les salaires et les profits payés, soit par le propriétaire sur son revenu, soit par les agents de la classe productrice sur la partie affectée à leurs besoins, qu'ils sont obligés d'acheter de la classe industrieuse. Que ces profits soient distribués en salaires d'ouvriers, en profits d'entrepreneurs, en intérêts d'avances, ils ne changent

1. Note de Du Pont dans les *Œuvres de Turgot :* « Telle est la vérité sur laquelle est fondée cette observation générale des économistes, qu'attribuer aux dépenses sociales une portion régulière du revenu que produisent les terres (ce qui ne se fait jamais que parce qu'on en a reconnu l'utilité, la nécessité, l'avantage pour les propriétaires), et s'abstenir des autres formes de contribution, ce n'est pas *mettre un impôt,* c'est établir une société amicale entre le gouvernement et la nation ; c'est, en une seule fois, et pour l'avenir, *supprimer tous les impôts.* » (G. S.).

pas de nature et n'augmentent point la somme du revenu produit par la classe productrice en sus du prix de son travail, auquel la classe industrieuse ne participe que jusqu'à concurrence du prix de son travail.

Il reste donc constant qu'il n'y a de revenu que le produit net des terres et que tout autre profit annuel, ou est payé par le revenu, ou fait partie des frais qui servent à produire le revenu.

XCIX. — La terre a aussi fourni la totalité des richesses mobiliaires ou capitaux existants, et qui ne sont formés que par une portion de ses productions réservées chaque année.

Non seulement, il n'existe ni ne peut exister d'autre revenu que le produit net des terres, mais c'est encore la terre qui a fourni tous les capitaux qui forment la masse de toutes les avances de la culture et du commerce. Elle a offert, sans culture, les premières avances grossières et indispensables des premiers travaux ; tout le reste est le fruit accumulé de l'économie des siècles qui se sont succédé depuis qu'on commence à cultiver la terre. Cette économie a lieu sans doute, non seulement sur les revenus des propriétaires, mais encore sur les profits de tous les membres des classes laborieuses. Il est même généralement vrai que, quoique les propriétaires aient plus de superflu, ils épargnent moins, parce qu'ayant plus de loisir, ils ont plus de désirs, plus de passions ; ils se regardent comme plus assurés de leur fortune ; ils songent plus à en jouir agréablement qu'à l'augmenter : le luxe est leur partage. Les salariés, et surtout les entrepreneurs des autres classes, recevant des profits proportionnés à leurs avances, à leurs talents, à leur activité — ont — quoiqu'ils n'aient pas de revenu proprement dit, un superflu au-delà de leur subsistance, et presque tous, livrés uniquement à leurs entreprises, occupés à accroître leur fortune, détournés par leur travail des amusements et des passions dispendieuses, épargnent tout leur superflu pour le reverser dans leur entreprise et l'augmenter. La plupart des entrepreneurs de culture empruntent peu, et presque tous ne font valoir que leurs propres fonds. Les entrepreneurs des autres travaux qui veulent rendre leur fortune solide s'efforcent aussi d'en venir là, et à moins d'une grande habileté, ceux qui font leurs entreprises sur des fonds d'emprunt risquent beaucoup d'échouer. Mais, quoique les capitaux se forment en partie par l'épargne des profits des classes laborieuses, cependant, comme ces profits viennent toujours de la terre, puisque tous sont payés ou sur le revenu, ou sur les frais qui servent à produire le revenu, il est évident que les capitaux viennent de la terre tout comme le revenu, ou plutôt qu'ils ne sont que l'accumulation de la partie des valeurs produites par la terre que les propriétaires du revenu, ou ceux qui le partagent, peuvent mettre en réserve chaque année, sans l'employer à leurs besoins.

C. — QUOIQUE L'ARGENT SOIT L'OBJET DIRECT DE L'ÉPARGNE, ET QU'IL SOIT, POUR AINSI DIRE, LA MATIÈRE PREMIÈRE DES CAPITAUX DANS LEUR FORMATION, L'ARGENT EN NATURE NE FORME QU'UNE PARTIE PRESQUE INSENSIBLE DE LA SOMME TOTALE DES CAPITAUX.

Nous avons vu que l'argent n'entre presque pour rien dans la somme totale des capitaux existants ; mais il entre pour beaucoup dans la formation des capitaux. En effet, presque toutes les épargnes ne se font qu'en argent ; c'est en argent que les revenus rentrent aux propriétaires, que les avances et les profits rentrent aux entrepreneurs en tous genres : c'est donc de l'argent qu'ils épargnent, et l'accroissement annuel des capitaux se fait en argent ; mais tous les entrepreneurs n'en font d'autre usage que de le convertir *sur-le-champ* dans les différentes natures d'effets sur lesquels roule leur entreprise ; ainsi cet argent rentre dans la circulation, et la plus grande partie des capitaux n'existent qu'en effets de différentes natures, comme nous l'avons déjà expliqué plus haut.

L'impôt indirect
Observations sur les mémoires récompensés par la Société d'Agriculture de Limoges

(1768)

Pendant ses années d'intendant, Turgot fut président de la Société royale d'Agriculture de Limoges, et il avait fondé à ses frais un prix annuel destiné à récompenser des travaux d'économie théorique. Pour l'année 1767, il proposa comme sujet : « L'effet de l'impôt indirect sur les revenus des propriétaires de biens-fonds. » La Société décerna le prix à un mémoire de qualité médiocre, présenté par Guérineau de Saint-Péravy, de la Société d'Agriculture d'Orléans, qui s'était borné à paraphraser les thèses physiocratiques exposées par le marquis de Mirabeau dans la Philosophie rurale. *Un travail plus original, mais d'orientation antiphysiocratique, dû à Graslin, receveur général des fermes à Nantes, reçut une mention honorable. Son mémoire fut édité sous le titre* Essai analytique sur la richesse et l'impôt. *Les observations rédigées par Turgot semblent avoir eu pour but d'éclairer la Société d'Agriculture sur la valeur respective de la prestation des deux candidats.*

L'avis ci-après, qui fut donné aux journaux du temps, indique les résultats du concours ouvert par la *Société d'Agriculture* de Limoges :

« La Société a reçu plusieurs pièces pour concourir au prix destiné par M. l'Intendant de la généralité de Limoges, au Mémoire dans lequel *on aura le mieux démontré et apprécié l'effet de l'impôt indirect sur le revenu des propriétaires des biens-fonds.* Quoique aucune de ces pièces n'ait paru donner la solution complète et rigoureuse du problème proposé, la Société a jugé que le Mémoire qui a pour devise : *Brama assai, poco spera, e nulla chiede* [1], en approchait assez pour mériter le prix qu'elle lui a adjugé. L'auteur est M. de Saint-Péravy, membre de la Société d'Agriculture d'Orléans.

Parmi les autres Mémoires envoyés sur ce sujet, il s'en est trouvé un qui avait pour objet de résoudre la question par des principes entièrement opposés à ceux du mémoire couronné. La Société a jugé que la manière dont l'auteur a présenté ses principes, et les vues ingénieuses qu'il a répandues dans son ouvrage, méritaient une distinction particulière. Ce mémoire a pour devise : *Ne fortè impleantur extranei viribus tuis, et labores tui sint in domo aliénà :* l'auteur ne s'est pas fait connaître. »

Guérineau de Saint-Péravy, petit poète agréable et auteur d'un *Traité sur la culture des fleurs* (1765), n'avait, en économie politique, que des connaissances superficielles et n'avait fait dans son mémoire, que paraphraser la *Philosophie rurale* du marquis de Mirabeau.

Il publia ce mémoire sous le titre : *Mémoire sur les effets de l'impôt indirect sur le revenu des propriétaires des biens-fonds,* qui a remporté le prix... 1768, in-12°. Du Pont a dit de cet ouvrage qu'il était regardé comme classique entre les *économistes,* malgré quelques exagérations qui ne devaient pas être attribuées à l'esprit juste et méthodique de l'auteur, mais à l'incertitude des bases de ses calculs. En réalité, les économistes y trouvèrent plus d'un défaut, comme on peut le voir plus bas.

1. Désire beaucoup, espère peu, ne demande rien.

Saint-Péravy écrivit plus tard un *Essai sur les principes à adopter par les Etats Généraux* (1789) et un *Plan d'organisation sociale*. Après une vie dissipée, il dut se réfugier en Belgique où il mourut.

L'auteur, auquel la Société d'Agriculture accorda une « distinction particulière », était De Graslin, né en 1727, ancien avocat au Parlement et receveur général des fermes à Nantes. Quoique imbu de nombreux préjugés, il était bien mieux préparé que son concurrent, à parler d'économie politique. Il publia son mémoire sous le titre : *Essai analytique sur la richesse et l'impôt,* où l'on réfute la nouvelle doctrine économique qui a fourni à la Société royale d'Agriculture les principes d'un programme qu'elle a publié sur l'effet des impôts indirects, Londres, 1767.

Dans le même temps, Graslin avait concouru (1766) pour un prix à la Société d'Economie et d'Agriculture de Saint-Pétersbourg sur la question de savoir s'il est plus avantageux à un Etat que « le paysan possède des terres ». Son mémoire obtint un accessit et fut publié en 1768 avec les autres mémoires allemands et français récompensés (in-8°, s. l. n. d.). Dans ce mémoire, Graslin soutint une sorte de théorie socialiste ; il ne repoussa qu'en *pratique* l'absorption de la propriété du sol par l'Etat ; il estimait finalement que les propriétaires devaient être tous des paysans et que la possession individuelle devait être limitée au champ qu'on pouvait cultiver soi-même.

Graslin est mort en 1790.

« Les adversaires des *économistes,* a dit Du Pont, regardèrent son ouvrage sur la *Richesse,* comme classique... Les deux ouvrages (récompensés à Limoges) avaient un défaut commun : celui de ne pouvoir être lus, ni l'un ni l'autre, sans travail ; ce qui tenait à la difficulté réelle du sujet, à l'embarras des calculs sur des matières dont les données ne sont nullement aisées à recueillir, et à une petite affectation de métaphysique que le hasard avait rendue tout à fait pareille dans les deux auteurs. »

Turgot, dont la Société d'Agriculture avait nécessairement adopté l'avis, avait prévu que le jugement mécontenterait, d'une part, les économistes, par ce qu'une récompense était donnée à l'un de leurs adversaires, d'autre part, ces derniers, parce que Graslin, qui avait exposé une doctrine anti-physiocratique, obtenait une récompense médiocre pour un mémoire beaucoup plus intéressant que le mémoire couronné.

Turgot avait envoyé un avis des résultats du concours aux *Ephémérides du citoyen.* Ce journal ne dit mot de la récompense accordée à Graslin et ne parla que de Saint-Péravy :

« Cette entière et parfaite liberté, qui résulterait de la suppression de tous les impôts indirects et qui réduirait les revenus des souverains à une portion sagement fixée du produit net des terres, est l'objet d'un ouvrage de M. de Saint-Péravy, d'Orléans, composé sur les principes de la Science économique et qui vient d'être couronné par la Société d'Agriculture, de Limoges. Nous espérons qu'il sera bientôt public et nous en rendrons compte.

« Puisse la nation française, après avoir donné à toute l'Europe l'exemple d'affranchir les paysans serfs, lui donner encore celui de rompre les fers du système fiscal, aussi contraires à la liberté *naturelle* et plus préjudiciables aux progrès de la culture, à la puissance des rois, à la richesse des nations, à la propagation et au bonheur de l'espèce humaine ! »

Ce n'est que l'année suivante, en 1768, que les *Ephémérides* s'occupèrent du mémoire de Graslin, dans une lettre de Du Pont à Saint-Péravy, datée du 14 janvier, et où on lit :

« Vous me priez de vous envoyer le Mémoire qui a concouru avec le vôtre... et que l'auteur avait modestement fait imprimer, comme il le dit lui-même, avant que cette patriotique et savante Compagnie (la Société d'Agriculture de Limoges) eût prononcé son jugement... C'est évidemment l'ouvrage d'un homme de beaucoup d'esprit, qu'une prévention, peut-être excusable par les circonstances... a égaré dès le premier pas... On ne peut lui contester d'être un penseur... Mais il faut convenir aussi qu'il a été étrangement prévenu et très peu attentif en lisant les auteurs qu'il a voulu combattre... Il a mieux aimé supposer au hasard qu'ils réduisaient la richesse *au produit net du sol exclusivement...* Vous vous récrierez qu'ils n'ont jamais avancé ce prétendu principe, ni rien qui en approche. Ils ont distingué des richeses foncières, des richesses mobilières, des richesses d'exploitation, des richesses de consommation subite, des richesses de jouissance durable, des richesses renaissantes, des richesses qui ne le sont pas... Vous direz qu'ils ont divisé les richesses renaissantes en richesses disponibles ou produit net et richesses essentiellement hypothéquées aux travaux de la reproduction ou frais et salaires annuels... Il continuera de vous dire que ce ne peut être que du principe, qu'il attribue aux philosophes économistes, qu'ils aient conclu que tous les impôts retombent directement ou indirectement sur le revenu des propriétaires des terres... Vous lui répliquerez qu'il prouve par là son ignorance absolue de la doctrine que ces philosophes ont exposée sur l'impôt, que cette doctrine se réduit à dire que la dépense perpétuellement renaissante de l'impôt ne saurait être constamment payée que par des richesses renaissantes..., que l'impôt ne doit donc être pris que sur le produit net dont la dépense est disponible, et n'est pas directement employée aux travaux de la production...

« L'auteur prend à parti dans son titre une académie dont il a reçu des éloges ; il annonce, dans son avertissement, que lorsqu'il a été informé que la Société de Limoges s'était bornée à louer son Mémoire, au lieu de le couronner, il a retranché de cet ouvrage, après l'impression, les tournures respectueuses et décentes dont il est à tous égards convenable qu'un écrivain se serve en combattant les principes d'une compagnie savante qui doit le juger...

« Il prétend prouver que pour compléter tous les bons effets qu'il a tâché de voir dans la taxe sur les consommations, il faut encore une capitation que l'on règlera en raison de la dépense de chaque contribuable (de laquelle dépense, l'auteur entend apparemment qu'on obligera les particuliers à tenir et présenter les registres) et une taxe réelle, estimée à peu près au quinzième du produit total pour les terres qui rendraient 100 gerbes à l'arpent... Cette modique taxe serait environ deux fois plus forte que la taille actuelle...

« Vous devez au public, vous devez à l'honneur que vous avez reçu de justifier complètement l'arrêt qui vous l'adjuge ; vous devez prouver à vos concitoyens que si M... n'a pas eu le prix, c'est que son ouvrage n'en était pas digne. Vous devez développer les erreurs de ses principes et le danger de ses conséquences et, par un second ouvrage... suppléer au léger *déficit* que la Société de Limoges a paru trouver dans le premier en le couronnant. » (G. Schelle).

1. — *SUR LE MEMOIRE DE GRASLIN*

(La richesse. — Le libre-échange. — La classe productive et la classe stipendiée. — La richesse disponible. — Les biens. — Les valeurs. — Les richesses. — Le produit net. — L'entrepreneur et le salarié. — La liberté du travail. — La richesse des nations. — Les salaires et l'impôt.)

L'auteur impute mal à propos [1] aux écrivains qu'il attaque, de ne regarder comme richesse que le *produit net* du sol, c'est-à-dire le revenu. Tout ce que produit la terre est richesse. Mais ces écrivains prétendent avec raison que la somme des *richesses renaissantes* d'un Etat se réduit à la somme des *productions annuelles* de la terre. Ces productions se divisent en deux parts, dont l'une est affectée à la subsistance et à la satisfaction des besoins du cultivateur, aux intérêts et au remplacement de ses avances, en un mot, à tout ce qui est nécessaire, de près ou de loin, à la reproduction de l'année suivante. Cette partie n'est aucunement disponible, et les impôts ne peuvent l'attaquer sans détruire la source des richesses, en altérant la reproduction. Mais, cette partie prélevée, le surplus que le cultivateur rend au propriétaire du sol forme le revenu de celui-ci, qui, n'étant point nécessaire à la reproduction de l'année suivante, est libre dans sa main, disponible et

1. *Essai analytique*, p. 5 : « La richesse élémentaire, vue uniquement et exclusivement dans le sol producteur et restreinte même au produit net du sol, c'est-à-dire tous frais prélevés, est la base du nouveau système de l'économie politique. De là cette distinction des hommes en *classe productive* et en *classe stérile*. »

susceptible de partage entre le propriétaire titulaire, les décimateurs, le seigneur censier, l'Etat, etc.

L'auteur n'entend pas non plus la vraie distinction entre les deux classes laborieuses, dont l'une, appliquée immédiatement au travail de la terre, produit, ou si l'on veut ôter toute équivoque, recueille immédiatement toutes les richesses que la terre donne ; l'autre, ne recevant immédiatement rien que par le canal de ceux qui ont recueilli les fruits de la terre, mérite sa subsistance et la reçoit en échange de son travail, mais n'ajoute aucune richesse nouvelle à la somme des richesses produites par la terre seule.

Ce n'est pas toute richesse réelle qui peut payer l'impôt [1] ; il faut encore qu'elle soit *disponible,* c'est-à-dire qu'elle ne soit pas nécessaire à la reproduction de l'année suivante, soit immédiatement, soit médiatement.

Les trois premières conséquences [2] se réduisent à la liberté indéfinie du commerce. Si cette liberté est une conséquence des principes que l'auteur combat, elle est d'ailleurs établie sur tant d'autres principes incontestables, que la certitude n'en dépend nullement du système qu'on embrasse sur la nature des richesses et du revenu. Il ne faut pas croire qu'en permettant de vendre et d'acheter ce qu'on voudrait et à qui on voudrait, on abandonnât pour cela toute industrie, et le raisonnement de ceux qui, pour faire peur de la liberté, supposent que les étrangers achèteront toutes nos matières premières, s'empareront de toute notre industrie, et feront tout notre commerce, est du même genre que celui des gens qui ont peur que la liberté de vendre notre grain aux étrangers ne nous fasse mourir de faim.

J'appelle biens (*bona*) tout objet de jouissance, de possession, ou de désir, de besoins [3]. J'appelle valeur (*merces*) toute chose susceptible

1. *Essai analytique,* p. 8 : « La richesse réelle pouvant seule payer l'impôt, il est indispensable de bien connaître en quoi consiste et entre les mains de qui est cette richesse. »

2. *Essai analytique,* p. 9 : « J'opposerai les vrais principes à ceux sur lesquels a été édifié un système aussi séduisant qu'il serait dangereux, et peut-être funeste dans ses conséquences pratiques. — Quelques-unes de ces conséquences sont : 1° de vendre directement à l'étranger les matières premières qui servent d'aliment à nos manufactures ; 2° d'admettre en toute liberté les marchandises fabriquées à l'étranger ; 3° de lui abandonner le fret et tout ce qui est purement travail et industrie ; 4° enfin, de charger les terres seules de tout l'impôt de la nation. »

3. *Essai analytique,* p. 24 : « Les richesses sont constamment toutes les choses destinées à satisfaire nos besoins, de quelque nature que soient ces

d'échange et d'évaluation ; richesses (*opes*), tout bien commerçable, tout objet de jouissance qui a une valeur. Le *revenu* est la richesse que donne la terre au-delà des frais et reprises de ceux qui la cultivent L'eau est un bien qui n'a point de valeur. Le travail a une valeur, et n'est point par lui-même un bien. Des grains, des étoffes, sont richesses. Ce qu'un fermier rend au propriétaire d'une terre, est un revenu.

Il suit de ces définitions que la production du sol, quand elle n'est qu'égale aux frais, est *richesse,* mais richesse *non disponible ; richesse,* et non *revenu.* Dans l'exemple cité du champ cultivé en lin, qui coûte *cent livres* au cultivateur, et qui ne lui rapporte que *cent livres,* ce lin est *richesse* et a, sans doute, comme toute autre richesse, son *utilité* ; mais il est évident qu'il n'y a aucun *revenu,* ni pour le propriétaire, ni pour l'Etat. Le cultivateur a retiré exactement sa nourriture et son vêtement, c'est-à-dire le salaire indispensable de son travail ; mais le champ n'a porté aucun revenu. Ce cultivateur ne donnerait pas un sou au propriétaire d'un pareil champ pour avoir la permission de le cultiver ; car il ne pourrait prendre ce qu'il donnerait que sur son nécessaire physique. Par la même raison, l'Etat ne peut rien retirer de ce champ, ni rien demander au cultivateur sans lui ôter de son nécessaire, et le réduire, par conséquent, à l'impossibilité de travailler. Si tous les champs d'un royaume étaient cultivés de la même manière, il est évident que l'Etat ne pourrait lever aucun impôt ; non, parce qu'il n'y aurait aucune *richesse* ; mais, parce qu'il n'y aurait aucun *revenu,* aucune richesse disponible ; parce que, la totalité de la production annuelle étant affectée au nécessaire physique de celui qui fait produire, tout ce qu'on pourrait prendre anéantirait la culture et la reproduction de l'année suivante.

Il est très vrai qu'à considérer les choses d'une manière vague [1], la subsistance du cultivateur faisant partie des frais, moins le cultivateur

choses et de quelques sources qu'elles viennent. » — p. 69 : « L'air, la lumière et l'eau sont des objets bien réels de besoins et conséquemment sont de vraies richesses. » — p. 11 : « Je supposerai un paysan qui a employé toute sa vie à cultiver du lin dans un champ qui lui appartient, qui n'a retiré chaque année de son labeur que 100 livres et qui a dépensé chaque année aussi 100 livres... Dira-t-on qu'il serait égal pour l'Etat que l'homme et le champ n'eussent jamais existé, parce qu'il n'y a point eu de produit net ? »

1. *Essai analytique,* p. 13 : « La dépense du cultivateur, ainsi que tous les frais de culture, ne diminuent rien de la richesse de production du sol, quant à l'Etat, parce que, de tous ces frais, il n'y a rien de perdu pour l'Etat. »

consomme pour lui-même et plus il reste de produit net. Il est certain que, si un fermier portait des habits de velours et sa femme des dentelles, il faudrait que cette dépense se retrouvât sur le produit de la terre en diminution de la portion du propriétaire. Mais, il ne s'ensuit nullement que la misère du cultivateur augmente le produit net. Il est, au contraire, démontré que les richesses des entrepreneurs de culture ne sont pas moins nécessaires que le travail même pour tirer de la terre une production abondante, puisque les plus fortes avances donnent les plus forts produits. Comme la fertilité de la terre est bornée, il y a sans doute un point où l'augmentation des avances n'augmenterait pas la production à proportion de l'augmentation des frais ; mais, jusqu'à présent, on est bien loin d'avoir atteint cette limite, et l'expérience prouve que là où les avances sont les plus fortes, c'est-à-dire là où les cultivateurs sont les plus riches, là est non seulement la plus grande production totale, mais le plus grand produit net.

La production étant supposée la même, plus la part du cultivateur sera petite, plus celle du propriétaire ou des autres copartageants du produit net sera considérable. Mais, si le cultivateur [1] n'avait pas un profit honnête et proportionné à ses avances, s'il n'était assez riche pour avoir droit à un gros profit par de grosses avances, la production ne serait plus du tout la même, et elle deviendrait d'autant plus faible que le cultivateur s'appauvrirait danvantage ; au point que, passé à un certain degré de pauvreté, il n'y aurait presque plus de produit net. Il s'en faut donc beaucoup que les principes combattus par l'auteur contredisent le vœu que l'humanité dictait à Henri IV.

Au reste, l'auteur ne paraît pas ici avoir distingué l'entrepreneur de culture du cultivateur salarié, valet de charrue, homme de journée, qui travaille la terre de ses bras. Ce sont pourtant deux espèces d'hommes bien différents, et qui concourent d'une manière bien différente au grand ouvrage de la reproduction annuelle des richesses. L'entrepreneur de culture contribue à la reproduction par ses avances ; l'homme de peine y contribue par son travail, dont l'entrepreneur de culture lui paie le salaire. Il faut convenir que, plus cet entrepreneur

1. *Essai analytique,* p. 12 : « Si la richesse de l'Etat, considérée dans la production du sol, n'était que le produit net, elle dépendrait en grande partie de la dépense plus ou moins resserrée des cultivateurs. Il y aurait d'autant plus de richesses dans l'Etat, que les cultivateurs seraient réduits à une vie plus dure et plus misérable ; j'en appelle au meilleur des rois, à Henri IV. »

donne de gages à ses charretiers, plus il paie cher la journée des moissonneurs et autres journaliers qu'il emploie, plus il dépense en frais, et que cette dépense est toujours en déduction du produit net. Qu'en conclure ? Cela n'est-il pas vrai dans tous les systèmes ? Y a-t-il un genre de travaux où les profits ne soient diminués par la cherté de la main d'œuvre ? Et y a-t-il de l'inhumanité à convenir d'une vérité qui n'a besoin que d'être énoncée pour être évidente ? Au reste, il y a entre les richesses produites, le revenu et les salaires, une proportion naturelle qui s'établit d'elle-même, et qui fait que, ni l'entrepreneur, ni le propriétaire n'ont intérêt que les salaires baissent au-dessous de cette proportion. Outre qu'en tout genre l'homme mal payé, et qui ne gagne pas, par son travail, une subsistance abondante, travaille moins bien, l'homme salarié, s'il gagne moins, consomme moins ; s'il consomme moins, la valeur vénale des productions du sol est moindre. Or, si lorsque le cultivateur paie ses ouvriers moins cher, il vend son blé moins cher, il est clair qu'il n'en est pas plus riche. La valeur vénale des productions du sol est, à production égale, la mesure des richesses recueillies chaque année par le cultivateur, et qu'il partage avec le propriétaire. La haute valeur vénale des denrées du sol et le fort revenu mettent le cultivateur et le propriétaire en état de donner de forts salaires aux hommes qui vivent de leurs bras. Les forts salaires, d'un côté, mettent les hommes salariés en état de consommer davantage, et d'augmenter leur bien-être ; de l'autre, ce bien-être et cette abondance de salaires offerts encouragent la population ; et la fécondité appelle les étrangers, multiplie les hommes ; et la multiplication des hommes fait à son tour baisser les salaires par leur concurrence, tandis que leur nombre soutient la consommation et la valeur vénale. La valeur vénale des denrées, le revenu, le prix des salaires, la population, sont des choses liées, entre elles par une dépendance réciproque, et qui se mettent d'elles-mêmes en équilibre suivant une proportion naturelle ; et cette porportion se maintient toujours lorsque le commerce et la concurrence sont entièrement libres.

L'unique conclusion pratique à tirer de tout ceci, c'est que les salariés doivent être *entièrement libres* de travailler pour qui ils veulent, afin que les salariants, en se les disputant lorsqu'ils en ont besoin, mettent un juste prix à leur travail ; et que, de l'autre, les salariants soient *entièrement libres* de se servir de tels hommes qu'ils jugeront à propos, afin que les ouvriers du lieu, abusant de leur petit nombre, ne les forcent pas à augmenter les salaires au-delà de la proportion naturelle qui dépend de la quantité des richesses, de la valeur des denrées de subsistance, de la quantité des travaux à faire et du nombre de travailleurs, mais qui ne peut jamais être fixée que par la concurrence et la liberté.

Quoique les frais de culture se dépensent dans l'Etat, il ne s'ensuit pas que l'Etat soit aussi riche quand les frais augmentent aux dépens du *produit net.* L'Etat n'a et ne peut avoir de force qu'à raison du *produit net,* parce que tout ce qui est nécessaire à la reproduction est tellement affecté aux besoins des particuliers qui travaillent à la faire naître, qu'il ne peut en être rien prélevé pour les dépenses publiques. Or, s'il ne peut y avoir de dépenses publiques, s'il n'y a point de forces communes pour employer à l'intérêt commun, il n'y a point d'Etat à proprement parler ; il y a seulement une contrée peuplée d'habitants qui naissent, vivent et meurent auprès les uns des autres. Les frais de culture restent dans l'Etat, dans ce sens qu'ils sont dépensés entre le Rhin, les Alpes, les Pyrénées et la mer ; mais ils n'appartiennent, ni ne peuvent appartenir, à l'Etat, considéré comme un corps politique formé par la réunion des forces communes dirigées à l'intérêt commun. La comparaison de la mine d'argent, dont l'exploitation coûte 100 marcs et produit 100 marcs, est captieuse. Cette mine d'argent ne rapporte évidemment rien à son propriétaire, ni à l'entrepreneur qui la ferait exploiter pour son plaisir ; mais il est vrai qu'elle laisse dans l'Etat une valeur de 100 marcs, qui ne se consommant pas, augmente la somme des valeurs existantes dans l'Etat, jusqu'à ce que cet argent s'écoule par la voie des échanges au-dehors. A cet égard, les richesses renaissantes du sol qui se consomment et se reproduisent annuellement, sont très différentes des valeurs non consommables qui circulent sans cesse sans jamais être détruites. Certainement, la somme des valeurs dépensées chaque année en frais de culture est entièrement consommée et détruite pour la subsistance des agents de la reproduction. Quant aux valeurs qui circulent sans se détruire, comme les produits des mines, la dépense des frais d'extraction ne les anéantit pas, et ne fait que les changer de mains. On peut donc dire ici que l'Etat a gagné 100 marcs, dans le sens qu'il existe 100 marcs de plus dans le pays. Mais quelle augmentation en résulte-t-il pour la richesse de l'Etat, considéré comme corps politique ? Aucune, sinon autant que l'existence de cette nouvelle valeur circulante peut augmenter la somme du revenu ou du produit net des terres, soit en augmentant les avances destinées à la reproduction ou au commerce, si cet argent est réservé pour former un capital et le verser dans un emploi profitable, soit en augmentant la valeur vénale des productions, si cet argent, porté immédiatement dans la circulation, est présenté dans les marchés aux achats courants des denrées, et en fait hausser le prix. Cette proposition est démontrable ; mais il faudrait, pour la bien éclaircir, développer le véritable usage de l'argent dans le commerce, et l'effet de son introduction plus ou moins abondante dans un Etat, soit que l'on considère cet Etat comme isolé, soit qu'on le considère comme environné d'autres Etats avec lesquels il a différents rapports de commerce et de puissance. Ces questions, qui n'ont jamais été bien développées, sont trop étendues pour être traitées ici. Je dirai seulement que l'auteur se trompe beaucoup en ne regardant l'argent que comme un *gage conventionnel des richesses.* Ce n'est point du tout en vertu d'une *convention,* que l'argent s'échange contre toutes les autres valeurs : c'est parce qu'il est lui-même un objet de commerce, une richesse, parce qu'il a une valeur, et que toute valeur s'échange dans le commerce contre une valeur égale.

L'auteur[1] propose contre les principes de ses adversaires une objection, qu'ont peut réduire à ces questions : « Si l'industrie et le commerce ne produisent aucune richesse, comment les nations qui ne sont qu'industrieuses et commerçantes vivent-elles ? Comment s'enrichissent-elles ? Si l'impôt ne peut être pris que sur le produit net des terres, comment ces nations paient-elles des impôts ? Est-ce que l'industrie serait richesse dans un Etat commerçant, et ne serait pas richesse dans un Etat agricole ? »

Il n'y a point de nations qui soient industrieuses et commerçantes par opposition à l'agriculture : et il n'y a pas non plus de nations qui soient agricoles par exclusion de l'industrie et du commerce. Le mot de *nation* n'a pas été jusqu'ici trop bien défini, parce qu'on a souvent confondu les nations avec les corps politiques ou les Etats.

Une *nation* est une assemblage d'hommes qui parlent une même langue maternelle. Ainsi, tous les Grecs étaient de la même nation, quoique divisés en une foule d'Etats. Les Italiens aujourd'hui forment une nation et les Allemands une autre, quoique l'Italie et l'Allemagne soient divisées en plusieurs souverainetés indépendantes. La nation française n'était pas autre fois réunie en un seul corps de monarchie ; plusieurs provinces obéissaient à divers souverains, et tout ce qui parle français n'est pas même encore réuni au royaume de France.

1. Essai analytique, page 14.

Un *Etat* est un assemblage d'hommes réunis sous un seul gouvernement. Cette distinction n'est pas aussi purement grammaticale, ni aussi étrangère ici, qu'elle le paraît.

Ce nom de nation ne peut s'appliquer qu'à un grand peuple répandu dans une vaste étendue de pays qui fournit aux habitants de quoi satisfaire à leurs besoins. Le sol, par les travaux de l'agriculture, leur donne la nourriture et les matières premières de leurs vêtements ; l'industrie façonne ces matières premières et les rend propres à divers usages. Le commerce rapproche les consommateurs des producteurs, leur épargne la peine de se chercher réciproquement, leur assure de trouver la denrée dans le lieu et au moment où ils en ont besoin. Le commerce, comme dit très bien l'auteur du Mémoire, se charge des transports, des magasins, des assortiments et de l'attente. Les besoins réciproques des vendeurs et des acheteurs les engagent à se rapprocher, et ils doivent naturellement se rassembler dans les lieux de chaque canton les plus commodément situés, les plus habités, où les routes que chacun suit pour ses affaires particulières se croisent en plus grand nombre. Ces points deviennent naturellement les rendez-vous du commerce ; les habitations de ces entremetteurs s'y rassemblent ; il s'y forme des bourgs, des villes, où le concours des acheteurs et des vendeurs augmente d'autant plus, qu'ils sont de plus en plus assurés d'y trouver les occasions d'acheter et de vendre. Il s'établit ainsi partout différents centres de commerce plus ou moins rapprochés, et correspondant à ces districts plus ou moins étendus, à raison de l'abondance des productions du pays, de la population plus ou moins nombreuse, de la facilité plus ou moins grande du transport des denrées.

Les marchés établis dans les principaux lieux de chaque canton pour le commerce de détail et pour les objets de consommation journalière, forment comme un premier ordre de ces centres de commerce, dont chacun ne répond qu'à un district très borné. Il y a des denrées d'un usage moins général et moins fréquent, dont la consommation n'est pas assez grande pour qu'on puisse en établir la culture ou la fabrique dans chaque lieu particulier, avec un profit suffisant. La valeur de ces denrées est ordinairement assez forte sous un petit volume pour pouvoir supporter les frais d'un transport éloigné. Le commerce de ces marchandises se fait en plus grosses parties, qui sont ensuite distribuées aux détailleurs. Le même principe qui a fait établir, pour le commerce des denrées les plus communes, des marchés dans les lieux du concours le plus fréquenté, établit pour le commerce en gros des marchés d'un ordre plus élevé, qui répondent à un arrondissement plus étendu, où les marchandises se rassemblent de plus loin pour être distribuées plus loin. Ces grands marchés (*emporia*) sont précisément ce qu'on appelle des *échelles* de commerce, des entrepôts ; c'étaient les villes de ce genre qui, dans les siècles de la barbarie féodale, s'étant unies pour la défense commune, formèrent la ligue anséatique. Ces échelles de commerce sont toujours de grandes villes et, en tout cas, elles le deviendraient par le concours d'habitants que l'activité du commerce y attire. C'est la situation avantageuse des villes à la croisée, si j'ose ainsi parler des grandes communications, au débouché des grandes rivières navigables, la bonté des ports, quelquefois l'industrie des habitants et l'état florissant de certaines fabriques, qui déterminent les grands entrepôts du commerce à s'y placer. C'est ainsi que Nantes est le débouché de la Loire, Rouen de la Seine, Bordeaux des provinces traversées par la Garonne et la Dordogne, les villes de Hollande et de Zélande, du Rhin, de la Meuse et de l'Escaut ; Hambourg de l'Elbe, Venise du Pô. Tyr, Marseille, Carthage, Gênes, Cadix, n'ont eu pour elles qu'une situation maritime avantageuse. Lyon, Genève, Strasbourg, Orléans, Limoges, sont des entrepôts d'un ordre un peu inférieur. Dans toutes ces villes, le commerce, et le commerce de trafic, sont l'occupation dominante des habitants, et chaque ville répond à un district plus ou moins étendu de plusieurs cantons ou provinces dont elle est l'entrepôt, dont elle rassemble les productions, et auxquelles elle distribue leurs besoins. Le territoire et le commerce de ces villes d'entrepôt sont deux corrélatifs nécessaires l'un à l'autre, et la distinction du commerce des productions du sol et du commerce d'entrepôt ou de revendeur est nulle quand on parle de nations et de régions. Ce n'est pas que certaines villes et côtes maritimes, qui servent d'entrepôt à un commerce étendu, n'aient pu, par le hasard des circonstances, former de petits Etats politiques séparés du territoire dont elles sont l'entrepôt ; mais ce hasard n'a rien changé à la nature des choses. La Hollande, n'en sera ni plus ni moins le débouché du Rhin, de la Meuse, de l'Escaut et des canaux de la féconde Belgique ; elle n'en sera pas mais ce hasard n'a rien changé à la nature des choses. La Hollande ports de l'Angleterre, de la France et des Etats du Nord et, par conséquent, aussi pour la plupart de ceux des autres pays qui veulent entretenir des relations et faire des échanges avec ces différents Etats, auxquels la Hollande est spécialement nécessaire.

Avoir ainsi des avantages locaux, c'est avoir une sorte de privilège exclusif par rapport aux lieux moins heureusement situés. En raison de ce privilège naturel, et qui alors n'est pas injuste, on peut recevoir, même avec économie pour ceux qui les paient, des salaires qui excèdent les besoins de ceux qui les gagnent, surtout si ces derniers ont la sagesse de vivre avec épargne, comme font aussi les Hollandais.

Il en résulte que les peuples qui sont dans ce cas amassent aisément, par l'excès de leurs salaires sur leurs besoins qu'ils savent restreindre, des capitaux qui font baisser chez eux l'intérêt de l'argent et leur assurent par là un nouveau titre de préférence, une nouvelle augmentation de salaires. C'est sur ces salaires, supérieurs à leurs besoins, que les Hollandais peuvent acquitter leurs dépenses publiques et continuer de s'enrichir.

Ils n'ont point produit ces salaires, ni les richesses qui les paient ; ils les ont légitimement gagnés par leur travail, que leur situation a rendu à la fois lucratif pour eux, utile à ceux qui l'emploient ; ils les ont gagnés comme les commissionnaires de nos grandes villes gagnent le leur.

Dans les pays riches et civilisés, les savants illustres, les grands médecins, les grands artistes, les grands poètes et même les grands comédiens, peuvent gagner aussi d'honorables salaires, vivre dans l'aisance, supporter des dépenses considérables, exercer la bienfaisance, amasser des capitaux. Personne ne pense qu'ils aient produit aucune de ces richesses qu'ils acquièrent, dont ils disposent, que leur transmettent — qui ? les propriétaires des terres ; lesquels les tiennent — de qui ? des cultivateurs, des avances et du travail de la culture : avances, travail dont la marche ne peut être gênée ni interrompue sans destruction, et c'est dans cette dernière maxime que consiste, comme je l'ai déjà dit, la théorie de l'impôt.

L'auteur, et ceux qui partagent son opinion, insistent et reprennent : « Puisqu'il y a des gens qui gagnent de forts salaires, ils peuvent donc payer l'impôt : vous convenez que les Hollandais en paient qui soutiennent leur république. Pour que cet impôt ne soit point arbitraire et se proportionne à peu près aux facultés, ne convient-il pas qu'il soit levé sur les consommations ? »

A cela je réponds :

1° Que les Hollandais ajoutent le besoin qu'ils ont de payer l'impôt à leurs autres besoins, auxquels doivent pourvoir les salaires que leur paient les autres nations ; de sorte que, sauf la portion qui pèse directement sur le territoire de la Hollande, ce sont les autres nations qui paient l'impôt de cette république.

2° Qu'il est impossible de faire payer aux consommateurs non propriétaires l'impôt sur leurs consommations, parce que, dès qu'on l'établit, ils sont forcés, ou de restreindre leurs consommations, ou de diminuer le prix qu'ils peuvent offrir des productions qu'ils consomment, et que l'une ou l'autre mesure rejette cet impôt sur les producteurs et les vendeurs de ces productions.

3° Que le prix des salaires considérables, comme celui des salaires médiocres, est réglé par la concurrence, et ne peut donc être entamé sans que le salarié s'en dédommage ; car sans cela, il refuserait son travail ou le porterait ailleurs.

A quoi il faut ajouter, 4° que, si l'on veut mettre l'impôt sur les consommations précieuses des salariés riches, il ne rend presque rien, parce que le nombre de ces riches salariés est toujours très petit. Et que si, pour en augmenter la recette, on le fait porter sur les consommations communes, il devient très disproportionné aux salaires, presque nul sur ceux des salariés qui font de gros gains, accablant, au moins passagèrement et jusqu'à ce qu'ils aient pu s'en faire rembourser, sur ceux des pauvres salariés qui exécutent les travaux les plus pénibles et les plus utiles, parmi lesquels se trouvent naturellement tous les salariés directs de l'agriculture, qui forment la plus grande partie de la population : ce qui renchérit inévitablement les frais de culture ; ce qui est la manière la plus onéreuse de rejeter l'impôt sur les propriétaires, la plus ruineuse pour les capitaux consacrés à la culture dans les pays où les terres sont affermées, celle qui fait le plus promptement abandonner les terres médiocres, qui diminue ainsi le plus inévitablement les subsistances de la population, et qui conduit le plus rapidement une nation à la misère.

II. — *SUR LE MEMOIRE DE SAINT-PERAVY*

(Les nations commerçantes et les nations agricoles. — Les emprunts. — Colbert. — La circulation entre les trois classes. — Effet des impôts sur les rentes et des lois sur l'intérêt de l'argent. — Impôt sur les maisons. — Rapport du taux de l'impôt sur les consommations aux risques de fraude. — La ferme générale. — Concentration de l'argent à Paris. — Constitution des épargnes. — La valeur.)

Voyez, sur ce qui est dit de la différence des petits Etats revendeurs aux grands Etats agricoles [1], l'observation sur le mémoire (de Graslin).

1. *Mémoire sur l'impôt indirect,* p. 20, note : « C'est pour n'avoir jamais étudié la différence de constitution et d'intérêts des petits Etats républi-

Les détails dans lesquels on est entré pourront servir à distinguer ce qu'il y a de vrai et ce qu'il y a de faux dans cette manière d'envisager ces différentes constitutions d'Etats.

La funeste invention des emprunts [1] tient à la manie qu'on a de dépenser plus qu'on n'a, et quelqu'eut été le système d'impositions adopté par les souverains de l'Europe au dernier siècle, l'ambition de Louis XIV et des autres princes n'en eut pas moins occasionné des guerres acharnées et poussées jusqu'à l'épuisement. Avec la manie de la guerre qui agite encore les souverains et même les peuples, on se bat tant qu'il reste des forces ; quand on a épuisé son revenu, on emprunte, et on emprunte tant qu'on trouve des prêteurs. Or, on trouve des prêteurs tant qu'on a des revenus à engager. Un propriétaire de terres et un souverain se ruinent, exactement de la même manière, en dépensant chaque année plus que leur revenu, et en empruntant jusqu'à concurrence de l'engagement de leur revenu. La nature de ce revenu est ici une circonstance absolument indifférente.

La seule différence entre le particulier et le souverain est la ressource qu'a celui-ci de faire banqueroute en conservant son fonds et son revenu. Je suppose qu'au lieu de faire les premiers emprunts pour soutenir la guerre, on eut mis en impôts les sommes qu'on empruntait, on eut dépensé d'abord le produit des impôts et on aurait été bientôt réduit à emprunter. Tous les abus dont on se plaint ici sont une conséquence inévitable de la faculté illimitée d'augmenter les dépenses.

On prête ici à Colbert [2] bien des vues et des raisonnements sur les manufactures auxquels il n'a probablement jamais pensé.

Ces deux propositions [3] : — 1° que la classe propriétaire dépense la moitié de ce qu'elle reçoit en achat de denrées à la classe productive et l'autre moitié à la classe industrieuse en achats d'ouvrages de main-d'œuvre ; — 2° que la classe des cultivateurs ne dépense que le quart de ses reprises en ouvrages de main-d'œuvre ; — ne peuvent être regardées que comme des hypothèses arbitraires qu'on peut employer dans des formules de calculs, mais dont on ne peut jamais tirer de conclusions entièrement précises. La proportion entre les différents objets de dépense de chaque classe est trop variable pour qu'on puisse

cains composés de comptoirs de revendeurs que la sagesse de leur conduite a produit l'égarement des grandes puissances agricoles. »

1. *Mémoire,* etc., p. 24.
2. *Mémoire,* etc., p. 30, note.
3. *Mémoire,* etc., p. 33 et s.

jamais la calculer avec certitude. Mais les suppositions peuvent toujours être employées utilement et servir à donner une idée plus nette de la marche de la circulation. Ici, l'on commence à raisonner et à calculer, d'après une supposition qu'on a déjà émise en principe.

L'incertitude de cette supposition n'affaiblit point ce qui a été dit précédemment pour démontrer que l'impôt indirect retombe entièrement sur les propriétaires, parce que cette vérité ne résulte que de l'impossibilité d'entamer les avances et les salaires des classes cultivatrice et industrieuse, qui n'ayant rien de gratuit, ne peuvent payer qu'aux dépens des propriétaires, les seuls qui recueillent la portion disponible des fruits, cette portion gratuite que la terre rend au-delà du travail. Mais, dans ce qui va suivre, l'on cherche à apprécier la surcharge de l'impôt indirect par l'effet que doit produire la diminution des avances, et comme on part, pour calculer cet effet, de la proportion supposée de 2 à 5 entre les avances annuelles et la production totale, il est nécessaire d'examiner cette supposition [1].

Je veux accorder que cette proportion a été établie sur le calcul exact des avances et des produits de quelques fermes en grande culture, dans un pays fertile, dont l'auteur, ou ceux qui lui ont fourni des Mémoires, ont été à portée de s'assurer. Mais on n'est pas en droit de tirer de ce calcul particulier aucun résultat général ; il ne faut qu'un peu de réflexion pour sentir qu'il ne peut y avoir de proportion constante entre les avances et les produits. Les avances, qui ne sont qu'une dépense, n'ont par elles-mêmes aucune fécondité ; elles n'ont pas même cette fécondité de convention que le taux courant des stipulations d'intérêt donne à l'argent prêté. Si 20 000 livres mises en rente rapportent 1 000 livres, l'on en peut conclure que 40 000 livres en rapporteront 2 000. Mais, de ce que 2 000 livres d'avances annuelles, mises dans une ferme, rapportent 5 000 livres de productions, l'on ne peut en conclure que 2 000 livres employées sur un autre terrain donneront également 5 000 livres, ni que 4 000 livres employées dans la même ferme donneront 10 000 livres de production.

Les dépenses de la culture consistent à donner aux terres les préparations les plus propres à les rendre fécondes. Or, il s'en faut beaucoup que le succès de ces préparations, dont dépend la production,

1. Dans le *Mémoire,* etc., imprimé, on lit en note, p. 60 : « Quand on prend le rapport des avances annuelles avec la reproduction dans la raison de 2 à 5, on ne prétend pas établir un principe général... On a saisi la proportion la plus commune dans les pays de grande culture. »

soit proportionné à la dépense : l'intelligence du cultivateur rend la même dépense plus ou moins productive, suivant qu'il l'applique d'une manière plus ou moins appropriée à la nature du sol et à toutes les circonstances de la saison. Si l'on donnait à une terre légère autant de labours qu'à une terre forte, on dépenserait davantage, et peut-être recueillerait-on moins. Si le système de Tull a quelque vérité, on peut gagner sur la production en économisant beaucoup sur la semence ; alors les avances annuelles diminueront, et la production augmentera. La production suppose des avances ; mais des avances égales dans des terres d'une inégale fécondité donnent des productions très différentes, et c'en est assez pour faire sentir que les productions ne peuvent être proportionnelles aux avances ; elles ne le sont même pas, placées dans le même terrain, et l'on ne peut jamais supposer que des avances doubles donnent un produit double. La terre a certainement une fécondité bornée, et en la supposant labourée, fumée, marnée, fossoyée, arrosée, sarclée autant qu'elle peut l'être, il est évident que toute dépense ultérieure serait nuisible. Dans ce cas, les avances seraient augmentées sans que le produit le fût. Il y a donc un *maximum* de production qu'il est impossible de passer, et lorsqu'on y est arrivé, les avances non seulement ne produisent pas 250 p. 100, mais ne produisent absolument rien.

En accordant à l'auteur du Mémoire que, dans l'état de la bonne culture ordinaire, les avances rapportent 250 p. 100, il est plus que probable qu'en augmentant par degrés les avances, depuis ce point où elles rapportent 250 p. 100 jusqu'à celui où elles ne rapporteraient rien, chaque augmentation serait de moins en moins fructueuse. Il en sera, dans ce cas, de la fertilité de la terre comme d'un ressort qu'on s'efforce de bander en le chargeant successivement de poids égaux. Si ce poids est léger et si le ressort n'est pas très flexible, l'action des premières charges pourra être presque nulle. Quand le poids sera assez fort pour vaincre la première résistance, on verra le ressort céder d'une manière sensible et se plier ; mais, quand il aura plié jusqu'à un certain point, il résistera davantage à la force qui le comprime, et tel poids qui l'aurait fait plier d'un pouce ne le fera plus plier que d'une demi-ligne. L'effet diminuera ainsi de plus en plus. Cette comparaison n'est pas d'une exactitude entière ; mais elle suffit pour faire entendre mon idée et comment, lorsque la terre approche beaucoup de rapporter tout ce qu'elle peut produire, une très forte dépense peut n'augmenter que très peu la production.

Si, au lieu d'augmenter les avances par degrés égaux au-dessus du point où elles rapportent le plus, on les diminue au contraire, on doit trouver le même changement dans la protortion. Il est non seulement très concevable, mais il est certain que de très faibles avances donnent un profit beaucoup moindre que des avances très fortes, et cela dans une proportion bien plus grande que celle des avances. Si 2 000 francs rapportent 5 000 livres, 1 000 francs n'en rapporteront peut-être pas 1 500 et 500 francs ne rapporteront pas 600.

La semence, jetée sur une terre naturellement fertile, mais sans aucune préparation, serait une avance presque entièrement perdue. Si on y joint un seul labour, le produit sera plus fort ; un second, un troisième labour pourront peut-être, non pas doubler et tripler, mais quadrupler et décupler le produit qui augmentera ainsi dans une proportion beaucoup plus grande que les avances n'accroissent, et cela, jusqu'à un certain point où le produit sera le plus grand qu'il soit possible, comparé aux avances.

Passé ce point, si on augmente encore les avances, les produits augmenteront encore, mais moins, et toujours de moins en moins jusqu'à ce que, la fécondité de la nature étant épuisée et l'art n'y pouvant plus rien ajouter, un surcroît d'avances n'ajouterait absolument rien au produit.

J'observerai, en passant, que ce serait une erreur d'imaginer que ce point, où les avances rapportent le plus qu'il est possible, soit le point le plus avantageux où la culture puisse atteindre, car quoique de nouvelles augmentations d'avances ne rapportent pas tout à fait autant que les augmentations précédentes, si elles rapportent assez pour augmenter le produit net du sol, il y a de l'avantage à les faire, et ce sera toujours de l'argent très bien placé. Si, par exemple, on suppose, avec l'auteur, que les avances annuelles d'une bonne culture rapportent 250 p. 100, une augmentation qui rapporterait 225 p. 100 serait encore infiniment profitable. Car l'intérêt des avances primitives et la rentrée des premières avances annuelles étant déjà prélevés sur les 250 p. 100, et ce prélèvement laissant encore un produit net très honnête, si l'on prélève sur le produit des nouvelles avances 100 pour leur rentrée annuelle et 10 pour les intérêts de la première mise, qui devient une augmentation des avances primitives, dont les avances annuelles de la première année font toujours partie ; si donc on prélève ces 110 p. 100 sur les 225 produits par les nouvelles avances, on aura un produit net de 115 p. 100 ; c'est plus que ne donnaient les 250 p. 100 des premières avances. Car, sur ce produit, il faut prélever, suivant les calculs de l'auteur, 100 pour la rentrée des avances annuelles,

10 pour l'intérêt de la première mise de ces avances et 40 pour l'intérêt des autres avances primitives, ce qui ne laisse que 100 de produit net.

Je me suis étendu sur la discussion de ce point, parce qu'il est important de ne pas se livrer trop facilement à l'espérance d'apprécier avec une entière précision la dégradation des produits par la diminution des avances, lorsqu'elles sont entamées par l'impôt indirect. Ici, les calculs de l'auteur paraissent porter sur une base fausse, puisqu'il suppose que la reproduction est toujours aux avances dans la proportion de 5 à 2, et calcule sur ce pied la diminution des produits. Il est évident, par ce qui a été dit ci-dessus, que l'effet destructif de la diminution des avances doit être moindre lorsque la culture est au-delà du point où les avances rapportent le plus qu'il est possible. Si, au contraire, cette diminution ne commence qu'au point où les avances donnent le plus grand produit, la dégradation doit être plus grande ; mais au-dessous, il doit aussi y avoir un point où la dégradation des avances ne diminue la production que dans une moindre proportion encore. En un mot, la dégradation des avances doit diminuer la production dans le même rapport que l'accroissement graduel des avances l'avait augmentée.

Le principe fondamental du Mémoire, que les reprises du cultivateur ne peuvent être entamées, et qu'il ne peut diminuer ses avances sans diminuer la production, est incontestable ; mais la mesure précise de cette diminution ne paraît pas pouvoir être exactement fixée.

Le rentier [1] est un marchand d'argent. La rente est le prix du capital. Le capital ne rapportant point par lui-même, mais seulement en vertu de la convention des contractants, un impôt sur les rentes est exactement semblable à tout impôt sur les marchandises. Si vous prenez une partie du prix de quelque marchandise que ce soit, il est évident que vous empêchez ce prix de baisser au profit de l'acheteur de tout ce que vous demandez au vendeur. C'est donc l'acheteur, lequel est ici en dernière analyse le propriétaire des fonds, qui paie l'impôt sur les rentes. L'application de ce raisonnement aux faits paraît quelquefois les démentir au premier coup d'œil par l'influence qu'a, dans cette matière, l'autorité de la loi du Prince qui fixe mal à propos l'intérêt de l'argent, l'opinion encore très répandue que ses lois obli-

1. *Mémoire,* etc., p. 65. « Les rentes sont des branches parasites par lesquelles s'extravase la sève qui vivifie les trois classes de l'Etat. »

gent la conscience. Mais il faut observer que l'effet de la loi du Prince sur l'intérêt de l'argent est toujours de le soutenir à un taux plus haut qu'il ne le serait sans loi. Il en est de cette loi comme de toute autre taxe sur les marchandises, qui haussent toujours le prix ou interrompent le commerce.

Lorsque le souverain taxe les rentes, la loi a tout son effet sur les stipulations anciennes, et comme le prêteur ne peut exiger le remboursement, il n'a aucun moyen de se dédommager. Quant aux nouveaux contrats qui se passent après la loi, si les prêteurs subissent la loi de l'impôt, c'est une preuve que le taux légal de l'intérêt était au-dessus du taux naturel ; si le taux légal était trop bas, les prêteurs, ou éluderaient la loi par des conventions particulières, ou cesseraient de prêter.

Si l'ordre naturel, la liberté entière, la concurrence qui en résulte, avaient lieu pour le commerce d'argent, les raisonnements que fait ici l'auteur seraient aussi vrais dans la pratique qu'ils le sont dans la théorie.

Il est certain que les maisons [1] ne produisent aucun revenu qui puisse être regardé comme un nouveau revenu dans l'Etat. Leur loyer est évidemment une pure dépense qui, comme toutes les autres, est payée du produit des terres. Je crois cependant que les maisons doivent être taxées, non à raison de la valeur des bâtiments, mais à raison de la valeur du terrain qu'elles occupent et qu'ont ne met en maisons que parce qu'il rapporte davantage de cette manière que d'une autre.

Il est physiquement impossible que l'impôt sur les consommations [2] soit gradué sur la disproportion entre le superflu et le nécessaire. L'impôt sur les consommations a un *maximum* qu'il ne peut passer, et ce *maximum* est déterminé sur le plus ou le moins de facilité de la fraude. Les risques de la fraude s'évaluent comme les risques de la mer, et l'on sait que l'on fait assurer la contrebande. Si l'impôt sur une marchandise est de 15 p. 100, et si le risque de la contrebande n'est que de 10 p. 100, il est évident que l'on fera passer presque tout en fraude, et que l'impôt produira d'autant moins au gouvernement. Or, plus les marchandises sont précieuses, plus elles ont de valeur sous un

1. *Mémoire,* etc., p. 68 : « Une maison est aussi stérile que de l'argent. »
2. *Mémoire,* etc., p. 71.

moindre volume, plus la fraude est facile. Il est plus aisé de cacher pour 20 000 livres de dentelles que pour 20 livres de blé ; il faut donc diminuer le droit à proportion de ce que la denrée a plus de valeur, et les dépenses des riches sont précisément les moins chargées. Tous les droits excessifs ne peuvent être levés que par la voie de la vente exclusive ; mais les maux de ce genre d'impôt sont innombrables, et les effets qu'il produit, par le dérangement du commerce et par le renversement de toutes les notions morales dans l'esprit du peuple, sont plus funestes encore que ceux qu'il produit en qualité d'impôt indirect, et qui lui sont communs avec tous les autres impôts sur les consommations.

Je ne sais s'il est absolument impossible au Gouvernement de connaître exactement les produits de la ferme. Dans une régie aussi vaste, aussi compliquée, où autant d'intéressés ont droit de se faire rendre compte des profits qu'ils partagent, il est impossible que les fermiers n'aient pas des registres très en règle et le gouvernement peut toujours se les faire représenter.

C'est certainement un mal qu'une très-grande partie des dépenses des particuliers se fasse dans la capitale [1] ; mais cet inconvénient n'est point particulier aux profits de la ferme. Ceux des receveurs généraux qui proviennent de l'impôt direct, ceux des gagistes et des pensionnés du gouvernement, les revenus de tous les grands propriétaires, se dépensent tous dans la capitale. C'est un grand mal, mais qui tient plus au système général du gouvernement qu'à la nature de l'impôt indirect.

Il semble que l'auteur envisage ici [2] comme un mal, qu'une partie des profits des fermiers soit mise en réserve pour former des capitaux, et que l'argent qu'ils ont perçu ne soit point rendu à la circulation. Laissons là les fermiers ; et considérons la chose en général.

L'auteur et quelques autres des écrivains économiques semblent supposer que la totalité des revenus doit nécessairement être reversée immédiatement dans la circulation, sans qu'il en soit mis aucune partie en réserve pour former un capital pécuniaire, et que, s'il en était autrement, la reproduction souffrirait. Il s'en faut bien que cette supposition soit vraie ; pour en sentir la fausseté, il suffit de réfléchir sur l'influence des capitaux dans toutes les entreprises lucratives de culture, d'industrie, de commerce, et sur l'indispensable nécessité des avances.

Qu'est-ce que ces avances, et d'où peuvent-elles provenir, sinon des

1. *Mémoire,* etc., p. 103.
2. *Mémoire,* etc., p. 106.

épargnes du revenu ? Il n'existe de richesses que les produits de la terre ; les avances ne peuvent donc s'accroître que par la réserve d'une partie de ce que produit la terre et d'un partie de ce qui n'est point affecté indispensablement à la reproduction. Il n'importe que cette portion soit mise en réserve par l'entrepreneur des classes laborieuses ou par les propriétaires. Les entrepreneurs, dans le premier cas, réservent sur leurs profits et se forment des capitaux qu'ils emploient à augmenter leurs entreprises ; mais, il faut pour cela, que leurs profits soient un peu plus considérables que ce qui est indispensablement affecté à la reproduction de l'année suivante, ce qui arrive de deux façons : 1° parce que, outre la rentrée annuelle et le remplacement de leurs avances, outre le salaire de leur travail et leur subsistance, ils ont encore droit à un intérêt de leurs avances égal à ce que leur produirait le même capital employé de toute autre manière et sans travail de leur part, soit en acquisition de biens-fonds, soit en prêt à rente ; 2° parce que le défaut de concurrence pour les entreprises met les entrepreneurs dans le cas de faire des profits plus considérables que ne l'exige la continuation de leur entreprise, et sur lesquels ils peuvent épargner beaucoup chaque année. Ces profits sont une portion du produit net que l'entrepreneur s'approprie, au-delà des reprises qui lui sont indispensablement dues aux dépens de la part du propriétaire. L'effet immédiat de l'épargne est l'accumulation des capitaux mobiliers ; et ces capitaux ne s'accumulent que dans la vue de se procurer un revenu ou profit annuel, ce qui ne se peut qu'en employant ce capital. L'effet de cette accumulation est de baisser l'intérêt de l'argent prêté, d'augmenter la valeur vénale des biens-fonds, de diminuer les reprises nécessaires des entrepreneurs en tout genre et les frais de toutes les entreprises, de rendre profitables et, par conséquent, possibles, des entreprises qui ne l'étaient pas, d'augmenter la somme des avances en tout genre et d'augmenter en proportion la somme des entreprises et des produits.

De tous les emplois de l'argent, celui qui exige le moins de peine de la part du capitaliste, c'est le prêt à rente ; le second, dans cet ordre de la commodité, est l'acquisition des terres : mais celui-ci est le premier dans l'ordre de la sûreté. Il n'y a que l'espérance d'un profit plus considérable qui puisse engager le possesseur d'un capital en argent à l'employer dans des entreprises incertaines et laborieuses. Le taux de l'intérêt de l'argent prêté est donc la première mesure donnée, le paramètre (si j'ose ainsi parler) d'après lequel s'établit la valeur vénale des fonds et les profits des avances dans les entreprises de culture, d'industrie et de commerce. Il est inutile de déclamer contre les rentes et leurs inutiles possesseurs : tant que cet emploi de l'argent, c'est-à-dire tant que le besoin d'emprunter existera, il aura la préférence, parce qu'il est dans la nature des choses qu'il l'ait. Ce n'est que le surplus qui servira à vivifier, par les avances, les entreprises laborieuses. C'est le lit du Nil, qui doit nécessairement se remplir avant que l'inondation se répande sur les campagnes et les fertilise. Il ne faut pas se plaindre que l'eau coule dans ce lit, car la loi de la pesanteur l'y détermine nécessairement. Il faut encore moins se plaindre de ce que les eaux se sont accumulées, car sans cette accumulation les campagnes ne seraient point arrosées. Le vrai mal est que ce lit soit creusé au point d'absorber la plus grande partie des eaux ; le mal est que le gouvernement, par ses emprunts multipliés, présente sans cesse à l'argent un emploi avantageux au possesseur, et stérile pour l'Etat ; le mal est que, par cette opération ruineuse, il concoure avec le luxe des particuliers, pour soutenir l'intérêt de l'argent à un prix haut en lui-même, et plus haut que chez les nations étrangères. Mais ce mal une fois existant, ce n'est pas moins un bien que les possesseurs ou les copartageurs du revenu de l'Etat ne le dépensent pas tout entier, et en réservent chaque année pour le convertir en capital, puisque le bas intérêt de l'argent et toutes ses conséquences avantageuses résultent de la quantité de capitaux offerts par les prêteurs comparée avec la quantité de demandes des emprunteurs. Si la totalité du produit net avait toujours été dépensée chaque année sans aucune réserve, jamais la masse des avances, je ne dis pas de la grande culture, mais de la culture la plus faible, n'aurait pu se former ; jamais ces avances ne pourraient augmenter ; la chose est de toute évidence [1].

1. Du Pont a fait à ce sujet les réflexions ci-après :

« Il y a sur ce point quelque légère différence, et encore plus apparente que réelle, entre ce que dit M. Turgot et ce que pensait M. Quesnay.

« La grande nécessité d'épargner sur les revenus, et même autant qu'il serait possible sur les salaires, pour concourir à la formation des capitaux, ne saurait être contestée. Mais la manière de faire ces épargnes n'est pas indifférente.

« Si elle se fait par *thésaurisation*, elle apporte quelque dérangement à l'ordre naturel des distributions, et quelque diminution dans le prix des productions, partant dans l'intérêt de les multiplier et d'en étendre la culture. — C'était l'opinion de M. Quesnay.

« Mais, si les économies sont faites par l'emploi de l'argent à de nouveaux travaux utiles, comme la fabrication d'objets de jouissances durables, tels que des maisons, des meubles, des étoffes, surtout des plantations, des

Mais, dit-on, l'argent n'étant point rendu à la circulation, diminue les valeurs vénales et, par contrecoup, les reprises des fermiers qui, lorsqu'ils vendent moins cher qu'ils n'ont dû compter, paient le prix de leur bail en entamant leurs reprises.

A cela, quatre réponses :

1° Cet argument prouverait trop, car il prouverait que la totalité de l'argent perçu par les propriétaires à titre de revenu doit toujours retourner immédiatement entre les mains du cultivateur, et c'est ce

dessèchements, des directions d'eaux plus avantageuses, ou des prêts bien entendus à ceux qui font de l'argent ces profitables usages, l'argent est dépensé, les récoltes débitées à profit, et cependant les richesses accumulées et les capitaux formés.

« Lorsque les cultivateurs et, avant eux, les chasseurs ou les pêcheurs, ont épargné, ce qui certainement, et comme le remarque très bien M. Turgot, a causé la première *stabilisation* de richesses, la première formation de capitaux, ce n'était pas en gardant de l'argent, car il n'y avait alors aucun argent en circulation ; mais les chasseurs ont amélioré et multiplié leurs armes, les pêcheurs leurs canots et leurs filets, les pâtres et les cultivateurs leurs bestiaux ou leurs bâtiments ; tous, leurs divers effets mobiliers ; et c'est ce qu'ils font encore aujourd'hui. C'est même ce qui fait que les économies les plus profitables de toutes à la société sont celles des cultivateurs, parce que leur plus forte partie est en bétail. — Quand l'argent s'est introduit et quand il a pris la qualité de monnaie, il a été un effet mobilier de plus et très utile, parce qu'il a facilité les échanges, et aussi les très petites économies, qui contribuent à la formation des capitaux, comme les ruisseaux à celle des rivières.

« M. Quesnay a toujours reconnu les avantages de ces petites économies préliminaires et indispensables, avant que l'on puisse trouver, à l'argent qu'elles rassemblent, un emploi actif, soit productif, soit au moins transformateur d'un travail soldé en objets d'une jouissance prolongée.

« Il n'a blâmé que la *thésaurisation* qui empêcherait le débit de quelques productions ou en diminuerait le prix, et qui obligerait, pour maintenir ou rétablir la circulation, d'acheter à l'étranger plus de métaux qu'il n'en serait nécessaire, si les petites économies elles-mêmes étaient promptement consacrées à des emplois d'où résulterait du travail et de la consommation utile, et surtout si elles étaient presque de suite consacrées à un travail productif, tel que celui de la culture ou des autres exploitations qui font naître ou procurent des richesses nouvelles.

« M. Turgot dit avec raison qu'il faut des économies, sans quoi les capitaux ne pourraient pas se former ; et M. Quesnay, avec non moins de raison, qu'il ne faut pas de *thésaurisation,* sans quoi les capitaux seraient formés plus tard et moins utilement, attendu qu'il en résulterait un retard dans le travail et du désavantage dans le débit. » (G. S.).

qui est absolument faux. Les partisans de la *Philosophie rurale* en conviennent eux-mêmes, lorsqu'ils soutiennent avec tant de force l'indifférence absolue de ce qu'on appelle la balance du commerce soldée en argent. Car certainement si, par le solde de la balance, il s'écoule chaque année chez l'étranger une partie de l'espèce pécuniaire qui circulait dans l'Etat, la totalité de cette espèce ne reviendra pas se mesurer dans la circulation avec les denrées produites par le cultivateur ; et, suivant la pensée de l'auteur, les denrées baisseront de prix. Cependant l'auteur est persuadé que rien n'est plus indifférent que la manière dont se fait ce solde en argent.

2° Chaque année, la masse de l'or et de l'argent circulant dans l'univers s'accroît par le travail continuel des mines. L'argent que les mines donnent se répand d'abord dans l'Etat où les mines sont situées. Il faut, ou qu'il y reste dans la circulation, ou qu'il y soit mis en réserve par les entrepreneurs, ou qu'il en sorte pour être échangé contre des denrées. L'argent mis en réserve, dans le fait, ne tarde pas à rentrer bientôt dans la circulation, et il est dans la nature des choses que l'argent des mines sorte de chez le peuple propriétaire des mines pour s'échanger contre des denrées étrangères ; car, s'il restait dans le pays, les denrées augmenteraient si prodigieusement de prix, et l'argent s'avilirait si fort, que 1° les mines cesseraient de présenter un profit suffisant aux entrepreneurs pour balancer les frais d'exploitation, et la production nationale, manquant de valeur, cesserait bientôt ; et que 2° la différence du prix entre les denrées étrangères et les denrées du pays serait bientôt si forte que, malgré toutes les prohibitions du gouvernement, l'intérêt de chaque citoyen consommateur se réunirait avec celui des vendeurs étrangers pour forcer toutes les barrières que les préjugés de l'administration voudraient opposer à la sortie de l'argent.

L'argent que les Etats propriétaires des mines tirent du sein de la terre s'introduit, par le solde en argent de la balance du commerce, dans les Etats qui vendent leurs denrées aux propriétaires des mines. Il faut raisonner de cet argent introduit par le commerce dans l'Etat commerçant, comme de celui qui a été tiré immédiatement des mines dans l'Etat possesseur des mines. L'argent, devenu commun, enchérit les denrées ; bientôt, elles ne peuvent plus être données au même prix à la nation qui solde en argent, et des nations où l'argent est plus rare obtiennent la préférence. La nation, qui avait acquis la surabondance d'argent, est elle-même obligée de tirer une partie de ce qu'elle consomme des nations plus pauvres en argent. Ainsi, l'argent se répand peu à peu dans toutes les nations à raison de leur proximité plus ou moins grande du pays où sont les mines, et à raison de l'époque plus ou moins ancienne où elles ont commencé à entrer dans le système, ou, si l'on veut, dans la grande société des nations policées et commerçantes ; enfin, à raison de ce que leur constitution et leur législation intérieure sont plus ou moins favorables à l'accroissement des productions et à l'activité du commerce. Du Pérou et du Brésil, l'or et l'argent passent en Espagne et en Portugal ; de là, en France, en Angleterre, en Hollande, puis en Allemagne et dans les pays du Nord. On sait que l'or et l'argent sont encore assez rares en Suède pour que le cuivre y ait la fonction de monnaie, comme dans les premiers temps de la république romaine, où le mot *æs* signifiait ce que signifie aujourd'hui le mot *argent,* dans l'usage ordinaire du commerce et de la vie civile.

Les mines ne cessant de fournir chaque année un nouvel accroissement à la masse des métaux précieux, il en résulte que, depuis le pays où ces mines s'exploitent jusqu'aux dernières régions qui participent le plus tard et dans la plus petite proportion à la distribution annuelle qu'en fait le commerce, il n'en est aucune qui, dans l'ordre naturel des choses, et abstraction faite des dérangements que peuvent occasionner les dépenses excessives au-dehors, la guerre, les fausses opérations du gouvernement, n'éprouve chaque année un accroissement dans la masse de son pécule circulant.

Dans l'espèce d'échelle que forment ces Etats plus ou moins riches en argent, ceux dont la situation est la plus heureuse, la plus près de l'état de pleine prospérité, sont ceux où l'abondance et la valeur de l'argent sont dans le degré mitoyen où les porterait l'équilibre parfait, si l'argent pouvait à la longue se trouver universellement répandu sur toute la terre à proportion de la somme des productions annuelles de chaque canton. Le cours naturel que le commerce donne à l'argent tend à ce niveau universel ; mais il est impossible qu'il y arrive jamais tant que les mines ne seront pas épuisées, c'est-à-dire tant qu'elles fourniront assez abondamment pour payer les frais d'exploitation, avec un profit suffisant pour déterminer les entrepreneurs à en faire les avances ; car, c'est là le dernier terme de leur exploitation, et non pas leur épuisement physique.

Dans cet état de niveau, le commerce se réduirait entre toutes les nations à l'échange en denrées, et il n'y aurait aucune balance effective. Les nations qui sont aujourd'hui dans l'état mitoyen, qui ne sont ni surchargées, ni dénuées d'or et d'argent, sont à peu près dans le même cas, et le solde en argent de la balance du commerce y est nul, parce qu'elles en rendent autant aux nations qui en ont moins, qu'elles en reçoivent de celles qui en ont plus.

Revenons à la question de la nécessité de faire revenir au cultivateur tout l'argent qu'il a donné : je dis que, si la quantité d'argent retiré par l'épargne de la circulation immédiate est inférieure ou même n'est pas supérieure à la quantité d'argent introduite chaque année dans la circulation par la voie du commerce, les denrées conserveront leur valeur vénale, les cultivateurs emploieront à la reproduction autant d'argent que l'année précédente, et il n'y aura aucun dépérissement de richesses ; l'épargne ne nuira donc ni à la reproduction, ni au revenu. Non seulement elle n'y nuira pas, mais elle en procurera l'augmentation, puisque son effet est toujours, en dernière analyse, d'augmenter la masse des capitaux et la somme des avances, et de baisser l'intérêt de l'argent. Si elle retirait véritablement de la circulation l'argent qu'elle met en réserve, elle empêcherait l'augmentation des denrées résultante de l'introduction de l'argent, conserverait à la nation la faculté de vendre ses denrées superflues à l'étranger possesseur d'argent, le sauverait de la nécessité d'acheter chez l'étranger moins pécunieux les choses nécessaires à sa consommation, que ses propres ouvriers ne pourraient plus lui fournir à un aussi bas prix. Lors même que l'effet de l'épargne n'est pas de retirer l'argent de la circulation, elle compense, par le bas prix de l'intérêt de l'argent et par la diminution des reprises indispensables des entrepreneurs, l'augmentation de la main-d'œuvre résultante de l'augmentation de la valeur vénale des denrées. Elle ôte à la surabondance d'argent tous ses inconvénients, pour ne lui laisser que ses avantages. Qui ne sait qu'en Hollande la cherté des salaires suffirait pour anéantir le commerce, si le bas intérêt de l'argent, et l'activité qui en est la suite, ne compensaient pas et au-delà cette cause ?

3° Je suppose, pour un moment, que l'épargne ait pour effet immédiat de retirer l'argent de la circulation, et de baisser la valeur vénale au préjudice du cultivateur, je dis que, s'il résulte de cette épargne une augmentation d'avances, et que, de cette augmentation d'avances, il en résulte une plus grande production, ou, si l'on veut, une diminution des frais annuels, en sorte que la diminution de la valeur vénale, résultante du peu d'argent retiré de la circulation, est plus que compensée par le nombre des choses vendues, ou par une moindre valeur fondamentale[1] de chaque chose vendue, alors il y a un grand avantage à mettre de l'argent en réserve. Or, il y a grande apparence que l'augmentation des avances fait beaucoup plus de bien, que la légère diminution des valeurs vénales occasionnée par l'épargne ne peut faire de mal. Cette diminution sera toujours très légère, si la libre exportation continue de faire participer nos productions au prix du marché général. Peut-être que l'augmentation de production occasionnée par la mise de nouvelles avances opérerait encore plus efficacement l'abaissement des valeurs vénales. Mais les remèdes à cet inconvénient sont dans cette même communication avec le marché général, dans la variété des productions dont le sol est susceptible, parmi lesquelles le cultivateur peut choisir celles dont le débit est le plus avantageux, et préférer les chardons au froment, s'il y trouve son avantage, enfin, dans l'accroissement de population suite naturelle de l'abondance des productions.

4° C'est très gratuitement qu'on suppose que l'épargne diminue les valeurs vénales, en retirant de la circulation les sommes mises en réserve. Elles y rentrent presque toutes sur-le-champ ; et pour en être convaincu, il ne faut que réfléchir sur l'usage qu'on fait de l'argent épargné : ou on l'emploie en achats de terre, ou on le prête à intérêt, ou on l'emploie en avances dans des entreprises lucratives de culture, d'industrie, de commerce. Il est évident que ce dernier genre d'emploi

1. On distingue deux sortes de valeurs : la *valeur fondamentale*, et la *valeur vénale*. La valeur fondamentale est ce que la chose coûte à celui qui la vend, c'est-à-dire les frais de matière première, intérêt des avances, salaires du travail et de l'industrie. La valeur vénale est le prix dont l'acheteur convient avec le vendeur. La valeur fondamentale est assez fixe et change beaucoup moins que la valeur vénale. Celle-ci ne se règle que sur le rapport de l'offre à la demande ; elle varie avec les besoins, et souvent la seule opinion suffit pour y produire des secousses et des inégalités très considérables et très subites. Elle n'a pas une proportion nécessaire avec la valeur fondamentale, parce qu'elle dépend immédiatement d'un principe tout différent ; mais elle tend continuellement à s'en rapprocher, et ne peut guère s'en éloigner beaucoup d'une manière permanente. Il est évident qu'elle ne peut rester longtemps au-dessous ; car, dès qu'une denrée ne peut se vendre qu'à perte, on cesse de la faire produire jusqu'à ce que la rareté l'ait ramenée à un prix au-dessus de la valeur fondamentale. Ce prix ne peut non plus être longtemps fort au-dessus de la valeur fondamentale, car le gros prix, offrant de gros profits, appellerait la denrée et ferait naître une vive concurrence entre les vendeurs. Or, l'effet naturel de cette concurrence serait de baisser les prix et de les rapprocher de la valeur fondamentale.

fait rentrer de suite les capitaux dans la circulation, et les échange en détail contre les instruments, les bestiaux de labour, les matières premières et les salaires des ouvriers, l'achat des marchandises qui sont l'objet du commerce. Il en est de même des deux autres emplois. L'argent de l'acquéreur d'un bien-fonds passe au vendeur ; celui-ci vend ordinairement pour faire une acquisition plus utile ou pour payer des dettes, et c'est toujours à ce dernier objet que va le prix de la vente ; car, si le premier vendeur achète un autre fonds, ce sera le vendeur de celui-ci, ou, si l'on veut, un troisième qui ne vendra que pour se libérer ; si ce sont des dettes criardes, voilà l'argent redépensé et rejeté dans la circulation. Si ce sont des dettes portant intérêt, le créancier remboursé n'a rien de plus pressé que de prêter de nouveau son argent. Voyons donc ce que devient l'argent prêté, ce qu'en fait l'emprunteur.

Les jeunes gens de famille dérangés et les gouvernements empruntent pour dépenser, et ce qu'ils dépensent rentre à l'instant dans la circulation. Quand ils sont plus sages, ils empruntent pour s'arranger, pour payer les dettes exigibles, pour rembourser les créances qui portent un intérêt trop fort. Quelques personnes empruntent pour compléter le prix des acquisitions qu'elles veulent faire en biens-fonds, et cet objet d'emprunt rentre dans ce que j'ai dit plus haut de l'emploi d'argent en acquisition de fonds, savoir : que cet argent, à la seconde ou troisième main, retourne à la circulation en se redistribuant dans le commerce. Quant aux emprunts des entrepreneurs, manufacturiers, commerçants, on sait bien qu'ils sont versés sur-le-champ dans leurs entreprises, et dépensés en avances de toute espèce.

Il suit évidemment de ce détail que l'argent épargné, accumulé, mis en réserve pour former des capitaux, n'est point enlevé dans la circulation, et que la somme des valeurs pécuniaires, qui se balance dans le détail du commerce avec les autres valeurs pour en fixer le prix, n'en est ni plus ni moins forte.

Dans une nation où l'agriculture, l'industrie et le commerce fleurissent, et où l'intérêt de l'argent est bas, la masse des capitaux est immense, et il est cependant notoire que la masse de l'argent mis en réserve dans les caisses est très médiocre ; presque tous les capitaux existants sont représentés par du papier qui équivaut à l'argent, parce que les effets qui répondent de leur solidité équivalent à l'argent. Mais il n'y a véritablement d'argent dans les caisses que la quantité nécessaire pour pouvoir faire les paiements journaliers qu'exige le cours du commerce. Il se fait quelquefois des mouvements de plusieurs millions, sans qu'il y ait un sac d'argent déplacé. La quantité de cet argent qui circule, pour ainsi dire, en grosses masses, est donc très bornée, toujours proportionnée au degré d'activité du commerce, aux mouvements qu'il donne à l'argent, toujours à peu près la même.

Je crois avoir montré deux choses : l'une, que quand l'épargne retirerait l'argent de la circulation, elle ne serait pas pour cela seul une chose mauvaise ; l'autre, que dans le fait l'épargne ne retire point véritablement de la circulation l'argent qu'elle met en réserve.

Le résultat de cette longue note est que les réserves et les amas d'argent que font les fermiers de l'impôt indirect ne sont point un mal par eux-mêmes, et ne doivent point être comptés parmi les inconvénients de ce genre d'impôt. Les profits excessifs sont sans doute un mal, parce qu'ils sont pris sur le peuple, et, que, n'entrant point dans le trésor du Prince, ils mettent celui-ci dans la nécessité d'augmenter l'impôt. C'est un mal que ces profits se dépensent à Paris, comme c'est un mal que tous les gros propriétaires dépensent leur revenu à Paris. Mais c'est un bien que les fermiers n'en dépensent en détail qu'une partie.

Lettre à Hume

Turgot avait fait part à Hume du thème mis au concours de la Société d'Agriculture de Limoges, et il répond ici à certaines objections que le philosophe anglais lui a adressées.

(Hume ministre. — J.-J. Rousseau : l'*Emile ; le Contrat social.* — Les romans. — L'impôt indirect ; son influence sur les salaires. — La valeur.)

25 mars.

Je profite, M., de l'occasion de M. Francès [1] pour m'acquitter d'une réponse que je vous dois depuis bien longtemps, et pour vous faire en même temps mon compliment sur la place que vous occupez dans votre ministère, si tant est que ce soit un compliment à faire à un homme de lettres, de se trouver jeté dans le tourbillon des affaires ; quant à moi, je recevrais de bien meilleur cœur un compliment sur un événement qui me délivrerait des affaires pour me rendre aux lettres ou à la liberté. Quoi qu'il en soit, et quels que soient vos sentiments sur cet événement, je les partage, et j'y prends l'intérêt que je prendrai toujours à ceux qui vous concerneront.

J'étais à Limoges au milieu des courses de mon département lorsque M. d'Alembert me fit passer votre seconde lettre sur Jean-Jacques, qui n'est point datée. Je ne pouvais pas y répondre alors et, depuis mon retour à Paris, j'ai attendu le départ de M. Francès, qui était annoncé depuis quelque temps. J'hésite à vous parler encore de ce sujet, dont vous avez été si ennuyé avec raison, et je vois, par une nouvelle lettre que M. d'Alembert a reçue depuis peu de jours, que vous avez encore à vous plaindre du silence de Rousseau, après des

1. De Batailhe Francès, frère de Mme Blondel et ministre de France à Londres. (G. Schelle).

preuves claires de la fausseté de ses soupçons. D'ailleurs, pour s'expliquer de si loin, il faut des volumes et, avec des volumes, on ne parvient pas encore à s'entendre parfaitement, parce que les plus légères circonstances, envisagées différemment, font interpréter les expressions d'une manière toute contraire à l'intention de l'écrivain. Je vois, par exemple, par les détails où vous entrez, et par la peine que vous prenez pour vous défendre, que vous avez cru mes réflexions dictées par mon attachement pour Rousseau dont vous m'appelez *a zealous friend* et dont vous dites ailleurs que je suis si engoué, *so fond.* En conséquence, vous me savez très bon gré de vous dire que je ne crois pas qu'après le défi public de Rousseau, vous puissiez vous dispenser de rendre ses lettres publiques, et je puis bien vous assurer qu'aucun autre motif n'a dicté tout ce que je vous ai écrit que mon attachement pour vous, attachement très réel et fondé sur une connaissance personnelle, au lieu que je ne puis en avoir aucun pour Rousseau personnellement, puisque je ne l'ai jamais entendu causer qu'une demi-heure chez le baron d'Holbach, il y a plus de douze ans. Je ne connais Rousseau que comme auteur, et malheureusement, l'expérience m'a bien détrompé de cette illusion, qui fait aimer l'homme sur la foi de ses écrits. Je dis, malheureusement, parce que cette illusion est bien douce, et que je ne l'ai pas perdue sans beaucoup de regret. Je ne me défends pas d'estimer et d'aimer infiniment les ouvrages de Rousseau, non pas seulement à cause de son éloquence, du moins, si l'on n'entend par éloquence que la beauté du langage, car l'éloquence de Rousseau a un charme bien indépendant du langage et qui tient de très près à la partie morale de ses écrits. Il s'en faut bien que je les juge, comme vous, nuisibles à l'intérêt du genre humain ; je crois, au contraire, que c'est un des auteurs qui a le mieux servi les mœurs et l'humanité. Bien loin de lui reprocher de s'être sur cet article trop écarté des idées communes, je crois, au contraire, qu'il a encore respecté trop de préjugés. Je crois qu'il n'a pas marché assez avant dans la route ; mais c'est en suivant sa route que l'on arrivera au but qui est de rapprocher les hommes de l'égalité, de la justice et du bonheur. Il faut nous entendre. Vous me ferez l'honneur de croire que je n'adopte pas ses ridicules paradoxes sur le danger des lettres, et sur la destination de l'homme à la vie sauvage. Je les regarde, ainsi que vous, comme un jeu, une espèce de tour de force d'éloquence. Rousseau n'était point encore connu quand il s'engagea dans cette fausse route ; l'ensemble de ses idées n'était point encore formé ; il s'imagina étonner davantage en saisissant le côté paradoxal des sujets proposés par l'Académie de Dijon. Ce malheureux orgueil dont je ne prétends pas assurément le justifier l'a sans cesse conduit à entasser les paradoxes pour ne pas rétracter le premier ; et son *Emile* est encore gâté par des entorses qu'il y donne quelquefois aux vérités qu'il y établit pour les lier à ses anciennes folies. Je crois qu'en cela il y a de sa part un peu de charlatanisme, fait d'un amour-propre très mal entendu. Je ne le crois pas non plus de bonne foi dans son prétendu christianisme : mais, malgré ces défauts, combien de vérités utiles dans *Emile* ; combien la marche qu'il présente à l'éducation est puisée dans la nature ; que d'observations fines et neuves sur les développements successifs de l'esprit et du cœur humain ! Il prolonge un peu trop ce développement. La nature va plus vite qu'il ne le dit ; mais elle suit la route qu'il trace, et il est le premier qui ait appris à la seconder sans la gêner ; et c'est assurément une obligation éternelle que le genre humain lui aura. Et compterons-nous pour rien *le Contrat social ?* A la vérité, ce livre se réduit à la distinction précise du souverain et du gouvernement ; mais cette distinction présente une vérité bien lumineuse, et qui me paraît fixer à jamais les idées sur l'inaliénabilité de la souveraineté du peuple dans quelque gouvernement que ce soit. *Emile* me paraît partout respirer la morale la plus pure qu'on ait encore donnée en leçons, quoiqu'on puisse, selon moi, aller encore plus loin ; mais je me garderai bien de vous dire sur cela mes idées, car vous me jugeriez peut-être encore plus fou que Rousseau. Je ne vous dirai donc pas que je ne trouve la vraie morale dans aucun livre de morale, et que tout ce que j'en connais d'écrit est épars çà et là dans les romans. Je ne vous dirai pas que c'est précisément parce que la morale des écrits de Rousseau se rapproche davantage de celle des romans que je l'estime si fort, car je vous donnerais trop mauvaise idée de moi. Après cette profession de foi sur Rousseau, considéré comme auteur, je conviendrai sans peine, mais non sans regret, qu'il a des défauts qui rendent sa personne intolérable dans la société, et qui l'ont fait tomber dans des fautes odieuses. Il n'y a personne au monde qui puisse n'être pas indigné de ses soupçons contre vous. Quoique je ne les aie pas envisagés tout à fait comme vous, et que je ne les aie pas crus un prétexte imaginé de mauvaise foi et par réflexion pour secouer les obligations qu'il vous avait, quoique je les aie regardés comme le fruit d'une imagination exaltée par l'orgueil et la mélancolie, je ne sens pas moins qu'une âme honnête ne conçoit pas de pareils soupçons contre un bienfaiteur, et qu'une défiance aussi atroce n'annonce pas un homme en qui on puisse prendre confiance. Je crois qu'à présent Rousseau est très convaincu de la fausseté de ses soupçons et je le trouve inexcusable de ne pas revenir sur ses pas. Cependant, je suis moins étonné de cette seconde faute que de la première, vu l'excès de son orgueil, et l'horreur qu'il aurait sans doute de se voir humilié devant vous après la manière dont vous l'avez traité.

Si j'ai disputé contre vous, ce n'était pas pour justifier Rousseau, parce que personne au monde ne peut le justifier. Mais je croyais, et je vous avoue que je pense encore de même, que vous vous étiez trompé sur la manière d'envisager sa faute ; et je voyais avec peine qu'en vous défendant du fonds de l'accusation de Rousseau, sur laquelle assurément vous n'aviez aucun besoin de défense et qui tombait par son atrocité même, vous vous donniez un léger tort vis-à-vis de lui, en lui supposant des vues que je croyais qu'il n'avait pas eues, et vous lui donniez, pour ainsi dire, un moyen de rétablir le combat.

Il me semblait qu'en vous bornant, sans explication, à faire imprimer les deux lettres, il était confondu de la manière la plus accablante. Je sais bien qu'il l'est ; mais les partisans de Rousseau disent encore : M. Hume a pris cette affaire trop vivement. Au reste, tout cela me paraît devoir à présent vous inquiéter bien peu : les gens qui vous connaissent le moins du monde vous ont rendu une pleine justice, soit en France, soit en Angleterre ; et je suis bien persuadé que, même parmi les partisans de Rousseau qui vous connaissent le moins, aucun n'a été tenté de donner la moindre créance aux absurdités de sa lettre. Si c'est pour mener Rousseau en Angleterre que vous avez quitté le séjour de la France, c'est nous qui souffrons le plus de cette affaire, puisque nous sommes privés du plaisir de vous posséder et de vivre avec vous. Je ne suis pas un de ceux qui le regrettent le moins. J'ai été bien plus long que je ne voulais sur ce chapitre, mais ce sera sûrement la dernière fois que je vous en parlerai.

J'aurais fort voulu entrer dans quelque détail sur la matière de l'impôt ; mais pour répondre à vos objections, il faudrait, pour ainsi dire, faire un livre et mériter mon prix. Je veux seulement vous indiquer le principe d'où je pars et que je crois incontestable : c'est qu'il n'y a d'autre revenu possible dans un Etat que la somme des productions annuelles de la terre ; que la totalité des productions se partage en deux parts : l'une, affectée à la reproduction de l'année suivante et qui comprend non seulement la part des fruits que les entrepreneurs de culture consomment en nature, mais encore tout ce qu'ils emploient à salarier les ouvriers de tout genre qui travaillent pour eux : maréchaux, charrons, bourreliers, tisserands, tailleurs, etc. ; elle comprend aussi leurs profits et les intérêts de leurs avances. L'autre part est le produit net que le fermier rend au propriétaire, lorsque la personne de celui-ci est distinguée de celle du cultivateur, ce qui n'arrive pas toujours ; le propriétaire l'emploie à salarier tout ce qui travaille pour lui. Cela posé, il faut que l'impôt qui ne porte pas sur le propriétaire directement tombe, ou sur les salariés qui vivent du produit net, ou sur ceux dont le travail est payé sur la part du cultivateur. Si le salaire a été réduit par la concurrence à son juste prix, il faut qu'il augmente ; et, comme il ne peut augmenter qu'aux dépens de ceux qui paient, une partie retombe sur le propriétaire pour les dépenses qu'il fait avec son produit net ; l'autre partie augmente la dépense des cultivateurs, qui sont obligés dès lors de donner moins au propriétaire. C'est donc, dans tous les cas, le propriétaire qui paie.

Vous dites que je suppose que les salaires augmentent à raison des taxes, et que l'expérience prouve la fausseté de ce principe ; et vous observez avec raison que ce ne sont point les taxes plus ou moins fortes qui déterminent le prix des salaires, mais uniquement le rapport de l'offre à la demande.

Ce principe n'a certainement jamais été contesté ; c'est l'unique principe qui fixe immédiatement le prix de toutes les choses qui ont une valeur dans le commerce. Mais il faut distinguer deux prix : le *prix courant* qui s'établit par le rapport de l'offre et de la demande, et le *prix fondamental,* qui pour une marchandise est ce que la chose coûte à l'ouvrier. Pour le salaire de l'ouvrier, le prix fondamental est ce que coûte à l'ouvrier sa subsistance. On ne peut imposer l'homme salarié sans augmenter le prix de sa subsistance, puisqu'il faut ajouter, à son ancienne dépense, celle de l'impôt. On augmente donc le prix fondamental du travail. Or, quoique le prix fondamental ne soit pas le principe immédiat de la valeur courante, il est cependant un minimum au-dessous duquel elle ne peut baisser. Car, si un marchand perd sur sa marchandise, il cesse de vendre ou de fabriquer ; si un ouvrier ne peut vivre de son travail, il devient mendiant ou s'expatrie. Ce n'est pas tout : il faut que l'ouvrier trouve un certain profit, pour subvenir aux accidents, pour élever sa famille. Dans une nation où le commerce et l'industrie sont libres et animés, la concurrence fixe ce profit au taux le plus bas qu'il soit possible. Il s'établit une espèce d'équilibre entre la valeur de toutes les productions de la terre, la consommation des différentes espèces de denrées, les différents genres d'ouvrages, le nombre d'hommes qui y sont occupés, et le prix de leurs salaires.

Les salaires ne peuvent même être fixés et demeurer constamment à un taux déterminé, qu'en vertu de cet équilibre et de l'influence qu'ont les unes sur les autres toutes les parties de la société, toutes les branches de la production et du commerce. Cela posé, si l'on charge un des poids, il est impossible qu'il n'en résulte pas dans toute la machine un mouvement qui tend à rétablir l'ancien équilibre. La proportion de la valeur courante des salaires à leur valeur fondamentale était établie par les lois de cet équilibre, et par la combinaison de toutes les circonstances où se trouvent toutes les parties de la société.

Vous augmentez la valeur fondamentale : il faut que les circonstances qui ont fixé auparavant la proportion de la valeur courante avec cette valeur fondamentale fassent remonter la valeur courante jusqu'à ce que la proportion soit rétablie. Je sais bien que cet effet ne sera pas subit, et qu'il y a dans toute machine compliquée des frottements qui ralentissent les effets le plus infailliblement démontrés par la théorie. Le niveau même, dans un fluide parfaitement homogène, ne se rétablit qu'avec le temps, mais il s'établit toujours avec le temps. Il en est de même de l'équilibre des valeurs que nous examinons. L'ouvrier, comme vous le dites, s'ingénie pour travailler plus ou consommer moins ; mais tout cela n'est que passager. Il n'est, sans doute, aucun homme qui travaille autant qu'il pourrait travailler. Mais il n'est pas non plus dans la nature que les hommes travaillent autant qu'ils pourraient travailler, comme il ne l'est pas qu'une corde soit tendue autant qu'elle peut l'être. Il y a un degré de relâchement nécessaire dans toute machine, sans lequel elle courrait risque de se briser à tout moment. Ce degré de relâchement dans le travail est fixé par mille causes qui subsistent après l'impôt et, par conséquent, si par un premier effort la tension avait augmenté, les choses ne tarderaient pas à reprendre leur assiette naturelle.

Ce que j'ai dit de l'augmentation du travail, je le dis de la diminution de la consommation. Les besoins sont toujours les mêmes. Cette espèce de superflu, sur lequel on peut à toute rigueur retrancher, est encore un élément nécessaire dans la subsistance usuelle des ouvriers et de leurs familles. L'avare de Molière dit que, quand il y a à dîner pour cinq, un sixième trouve à manger : mais à pousser ce raisonnement un peu plus loin, on tomberait bien vite dans l'absurde. J'ajoute que la diminution de la consommation a un autre effet bien terrible sur le revenu du propriétaire, par la diminution de la valeur des denrées et des productions de sa terre.

Je n'entre point dans le détail de l'objection du commerce étranger, que je ne saurais regarder comme un objet bien considérable dans aucune nation, si ce n'est en tant qu'il contribue à augmenter le revenu des terres, et que d'ailleurs on ne peut le taxer sans le faire diminuer. Mais le temps me manque, et je suis forcé de finir, quoique j'eusse bien des choses à dire sur les inconvénients de l'impôt sur les consommateurs, dont la perception est une atteinte perpétuelle à la liberté des citoyens : il faut les fouiller aux douanes, entrer dans leurs maisons pour les droits d'aides et d'excises, sans parler des horreurs de la contrebande, et de la vie des hommes sacrifiée à l'intérêt pécuniaire du fisc : voilà un beau sermon que la législation fait aux voleurs de grand chemin.

Je finis malgré moi, en vous assurant, sans compliment, de l'attachement le plus sincère et le plus inviolable.

Valeurs et monnaies
(Projet d'article)

(1769)

Turgot était très lié avec l'abbé Morellet, qui avait été son condisciple en Sorbonne. Lorsque Morellet entreprit un Dictionnaire de Commerce *(qui ne fut d'ailleurs jamais terminé), Turgot écrivit en 1769 le projet d'article ci-après.*

(Les mesures. — Les diverses espèces de monnaie. — La valeur : pour l'homme isolé ; dans l'échange.)

La monnaie a cela de commun avec toutes les espèces de mesures, qu'elle est une sorte de langage qui diffère, chez les différents peuples, en tout ce qui est arbitraire et de convention, mais qui se rapproche et s'identifie, à quelques égards, par ses rapports, à un terme ou étalon commun.

Ce terme commun qui rapproche tous les langages, et qui donne à toutes les langues un fond de ressemblance inaltérable malgré la diversité des sons qu'elles emploient, n'est autre que les idées mêmes que les mots expriment, c'est-à-dire les objets de la nature représentés par les sens à l'esprit humain et les notions que les hommes se sont formées en distinguant les différentes faces de ces objets et en les combinant en mille manières.

C'est ce fond commun, essentiel à toutes les langues indépendamment de toute convention, qui fait qu'on peut prendre chaque langue, chaque système de conventions adoptées comme les signes des idées, pour y comparer tous les autres systèmes de conventions, comme on les comparerait au système même des idées qu'on peut interpréter dans chaque langue, ce qui a été originairement exprimé dans toute autre, qu'on peut en un mot *traduire*.

Le terme commun de toutes les mesures de longueur, de superficie, de contenance, n'est autre que l'étendue même, dont les différentes mesures adoptées chez différents peuples ne sont que des divisions arbitraires, qu'on peut pareillement comparer et réduire les unes aux autres.

On traduit les langues les unes par les autres ; on réduit les mesures les unes aux autres. Ces différentes expressions énoncent deux opérations très différentes.

Les langues désignent des idées par des sons qui sont en eux-mêmes étrangers à ces idées. Ces sons, d'une langue à l'autre, sont entièrement différents et, pour les expliquer, il faut substituer un son à un autre son : au son de la langue étrangère, le son correspondant de la langue dans laquelle on traduit. Les mesures, au contraire, ne mesurent l'étendue que par l'étendue même. Il n'y a d'arbitraire et de variable que le choix de la quantité d'étendue qu'on est convenu de prendre pour l'unité, et les divisions qu'on a adoptées pour faire connaître les différentes mesures. Il n'y a donc point de substitution à faire d'une chose à une autre ; il n'y a que des quantités à comparer et des rapports à substituer à d'autres rapports.

Le terme commun auquel se rapportent les *monnaies* de toutes les nations est la *valeur* même de tous les objets de commerce qu'elles servent à mesurer. Mais cette valeur, ne pouvant être désignée que par la quantité même des monnaies auxquelles elle correspond, il s'ensuit qu'on ne peut *évaluer* une *monnaie* qu'en une autre *monnaie :* de même qu'on ne peut interpréter les sons d'une langue que par d'autres sons.

Les monnaies de toutes les nations policées étant faites des mêmes matières, et ne différant entre elles, comme les mesures, que par les divisions de ces matières et par la fixation arbitraire de ce qu'on regarde comme l'unité, elles sont susceptibles, sous ce point de vue, d'être réduites les unes aux autres, ainsi que les mesures usitées chez les différentes nations.

Nous verrons, dans la suite, que cette réduction se fait d'une manière très commode, par l'énonciation de leur poids et de leur titre.

Mais cette manière d'évaluer les monnaies par l'énonciation du poids et du titre ne suffit pas pour faire entendre le langage du commerce par rapport aux monnaies. Toutes les nations de l'Europe en connaissent deux sortes. Outre les *monnaies réelles* comme l'écu, le louis, le *crown,* la guinée, qui sont des pièces en métal, marquées d'une empreinte connue, et qui ont cours sous ces dénominations, elle se sont fait chacune une espèce de *monnaie fictive*, qu'on appelle de *compte* ou numéraire dont les dénominations et les divisions, sans correspondre à aucune pièce de monnaie réelle, forment une échelle commune à laquelle on rapporte les monnaies réelles, en les évaluant par le nombre de parties de cette échelle auxquelles elles correspondent. Telle est en France la livre de compte ou numéraire, composée de vingt sous, et dont chacun se subdivise en douze deniers. Il n'y a aucune pièce de monnaie qui réponde à une livre ; mais un écu vaut trois livres ; un louis vaut vingt-quatre livres ; et l'énonciation de la valeur de ces deux monnaies réelles en une monnaie de compte établit le rapport de l'écu au louis comme d'un à huit.

Ces monnaies de compte n'étant, comme on voit, que de simples dénominations arbitraires, varient de nation à nation, et peuvent varier, dans la même nation, d'une époque à une autre époque.

Les Anglais ont aussi leur livre sterling, divisée en vingt sous ou schellings, lesquels se divisent en douze deniers ou pence. Les Hollandais comptent par florins, dont les divisions ne correspondent point à celles de notre livre.

Nous avons donc à faire connaître, dans la *géographie commerçante,* non seulement les monnaies réelles de chaque nation et leur évaluation en poids et en titre, mais encore les monnaies de compte employées par chaque nation, les rapports de cette monnaie de compte avec les monnaies réelles qui ont cours dans la nation, et le rapport qu'ont entre elles les monnaies de compte des différentes nations.

Le rapport de la monnaie de compte à la monnaie réelle de chaque nation se détermine en énonçant la valeur des monnaies réelles en monnaie de compte du même pays : du ducat en florins, de la guinée en schellings et deniers sterling, du louis et de l'écu en livres tournois.

Quant au rapport qu'ont entre elles les monnaies de compte usitées chez les différentes nations, l'idée qui se présente d'abord est de le conclure du rapport des monnaies de compte de chaque pays aux monnaies réelles, et de la connaissance du poids et du titre de celles-ci. En effet, connaissant le poids et le titre d'un *crown* d'Angleterre et le poids et le titre d'un écu de France, on connaît le rapport du *crown* à l'écu de France, et sachant combien l'écu vaut de deniers tournois, on en déduit ce que vaut le *crown* en deniers tournois et, comme on sait aussi ce que vaut le *crown* en deniers sterling, on sait que tel nombre de deniers sterling équivaut à tel nombre de deniers tournois et l'on a le rapport de la livre sterling à la livre tournois.

Cette manière d'évaluer les monnaies de compte des différentes nations par leur comparaison avec les monnaies réelles de chaque nation, et par la connaissance du poids et du titre de celles-ci, ne serait susceptible d'aucune difficulté s'il n'y avait des monnaies que d'un seul métal, d'argent, par exemple, ou si la valeur relative des différents métaux employés à cet usage, de l'or, par exemple, et de l'argent, était la même chez toutes les nations commerçantes, c'est-à-dire si un poids quelconque d'or fin, un marc par exemple, valait exactement un nombre de grains d'argent fin qui fût le même chez toutes les nations. Mais cette valeur relative de l'or et de l'argent varie suivant l'abondance ou la rareté relative de ces deux métaux chez les différentes nations.

Si, dans une nation, il y a treize fois plus d'argent qu'il n'y a d'or, et qu'en conséquence on donne 13 marcs d'argent pour avoir un marc d'or, on donnera 14 marcs d'argent pour un marc d'or chez une autre nation où il y aura 14 fois plus d'argent qu'il n'y a d'or. Il suit de là que si, pour déterminer la valeur des monnaies de compte de deux nations où l'or et l'argent n'ont pas la même valeur relative, pour évaluer, par exemple, la livre sterling en livres tournois, on emploie pour terme de comparaison les monnaies d'or, on n'aura pas le même résultat que si l'on se fût servi des monnaies d'argent. Il est évident que la véritable évaluation se trouve entre ces deux résultats ; mais, pour la déterminer avec une précision entièrement rigoureuse, il faudrait faire entrer dans la solution de ce problème une foule de considérations très délicates. Cependant, le commerce d'argent de nation à nation, toutes les négociations relatives à ce commerce, la représentation de la monnaie par les papiers de crédit, les opérations du change, des banques, supposent ce problème résolu.

Le mot de *monnaie,* dans son sens propre, originaire et primitif, qui répond exactement au latin *moneta,* signifie une pièce de métal d'un poids et d'un titre déterminés et garantis par l'empreinte qu'y a fait apposer l'autorité publique. Rapporter le nom, désigner l'empreinte, énoncer le poids et le titre de chaque monnaie des différentes nations en réduisant ce poids au poids de marc, c'est tout ce qu'il y a à faire pour donner une idée nette des monnaies considérées sous ce premier point de vue.

Mais l'usage a donné à ce mot de *monnaie* une acception plus abstraite et plus étendue. On divise les métaux en pièces d'un certain poids ; l'autorité ne garantit leur titre par une empreinte que pour qu'on puisse les employer d'une manière commode et sûre dans le commerce, pour qu'ils y servent à la fois de mesures des valeurs et de gage représentatif des denrées ; il y a plus, l'on n'a songé à diviser ainsi les métaux, à les marquer, à en faire, en un mot, de la *monnaie,* que parce que déjà ces métaux servaient de mesure et de gage commun de toutes les valeurs.

La monnaie n'ayant pas d'autre emploi, ce nom a été regardé comme désignant cet emploi même ; et, comme il est vrai de dire que la monnaie est la mesure et le gage des valeurs, comme tout ce qui est mesure et gage des valeurs peut tenir lieu de la monnaie, on a donné le nom de monnaie dans un sens étendu à tout ce qui est employé à cet usage. C'est dans ce sens qu'on dit que les cauris sont la monnaie des îles Maldives, que les bestiaux étaient la monnaie des Germains et des anciens habitants du Latium ; que l'or, l'argent et le cuivre sont la monnaie des peuples policés ; que ces métaux étaient monnaies avant qu'on eût imaginé d'en désigner le poids et le titre par une empreinte légale. C'est dans ce sens qu'on donne aux papiers de crédit qui représentent les monnaies, le nom de *papier-monnaie.* C'est dans ce sens enfin que le nom de monnaie convient aux dénominations purement abstraites qui servent à comparer entre elles toutes les valeurs et celles même des monnaies réelles, et qu'on dit *monnaie de compte, monnaie de banque,* etc.

Le mot de *monnaie,* en ce sens, ne doit jamais se traduire par le mot latin *moneta,* mais par celui de *pecunia,* auquel il correspond très exactement.

C'est dans ce dernier sens, c'est comme mesure des valeurs et gage des denrées, que nous allons envisager la *monnaie,* en suivant la marche de son introduction dans le commerce et les progrès qu'a faits chez les hommes l'art de *mesurer les valeurs.*

Avant tout, il est nécessaire de se faire une idée nette de ce qu'on doit entendre ici par ce mot *valeur.*

Ce substantif abstrait, qui répond au verbe *valoir,* en latin *valere,* a dans la langue usuelle plusieurs significations qu'il est important de distinguer.

Dans le sens originaire que ce mot avait dans la langue latine, il signifiait force, vigueur ; *valere* signifiait aussi *se bien porter,* et nous conservons encore en français ce sens primitif dans les dérivés *valide, invalide, convalescence.* C'est en partant de cette acception, où le mot *valeur* signifiait force, qu'on en a détourné le sens pour lui faire signifier le courage militaire, avantage que les anciens peuples ont presque toujours désigné par le même mot, qui signifiait la force du corps.

Le mot *valoir* a pris dans la langue française un autre sens fort usité, et qui, quoique différent de l'acception qu'on donne dans le commerce à ce mot et à celui de *valeur,* en est cependant la première base.

Il exprime cette bonté relative à nos besoins par laquelle les dons et les biens de la nature sont regardés comme propres à nos jouissances, à la satisfaction de nos désirs. On dit qu'un ragoût ne *vaut rien* quand il est mauvais au goût, qu'un aliment ne *vaut rien* pour la santé, qu'une étoffe *vaut mieux* qu'une autre étoffe, expression qui n'a aucun rapport à la *valeur commerçable,* et signifie seulement qu'elle est plus propre aux usages auxquels on la destine.

Les adjectifs *mauvais, médiocre, bon, excellent,* caractérisent les divers degrés de cette espèce de *valeur.* Il est cependant à observer que le substantif *valeur* n'est pas à beaucoup près aussi usité en ce sens que le verbe *valoir.* Mais si l'on s'en sert, on ne peut entendre par là que la bonté d'un objet relativement à nos jouissances. Quoique cette bonté soit toujours relative à nous, nous avons cependant en vue, en y appliquant le mot de *valeur,* une qualité réelle, intrinsèque à l'objet et par laquelle il est propre à notre usage.

Ce sens du mot *valeur* aurait lieu pour un homme isolé, sans communication avec les autres hommes.

Nous considérerons cet homme n'exerçant ses facultés que sur un seul objet ; il le recherchera, l'évitera ou le laissera avec indifférence. Dans le premier cas, il a sans doute un motif de rechercher cet objet : il le juge propre à sa jouissance ; il le trouvera *bon,* et cette bonté relative pourrait absolument être appelée *valeur.* Mais cette *valeur,* n'étant point comparée à d'autres *valeurs,* ne serait point susceptible de mesure, et la chose qui *vaut* ne serait point *évaluée.*

Si ce même homme a le choix entre plusieurs objets propres à ses usages, il pourra préférer l'un à l'autre, trouver une orange plus agréable que des châtaignes, une fourrure meilleure pour le défendre du froid qu'une toile de coton : il jugera qu'une de ces choses *vaut mieux* qu'une autre ; il comparera dans son esprit, il appréciera *leur valeur.* Il se déterminera ; en conséquence, à se charger des choses qu'il préfère et à laisser les autres.

Le sauvage aura tué un veau qu'il portait à sa cabane : il trouve en son chemin un chevreuil ; il le tue et il le prend à la place du veau, dans l'espérance de manger une chair plus délicate. C'est ainsi qu'un enfant qui a d'abord rempli ses poches de châtaignes, les vide pour faire place à des dragées qu'on lui présente.

Voilà donc une comparaison de *valeurs,* une *évaluation* des différents objets dans ces jugements du sauvage et de l'enfant ; mais ces *évaluations* n'on rien de fixe, elles changent d'un moment à l'autre, suivant que les besoins de l'homme varient. Lorsque le sauvage a faim, il fera plus de cas d'un morceau de gibier que de la meilleure peau d'ours ; mais, que sa faim soit satisfaite et qu'il ait froid, ce sera la peau d'ours qui lui deviendra précieuse.

Le plus souvent, le sauvage borne ses désirs à la satisfaction du besoin présent et, quelle que soit la quantité des objets dont il peut user, dès qu'il en a pris ce qu'il lui faut, il abandonne le reste, qui ne lui est bon à rien.

L'expérience apprend cependant à notre sauvage que, parmi les objets propres à ses jouissances, il en est quelques-uns que leur nature rend susceptibles d'être conservés pendant quelque temps et qu'il peut accumuler pour les besoins à venir : ceux-là conservent leur *valeur,* même lorsque le besoin du moment est satisfait. Il cherche à se les approprier, c'est-à-dire à les mettre dans un lieu sûr où il puisse les cacher ou les défendre. On voit que les considérations qui entrent dans l'estimation de cette *valeur,* uniquement *relative à l'homme* qui jouit ou qui désire, se multiplient beaucoup par ce nouveau point de vue qu'ajoute la prévoyance au premier sentiment du besoin.

Lorsque ce sentiment, qui d'abord n'était que momentané, prend un caractère de permanence, c'est alors que l'homme commence à comparer entre eux ses besoins, à proportionner la recherche des objets, non plus uniquement à l'impulsion rapide du besoin présent, mais à l'ordre de nécessité et d'utilité des différents besoins.

Quant aux autres considérations par lesquelles cet ordre d'utilité plus ou moins pressante est balancé ou modifié, une des premières qui se présente est l'excellence de la chose, ou son aptitude plus ou moins grande à satisfaire le genre de désir qui la fait rechercher. Il faut avouer que cet ordre d'excellence rentre un peu, par rapport à l'estimation qui en résulte, dans l'ordre d'utilité, puisque l'agrément de la jouissance plus vive que produit ce degré d'excellence est lui-même un avantage que l'homme compare avec la nécessité plus urgente des choses dont il préfère l'abondance à l'excellence d'une seule.

Une troisième considération est la difficulté plus ou moins grande que l'homme envisage à se procurer l'objet de ses désirs ; car il est bien évident qu'entre deux choses également utiles et d'une égale excellence, celle qu'il aura beaucoup de peine à retrouver lui paraîtra bien plus précieuse, et qu'il emploiera bien plus de soins et d'efforts à se la procurer. C'est, par cette raison, que l'eau, malgré sa nécessité et la multitude d'agréments qu'elle procure à l'homme, n'est point regardée comme une chose précieuse dans les pays bien arrosés, que l'homme ne cherche point à s'en assurer la possession, parce que l'abondance de cette substance la lui fait trouver sous sa main.

Nous n'en sommes pas encore à l'échange, et voilà déjà la *rareté,* un des éléments de l'*évaluation.* Mais il faut dire que cette estime attachée à la rareté est encore fondée sur un genre particulier d'utilité, car c'est parce qu'il est plus utile de s'approvisionner d'avance d'une chose difficile à trouver, qu'elle est plus recherchée et que l'homme met plus d'efforts à se l'approprier.

On peut réduire à ces trois considérations toutes celles qui entrent dans la fixation de ce genre de valeur relative à l'homme isolé ; ce sont là les trois éléments qui concourent à la former. Pour la désigner par un nom qui lui soit propre, nous l'appellerons *valeur estimative,* parce qu'elle est effectivement, avec une entière précision, le degré d'estime que l'homme attache aux différents objets de ses désirs.

Il n'est pas utile d'appuyer sur cette notion et d'analyser ce que c'est que ce degré d'estime qu'attache l'homme aux différents objets de ses désirs, quelle est la nature de cette *évaluation,* ou le terme unité auquel les *valeurs* de chaque objet en particulier sont comparées, quelle est la numération de cette échelle de comparaison, quelle en est l'unité.

En y réfléchissant, nous verrons que la totalité des objets nécessaires à la conservation et au bien-être de l'homme forme, si j'ose ainsi parler, une *somme de besoins* qui, malgré toute leur étendue et leur variété, est assez bornée.

Il n'a pour se procurer la satisfaction de ces besoins qu'une mesure plus bornée encore de forces ou de facultés. Chaque objet particulier de ses jouissances lui coûte des soins, des fatigues, des travaux et au moins du temps. C'est cet emploi de ses facultés appliquées à la recherche de chaque objet qui fait la compensation de sa jouissance et pour ainsi dire le *prix* de l'objet. L'homme est encore seul ; la nature seule fournit à ses besoins, et déjà il fait avec elle un premier *commerce* où elle ne fournit rien qu'il ne paie par son travail, par l'emploi de ses facultés et de son temps.

Son capital, dans ce genre, est renfermé dans des bornes étroites ; il faut qu'il y proportionne la somme de ses jouissances ; il faut que, dans l'immense magasin de la nature, il fasse un choix, et qu'il partage ce *prix* dont il peut disposer entre les différents objets qui lui conviennent, qu'il les *évalue* à raison de leur *importance* pour sa conservation et son bien-être. Et cette évaluation, qu'est-ce autre chose que le compte qu'il se rend à lui-même de la portion de sa peine et de son temps, ou, pour exprimer ces deux choses en un seul mot, de la portion de ses facultés qu'il peut employer à la recherche de l'objet évalué sans y sacrifier celle d'autres objets également ou plus importants ?

Quelle est donc ici sa mesure des valeurs ? Quelle est son échelle de comparaison ? Il est évident qu'il n'en a pas d'autre que ses facultés mêmes. La somme totale de ses facultés est la seule *unité* de cette échelle, le seul point fixe d'où il puisse partir, et les *valeurs* qu'il attribue à chaque objet sont des parties proportionnelles de cette échelle. Il suit de là que la *valeur estimative* d'un objet, pour l'homme isolé, est précisément la portion du total de ses facultés qui répond au désir qu'il a de cet objet, ou celle qu'il veut employer à satisfaire ce désir. On peut dire, en d'autres termes, que c'est le rapport de cette partie proportionnelle au total des facultés de l'homme, rapport qui s'exprimerait par une fraction, laquelle aurait pour numérateur l'unité et pour dénominateur le nombre de valeurs ou de parties proportionnelles égales que contient les facultés totales de l'homme.

Nous ne pouvons ici nous refuser une réflexion. Nous n'avons pas encore vu naître le commerce ; nous n'avons pas encore assemblé deux hommes, et dès ce premier pas de nos recherches nous touchons à une des plus profondes vérités et des plus neuves que renferme la théorie générale des valeurs. C'est cette vérité que M. l'abbé Galiani énonçait, il y a vingt ans, dans son traité *della Moneta,* avec tant de clarté et d'énergie, mais presque sans développement, en disant que la *commune mesure de toutes les valeurs est l'homme.* Il est vraisemblable que cette même vérité, confusément entrevue par l'auteur d'un ouvrage qui vient de paraître, sous le titre d'*Essai analytique sur la richesse et l'impôt* [1], a donné naissance à sa doctrine de la valeur constante et unique, toujours exprimée par l'unité, et dont toutes les valeurs particulières ne sont que des parties proportionnelles, doctrine mélangée chez lui de vrai et de faux, et qui, par cette raison, a paru assez obscure au plus grand nombre de ses lecteurs.

Ce n'est pas ici le lieu de développer ce qu'il peut effectivement y avoir d'obscur, pour nos lecteurs, dans la courte énonciation que nous venons de faire d'une proposition qui mérite d'être discutée avec une étendue proportionnée à son importance ; moins encore devons-nous en détailler dans ce moment les nombreuses conséquences.

1. Par Graslin. (G. S.).

Reprenons le fil qui nous a conduit jusqu'à présent ; étendons notre première supposition. Au lieu de ne considérer qu'un homme isolé, rassemblons-en deux : que chacun ait en sa possession des choses propres à son usage, mais que ces choses soient différentes et appropriées à des besoins différents. Supposons, par exemple, que, dans une île déserte, au milieu des mers septentrionales, deux sauvages abordent chacun de leur côté, l'un portant avec lui dans son canot du poisson plus qu'il n'en peut consommer, l'autre portant des peaux au-delà de ce qu'il peut employer pour se couvrir et se faire une tente. Celui qui a apporté du poisson a froid, celui qui a apporté des peaux a faim ; il arrivera que celui-ci demandera au possesseur du poisson une partie de sa provision, et lui offrira de lui donner à la place quelques-unes de ses peaux : l'autre acceptera. Voilà *l'échange,* voilà le commerce.

Arrêtons-nous un peu à considérer ce qui se passe dans cet échange. Il est d'abord évident que cet homme qui, après avoir pris sur sa pêche de quoi se nourrir pendant un petit nombre de jours, passé lequel le poisson se gâterait, aurait jeté le reste comme inutile, commence à en faire cas lorsqu'il voit que ce poisson peut servir à lui procurer (par la voie de l'échange) des peaux dont il a besoin pour se couvrir ; ce poisson superflu acquiert à ses yeux une valeur qu'il n'avait pas. Le possesseur des peaux fera le même raisonnement, et apprendra de son côté à *évaluer* celles dont il n'a pas un besoin *personnel.* Il est vraisemblable que, dans cette première situation, où nous supposons nos deux hommes pourvus chacun surabondamment de la chose qu'il possède, et accoutumés à n'attacher aucun prix au superflu, le débat sur les conditions de l'échange ne sera pas fort vif ; chacun laissera prendre à l'autre, l'un tout le poisson, l'autre toutes les peaux, dont lui-même n'a pas besoin. Mais, changeons un peu la supposition : donnons à chacun de ces deux hommes un intérêt de garder leur superflu, un motif d'y attacher de la valeur : supposons qu'au lieu de poisson, l'un ait apporté du maïs, qui peut se conserver très longtemps ; que l'autre, au lieu de peaux, ait apporté du bois à brûler, et que l'île ne produise ni grain, ni bois. Un de nos deux sauvages a sa subsistance, et l'autre son chauffage, pour plusieurs mois ; ils ne peuvent aller renouveler leur provision qu'en retournant sur le continent, d'où peut-être ils ont été chassés par la crainte des bêtes féroces ou d'une nation ennemie ; ils ne le peuvent qu'en s'exposant sur la mer, dans une saison orageuse, à des dangers presque inévitables ; il est évident que la totalité du maïs et la totalité du bois deviennent très précieuses aux deux possesseurs, qu'elles ont pour eux une grande valeur ; mais le bois que l'un pourra consommer dans un mois lui deviendra fort inutile si, dans cet intervalle, il meurt de faim faute de maïs, et le possesseur du maïs ne sera pas plus avancé, s'il est exposé à périr de froid faute de bois : il feront donc encore un échange, afin que chacun d'eux puisse avoir du bois et du maïs jusqu'au temps où la saison permettra de tenir la mer pour aller chercher sur le continent d'autre maïs et d'autre bois. Dans cette position, l'un et l'autre seront sans doute moins généreux ; chacun pèsera scrupuleusement toutes les considérations qui peuvent l'engager à préférer une certaine quantité de la denrée qu'il n'a pas à une certaine quantité de celle qu'il a ; c'est-à-dire, qu'il calculera la force des deux besoins, des deux intérêts entre lesquels il est balancé, savoir : l'intérêt de garder du maïs et celui d'acquérir du bois, et celui d'acquérir du maïs et de garder du bois ; en un mot, il en fixera très précisément la *valeur estimative* relativement à lui. Cette *valeur estimative* est proportionnée à l'*intérêt* qu'il a de se procurer ces deux choses ; et la comparaison des deux *valeurs* n'est évidemment que la comparaison des deux *intérêts.* Mais, chacun fait ce calcul de son côté, et les résultats peuvent être différents : l'un changerait trois mesures de maïs pour six brasses de bois ; l'autre ne voudrait donner ses six brasses de bois que pour neuf mesures de maïs. Indépendamment de cette espèce d'évaluation mentale par laquelle chacun d'eux compare l'intérêt qu'il a de garder à celui qu'il a d'acquérir, tous deux sont encore animés par un intérêt général et indépendant de toute comparaison ; c'est l'intérêt de garder chacun le plus qu'il peut de sa denrée, et d'acquérir le plus qu'il peut de celle d'autrui. Dans cette vue, chacun tiendra secrète la comparaison qu'il a faite intérieurement de ses deux intérêts, des deux valeurs qu'il attache aux deux denrées à échanger, et il sondera, par des offres plus faibles et des demandes plus fortes, le possesseur de la denrée qu'il désire. Celui-ci, tenant de son côté la même conduite, ils disputeront sur les conditions de l'échange et, comme ils ont tous deux un grand intérêt à s'accorder, ils s'accorderont à la fin : peu à peu chacun d'eux augmentera ses offres ou diminuera ses demandes, jusqu'à ce qu'ils conviennent enfin de donner une quantité déterminée de maïs pour une quantité déterminée de bois. Au moment où l'échange se fait, celui qui donne, par exemple, quatre mesures de maïs pour cinq brasses de bois, préfère sans doute ces cinq brasses aux quatre mesures de maïs ; il leur donne une valeur estimative supérieure ; mais, de son côté, celui qui reçoit les quatre mesures de maïs les préfère aux cinq brasses de bois. Cette supériorité de la *valeur estimative,* attribuée par l'acquéreur à la chose acquise sur la chose cédée, est essentielle à l'échange, car elle en est l'unique motif. Chacun resterait comme il est s'il ne trouvait un intérêt, un profit personnel, à échanger ; si, relativement à lui-même, il n'estimait ce qu'il reçoit plus que ce qu'il donne.

Mais, cette différence de valeur estimative est réciproque et précisément égale de chaque côté ; car, si elle n'était pas égale, l'un des deux désirerait moins l'échange et forcerait l'autre à se rapprocher de son prix par une offre plus forte. Il est donc toujours rigoureusement vrai que chacun donne *valeur égale* pour recevoir *valeur égale.* Si l'on donne quatre mesures de maïs pour cinq brasses de bois, on donne aussi cinq brasses de bois pour quatre mesures de maïs et, par conséquent, quatre mesures de maïs *équivalent,* dans cet échange particulier, à cinq brasses de bois. Ces deux choses ont donc une *valeur échangeable* égale.

Arrêtons-nous encore. Voyons ce que c'est précisément que cette *valeur échangeable* dont l'égalité est la condition nécessaire d'un échange libre ; ne sortons point encore de la simplicité de notre hypothèse, où nous n'avons que deux contractants et deux objets d'échange à considérer. Ce n'est pas précisément la *valeur estimative* ou, en d'autres termes, l'intérêt que chacun des deux attachait séparément aux deux objets de besoin, dont il comparait la possession pour fixer ce qu'il devait céder de l'une pour acquérir de l'autre, puisque le résultat de cette comparaison pouvait être inégal dans l'esprit des deux contractants : cette première valeur, à laquelle nous avons donné le nom de *valeur estimative,* s'établit par la comparaison que chacun fait, de son côté, entre les deux intérêts qui se combattent chez lui ; elle n'a d'existence que dans l'esprit de chacun d'eux pris séparément. La valeur *échangeable,* au contraire, est adoptée par les deux contractants, qui en reconnaissent l'égalité et en font la condition de l'échange. Dans la fixation de la *valeur estimative,* chaque homme, pris à part, n'a comparé que deux intérêts : les deux intérêts qu'il attache à l'objet qu'il a et à celui qu'il désire avoir. Dans la fixation de la *valeur échangeable,* il y a deux hommes qui comparent et il y a quatre intérêts comparés ; mais, les deux intérêts particuliers de chacun des deux contractants ont d'abord été comparés entre eux à part, et ce sont les deux résultats qui sont ensuite comparés ensemble, ou plutôt débattus par les deux contractants, pour former une *valeur estimative moyenne* qui devient précisément la *valeur échangeable,* et à laquelle nous croyons devoir donner le nom de *valeur appréciative,* parce qu'elle détermine le *prix* ou la condition de l'échange.

On voit, par ce que nous venons de dire, que la *valeur appréciative* — cette valeur qui est égale entre les deux objets échangés — est essentiellement de la même nature que la *valeur estimative* ; elle n'en diffère que parce qu'elle est une valeur estimative *moyenne.* Nous avons vu plus haut que, pour chacun des contractants, la *valeur estimative* de la chose donnée est plus forte que celle de la chose reçue, et que cette différence est précisément égale de chaque côté ; en prenant la moitié de cette différence pour l'ôter à la valeur la plus forte et la rendre à la plus faible, on les rendra *égales.* Nous avons vu que cette égalité parfaite est précisément le caractère de la *valeur appréciative* de l'échange. Cette *valeur appréciative* n'est donc évidemment autre chose que la *valeur estimative moyenne* entre celle que les deux contractants attachent à chaque objet.

Nous avons prouvé que la *valeur estimative* d'un objet, pour l'homme isolé, n'est autre chose que le rapport entre la portion de facultés qu'un homme peut consacrer à la recherche de cet objet et la totalité de ses facultés ; donc, la valeur appréciative dans l'échange entre deux hommes est le rapport entre la somme des portions de leurs facultés respectives qu'ils seraient disposés à consacrer à la recherche de chacun des objets échangés et la somme des facultés de ces deux hommes.

Il est bon d'observer ici que l'introduction de l'échange entre nos deux hommes augmente la richesse de l'un et de l'autre, c'est-à-dire leur donne une plus grande quantité de jouissances, avec les mêmes facultés. Je suppose, dans l'exemple de nos deux sauvages, que la plage qui produit le maïs et celle qui produit le bois soient éloignées l'une de l'autre. Un sauvage seul serait obligé de faire deux voyages pour avoir sa provision de maïs et celle de bois ; il perdrait, par conséquent, beaucoup de temps et de fatigue à naviguer. Si, au contraire, ils sont deux, ils emploieront, l'un à couper du bois, l'autre à se procurer du maïs, le temps et le travail qu'ils auraient mis à faire le second voyage. La somme totale du maïs et du bois recueilli sera plus forte et, par conséquent, la part de chacun.

Revenons. Il suit de notre définition de la *valeur appréciative* qu'elle n'est point le rapport entre les deux choses échangées, ou entre le *prix* et la chose vendue, comme quelques personnes ont été tentées de le penser. Cette expression manquerait absolument de justesse dans la comparaison des deux valeurs, des deux termes de l'échange. Il y a un rapport d'égalité, et ce rapport d'égalité suppose deux choses déjà égales ; or, ces deux choses égales ne sont point les deux choses échangées, mais bien les valeurs des choses échangées. On ne peut donc confondre les *valeurs,* qui ont un rapport d'égalité, avec ce rapport d'égalité qui suppose deux valeurs comparées.

Il y a, sans doute, un sens dans lequel les *valeurs* ont un rapport, et nous l'avons expliqué plus haut en approfondissant la nature de la valeur estimative ; nous avons même dit que ce rapport pouvait, comme tout rapport, être exprimé par une fraction. C'est précisément l'égalité entre ces deux fractions qui forme la condition essentielle de l'échange, égalité qui s'obtient en fixant la valeur *appréciative* à la moitié de la différence entre les deux *valeurs estimatives.*

Dans le langage du commerce, on confond souvent sans inconvénients le *prix* avec la *valeur,* parce qu'effectivement l'énonciation du prix renferme toujours l'énonciation de la valeur. Ce sont pourtant des notions différentes qu'il importe de distinguer.

Le *prix* est la chose qu'on donne en échange d'une autre. De cette définition, il suit évidemment que cette autre chose est aussi le *prix* de la première : quand on parle de l'échange, il est presque superflu d'en faire la remarque et, comme tout commerce est échange, il est évident que cette expression (le *prix*) convient toujours réciproquement aux choses commercées qui sont également le prix l'une de l'autre. Le prix de la chose achetée, ou si l'on veut les deux prix, ont une valeur égale : le prix vaut l'emplette et l'emplette vaut le prix ; mais le nom de valeur, à parler rigoureusement, ne convient pas mieux à l'un des deux termes de l'échange qu'à l'autre. Pourquoi donc emploie-t-on ces deux termes l'un pour l'autre ? En voici la raison, dont l'explication nous fera faire encore un pas dans la théorie des *valeurs.*

Cette raison est l'impossibilité d'énoncer la valeur en elle-même. On se convainc facilement de cette impossibilité pour peu qu'on réfléchisse sur ce que nous avons dit et démontré de la nature de la valeur.

Comment trouver, en effet, l'expression d'un rapport dont le premier terme, le numérateur, l'unité fondamentale, est une chose inappréciable, et qui n'est connue que de la manière la plus vague ? Comment pourrait-on prononcer que la *valeur* d'un objet correspond à la deux-centième partie des facultés de l'homme, et de quelles facultés parlerait-on ? Il faut certainement faire entrer dans le calcul de ces facultés la considération du temps, mais à quel intervalle se fixera-t-on ? Prendra-t-on la totalité de la vie, ou une année, ou un mois, ou un jour ? Rien de tout cela, sans doute ; car, relativement à chaque objet de besoin, les facultés de l'homme doivent être, pour se les procurer, indispensablement employées pendant des intervalles plus ou moins longs et dont l'inégalité est très grande. Comment apprécier ces intervalles d'un temps qui, en s'écoulant à la fois par toutes les espèces de besoins de l'homme, ne doit cependant entrer dans le calcul que pour des *durées inégales* relativement à chaque espèce de besoin ? Comment évaluer des parties imaginaires dans une durée toujours une, et qui s'écoule, si l'on peut s'exprimer ainsi, sur une ligne indivisible ? Et quel fil pourrait guider dans un pareil labyrinthe de calculs, dont tous les éléments sont indéterminés ? Il est donc impossible d'exprimer la *valeur* en elle-même ; et tout ce que peut énoncer à cet égard le langage humain, c'est que la *valeur* d'une chose égale la *valeur* d'une autre. L'intérêt apprécié ou plutôt senti par deux hommes, établit cette équation dans chaque cas particulier, sans qu'on ait jamais pensé à *sommer* les facultés de l'homme pour en comparer le total à chaque objet de besoin. L'intérêt fixe toujours le résultat de cette comparaison ; mais il ne l'a jamais faite, ni pu faire.

Le seul moyen d'énoncer la *valeur* est donc, comme nous l'avons dit, d'énoncer qu'une chose est égale à une autre en valeur ; ou, si l'on veut, en d'autres termes, de présenter une valeur comme égale à la valeur cherchée. La valeur n'a, ainsi que l'étendue, d'autre mesure que la valeur ; et l'on mesure les valeurs en y comparant des valeurs, comme on mesure des longueurs en y appliquant des longueurs ; dans l'un et l'autre moyens de comparaison, il n'y a point d'*unité fondamentale* donnée par la nature ; il n'y a qu'une *unité arbitraire* et de convention. Puisque, dans tout échange, il y a deux valeurs égales, et qu'on peut donner la mesure de l'une en énonçant l'autre, il faut convenir de l'unité arbitraire qu'on prendra pour fondement de cette mesure ou, si l'on veut, pour élément de la numération des parties dont on composera son échelle de comparaison des valeurs. Supposons qu'un des deux contractants de l'échange veuille énoncer la valeur de la chose qu'il acquiert : il prendra, pour unité de son échelle des valeurs, une partie constante de ce qu'il donne, et il exprimera en nombre, en fractions de cette unité, la quantité qu'il en donne pour une quantité fixe de la chose qu'il reçoit. Cette quantité *énoncera* pour lui *la valeur* et *sera le prix* de la chose qu'il reçoit ; d'où l'on voit que *le prix est toujours l'énonciation de la valeur,* et qu'ainsi, pour l'acquéreur, *énoncer la valeur,* c'est *dire le prix de la chose* acquise. En énonçant la quantité de celle qu'il donne pour l'acquérir, il dira donc indifféremment que cette quantité est *la valeur,* ou *le prix* de ce qu'il achète. En employant ces deux façons de parler, il aura le même sens dans l'esprit, et fera naître le même sens dans l'esprit de ceux qui l'entendent ; ce qui fait sentir comment les deux mots de *valeur* et de *prix,* quoique exprimant des notions essentiellement différentes, peuvent être sans inconvénient substitués l'un à l'autre dans le langage ordinaire, lorsqu'on n'y recherche pas une précision rigoureuse.

Il est assez évident que si un des deux contractants a pris une certaine partie arbitraire de la chose qu'il donne pour mesurer la valeur de la chose qu'il acquiert, l'autre contractant aura le même droit à son tour de prendre cette même chose, acquise par son antagoniste, mais donnée par lui-même, pour mesurer la valeur de la chose que lui a donnée son antagoniste, et qui servait de mesure à celui-ci. Dans notre exemple, celui qui a donné quatre sacs de maïs pour cinq brasses de bois prendra pour unité de son échelle le sac de maïs, et dira : la brasse de bois vaut quatre cinquièmes du sac de maïs. Celui qui a donné du bois pour le maïs prendra, au contraire, la brasse de bois pour son unité, et dira : le sac de maïs vaut une brasse et un quart. Cette opération est exactement la même que celle qui se passe entre deux hommes qui voudraient évaluer réciproquement, l'un l'aune de France en *vares* d'Espagne, et l'autre la *vare* d'Espagne en aunes de France.
Dans les deux cas, on prend, pour une unité fixe et indivisible, la chose à évaluer, et on l'évalue, en la comparant à une partie de la chose dont on se sert pour évaluer une partie qu'on a prise arbitrairement pour l'unité. Mais, de même que la *vare* d'Espagne n'est pas plus mesure de l'aune de France que l'aune de France n'est mesure de la *vare* d'Espagne, le sac de maïs ne mesure pas plus la valeur de la brasse de bois que la brasse de bois ne mesure la valeur du sac de maïs.

On doit tirer, de cette proposition générale, que, *dans tout échange, les deux termes de l'échange sont également la mesure de la valeur de l'autre terme.* Par la même raison, *dans tout échange, les deux termes sont également gages représentatifs l'un de l'autre,* c'est-à-dire que celui qui a du maïs peut se procurer, avec ce maïs, une quantité de bois égale en valeur, de même que celui qui a le bois peut, avec ce bois, se procurer une quantité de maïs égale en valeur.

Voilà une vérité bien simple, mais bien fondamentale, dans la théorie des valeurs, des monnaies et du commerce. Toute palpable qu'elle est, elle est encore souvent méconnue par de très bons esprits, et l'ignorance de ses conséquences les plus immédiates a jeté souvent l'administration dans les erreurs les plus funestes. Il suffit de citer le fameux *système de Law.*

Nous nous sommes arrêtés bien longtemps sur ces premières hypothèses de l'homme isolé, et de deux hommes échangeant deux objets ; nous avons voulu en tirer toutes les notions de la théorie des valeurs, qui n'exigent pas plus de complication. En nous plaçant ainsi toujours dans l'hypothèse la plus simple possible, les notions que nous en faisons résulter se présentent nécessairement à l'esprit d'une manière plus nette et plus dégagée.

Nous n'avons plus qu'à étendre nos suppositions, à multiplier le nombre des échangeurs et des objets d'échange, pour voir naître le commerce et pour compléter la suite des notions attachées au mot *valoir.*

Il nous suffira même, pour ce dernier objet, de multiplier les hommes, en ne considérant toujours que deux seuls objets d'échange.

Si nous supposons quatre hommes au lieu de deux, savoir, deux possesseurs de bois et deux possesseurs de maïs, on peut d'abord imaginer que deux échangeurs se rencontrent d'un côté, et deux de l'autre, sans communication entre les quatre ; alors, chaque échange se fera à part, comme si les deux contractants étaient seuls au monde. Mais, par cela même que les deux échanges se font à part, il n'y a aucune raison pour qu'ils se fassent aux mêmes conditions. Dans chaque échange pris séparément, la *valeur appréciative* des deux objets échangés est égale de part et d'autre ; mais il ne faut pas perdre de vue que cette *valeur appréciative* n'est autre chose que le résultat moyen des deux *valeurs estimatives* attachées aux objets d'échange par les deux contractants. Or, il est très possible que ce résultat moyen soit absolument différent dans les deux échanges convenus à part, parce que les *valeurs estimatives* dépendent de la façon dont chacun considère les objets de ses besoins, et de l'ordre d'utilité qu'il leur assigne parmi ses autres besoins ; elles sont différentes pour chaque individu. Dès lors, si l'on ne considère que deux individus d'un côté et deux individus de l'autre, le résultat moyen pourra être très différent. Il est très possible que les contractants d'un des échanges soient moins sensibles au froid que les contractants de l'autre ; cette circonstance suffit pour leur faire attacher moins d'estime au bois, et plus au maïs. Ainsi, tandis que, dans un des deux échanges, quatre sacs de maïs et cinq brasses de bois ont une *valeur appréciative* égale, pour les deux autres contractants, cinq brasses de bois n'équivaudront qu'à deux sacs de maïs pour les autres contractants, ce qui n'empêchera pas que, dans chaque contrat, la valeur des deux objets ne soit exactement égale pour les contractants, puisqu'on donne l'une pour l'autre.

Rapprochons maintenant nos quatre hommes, mettons-les à portée de communiquer, de s'instruire des conditions offertes par chacun des propriétaires, soit du bois, soit du maïs. Dès lors, celui qui consentait à donner quatre sacs de maïs pour cinq brasses de bois, ne le voudra plus lorsqu'il saura qu'un des propriétaires du bois consent à donner cinq brasses de bois pour deux sacs de maïs seulement. Mais, celui-ci apprenant à son tour qu'on peut avoir pour la même quantité de cinq brasses de bois quatre sacs de maïs, changera aussi d'avis, et ne voudra plus se contenter de deux. Il voudrait bien en exiger quatre ; mais les propriétaires du maïs ne consentiront pas plus à les donner que les propriétaires du bois ne consentiront à se contenter de deux. Les conditions des échanges projetés seront donc changées, et il se formera une nouvelle *évaluation,* une nouvelle appréciation de la valeur du bois et de la valeur du maïs. Il est d'abord évident que cette appréciation sera la même dans les deux échanges et pour les quatre contractants, c'est-à-dire que, pour la même quantité de bois, les deux possesseurs du maïs ne donneront ni plus ni moins de maïs l'un que l'autre, et que réciproquement les deux possesseurs de bois ne donneront ni plus ni moins de bois pour la même quantité de maïs. On voit, au premier coup d'œil, que si un des possesseurs de maïs exigeait moins de bois que l'autre pour la même quantité de maïs, les deux possesseurs de bois s'adresseraient à lui pour profiter de ce rabais : cette concurrence engagerait ce propriétaire à demander plus de bois qu'il n'en demandait pour la même quantité de maïs : de son côté, l'autre possesseur de maïs baisserait sa demande de bois, ou hausserait son offre de maïs, pour rappeler à lui les possesseurs du bois dont il a besoin, et cet effet aurait lieu jusqu'à ce que les deux possesseurs de maïs en offrissent la même quantité pour la même quantité de bois.

Mémoire sur les prêts d'argent *

(1770)

* « Il arriva en 1769, à Angoulême, que des débiteurs infidèles s'avisèrent de faire un procès criminel à leurs créanciers. Turgot regarda cette tentative comme très immorale, et fut effrayé des conséquences qui pourraient en résulter pour le commerce de la Province et de l'Etat.

« Il crut que la cause, tenant à la haute législation, devait être évoquée au Conseil d'Etat, et motiva sa demande par le *Mémoire* suivant, qui détermina en effet l'évocation.

« Ce Mémoire a déjà été imprimé deux fois (*Du Pont*). »

Il fut demandé par une lettre du contrôleur général du 9 janvier 1770, peut-être concertée entre l'intendant et les bureaux du Contrôle et dont voici le texte :

« Plusieurs particuliers se disant banquiers à Angoulême, représentent, par le mémoire que je vous envoie, qu'un nommé Nouel, s'étant fait craindre, sous prétexte d'une plainte qu'il a rendue contre un d'eux pour raison d'usure dans des négociations d'affaires, exerce, lui et ses adhérents, des vexations inouïes, en les réduisant au point de les faire contribuer des sommes plus ou moins fortes, par forme de restitutions, en sorte qu'il règne parmi les commerçants d'Angoulême un trouble considérable. Ils demandent que vous soyez commis par ce connaître de tous les faits dont ils se plaignent et dont ils savent que vous avez déjà pris connaissance par vous-même.

« Comme je présume que vous êtes instruit de ce qui s'est passé, je vous prie de me mander ce qui en est, et ce que vous pensez que l'on doit faire pour ramener l'ordre et la tranquillité qui doit régner parmi les commerçants de cette ville ».

Du Pont dit encore :

« Un curé respectable, qui a publié un très bon livre sur l'intérêt de l'argent paraît avoir eu connaissance de ce mémoire dont les principes ont été la base de son ouvrage (Du Pont, *Mémoires*). » Il s'agit de l'abbé Gouttes qui a eu communication de l'avis manuscrit de Turgot, et qui en a reproduit plusieurs passages dans sa *Théorie de l'intérêt de l'argent, tirée des principes du droit naturel, de la théologie et de la politique, contre l'abus de l'imputation d'usure*, in-12, 1780. Nous avons utilisé cet ouvrage pour réviser le texte du *Mémoire* de Turgot. (G. S.).

Mémoire écrit en 1770 par Turgot pour obtenir que le Conseil d'Etat dessaisse les instances judiciaires locales d'un procès pour usure intenté par des commerçants d'Angoulême, voir Préface p. 28).

I. Occasion du présent Mémoire. — Il y a quelques mois qu'une dénonciation faite au sénéchal d'Angoulême contre un particulier qu'on prétendait avoir exigé des intérêts usuraires dans ses négociations d'argent, a excité une fermentation très vive parmi les négociants de cette ville.

Cette fermentation n'a cessé d'augmenter depuis, par la suite qui a été donnée à la procédure, par les nouvelles dénonciations qui ont suivi la première, et par les menaces multipliées de tous les côtés contre tous les prêteurs d'argent.

Ces mouvements ont produit l'effet qu'on devait naturellement en attendre : l'inquiétude et le discrédit parmi les négociants, le défaut absolu d'argent sur la place, l'interruption entière de toutes les spéculations du commerce, le décri de la place d'Angoulême au-dehors, la suspension des paiements, et le protêt d'une foule de lettres de change. Ces conséquences paraissent mériter l'attention la plus sérieuse de la part du Gouvernement ; et il semble d'autant plus important d'arrêter le mal dans son principe, qui si l'espèce de jurisprudence qu'on voudrait établir à Angoulême devenait générale, il n'y aurait aucune place de commerce qui ne fût exposée aux mêmes révolutions, et que le crédit, déjà trop ébranlé par les banqueroutes multipliées, serait entièrement anéanti partout.

II. Objet et plan de ce Mémoire. — L'objet du présent Mémoire est de mettre sous les yeux du Conseil un récit de ce qui s'est passé à Angoulême, des manœuvres qui ont été pratiquées et des suites qu'elles ont eues. Ce récit fera sentir les inconvénients qui en résultent et la nécessité d'y apporter un prompt remède.

Pour y parvenir, on essayera d'exposer les principes, d'après lesquels on croit que cette affaire doit être envisagée, et d'indiquer les moyens qui paraissent les plus propres à ramener le calme parmi les négociants d'Angoulême et à garantir dans la suite le commerce, tant de cette ville que des autres places du Royaume, d'un genre de vexations aussi funeste.

III. Idée générale du commerce d'Angoulême. — Pour donner une idée juste de la manœuvre des dénonciateurs de faits d'usure, pour en faire connaître l'origine, et mettre en état d'apprécier les effets qu'elle a dû produire, il est nécessaire d'entrer dans quelques détails sur la nature du commerce d'Angoulême, et des négociations qui s'y sont faites depuis quelques années.

La ville d'Angoulême, par sa situation sur la Charente, dans le point du cours de cette rivière où elle commence à être navigable, semblerait devoir être très commerçante : elle l'est cependant assez peu. Il est probable qu'une des principales causes, qui se sont opposées au progrès de son commerce, est la facilité que toute famille un peu aisée trouve à y acquérir la noblesse en parvenant à la mairie. Il résulte de là que, dès qu'un homme a fait fortune par le commerce, il s'empresse de le quitter pour devenir noble. Les capitaux qu'il avait acquis sont bientôt dissipés dans la vie oisive attachée à son nouvel état, ou du moins, ils sont entièrement perdus pour le commerce. Le peu qui s'en fait est donc tout entier entre les mains de gens presque sans fortune, qui ne peuvent former que des entreprises bornées faute de capitaux, qui sont presque toujours réduits à faire rouler leur commerce sur l'emprunt, et qui ne peuvent emprunter qu'à très gros intérêts, tant à cause de la rareté effective de l'argent, qu'à cause du peu de sûreté qu'ils peuvent offrir aux prêteurs.

Le commerce d'Angoulême se réduit à peu près à trois branches principales : la fabrication des papiers, le commerce des eaux-de-vie, et les entreprises de forges, qui sont devenues très considérables dans ces derniers temps, par la grande quantité de canons que le Roi a fait fabriquer, depuis quelques années dans les forges de l'Angoumois et du Périgord, situées à peu de distance d'Angoulême.

Le commerce des papeteries a un cours, en général, assez réglé ; il n'en est pas de même de celui des eaux-de-vie : cette denrée est sujette à des variations excessives dans le prix, et ces variations donnent lieu à des spéculations très incertaines, qui peuvent, ou procurer des profits immenses, ou entraîner des pertes ruineuses. Les entreprises que font les maîtres de forges pour les fournitures de la marine exigent de leur part de très grosses et très longues avances, qui leur rentrent avec des profits d'autant plus considérables qu'elles leur rentrent plus tard. Ils sont obligés, pour ne pas perdre l'occasion d'une grosse fourniture, de se procurer de l'argent à quelque prix que ce soit et ils y trouvent d'autant plus d'avantages, qu'en payant la mine et le bois comptant, ils obtiennent une diminution très forte sur le prix de ces matières premières de leurs entreprises.

IV. Origine du haut prix de l'argent a Angoulême. — Il est aisé de comprendre que la circonstance d'un commerce également susceptible de gros risques et de gros profits, et celle d'une place dégarnie de capitaux, se trouvant réunies dans la ville d'Angoulême, il en a dû résulter un taux courant d'intérêt assez haut, et plus fort, en général, qu'il ne l'est dans les autres places de commerce. En effet, il est notoire que, depuis une quarantaine d'années, la plus grande partie des négociations d'argent s'y sont faites sur le pied de huit ou neuf pour cent par an, et quelquefois sur le pied de dix, suivant que les demandes étaient plus ou moins nombreuses, et les risques à courir plus ou moins grands.

V. Banqueroutes récentes a Angoulême ; manœuvres dont elles ont été accompagnées. — Il est encore assez naturel que, dans un commerce tel que je viens de dépeindre celui d'Angoulême, les banqueroutes soient très fréquentes ; et c'est ce qu'on voit effectivement. Il s'en est fait, depuis quelque temps, deux assez considérables qu'on peut, sans jugement téméraire, regarder comme frauduleuses, et qui paraissent avoir beaucoup de connexité avec les manœuvres des dénonciateurs contre les prêteurs d'argent. Elles avaient été préparées par une autre manœuvre assez singulière. Le nommé T....-P...., un autre T..., distingué par le nom de la V... (ce sont deux banqueroutiers), le nommé Nouel, ancien aubergiste d'Angoulême qui, depuis s'étant jeté dans une foule d'entreprises mal concertées, se trouve réduit aux abois, et deux ou trois autres particuliers s'étaient concertés pour se faire des billets au profit les uns des autres, sans qu'il y eût aucune valeur réelle fournie, mais seulement un billet de pareille somme, signé de celui qui recevait le premier. Ces billets étaient successivement endossés par tous ceux qui trempaient dans cette manœuvre. Dans cet état, le porteur d'un de ces billets s'en servait, ou pour faire des paiements, ou pour emprunter de l'argent d'un banquier, ou de tout autre possesseur de capitaux ; celui qui recevait le billet, le voyant revêtu de plusieurs signatures, et n'imaginant pas que tous les signataires pussent manquer à la fois, le prenait sans difficulté. Pour éviter que la manœuvre ne fût découverte, les porteurs de billets avaient l'attention de ne jamais présenter à la même personne les billets qui se compensaient réciproquement. L'un portait à un banquier le billet fait, par exemple, par Nouel au profit de T...-P..., et on portait à un autre le billet fait par T....-P.... au profit de Nouel. Par ce moyen, les auteurs de cette manœuvre avaient su se former un crédit sans aucun fonds, sur lequel ils faisaient rouler différentes entreprises de commerce. On prétend que T....-P.... qui avait déjà fait, il y a quelques années, une première banqueroute, dans laquelle ses créanciers avaient perdu 80 %, avait su, par ce crédit artificiel, se procurer des fonds très considérables avec lesquels il a pris la fuite à la fin de l'été dernier.

VI. Connexité de la manœuvre des banqueroutiers avec celle des dénonciations de faits d'usure. — Ceux qui avaient eu l'imprudence de donner de l'argent sur ces billets frauduleux ont paru dans la disposition de poursuivre les endosseurs. C'est alors que ceux-ci ont imaginé de se réunir avec quelques autres particuliers ruinés comme eux, et d'intimider ceux qui voudraient les poursuivre, en les menaçant de les dénoncer à la justice comme ayant exigé des intérêts usuraires ; ils ont, en effet, réalisé cette menace, et les troubles arrivés dans le commerce d'Angoulême sont l'ouvrage de cette cabale. Les principaux chefs sont ce nommé Nouel, dont j'ai déjà parlé, un nommé La P..., maître de forge à Bou..., près de Nontron, petite ville du Périgord, un nommé C.... M..., et plusieurs autres marchands, banqueroutiers ou prêts à l'être. Ces trois particuliers se sont associés avec un procureur nommé T..., qui leur sert de conseil et d'agent principal.

VII. Dénonciation du sieur Cambois de Chenensac — Leur première démarche a été de faire dénoncer par C.... M.... le sieur Cambois de Chenensac, comme coupable de négociations usuraires. Le procureur du Roi a reçu la dénonciation le 26 septembre dernier. Il s'est rendu partie contre le sieur C..., et un très grand nombre de témoins ont été assignés à sa requête.

VIII. Restitutions imprudemment faites par la famille de Chenensac ; manœuvres odieuses des dénonciateurs. — Le sieur de

Chenensac, qu'on dit avoir prêté de l'argent, non seulement à des négociants, mais à différents particuliers, à un taux véritablement excessif, a été intimidé et s'est caché. Sa famille, alarmée et craignant que le sénéchal ne prononçât contre lui des condamnations flétrissantes, a voulu apaiser les dénonciateurs et les témoins, en offrant de restituer l'argent qu'il avait touché au-delà du taux fixé par les lois. Cette facilité n'a pas manqué d'encourager la cabale et de multiplier les demandes à l'infini. On dit, mais je n'ai sur cela aucun détail précis, que ceux qui prétendaient avoir quelque témoignage à porter contre le sieur de Chenensac, se présentaient sans preuves, sans registres, qui constatassent, ni les négociations dont ils se plaignaient, ni le montant des intérêts exigés : ils fixaient arbitrairement ce qu'ils voulaient, et la menace de déposer faisait leur titre. Le procureur T.... les accompagnait et l'on ne manquait pas de stipuler sa part du butin. On assure que la famille du sieur de Chenensac a déboursé plus de soixante mille livres pour satisfaire l'avidité de ces exacteurs, et que cette somme a absorbé la plus grande partie de la fortune de ce particulier ; mais cette malheureuse famille n'a rien gagné à cette extravagante prodigalité ; et l'on m'a mandé d'Angoulême que ceux dont elle avait payé si chèrement le silence n'en avaient pas moins fait les dépositions les plus fortes lorsqu'ils avaient été assignés comme témoins.

IX. Menaces faites aux autres prêteurs d'argent par la cabale des dénonciateurs. — Encouragés par un pareil succès, les chefs de la cabale n'ont pas manqué de faire usage des mêmes armes contre les autres prêteurs d'argent de la ville d'Angoulême. Nouel et La P...., qui paraissent être les deux plus actifs, ont ameuté de tous côtés ceux qui pouvaient avoir fait des négociations à gros intérêts avec les capitalistes d'Angoulême. J'ai sous les yeux des lettres écrites par La P...., qui prouvent qu'il a cherché jusqu'au fond du Limousin des particuliers qui pouvaient avoir payé de gros intérêts aux prêteurs d'Angoulême, et qu'il leur offrait de conduire leurs affaires. Ce même La P...., qui, ayant fait de grandes entreprises pour la marine, avait été plus qu'un autre dans le cas d'emprunter à gros intérêts, a écrit plusieurs lettres à différents particuliers, par lesquelles il exige d'eux des sommes considérables, en les menaçant de les dénoncer. Il avait écrit entre autres à un nommé Ribière, en lui mandant qu'il lui fallait six sacs de mille francs et qu'on lui remît un billet de 622 livres qu'il avait négocié avec ce Ribière. *Il les faut,* disait-il, *il les faut, etc. J'ai été mis sur le grabat, parce que j'étais maître de forge et honnête homme ; il faut que je tâche de me relever... Il faut finir ce soir à quatre heures.* Je n'ai point vu cette lettre en original, parce que le fils du sieur Ribière, ayant eu l'imprudence, dans le premier mouvement de son indignation, d'aller trouver le sieur de La P..., et de le menacer de voie de fait, celui-ci en a pris occasion de rendre plainte contre lui au criminel, et a depuis accommodé l'affaire en exigeant qu'on lui remît sa lettre, et que Ribière s'engageât à n'en point faire usage contre lui ; mais, comme elle a été ouïe de plusieurs personnes, je suis assuré qu'elle contenait en substance ce que je viens de marquer.

X. NOUVELLES RESTITUTIONS PAR LES PRÊTEURS INTIMIDÉS ; MULTIPLICATIONS DES DEMANDES EN CONSÉQUENCE. — Plusieurs des prêteurs, ainsi menacés, sont entrés en accommodement, ainsi que la famille du sieur de Chenensac, et cela n'a servi qu'à exciter de plus en plus cette cabale et à multiplier le nombre des demandeurs. Tous ceux qui se sont imaginé avoir été lésés dans quelques négociations d'argent se sont réveillés, et la nuée grossit de jour en jour. On ne se contente pas de demander la restitution des intérêts ou des escomptes pris au-dessus de cinq ou six pour cent, on va jusqu'à demander l'intérêt de ces intérêts : j'en ai eu l'exemple sous les yeux, dans une lettre signée D. C...., laquelle est conçue en ces termes :

« En 1763, le 20 décembre, vous m'avez pris 60 livres sur un billet de 1 000 livres à l'ordre de M. B..., endossé par M. C..., père. Je vous demande 30 livres de restitution et 18 livres d'intérêt. Si vous ne me les renvoyez, je pars immédiatement après mon déjeuner pour Ruelle, pour chercher le certificat, et, à mon retour, je vous dénonce. Puisque vous m'avez fait la grâce de ne pas vous en rapporter à moi, comptez sur ma parole d'honnête homme. »

On a redemandé à des enfants de prétendues restitutions, pour des affaires traitées avec leurs pères, décédés depuis plusieurs années, et cela sans produire aucun acte, aucun registre, ni aucune autre preuve que la simple menace de dénoncer. Ce trait prouve l'espèce de vertige que le succès des premiers dénonciateurs a imprimé dans les esprits.

Un collecteur, dont le père avait autrefois emprunté de l'argent d'un receveur des tailles, se trouvant arréragé de plus de 2 000 livres sur son recouvrement, a bien eu l'audace de lui écrire qu'il prétendait composer cette somme avec les escomptes que ce receveur avait pris autrefois de lui ou de son père.

L'avidité et l'acharnement des dénonciateurs d'un côté, de l'autre la terreur de tous les négociants prêteurs d'argent, n'ont pu qu'être infiniment augmentées, par la facilité avec laquelle les officiers de justice d'Angoulême ont paru se prêter à ces accusations d'usure.

XI. Influences funestes de cette fermentation sur le crédit et le commerce d'Angoulême. — L'effet des poursuites faites sur ces accusations a dû être et a été le discrédit le plus absolu dans tout le commerce d'Angoulême. L'autorisation donnée à la mauvaise foi des emprunteurs a fermé toutes les bourses des prêteurs, dont la fortune se trouve d'ailleurs ébranlée par cette secousse. Aucun engagement échu ne se renouvelle ; toutes les entreprises sont arrêtées ; les fabricants sont exposés à manquer, par l'impossibilité de trouver aucun crédit pour attendre la rentrée de leurs fonds. J'ai déjà fait mention, au commencement de ce mémoire, de la grande quantité de lettres de change qui ont été protestées depuis ces troubles.

J'ai appris que les marchands qui vendent les étoffes destinées à la consommation de la ville, s'étant adressés, suivant leur usage à Lyon, pour donner leur commission, on leur a répondu qu'on ne ferait aucune affaire avec MM. d'Angoulême qu'avec argent comptant. Ce discrédit influe même sur la subsistance des peuples : les récoltes ayant manqué dans la Province, elle a besoin, pour en remplir le vide, des ressources du commerce. La ville d'Angoulême, étant située sur une rivière navigable, on devait s'attendre qu'elle serait toujours abondamment pourvue, et que ses négociants s'empresseraient de former des magasins, non seulement pour son approvisionnement, mais même pour celui d'une partie de la Province ; mais l'impossibilité, où le discrédit général les a mis de faire aucune spéculation, rend cette ressource absolument nulle.

XII. Nécessité d'arrêter le cours de ces vexations. — Il serait superflu de s'étendre sur les tristes conséquences d'une pareille révolution. C'est un grand mal que le dérangement de toutes les opérations du commerce, l'interruption de la circulation de l'argent, l'alarme répandue parmi les négociants d'une ville et l'ébranlement de leur fortune. C'en est un autre non moins grand que le triomphe d'une cabale de fripons qui, après avoir abusé de la crédulité des particuliers, pour se procurer de l'argent sur des billets frauduleux, ont eu l'adresse plus coupable encore de chercher, dans les lois mal entendues, un moyen, non seulement de se garantir des poursuites de leurs créanciers, mais encore d'exercer contre eux la vengeance la plus cruelle, de les ruiner, de les diffamer, et de s'enrichir de leurs dépouilles. Ce succès de la mauvaise foi et cette facilité donnée à des négociants de revenir contre les engagements contractés librement, seraient aussi scandaleux que funestes au commerce, non seulement d'une place, mais de toutes celles du Royaume. Il est donc aussi nécessaire que juste d'apporter à ce mal un remède efficace et d'arrêter le cours d'un genre de vexations aussi odieux, d'autant plus dangereux, qu'il se couvre des apparences du zèle pour l'observation des lois.

XIII. Difficulté de remédier a ces maux. — Mais, par cela même que le mal a, en quelque sorte, sa racine dans des principes, ou des préjugés regardés comme consacrés par les lois, il peut n'être pas facile de se décider sur le remède convenable et sur la manière de l'appliquer.

XIV. Vice de nos lois sur la matière de l'intérêt de l'argent ; impossibilité de les observer en rigueur ; inconvénients de la tolérance arbitraire a laquelle on s'est réduit dans la pratique. — J'oserai trancher le mot. Les lois reconnues dans les tribunaux sur la matière de l'intérêt de l'argent sont mauvaises ; notre législation s'est conformée aux préjugés rigoureux sur l'usure introduits dans des siècles d'ignorance par des théologiens qui n'ont pas mieux entendu le sens de l'Ecriture que les principes du droit naturel. L'observation rigoureuse de ces lois serait la destruction de tout commerce ; aussi, ne sont-elles pas observées rigoureusement : elles interdisent toute stipulation d'intérêt, sans aliénation du capital ; elles défendent, comme illicite, tout intérêt stipulé au-delà du taux fixé par les ordonnances du Prince. Et c'est une chose notoire qu'il n'y a pas sur la terre une place de commerce où la plus grande partie du commerce ne roule sur l'argent emprunté sans aliénation du capital, et où les intérêts ne soient réglés par la convention, d'après l'abondance plus ou moins grande de l'argent sur la place, et la solvabilité plus ou moins sûre de l'emprunteur. La rigidité des lois a cédé à la force des choses : il a fallu que la jurisprudence modérât dans la pratique ses principes spéculatifs ; et l'on en est venu à tolérer ouvertement le prêt, par billet, l'escompte, et toute espèce de négociation d'argent entre commerçants. Il en sera toujours ainsi toutes les fois que la loi défendra ce que la nature des choses rend nécessaire. Cependant cette position, où les lois ne sont pas observées, mais subsistent sans être révoquées, et sont même encore observées en partie, entraîne de très grands inconvénients. D'un côté, l'inobservation connue de la loi diminue le respect que tous les citoyens devraient avoir pour tout ce qui porte ce caractère ; de l'autre, l'existence de cette loi entretient un préjugé fâcheux, flétrit une chose licite en elle-même, une chose dont la société ne peut se passer, et que, par conséquent, une classe nombreuse de citoyens est obligée de se permettre. Cette classe de citoyens en est dégradée et ce commencement d'avilissement dans l'opinion publique affaiblit pour elle le frein de l'honneur, ce précieux appui de l'honnêteté. L'auteur de *l'Esprit des lois* a très bien remarqué que « quand les lois défendent une chose nécessaire, elles ne réussissent qu'à rendre malhonnêtes gens ceux qui la font ».

D'ailleurs, le cas où la loi est observée, et ceux où l'infraction en est tolérée, n'étant pas spécifiés par la loi même, le sort des citoyens est abandonné à une jurisprudence arbitraire et changeante comme l'opinion. Ce qu'une foule de citoyens pratiquait ouvertement et, pour ainsi dire, avec le sceau de l'approbation publique, sera puni sur d'autres comme un crime ; en sorte que pour ruiner un citoyen qui se reposait avec confiance sur la foi d'une tolérance notoire, il ne faut qu'un juge mal instruit ou aveuglé par un zèle mal entendu.

Les juridictions consulaires admettent les intérêts stipulés sans aliénation du capital, tandis que les tribunaux ordinaires les réprouvent et les imputent sur le capital. Il y a peines prononcées contre l'usure ; ces peines sont, pour la première fois, l'amende honorable, le bannissement, la condamnation en de grosses amendes ; et, pour la seconde fois, la confiscation de corps et de biens, c'est-à-dire la condamnation à une peine qui entraîne la mort civile, telle que la condamnation aux galères à perpétuité ou le bannissement perpétuel. L'Ordonnance de Blois, qui prononce ces peines, ne fait aucune distinction entre les différents cas que les théologiens et les jurisconsultes ont compris sous la dénomination *d'usure* ; ainsi, à ne considérer que la lettre de la loi, tout homme qui prête sans aliéner le capital, tout homme qui escompte des billets sur la place, tout homme qui prête à un taux au-dessus de l'Ordonnance, a mérité ces peines ; et l'on peut bien dire qu'il n'y a pas un commerçant, pas un banquier, pas un homme intéressé dans les affaires du Roi, qui n'y fût exposé. Il est notoire que le service courant de presque toutes les parties de la finance ne se fait que par des négociants de cette espèce.

Je n'ignore pas que les juridictions consulaires ne prononcent jamais expressément qu'il soit dû des intérêts en vertu de la seule stipulation sur simple billet, sans aliénation du capital ; mais il n'est pas moins vrai que, dans le fait, elles autorisent équivalement ces intérêts, puisque les billets dont elles ordonnent le paiement comprennent ordinairement l'intérêt outre le capital, et que les juges-consuls ne s'arrêtent point aux allégations que ferait le débiteur d'avoir compris dans son billet, et le capital, et les intérêts.

On répondra sans doute, et cette réponse se trouve même dans des auteurs de droit, d'ailleurs fort estimables, que les tribunaux ne poursuivent par la voie criminelle que les usures énormes ; mais cette réponse même est un aveu de l'arbitraire, inséparable de toute exécution qu'on voudra donner à cette loi ; car, quelle règle pourra servir à distinguer l'usure énorme et punissable de l'usure médiocre et tolérable ? Ne sait-on pas qu'il y a des usures excessives qu'on est obligé de tolérer ? Il n'y en a peut-être pas de plus forte que celle qu'on connaît à Paris sous le nom de *prêt à la petite semaine* ; elle a été quelquefois jusqu'à 2 sous par semaine pour un écu de 3 livres : c'est sur le pied de 173 livres 1/3 pour 100. Cependant, c'est sur cette usure vraiment énorme que roule le détail des denrées qui se vendent à la halle et dans les marchés de Paris. Les emprunteurs ne se plaignent pas des conditions de ce prêt, sans lequel ils ne pourraient faire ce commerce qui les fait vivre, et les prêteurs ne s'enrichissent pas beaucoup, parce que ce prix exorbitant n'est guère que la compensation du risque que court le capital. En effet, l'insolvabilité d'un seul emprunteur enlève tout le profit que le prêteur peut faire sur trente ; en sorte que, si le risque d'infidélité ou d'insolvabilité de l'emprunteur était d'un sur trente, le prêteur ne tirerait aucun profit de son argent et que, si ce risque était plus fort, il perdrait sur son capital.

Maintenant, si le ministère public est obligé de fermer les yeux sur une usure aussi forte, quelle sera donc l'usure qu'il pourra poursuivre sans injustice ? Prendra-t-il le parti de rester tranquille et d'attendre, pour faire parler la loi, que l'emprunteur qui se croit lésé provoque son activité par une plainte ou une dénonciation ? Il ne sera donc que l'instrument de la mauvaise foi des fripons qui voudront revenir contre des engagements contractés librement et la loi ne protégera que ceux qui sont indignes de sa protection, et le sort de ceux-ci sera plus avantageux que celui des hommes honnêtes, qui, fidèles à leurs conventions, rougiraient de profiter d'un moyen que la loi offre pour les en dégager.

XV. CE QUI SE PASSE A ANGOULÊME EST UNE PREUVE DES INCONVÉNIENTS ATTACHÉS A L'ARBITRAIRE DE LA JURISPRUDENCE. — Toutes ces réflexions s'appliquent naturellement à ce qui se passe à Angoulême, où les juges ont reçu des dénonciations, et instruit une procédure criminelle à l'occasion de prêts auxquels des juges plus familiarisés avec la connaissance des opérations du commerce n'auraient fait aucune attention. Si l'admission de ces dénonciations a donné au commerce une secousse dangereuse, a compromis injustement la fortune et l'honneur des particuliers, a fait triompher la manœuvre odieuse d'une cabale de fripons, ces magistrats ont à dire, pour leur défense, qu'ils n'ont fait que se conformer aux lois, que si l'exécution de ces lois entraîne des inconvénients, c'est au Gouvernement à y pourvoir par l'exercice de la puissance législative, que ce n'est point au juge à les prévoir, que l'exactitude est son mérite, comme la sagesse et l'étendue des vues est celui du législateur. Cette apologie n'est pas sans fondement, et il est certain qu'on ne peut blâmer les juges d'Angoulême que d'après les principes d'une jurisprudence qu'aucune loi n'a consacrée.

XVI. Raisons qui paraissent devoir décider a saisir cette occasion pour réformer la loi ou fixer la jurisprudence. — Faut-il pour cela rester dans l'inaction et voir avec indifférence une fermentation dont les suites peuvent être aussi funestes au commerce ? Je ne puis le penser et je crois, au contraire, que cette occasion doit déterminer le Gouvernement, ou à réformer tout à fait les lois sur cette matière, d'après les vrais principes, ou du moins à fixer, d'une manière à faire cesser tout arbitraire, la jurisprudence qui doit tempérer la rigueur des lois existantes. Je crois enfin que, dans tous les cas, il est juste et nécessaire de venir au secours du commerce et des particuliers, mal à propos vexés par ce qui s'est passé à Angoulême, et de les faire jouir du moins des tempéraments que la jurisprudence générale apporte à la sévérité des lois, et de la liberté qu'elle laisse à cet égard aux opérations du commerce.

XVII. Motifs qui engagent a envisager les vrais principes de cette matière en eux-mêmes, et en faisant abstraction pour le moment des tempéraments que les circonstances peuvent exiger. — Quand je parle de changer les lois et de les ramener entièrement aux vrais principes de la matière, je ne me dissimule point les obstacles que peuvent mettre à cette réforme les préjugés d'une partie des théologiens et des magistrats ; je sens tout ce que les circonstances peuvent commander de lenteur, de circonspection, de timidité même. Ce n'est point à moi à examiner à quel point la théorie doit céder dans la pratique à des ménagements nécessaires ; mais, je n'en crois pas moins utile de fixer entièrement nos idées sur le véritable point de vue sous lequel on doit envisager la matière de l'intérêt de l'argent, et les conventions auxquelles on a donné le nom d'usure. Il faut connaître les vrais principes, lors même qu'on est obligé de s'en écarter, afin de savoir du moins précisément à quel point on s'en écarte, afin de ne s'en écarter qu'autant exactement que la nécessité l'exige, afin de ne pas du moins suivre les conséquences d'un préjugé qu'on craint de renverser, comme on suivrait celles d'un principe dont la vérité serait reconnue.

XVIII. Examen et développement des vrais principes du droit naturel sur la matière de l'intérêt de l'argent. — C'est d'après ce point de vue que je hasarde d'entrer ici dans une discussion assez étendue, pour faire voir le peu de fondement des opinions de ceux qui ont condamné l'intérêt du prêt fait sans aliénation du capital, et la fixation de cet intérêt par la seule convention. Quoique les lumières des personnes auxquelles ce Mémoire est destiné pussent et dussent peut-être me dispenser d'appuyer sur des raisonnements dont l'évidence est, pour ainsi dire, trop grande, la multitude de ceux qui conservent les préjugés que j'ai à combattre, et les motifs respectables qui les y attachent, m'excuseront auprès d'elles ; et je suis persuadé que ceux dont j'attaque les opinions auront beaucoup plus de peine à me pardonner.

XIX. Preuve de la légitimité du prêt a intérêt, tirée du besoin absolu que le commerce en a ; développement de cette nécessité. — C'est d'abord une preuve bien forte contre les principes adoptés par les théologiens rigoristes sur la matière du prêt à intérêt, que la nécessité absolue de ce prêt pour la prospérité et pour le soutien du commerce ; car quel homme raisonnable et religieux en même temps peut supposer que la Divinité ait interdit une chose absolument nécessaire à la prospérité des sociétés ? Or, la nécessité du prêt à intérêt pour le commerce et, par conséquent, pour la société civile, est prouvée d'abord par la tolérance que le besoin absolu du commerce a forcé d'accorder à ce genre de négociations, malgré les préjugés rigoureux, et des théologiens, et des jurisconsultes. Cette nécessité est d'ailleurs une chose évidente par elle-même. Il n'y a pas sur la terre une place de commerce où les entreprises ne roulent sur l'argent emprunté ; il n'est pas un seul négociant, peut-être, qui ne soit souvent obligé de recourir à la bourse d'autrui ; le plus riche en capitaux ne pourrait même s'assurer de n'avoir jamais besoin de cette ressource qu'en gardant une partie de ses fonds oisifs, et en diminuant, par conséquent, l'étendue de ses entreprises. Il n'est pas moins évident que ces capitaux étrangers, nécessaires à tout négociant, ne peuvent lui être confiés par les popriétaires qu'autant que ceux-ci y trouveront un avantage capable de les dédommager de la privation d'un argent dont ils pourraient user et des risques attachés à toute entreprise de commerce. Si l'argent prêté pour des entreprises incertaines ne rapportait pas un intérêt plus fort que l'argent prêté sur de bonnes hypothèques, on ne prêterait jamais à des négociants. S'il était défendu de retirer des intérêts d'un argent qui doit rentrer à des échéances fixes, tout argent dont le propriétaire prévoirait avoir besoin dans un certain temps, sans en avoir un besoin actuel, serait perdu pendant cet intervalle pour le commerce ; il resterait oisif dans le coffre du propriétaire qui n'en a pas besoin, et serait anéanti pour celui qui en aurait un besoin urgent. L'exécution rigoureuse d'une pareille défense enlèverait à la circulation des sommes immenses, que la confiance de les retrouver au besoin y fait verser à l'avantage réciproque des prêteurs et des emprunteurs ; et le vide s'en ferait sentir nécessairement par le haussement de l'intérêt de l'argent, et par la cessation d'une grande partie des entreprises de commerce.

XX. Nécessité d'abandonner la fixation de l'intérêt dans le commerce aux conventions des négociants, et au cours des différentes causes qui le font varier ; indication de ces causes. — Il est donc d'une nécessité absolue, pour entretenir la confiance et la circulation de l'argent, sans laquelle il n'est point de commerce, que le prêt d'argent à intérêt sans aliénation du capital, et à un taux plus fort que le denier fixé pour les rentes constituées, soit autorisé dans le commerce. Il est nécessaire que l'argent y soit considéré comme une véritable marchandise dont le prix dépend de la convention et varie, comme celui de toutes les autres marchandises, à raison du rapport de l'offre à la demande. L'intérêt étant le prix de l'argent prêté, il hausse quand il y a plus d'emprunteurs et moins de prêteurs ; il baisse, au contraire, quand il y a plus d'argent offert qu'il n'en est demandé à emprunter. C'est ainsi que s'établit le prix courant de l'intérêt ; mais ce prix courant n'est pas l'unique règle qu'on suive, ni qu'on doive suivre pour fixer le taux de l'intérêt dans les négociations particulières. Les risques que peut courir le capital dans les mains de l'emprunteur, les besoins de celui-ci et les profits qu'il espère tirer de l'argent qu'on lui prête, sont des circonstances qui, en se combinant diversement entre elles, et avec le prix courant de l'intérêt, doivent souvent en porter le taux plus haut qu'il ne l'est dans le cours ordinaire du commerce. Il est assez évident qu'un prêteur ne peut se déterminer à risquer son capital que par l'appât d'un profit plus grand, et il ne l'est pas moins que l'emprunteur ne se déterminera à payer un intérêt d'autant plus fort que ses besoins seront plus urgents, ou qu'il espérera tirer de cet argent un plus grand profit.

XXI. Les inégalités du taux a raison de l'inégalité des risques n'ont rien que de juste. — Que peut-il y avoir à cela d'injuste ? Peut-on exiger d'un propriétaire d'argent qu'il risque son fonds sans aucun dédommagement ?

Il peut ne pas prêter, dit-on : sans doute ; et c'est cela même qui prouve qu'en prêtant, il peut exiger qu'un profit soit proportionné à son risque. Car, pourquoi voudrait-on priver celui qui, en empruntant, ne peut donner des sûretés, d'un secours dont il a un besoin absolu ? Pourquoi voudrait-on lui ôter les moyens de tenter des entreprises dans lesquelles il espère s'enrichir ?

Aucune loi, ni civile, ni religieuse, n'oblige personne à lui procurer des secours gratuits ; pourquoi la loi civile ou religieuse défendrait-elle de lui en procurer au prix auquel il consent de les payer pour son propre avantage.

XXII. La légitimité du prêt a intérêt est indépendante des suppositions de profit cessant ou naissant. — L'impossibilité absolue de faire subsister le commerce sans le prêt à intérêt n'a pu être méconnue par ceux mêmes qui affectent le plus de le condamner.

La plupart ont cherché à éluder la rigueur de leurs propres principes par des distinctions et des subterfuges scolastiques, de profit *cessant* pour le prêteur, de profit *naissant* pour l'emprunteur ; comme si l'usage que l'acheteur fait de la chose vendue était une circonstance essentielle à la légitimité du prix ; comme si le propriétaire d'un meuble qui n'en fait aucun usage était obligé à l'alternative de le donner ou de le garder ; comme si le prix que le boulanger retire du pain qu'il vend n'était pas également légitime, soit que l'acheteur s'en nourrisse, soit qu'il le laisse perdre.

Si l'on veut que la simple possibilité de l'usage lucratif de l'argent suffise pour en légitimer l'intérêt, cet intérêt sera légitime dans tous les cas, car il n'y en a aucun où le prêteur et l'emprunteur ne puissent toujours, s'ils le veulent, faire de leur agent quelque emploi lucratif.

Il n'est aucun argent avec lequel on ne puisse, ou se procurer un immeuble qui porte un revenu, ou faire un commerce qui donne un profit ; ce n'est assurément pas la peine d'établir en thèse générale que le prêt à intérêt est défendu, pour établir en même temps un principe d'où résulte une exception aussi générale que la prétendue règle.

XXIII. La légitimité du prêt a intérêt est une conséquence immédiate de la propriété qu'a le prêteur de la chose qu'il prête. — Mais ce ne sont point ces vaines subtilités qui rendent légitime le prêt à intérêt ; ce n'est pas même son utilité, ou plutôt la nécessité dont il est pour le soutien du commerce ; il est licite par un principe plus général et plus respectable encore, puisqu'il est la base sur laquelle porte tout l'édifice des sociétés ; je veux dire par le droit inviolable, attaché à la propriété, d'être maître absolu de sa chose, de ne pouvoir en être dépouillé que de son consentement, et de pouvoir mettre à son consentement telle condition que l'on juge à propos. Le propriétaire d'un effet quelconque peut le garder, le donner, le vendre, le prêter gratuitement ou le louer, soit pour un temps certain, soit pour un temps indéfini. S'il vend ou s'il loue, le prix de la vente ou du louage n'est limité que par la volonté de celui qui achète ou qui prend à loyer ; et tant que cette volonté est parfaitement libre, et qu'il n'y a pas d'ailleurs de fraude de la part de l'une ou de l'autre partie, le prix est toujours juste, et personne n'est lésé. Ces principes sont avoués de tout le monde, quand il s'agit de toute autre chose que de l'argent, et il est évident qu'il ne sont pas moins applicables à l'argent qu'à toute autre chose. La propriété de l'argent n'est pas moins absolue que celle d'un meuble, d'une pièce d'étoffe, d'un diamant ; celui qui le possède n'est pas plus tenu de s'en dépouiller gratuitement ; le donner, le prêter gratuitement est une action louable que la générosité inspire, que l'humanité et la charité exigent quelquefois, mais qui n'est jamais de l'ordre de la justice rigoureuse. On peut aussi, ou donner, ou prêter toutes sortes de denrées, et on le doit aussi dans certains cas. Hors de ces circonstances, où la charité exige qu'on se dépouille soi-même pour secourir les malheureux, on peut vendre son argent, et on le vend, en effet, lorsqu'on le donne en échange de toute autre marchandise ; on le vend lorsqu'on le donne en échange d'un fonds de terre ou d'un revenu équivalent, comme quand on le place à constitution ; on le vend contre de l'argent lorsqu'on donne de l'argent dans un lieu pour en recevoir dans un autre, espèce de négociation connue sous le nom de *change de place en place,* et dans laquelle on donne moins d'argent dans un lieu pour en recevoir plus dans un autre, comme, dans la négociation du prêt à intérêt, on donne moins d'argent dans un temps pour en recevoir davantage dans un autre, parce que la différence des temps, comme celle des lieux, met une différence réelle dans la valeur de l'argent.

XXIV. LA PROPRIÉTÉ DE L'ARGENT EMPORTE LE DROIT DE LE VENDRE ET LE DROIT D'EN TIRER UN LOYER. — Puisqu'on vend l'argent comme tout autre effet, pourquoi ne le louerait-on pas comme tout autre effet ? Et l'intérêt n'étant que le loyer de l'argent prêté pour un temps, pourquoi ne serait-il pas permis de le recevoir ? Par quel étrange caprice la morale ou la loi prohiberaient-elles un contrat libre entre deux parties qui toutes deux y trouvent leur avantage ? Et peut-on douter qu'elles ne l'y trouvent, puisqu'elles n'ont pas d'autre motif pour s'y déterminer ? Pourquoi l'emprunteur offrirait-il un loyer de cet argent pour un temps si, pendant ce temps, l'usage de cet argent ne lui était avantageux ? Et, si l'on répond que c'est le besoin qui le force à se soumettre à cette condition, est-ce que ce n'est pas un avantage que la satisfaction d'un véritable besoin ? Est-ce que ce n'est pas le plus grand de tous ? C'est aussi le besoin qui force un homme à prendre du pain chez un boulanger ; le boulanger en est-il moins en droit de recevoir le prix du pain qu'il vend ?

XXV. FAUSSES IDÉES DES SCOLASTIQUES SUR LA PRÉTENDUE STÉRILITÉ DE L'ARGENT ; FAUSSES CONSÉQUENCES QU'ILS EN ONT TIRÉES CONTRE LA LÉGITIMITÉ DE L'INTÉRÊT. — Ces notions sont si simples, elles sont d'une évidence si palpable, qu'il semble que les détails dans lesquels on entre pour les prouver ne puissent que les affaiblir en fatiguant l'attention ; et l'on a peine à concevoir comment l'ignorance et quelques fausses subtilités ont pu les obscurcir. Ce sont les théologiens scolastiques qui ont introduit les préjugés qui règnent encore chez beaucoup de personnes sur cette matière. Ils sont partis d'un raisonnement qu'on dit être dans Aristote ; et sous prétexte que l'argent ne produit point d'argent, ils en ont conclu qu'il n'est pas permis d'en retirer par la voie du prêt. Ils oubliaient qu'un bijou, un meuble et tout autre effet, à l'exception des fonds de terre et des bestiaux, sont aussi stériles que l'argent, et que cependant personne n'a jamais imaginé qu'il fût défendu d'en tirer un loyer ; ils oubliaient que la prétendue stérilité de l'argent, si l'on pouvait en conclure quelque chose, rendrait l'intérêt d'un capital aliéné à perpétuité aussi criminel que l'intérêt d'un capital aliéné à temps ; ils oubliaient que cet argent prétendu stérile est chez tous les peuples du monde l'équivalent, non pas seulement de toutes les marchandises, de tous les effets mobiliers stériles comme lui, mais encore des fonds de terre qui produisent un revenu très réel ; ils oubliaient que cet argent est l'instrument nécessaire de toutes les entreprises d'agriculture, de fabrique, de commerce ; qu'avec lui l'agriculteur, le fabricant, le négociant se procurent des profits immenses, et ne peuvent se les procurer sans lui ; que, par conséquent, sa prétendue stérilité dans le commerce n'est qu'une erreur palpable, fondée sur une misérable équivoque ; ils oubliaient enfin, ou ils ignoraient, que la légitimité du prix qu'on retire, soit de la vente, soit du loyer d'une chose quelconque, n'est fondée que sur la propriété qu'a, de cette chose, celui qui la vend ou qui la loue, et non sur aucun autre principe.

Ils ont encore employé un autre raisonnement qu'un jurisconsulte d'ailleurs très estimable (M. Pothier, d'Orléans), s'est attaché à développer dans son *Traité des contrats de bienfaisance*, et auquel je m'arrêterai par cette raison.

XXVI. Autre raisonnement contre la légitimité de l'intérêt, tiré de ce que la propriété de l'argent passe a l'emprunteur au moment du prêt, d'ou l'on conclut qu'il ne peut rien devoir au prêteur pour l'usage qu'il en fait. — « L'équité, dit-il, veut que, dans un contrat qui n'est pas gratuit, les valeurs données de part et d'autre soient égales, et que chacune des parties ne donne pas plus qu'elle n'a reçu et ne reçoive pas plus qu'elle n'a donné. Or, tout ce que le prêteur exige dans le prêt au-delà du sort principal, est une chose qu'il reçoit au-delà de ce qu'il a donné, puisque en recevant le sort principal seulement, il reçoit l'équivalent exact de ce qu'il a donné.

« On peut, à la vérité, exiger pour les choses dont on peut user sans les détruire, un loyer, parce que cet usage pouvant être, du moins par l'entendement, distingué d'elles-mêmes, est appréciable ; il a un prix distingué de la chose : d'où il suit que, lorsque j'ai donné à quelqu'un une chose de cette nature pour s'en servir, je peux en exiger le loyer, qui est le prix de l'usage que je lui en ai accordé, outre la restitution de la chose qui n'a pas cessé de m'appartenir.

« Mais il n'en est pas de même des choses qui se consomment par l'usage, et que les jurisconsultes appellent *choses fongibles*. Comme l'usage qu'on en fait les détruit, on n'y peut pas concevoir un usage de la chose outre la chose même, et qui ait un prix outre celui de la chose ; d'où il suit qu'on ne peut céder à quelqu'un l'usage d'une chose sans lui céder entièrement la chose et lui en transférer la propriété.

« Quand je vous prête une somme d'argent pour vous en servir, à la charge de m'en rendre autant, vous ne recevez de moi que cette somme d'argent et rien de plus. L'usage que vous aurez de cette somme d'argent est renfermé dans le droit de propriété que vous acquérez de cette somme ; ce n'est pas quelque chose que vous ayez outre la somme d'argent, ne vous ayant donné que la somme d'argent et rien de plus ; je ne peux donc exiger de vous rien de plus que cette somme sans blesser la justice, qui ne veut pas qu'on exige plus qu'on a donné. »

M. Pothier a soin d'avertir que ce raisonnement entre dans un argument employé par saint Thomas d'Aquin qui, se fondant sur le même principe, que les choses fongibles, qui font la matière du prêt, n'ont point un usage qui soit distingué de la chose même, en conclut que vendre cet usage en exigeant l'intérêt, c'est vendre une chose qui n'existe pas, ou bien exiger deux fois le prix de la même chose, puisque le principal rendu est exactement l'équivalent de la chose prêtée ; et que, n'y ayant aucune valeur donnée au-delà de la chose prêtée, l'intérêt qu'on recevrait au-delà en serait un double prix.

XXVII. Réfutation de ce raisonnement. — Ce raisonnement n'est qu'un tissu d'erreurs et d'équivoques faciles à démêler.

La première proposition que, dans tout contrat, aucune des parties ne peut, sans injustice, exiger plus qu'elle n'a donné, a un fondement vrai ; mais la manière dont elle est énoncée renferme un sens faux et qui peut induire en erreur. Dans tout échange de valeur contre valeur (et toute convention proprement dite, ou à titre onéreux, peut être regardée comme un échange de cette espèce), il y a un sens du mot *valeur* dans lequel la valeur est toujours égale de part et d'autre ; mais ce n'est point par un principe de justice, c'est parce que la chose ne peut être autrement. L'échange, étant libre de part et d'autre, ne peut avoir pour motif que la préférence que donne chacun des contractants à la chose qu'il reçoit sur celle qu'il donne. Cette préférence suppose que chacun attribue à la chose qu'il acquiert une plus grande valeur qu'à la chose qu'il cède relativement à son utilité personnelle, à la satisfaction de ses besoins ou de ses désirs. Mais cette différence de valeur est égale de part et d'autre ; c'est cette égalité qui fait que la préférence est exactement réciproque et que les parties sont d'accord. Il suit de là qu'aux yeux d'un tiers les deux valeurs échangées sont exactement égales l'une à l'autre, et que, par conséquent, dans tout commerce d'homme à homme, on donne toujours valeur égale pour valeur égale. Mais cette valeur dépend uniquement de l'opinion des deux contractants sur le degré d'utilité des choses échangées pour la satisfaction de leurs désirs ou de leurs besoins : elle n'a en elle-même aucune réalité sur laquelle on puisse se fonder pour prétendre que l'un des deux contractants a fait tort à l'autre.

S'il n'y avait que deux *échangeurs,* les conditions de leur marché seraient entièrement arbitraires ; et, à moins que l'un des deux n'eût employé la violence ou la fraude, les conditions de l'échange ne pourraient, en aucune manière, intéresser la morale. Quand il y a plusieurs *échangeurs,* comme chacun d'eux est intéressé à ne pas acheter plus cher de l'un ce qu'un autre consent à lui donner à meilleur marché, il s'établit, par la comparaison de la totalité des offres à la totalité des demandes, une valeur courante qui ne diffère de celle qui s'était établie dans l'échange entre deux hommes seuls, que parce qu'elle est le milieu entre les différentes valeurs qui auraient résulté du débat des contractants pour chaque échange considéré à part. Mais, cette valeur moyenne ou courante n'acquiert aucune réalité indépendante de l'opinion et de la comparaison des besoins réciproques ; elle ne cesse pas d'être continuellement variable, et il ne peut en résulter aucune obligation de donner telle ou telle marchandise pour tel ou tel prix. Le propriétaire est toujours le maître de la garder et, par conséquent, de fixer le prix auquel il consent à s'en dessaisir.

Il est bien vrai que, dans un commerce animé et exercé par une foule de mains, chaque vendeur et chaque acheteur en particulier entre pour si peu dans la formation de cette opinion générale et dans l'évaluation courante qui en résulte, que cette évaluation peut être regardée comme un fait indépendant et, dans ce sens, l'usage autorise à appeler cette valeur courante la vraie valeur de la chose ; mais cette expression, plus commode que précise, ne pouvant altérer en rien le droit absolu que la propriété donne au vendeur sur la marchandise et à l'acheteur sur l'argent, l'on ne peut en conclure que cette valeur puisse servir de fondement à aucune règle morale ; et il reste exactement vrai que les conditions de tout échange ne peuvent être injustes qu'autant que la violence ou la fraude y ont influé.

Qu'un jeune étranger arrive dans une ville et que, pour se procurer les choses dont il a besoin, il s'adresse à un marchand fripon ; si celui-ci abuse de l'ignorance de ce jeune homme en lui vendant au double de la valeur courante, ce marchand commet certainement une injustice envers ce jeune homme. Mais en quoi consiste cette injustice ? Est-ce en ce qu'il lui a fait payer la chose au double de sa valeur réelle et intrinsèque ? Non ; car cette chose n'a point, à proprement parler, de valeur réelle et intrinsèque, à moins qu'on entende par là le prix qu'elle a coûté au vendeur ; ce qui ne serait pas exact, car ce prix de la façon ou du premier achat n'est point la valeur dans le commerce, ou sa valeur vénale uniquement fixée par le rapport de l'offre à la demande. La même chose qui vaut aujourd'hui dans le commerce un louis, ne vaudra peut-être dans quinze jours que 12 francs, parce qu'il en sera arrivé une grande quantité, ou seulement parce que l'empressement de la nouveauté sera passé. Si donc ce jeune homme a été lésé, c'est par une autre raison ; c'est parce qu'on lui a fait payer 6 livres, dans une boutique, ce qu'il aurait eu pour 3 livres dans une boutique voisine et dans toutes les autres de la ville ; c'est parce que cette valeur courante de 3 livres est une chose notoire ; c'est parce que, par une espèce de convention tacite et générale, lorsqu'on demande à un marchand le prix d'une marchandise, on lui demande le prix courant ; c'est parce que quiconque soupçonnerait le moins du monde la sincérité de sa réponse, pourrait la vérifier sur-le-champ et que, par conséquent, il ne peut demander un autre prix sans abuser de la confiance avec laquelle on s'en est rapporté à lui, sans manquer, en un mot, à la bonne foi. Ce cas rentre donc dans celui de la fraude, et c'est à ce titre seul qu'il est condamnable. On dit et l'on doit dire que ce marchand a trompé, mais non qu'il a volé ; ou, si l'on se sert quelquefois de cette expression, ce n'est que dans un sens impropre et métaphorique.

Il faut conclure de cette explication que, dans tout échange, dans toute convention qui a pour base deux conditions réciproques, l'injustice ne peut être fondée que sur la violence, la fraude, la mauvaise foi, l'abus de confiance, et jamais sur une prétendue inégalité métaphysique entre la chose vendue et son prix.

La seconde proposition du raisonnement que je combats est encore fondée sur une équivoque grossière et sur une supposition qui est précisément ce qui est en question. « Ce que le prêteur exige, dit-on, au-delà du sort principal, est une chose qu'il reçoit au-delà de ce qu'il a donné, puisqu'en recevant seulement le sort principal, il reçoit l'équivalent exact de ce qu'il donné. » Il est certain qu'en rendant le sort principal, l'emprunteur rendra précisément le même poids de métal que le prêteur lui avait donné. Mais, où nos raisonneurs ont-ils vu qu'il ne fallût considérer dans le prêt que le poids du métal prêté et rendu, et non la valeur et l'utilité dont il est pour celui qui prête et pour celui qui emprunte ? Où ont-ils vu que, pour fixer cette valeur, il fallût n'avoir égard qu'au poids du métal livré dans les deux époques différentes, sans comparer la différence d'utilité qui se trouve à l'époque du prêt entre une somme possédée actuellement et une somme égale qu'on recevra à une époque éloignée ? Cette différence n'est-elle pas notoire, et le proverbe trivial *un tien vaut mieux que deux tu l'auras,* n'est-il pas l'expression naïve de cette notoriété ? Or, si une somme actuellement possédée vaut mieux, est plus utile, est préférable, à l'assurance de recevoir une pareille somme dans une ou plusieurs années, il n'est pas vrai que le prêteur reçoive autant qu'il donne lorsqu'il ne stipule point l'intérêt, car il donne de l'argent et ne reçoit qu'une assurance. Or, s'il reçoit moins, pourquoi cette différence ne serait-elle pas compensée par l'assurance d'une augmentation sur la somme proportionnée au retard ? Cette compensation est précisément l'intérêt de l'argent.

On est tenté de rire quand on entend des gens raisonnables et d'ailleurs éclairés, fonder sérieusement la légitimité du loyer des choses qui ne se consomment point par l'usage, sur ce que « cet usage pouvant être distingué de la chose, du moins par l'entendement, est appréciable » ; et soutenir que « le loyer des choses qui se détruisent par l'usage est illégitime, parce qu'on n'y peut pas distinguer un usage distingué de la chose ». C'est bien par de pareilles abstractions qu'il faut appuyer les règles de la morale et de la probité ! Eh ! non, non ; les hommes n'ont pas besoin d'être métaphysiciens pour être honnêtes gens. Les règles morales, pour juger de la légitimité des conventions, se fondent, comme les conventions elles-mêmes, sur l'avantage réciproque des parties contractantes, et non sur les qualités intrinsèques et métaphysiques des objets du contrat, lorsque ces qualités ne changent rien à l'avantage des parties. Ainsi, quand j'ai loué un diamant, j'ai consenti à en payer le loyer parce que ce diamant m'a été utile ; ce loyer n'en est pas moins légitime, quoique je rende ce diamant, et que ce diamant ait la même valeur que lorsque je l'avais reçu. Par la même raison, j'ai pu consentir à payer un loyer de l'argent dont je m'engage à rendre dans un certain temps une égale quantité, parce que quand je le rendrai j'en aurai tiré une utilité ; et ce loyer pourra être reçu aussi légitimement dans un cas que dans l'autre, puisque mon utilité est la même dans les deux cas. La circonstance que l'argent rendu n'est pas précisément l'argent qui m'avait été livré, est absolument indifférente à la légitimité du loyer, puisqu'elle ne change rien à l'utilité réelle que j'en ai tirée, et que c'est cette utilité seule que je paie lorsque je paie un loyer. Qu'importe que ce que je rends soit précisément la même chose qui m'avait été livrée, puisque celle que je rends a précisément la même valeur ! Ce que je rends, dans les deux cas, n'est-il pas toujours exactement l'équivalent de ce que j'ai reçu, et si j'ai payé, dans un cas, la liberté de m'en servir durant l'intervalle, en quoi suis-je lésé de la payer dans l'autre ? Quoi ! l'on aura pu me faire payer la mince utilité d'un bijou, d'un meuble, et ce sera un crime de me faire payer l'avantage immense que j'aurai retiré de l'usage d'une somme d'argent pendant le même temps ? Et cela parce que l'entendement subtil d'un jurisconsulte peut, dans un cas, séparer de la chose son usage, et ne le peut pas dans l'autre ! Cela est, en vérité, trop ridicule.

Mais, disent nos raisonneurs (et il faut les suivre dans leur dernier retranchement), l'on ne peut pas me faire payer cet usage de l'argent, parce qu'il était à moi ; j'en étais le propriétaire, parce qu'il est de la nature du prêt des *choses fongibles* que la propriété en soit inséparable, sans quoi elles seraient inutiles à l'emprunteur.

Misérable équivoque encore ! Il est vrai que l'emprunteur devient propriétaire de l'argent considéré physiquement comme une certaine quantité de métal. Mais, est-il vraiment propriétaire de la valeur de cet argent ? Non sans doute, puisque cette valeur ne lui est confiée que pour un temps, et pour la rendre à l'échéance. Mais, sans entrer dans cette discussion, qui se réduit à une vraie question de mots, que peut-on conclure de la propriété que j'ai, dit-on, de cet argent ? Cette propriété, ne la tiens-je pas de celui qui m'a prêté l'argent ? N'est-ce pas, par son consentement, que je l'ai obtenue, et ce consentement, les conditions n'en n'ont-elles pas été réglées entre lui et moi ? A la bonne heure, que l'usage que je ferai de cet argent sera l'usage de ma chose, que l'utilité qui m'en reviendra sera un accessoire de ma propriété. Tout cela sera vrai, mais quand ? Quand l'argent sera à moi, quand cette propriété m'aura été transmise ; et quand l'aura-t-elle été. Quand je l'aurai achetée et payée. Or, à quel prix achèterai-je cette propriété ? Qu'est-ce que je donne en échange ? N'est-il pas évident que c'est l'engagement que je prends de rembourser à une certaine échance une certaine somme quelle qu'elle soit ? N'est-il pas tout aussi évident que, si cette somme n'est qu'exactement égale à celle que je reçois, mon paiement ne fera pas l'équivalent de la propriété que j'acquiers dans le moment actuel ? N'est-il pas évident que, pour fixer cet équivalent de façon que notre avantage soit égal de part et d'autre, nous devons avoir égard à l'utilité dont me sera cette propriété que j'acquiers et que je n'ai point encore, et à l'utilité dont cette propriété pourrait être au prêteur, pendant le temps qu'il en sera privé ? Le raisonnement des jurisconsultes prouvera si l'on veut que je ne dois pas payer l'usage d'une chose lorsque j'en ai déjà acquis la propriété ; mais il ne prouve pas que je n'aie pu, en me déterminant à acquérir cette propriété, en fixer le prix d'après la considération de cet usage attaché à la propriété. En un mot, l'objection suppose toujours ce qui est en question, c'est-à-dire que l'argent reçu aujourd'hui et l'argent qui doit être rendu dans un an sont deux choses parfaitement égales. En raisonnant ainsi on oublie que ce n'est pas la valeur de l'argent, lorsqu'il aura été rendu, qu'il faut comparer avec la valeur de l'argent au moment où il est prêté ; mais, que c'est la valeur de la promesse d'une somme d'argent, qu'il faut comparer avec la valeur d'une somme d'argent effective. On suppose que c'est l'argent rendu qui est, dans le contrat de prêt, l'équivalent de l'argent prêté, et on suppose en cela une chose absurde, car c'est au moment du contrat qu'il faut considérer les conditions respectives ; et c'est dans ce moment qu'il faut en établir l'égalité. Or, au moment du prêt, il n'existe certainement qu'une somme d'argent d'un côté et une promesse de l'autre. Si on suppose qu'une somme de mille francs et une promesse de mille francs ont précisément la même valeur, on fait une supposition plus absurde encore ; si ces deux choses étaient équivalentes, pourquoi emprunterait-on ?

Il est bien singulier qu'on parte du principe de l'égalité de valeurs qui doit avoir lieu dans les conventions, pour établir un système suivant lequel l'avantage est tout entier pour une des parties, et entièrement nul pour l'autre. Rien n'est assurément plus palpable ; car, quand on me rend, au bout de quelques années, un argent que j'ai prêté sans intérêt, il est bien clair que je n'ai rien gagné, et qu'après avoir été privé de son usage et avoir risqué de le perdre, je n'ai précisément que ce que j'aurais si je l'avais gardé pendant ce temps dans mon coffre. Il n'est pas moins clair que l'emprunteur a tiré avantage de cet argent, puisqu'il n'a eu d'autre motif pour l'emprunter que cet avantage ; j'aurai donc donné quelque chose pour rien, j'aurai été généreux ; mais si, par ma générosité, j'ai donné quelque chose de réel, j'ai donc pu le vendre sans injustice.

C'est faire bien de l'honneur aux sophismes frivoles des adversaires du prêt à intérêt que de les réfuter aussi au long que je l'ai fait. De pareils raisonnements n'ont certainement jamais persuadé personne. Mais quand on est persuadé par le préjugé de l'éducation, par des autorités qu'on respecte, par la connexité supposée d'un système avec des principes consacrés, alors on fait usage de toutes les subtilités imaginables pour défendre des opinions auxquelles on est attaché ; on n'oublie rien pour se faire illusion à soi-même, et les meilleurs esprits en viennent quelquefois à bout.

XXVIII. EXAMEN ET RÉFUTATION DES ARGUMENTS QU'ON TIRE DE L'ECRITURE CONTRE LA LÉGITIMITÉ DU PRÊT A INTÉRÊT. — Il est vraisemblable que les jurisconsultes n'auraient pas pris tant de peine pour obscurcir les notions simples du bon sens, si les théologiens scolastiques ne les avaient entraînés dans cette fausse route, et ne leur avaient persuadé que la religion proscrivait absolument le prêt à intérêt. Ceux-ci, pleins de leurs préjugés, ont cru en avoir la confirmation dans le fameux passage de l'Evangile : *mutuum date nihil inde sperantes* ; prêtez, sans en espérer aucun avantage (Saint Luc, chap. VI, verset 35).

Des gens de bon sens n'auraient vu dans ce passage qu'un précepte de charité. Tous les hommes doivent se secourir les uns les autres. Un homme riche qui, voyant son semblable dans la misère, au lieu de subvenir à ses besoins, lui vendrait ses secours, manquerait aux devoirs du christianisme à ceux de l'humanité. Dans de pareilles circonstances, la charité ne prescrit pas seulement de prêter sans intérêt ; elle ordonne de prêter et de donner s'il le faut ; faire de ce précepte de charité un précepte de justice rigoureuse, c'est choquer également la raison et le sens du texte. Ces mêmes théologiens ne prétendent pas que ce soit un devoir de justice de prêter son argent. Il faut donc qu'ils conviennent que les premiers mots du passage *mutuum date* ne renferment qu'un précepte de charité. Or, je demande pourquoi ils veulent que la fin du passage s'entende d'un devoir de justice. Quoi ! le prêt lui-même ne sera pas un précepte rigoureux, et l'accessoire, la condition du prêt, en sera un ? Jésus-Christ aura dit aux hommes : « Il vous est libre de prêter ou de ne pas prêter ; mais si vous prêtez, gardez-vous bien de retirer aucun intérêt de votre argent ; et, quand même un négociant vous en demanderait pour une entreprise dans laquelle il espère faire de grands profits, ce serait un crime à vous d'accepter l'intérêt qu'il vous offre. Il faut absolument, ou lui prêter gratuitement, ou ne lui point prêter du tout. Vous avez, à la vérité, un moyen de rendre l'intérêt légitime : c'est de prêter votre capital pour un temps indéfini, et de renoncer à en exiger le remboursement que votre débiteur vous fera quand il voudra ou quand il pourra. Si vous y trouvez de l'inconvénient du côté de la sûreté, ou si vous prévoyez que vous aurez besoin de votre argent dans un certain nombre d'années, vous n'avez pas d'autre parti à prendre que celui de ne point prêter. Il vaut mieux laisser manquer à ce négociant l'occasion la plus précieuse que de commettre un péché pour la lui faciliter. » Voilà ce que les théologiens rigoristes ont vu dans ces cinq mots, *mutuum date nihil inde sperantes,* parce qu'ils les ont lus avec les préjugés que leur donnait une fausse métaphysique. Tout homme qui lira ce texte sans prévention y verra ce qui y est, c'est-à-dire que Jésus-Christ a dit à ses disciples : « Comme hommes, comme chrétiens, vous êtes tous frères, tous amis ; traitez-vous en frères et en amis, secourez-vous dans vos besoins, que vos bourses vous soient ouvertes les uns aux autres, et ne vous vendez pas les secours que vous vous devez réciproquement, en exigeant l'intérêt d'un prêt dont la charité vous fait un devoir. » C'est là le vrai sens du passage en question. L'obligation de prêter sans intérêt et celle de prêter sont évidemment relatives l'une à l'autre. Elles sont du même ordre, et toutes deux énoncent un devoir de charité et non un précepte de justice rigoureuse applicable à tous les cas où l'on peut prêter.

On peut d'autant moins en douter, que ce passage se trouve dans le même chapitre, à la suite de toutes ces maximes connues sous le nom de *Conseils évangéliques,* que tout le monde convient n'être proposés que comme un moyen d'arriver à une perfection à laquelle tous ne sont pas appelés, et qui, même pour ceux qui y seraient appelés, ne sont point applicables, dans leur sens littéral, à toutes les circonstances de la vie : « Faites du bien à ceux qui vous haïssent ; bénissez ceux qui vous maudissent ; si l'on vous donne un soufflet, tendez l'autre joue ; laissez prendre votre habit à celui qui vous ôte votre tunique ; donnez à quiconque vous demande ; et quand on vous ôte ce qui est à vous, ne le réclamez pas. » C'est, après toutes ces expressions, et dans le même discours, qu'on lit le passage sur le prêt gratuit, conçu en ces termes : *Verun tamen diligite inimicos vestros : benefacite, et mutuum date nihil inde sperantes* ; *et erit merces vestra multa, et eritis filii Altissimi, quia ipse benignus est super ingratos et malos.* « Aimez vos ennemis ; soyez bienfaisants, et prêtez sans en espérer aucun avantage, et votre récompense sera grande, et vous serez les fils du Très-Haut, parce que lui-même fait du bien aux ingrats et aux méchants. » Ce passage, rapporté tout au long, en dit peut-être plus que toutes les discussions auxquelles je me suis livré ; et il n'est pas concevable que personne ne s'étant jamais avisé de regarder les autres maximes répandues dans ce chapitre, et que j'ai citées, comme des préceptes de justice rigoureuse, on s'obstine à vouloir interpréter différemment les expressions qui concernent le prêt gratuit.

Il faudrait trop de temps pour développer avec le même détail les passages de l'Ancien Testament que les théologiens citent encore à l'appui des mêmes préjugés ; on doit les expliquer de la même manière ; et, ce qui le prouve incontestablement, c'est la permission expresse, dans les lois de Moïse, de prêter à intérêt aux étrangers : *Non fænerabis frati tuo ad usuram, ne pecuniam, ne fruges, ne quamlibet aliam rem, sed alieno.* « Tu ne prêteras point à ton frère à intérêt, ni de l'argent, ni des fruits, ni aucune autre chose, mais à l'étranger. » La loi divine n'a certainement pas pu permettre expressément aux juifs de pratiquer avec les étrangers ce qui aurait été défendu par le droit naturel. Dieu ne peut autoriser l'injustice. Je sais que quelques théologiens ont eu assez peu de bon sens pour dire le contraire. Mais cette réponse, vraiment scandaleuse, ne fait que prouver leur embarras, et laisser à l'objection la force d'une vraie démonstration aux yeux de ceux qui ont des notions saines de Dieu et de la justice.

XXIX. Véritablement origine de l'opinion qui condamne le prêt a intérêt. — Il se présente ici une réflexion : comment a-t-il pu arriver que, malgré l'évidence et la simplicité des principes qui établissent la légitimité du prêt à intérêt, malgré la futilité des sophismes qu'on a entassés pour obscurcir une chose si claire, l'opinion qui le condamne ait pu se répandre aussi généralement et flétrir presque partout le prêt à intérêt sous le nom d'usure ? On conçoit aisément que l'autorité des théologiens rigides a beaucoup contribué à étendre cette opinion et à l'enraciner dans les esprits ; mais comment ces théologiens eux-mêmes ont-ils pu se tromper aussi grossièrement ? Cette erreur a sans doute une cause, et il est important de la développer pour achever d'approfondir le sujet de l'usure, et de le considérer sous toutes les faces.

La source du préjugé des théologiens n'est pas difficile à trouver. Ils n'ont imaginé des raisons, pour condamner le prêt à intérêt, que parce qu'il était déjà flétri par les cris des peuples auxquels les usuriers ont été de tout temps odieux, et il est dans la nature des choses qu'ils le soient. Car, quoiqu'il soit doux de trouver à emprunter, il est dur d'être obligé de rendre. Le plaisir d'être secouru dans son besoin passe avec la satisfaction de ce besoin ; bientôt le besoin renaît, la dette reste, et le poids s'en fait sentir à tous les instants, jusqu'à ce qu'on ait pu s'acquitter ; de plus, on ne prête jamais qu'un superflu, et l'on emprunte souvent le nécessaire ; et, quoique la justice rigoureuse soit entièrement pour le prêteur-créancier, qui ne réclame que ce qui est à lui, l'humanité, la commisération, la faveur penchent toujours pour le débiteur. On sent que celui-ci, en rendant, sera réduit à la misère, et que le créancier peut vivre malgré la privation de ce qui lui est dû.

Ce sentiment a lieu lors même que le prêt a été purement gratuit ; à plus forte raison, lorsque le secours donné à l'emprunteur ne l'ayant été que sous la condition d'un intérêt, il a reçu le prêt sans reconnaissance ; c'est alors qu'il souffre avec amertume et avec indignation les poursuites que fait contre lui le créancier pour l'obliger à rendre.

Dans les sociétés naissantes, lorsqu'on connaissait à peine le commerce, et encore aujourd'hui dans celles où le commerce est peu animé, l'on emprunte peu dans la vue de faire des entreprises lucratives et, par conséquent, l'on n'emprunte que pour satisfaire à un besoin pressant. Il n'y a que le pauvre ou l'homme dérangé qui emprunte et ni l'un ni l'autre ne peuvent rendre qu'en conséquence d'événements heureux, ou par le moyen d'une extrême économie ; par conséquent, l'un et l'autre sont donc souvent insolvables, et le prêteur court des risques d'autant plus grands. Plus le prêteur est dans le cas de perdre son capital, plus il faut que l'intérêt soit fort pour contrebalancer ce risque par l'appât du profit. Il faut gagner, sur l'intérêt qu'on tire du petit nombre d'emprunteurs solides, le capital et les intérêts qu'on perdra par la banqueroute de ceux qui ne le seront pas. Ainsi, plus le besoin qui fait emprunter est urgent, plus l'intérêt est fort.

C'est par cette raison que l'intérêt à Rome était excessif. Celui de 12 p. 100 passait pour très modéré. On sait que cet intérêt de 12 p. 100 a été longtemps en France l'intérêt courant. Avec un intérêt aussi fort, quiconque ne fait pas un emploi prodigieusement lucritf de l'argent qu'il emprunte, quiconque emprunte, pour vivre ou pour dépenser, est bientôt entièrement ruiné et réduit à l'impuissance absolue de payer. Il est impossible que, dans cet état, le créancier qui lui redemande son dû ne lui soit pas odieux. Il le serait, quand même il ne demanderait que la somme précise qu'il a prêtée ; car, à qui ne peut rien payer, il est égal qu'on lui demande peu ou beaucoup ; mais alors le débiteur n'oserait pas avouer cette haine ; il sentirait quelle injustice atroce il y aurait à se faire du bienfait un titre pour haïr le bienfaiteur ; il ne pourrait se cacher que personne ne partagerait une haine aussi injuste et ne compatirait à ses plaintes. Mais, en les faisant tomber sur l'énormité des intérêts que le créancier a exigés de lui en abusant de son besoin, il trouve dans tous les cœurs la faveur qu'inspire la pitié, et la haine contre l'usurier devient une suite de cette pitié : cette haine est d'autant plus générale que le nombre des emprunteurs indigents est plus grand, et celui des riches prêteurs plus petit.

On voit que, dans les dissensions entre le peuple et les grands qui ont agité si longtemps la république romaine, le motif le plus réel des plaintes du peuple était l'énormité des usures et la dureté avec laquelle les patriciens exigeaient le paiement de leurs créances. La fameuse retraite sur le Mont-Sacré n'eut pas d'autre cause. Dans toutes les républiques anciennes, l'abolition des dettes fut toujours le vœu du peuple et le cri des ambitieux qui captaient la faveur populaire. Les riches furent quelquefois obligés de l'accorder pour calmer la fougue du peuple et prévenir des révolutions plus terribles. Mais c'était encore un risque de plus pour les prêteurs et, par conséquent, l'intérêt de l'argent n'en devenait que plus fort.

La dureté avec laquelle les lois, toujours faites pour les riches, autorisaient à poursuivre les débiteurs, ajoutait infiniment à l'indignation du peuple débiteur contre les usures et les usuriers : non seulement les biens, mais la personne même du débiteur, étaient affectés à la sûreté de la dette. Quand il était insolvable, il devenait l'esclave de son créancier ; celui-ci était autorisé à le vendre à son profit, et à user à son égard du pouvoir illimité que l'ancien droit donnait au maître sur son esclave, lequel s'étendait jusqu'à le faire mourir arbitrairement. Un tel excès de rigueur ne laissait envisager aux malheureux obérés qu'un avenir plus affreux que la mort, et l'impitoyable créancier lui paraissait le plus cruel de ses ennemis. Il était donc dans la nature des choses que l'usurier, ou le prêteur à intérêt, fût partout l'objet de l'exécration publique, et regardé comme une sangsue avide engraissée de la substance et des pleurs des malheureux.

Le christianisme vint et rappela les droits de l'humanité trop oubliés. L'esprit d'égalité, l'amour de tous les hommes, la commisération pour les malheureux, qui forment le caractère distinctif de cette religion, se répandirent dans les esprits ; le riche fut adouci ; le pauvre fut secouru et consolé. Dans une religion qui se déclarait la protectrice des pauvres, il était naturel que les prédicateurs, en se livrant à l'ardeur de leur zèle, adoptassent une opinion qui était devenue le cri du pauvre, et que, n'envisageant point le prêt à intérêt en lui-même et dans ses principes, ils le confondissent avec la dureté des poursuites exercées contre les débiteurs insolvables. De là, dans les anciens docteurs de l'Eglise, cette tendance à regarder le prêt à intérêt comme illicite : tendance qui cependant n'alla pas (et il est important de le remarquer) jusqu'à regarder cette opinion comme essentiellement liée avec la foi. Le droit romain, tel que nous l'avons rédigé dans un temps où le christianisme était la seule religion de l'Empire, et dans lequel le prêt à intérêt est expressément autorisé, prouve incontestablement que ce prêt n'était point proscrit par la religion.

Cependant, l'opinion la plus rigide et la plus populaire prit peu à peu le dessus, et le plus grand nombre des théologiens s'y rangea, surtout dans les siècles d'ignorance qui suivirent ; mais, tandis que le cri du peuple contre le prêt à intérêt le faisait proscrire, l'impossibilité de l'abolir entièrement fit imaginer la subtilité de l'aliénation du capital, et c'est ce système qui, étant devenu presque général parmi les théologiens, est devenu aussi celui des jurisconsultes, par l'influence beaucoup trop grande qu'ont eue, sur notre jurisprudence et notre législation, les principes du droit canon.

Dans cette espèce de génération des opinions contraires au prêt à intérêt, on voit que les peuples poursuivis par d'impitoyables créanciers ont imputé leur malheur à l'usure et l'ont regardée d'un œil odieux ; que les personnes pieuses et les prédicateurs ont partagé cette impression et déclamé contre l'usure ; que les théologiens, persuadés par ce cri général que l'intérêt était condamnable en lui-même, ont cherché des raisons pour prouver qu'il devait être condamné, et qu'ils en ont trouvé mille mauvaises, parce qu'il était impossible d'en trouver une bonne ; qu'enfin les jurisconsultes, entraînés par leur respect pour les décisions des théologiens, ont introduit les mêmes principes dans notre législation.

XXX. Affaiblissement des causes qui avaient rendu le prêt a intérêt odieux aux peuples. — Les causes qui avaient autrefois rendu odieux le prêt à intérêt ont cessé d'agir avec autant de force. L'esclavage étant aboli parmi nous, l'insolvabilité a des suites moins cruelles ; elle n'entraîne plus la mort civile ni la perte de la liberté. La contrainte par corps, que nous avons conservée, est à la vérité une loi dure et cruelle pour le pauvre ; mais, la dureté en a été du moins mitigée par beaucoup de restrictions et bornée à un certain ordre de créances. La suppression de l'esclavage a donné aux arts une activité inconnue aux peuples anciens, chez lesquels chaque particulier aisé faisait fabriquer chez lui par ses esclaves presque tout ce dont il avait besoin. Aujourd'hui l'exercice des arts mécaniques est une ressource ouverte à tout homme laborieux. Cette foule de travaux et les avances qu'ils exigent nécessairement présentent de tous côtés à l'argent des emplois lucratifs ; les entreprises de commerce multipliées à l'infini emploient des capitaux immenses. Les pauvres, que l'impuissance de travailler réduit à une misère absolue, trouvent dans le superflu des riches et dans les charités de toute espèce, des ressources qui ne paraissent pas avoir eu lieu chez les peuples de l'antiquité, et qui, en effet, y étaient moins nécessaires, puisque, par la constitution des sociétés, le pauvre, réduit au dernier degré de misère, tombait naturellement dans l'esclavage. D'un autre côté, l'immensité des capitaux accumulés de siècle en siècle par l'esprit d'économie inséparable du commerce et grossis surtout par l'abondance des trésors apportés de l'Amérique, a fait baisser dans toute l'Europe le taux de l'intérêt. De toutes ces circonstances réunies, il a résulté que les emprunts faits par le pauvre pour subsister ne sont plus qu'un objet à peine sensible dans la somme totale des emprunts ; que la plus grande partie des prêts se font à l'homme riche, ou du moins à l'homme industrieux, qui espère se procurer de grands profits de l'emploi de l'argent qu'il emprunte. Dès lors, le prêt à intérêt a dû devenir moins odieux, puisque, par l'activité du commerce, il est devenu, au contraire, une source d'avantages pour l'emprunteur. Aussi, s'est-on familiarisé avec lui dans toutes les villes de commerce, au point que les magistrats et les théologiens mêmes en sont venus à le tolérer. La condamnation du prêt en lui-même, ou de l'intérêt exigé sans aliénation du capital, est devenue une spéculation abandonnée aux théologiens rigoristes, et dans la pratique, toutes les opérations et de commerce et de finance roulent sur le prêt à intérêt sans aliénation du capital.

XXXI. A QUEL GENRE D'USURE SE BORNE AUJOURD'HUI LA FLÉTRISSURE ATTACHÉE AU NOM D'USURIER. — Le nom d'usurier ne se donne presque plus, dans la société, qu'aux prêteurs à la petite semaine, à cause du taux excessif de l'intérêt qu'ils exigent ; à quelques fripiers qui prêtent sur gages aux petits bourgeois et aux artisans dans la détresse ; enfin, à ces hommes infâmes qui font métier de fournir, à des intérêts énormes, aux enfants de famille dérangés, de quoi subvenir à leur libertinage et à leurs folles dépenses. Ce n'est plus que sur ces trois espèces d'usuriers que tombe la flétrissure attachée à ce nom, et eux seuls sont encore quelquefois l'objet de la sévérité des lois anciennes qui subsistent contre l'usure. De ces trois sortes d'usuriers, il n'y a cependant que les derniers qui fassent dans la société un mal réel. Les prêteurs à la petite semaine fournissent aux agents d'un commerce nécessaire les avances dont ceux-ci ne peuvent se passer, et si ce secours est mis à un prix très haut, ce haut prix est la compensation des risques que court le capital par l'insolvabilité fréquente des emprunteurs et de l'avilissement attaché à cette manière de faire valoir son argent ; car, cet avilissement écarte nécessairement de ce commerce beaucoup de capitalistes dont la concurrence pourrait seule diminuer le taux de l'intérêt. Il ne reste que ceux qui se déterminent à passer par-dessus la honte et qui ne s'y déterminent que par l'assurance d'un grand profit. Les petits marchands qui empruntent ainsi à la petite semaine sont bien loin de se plaindre des prêteurs, dont ils ont à tout moment besoin et qui au fond les mettent en état de gagner leur vie ; aussi, la police et le ministère public les laissent-ils fort tranquilles.

Les prêteurs sur gages à gros intérêts, les seuls qui prêtent véritablement au pauvre pour ses besoins journaliers, et non pour le mettre en état de gagner, ne font point le même mal que ces anciens usuriers qui conduisaient par degrés à la misère et à l'esclavage les pauvres citoyens auxquels ils avaient procuré des secours funestes. Celui qui emprunte sur gage emprunte sur un effet dont il lui est absolument impossible de se passer. S'il n'est pas en état de rendre le capital et les intérêts, le pis qui puisse lui arriver est de perdre son gage, et il ne sera pas beaucoup plus malheureux qu'il ne l'était. Sa pauvreté le soustrait à toute autre poursuite : ce n'est guère contre le pauvre qui emprunte pour vivre que la contrainte par corps peut être exercée. Le créancier qui pouvait autrefois réduire son débiteur en esclavage y trouvait un profit : c'était un esclave qu'il acquérait ; mais aujourd'hui le créancier sait qu'en privant son débiteur de la liberté, il n'y gagnera autre chose que d'être obligé de le nourrir en prison. Aussi, ne s'avise-t-on pas de faire contracter à un homme qui n'a rien et qui est réduit à emprunter pour vivre des engagements qui emportent la contrainte par corps ; elle n'ajouterait rien à la sûreté du prêteur. La sûreté vraiment solide contre l'homme pauvre est le gage, et l'homme pauvre s'estime heureux de trouver un secours pour le moment sans autre danger que de perdre son gage. Aussi, le peuple a-t-il plutôt de la reconnaissance que de la haine pour ces petits usuriers qui le secourent dans son besoin, quoiqu'ils lui vendent assez cher ce secours. Je me souviens d'avoir été, à La Tournelle [1], rapporteur d'un procès criminel pour fait d'usure. Jamais je n'ai été tant sollicité que je le fus pour le malheureux accusé, et je fus très surpris de voir que ceux qui me sollicitaient avec tant de chaleur étaient ceux-là mêmes qui avaient essuyé les usures qui faisaient l'objet du procès. Le contraste d'un homme poursuivi criminellement pour avoir fait à des particuliers un tort dont ceux-ci, non seulement ne se plaignaient pas, mais même témoignaient de la reconnaissance, me parut singulier et me fit faire bien des réflexions.

XXXII. Les usuriers qui font métier de prêter aux enfants de famille dérangés sont les seuls qui soient vraiment nuisibles a la société ; leur véritable crime n'est point l'usure ; en quoi il consiste. — Les seuls usuriers qui soient vraiment nuisibles à la société sont donc, comme je l'ai déjà dit, ceux qui font métier de prêter aux jeunes gens dérangés ; mais je n'imagine pas que personne pense que leur crime soit de prêter à intérêt sans aliénation du capital, ce qui, suivant les théologiens et les jurisconsultes, constitue l'usure. Ce n'est pas non plus de prêter à un intérêt plus fort que le taux légal ; car, prêtant sans aucune sûreté, ayant à craindre que les pères ne refusent de payer et que les jeunes gens eux-mêmes ne réclament un jour contre leurs engagements, il faut bien que leurs profits soient proportionnés à leurs risques. Leur véritable crime est donc, non pas d'être usuriers, mais de faciliter et d'encourager, pour un vil intérêt, les désordres des jeunes gens, et de les conduire à l'alternative de se ruiner ou de se déshonorer. S'ils doivent être punis, c'est à ce titre, et non à cause de l'usure qu'ils ont commise.

XXXIII. La défense de l'usure n'est point le remède qu'il faut apporter a ce désordre, et d'autres lois y pourvoient suffisamment. — Les lois contre l'usure ne sont donc d'aucune utilité pour arrêter ce désordre, qui est punissable par lui-même ; elles ne sont pas même utiles pour obvier à la dissipation de la fortune des jeunes gens qui ont emprunté de cette manière ruineuse et pour les sauver de leur ruine par la rupture de leurs engagements ; car, sans examiner s'il est vraiment utile que la loi offre, contre des engagements volontaires, des ressources dont il est honteux de profiter (question très

1. Chambre criminelle du Parlement où les conseillers siégeaient à tour de rôle. Turgot avait été conseiller en 1752. (G. S.).

susceptible de doute), la loi qui rend les mineurs incapables de s'engager rend superflue toute autre précaution. Ce ne sont pas ordinairement les personnes d'un âge mûr qui se ruinent de cette manière et, en tout cas, c'est à eux et non pas à la loi à s'occuper du soin de conserver leur patrimoine. Au reste, le plus sûr rempart contre la dissipation des enfants de famille sera toujours la bonne éducation que les parents doivent leur donner.

XXXIV. Conséquences de ce qui a été dit sur les vrais causes de la défaveur du prêt a intérêt, et sur les changements arrivés a cet égard dans les mœurs publiques. — Après avoir prouvé la légitimité du prêt à intérêt par les principes de la matière, et après avoir montré la frivolité des raisons dont on s'est servi pour le condamner, je n'ai pas cru inutile de développer les causes qui ont répandu sur le prêt à intérêt cet odieux et cette défaveur, sans lesquels ni les théologiens ni les jurisconsultes n'auraient pas songé à les condamner. Mon objet a été d'apprécier exactement les fondements de cette défaveur, et de reconnaître si, en effet, le prêt à intérêt produit dans la société des maux que les lois doivent chercher à prévenir, et qui doivent engager à le proscrire. Il résulte, ce me semble, des détails dans lesquels je suis entré, que ce qui rendait l'usure odieuse dans les anciens temps, tenait plus au défaut absolu du commerce, à la constitution des anciennes sociétés et surtout aux lois qui permettaient au créancier de réduire son débiteur en esclavage, qu'à la nature même du prêt à intérêt. Je crois avoir prouvé encore que par les changements survenus dans le commerce, dans les mœurs et dans la constitution des sociétés, le prêt à intérêt ne produit dans la société aucun mal qu'on puisse imputer à la nature de ce contrat ; et que, dans le seul cas où les pratiques usuraires sont accompagnées de quelque danger réel, ce n'est point dans l'usure proprement dite que résident le crime et le danger, et que les lois peuvent y pourvoir sans donner aucune restriction à la liberté du prêt à intérêt.

XXXV. Conséquence générale : aucun motif ne doit porter a défendre le prêt a intérêt. — Je suis donc en droit de conclure qu'aucun motif solide ne pourrait aujourd'hui déterminer la législation à s'écarter, en proscrivant le prêt à intérêt des principes du droit naturel qui le permettent. Car, tout ce qu'il n'est pas absolument nécessaire de défendre, doit être permis.

XXXVI. L'INTÉRÊT EST LE PRIX DE L'ARGENT DANS LE COMMERCE, ET CE PRIX DOIT ÊTRE ABANDONNÉ AU COURS DES ÉVÉNEMENTS, AUX DÉBATS DU COMMERCE. — Si l'on s'en tient à l'ordre naturel, l'argent doit être regardé comme une marchandise que le propriétaire est en droit de vendre ou de louer ; par conséquent, la loi ne doit point exiger, pour autoriser la stipulation de l'intérêt, l'aliénation du capital. Il n'y a pas plus de raison pour qu'elle fixe le taux de cet intérêt. Ce taux doit être, comme le prix de toutes les choses commerçables, fixé par le débat entre les deux contractants et par le rapport de l'offre à la demande. Il n'est aucune marchandise pour laquelle l'administration la plus éclairée, la plus minutieusement prévoyante et la plus juste, puisse répondre de balancer toutes les circonstances qui doivent influer sur la fixation du prix et d'en établir un qui ne soit pas au désavantage, ou du vendeur, ou de l'acheteur. Or, le taux de l'intérêt est encore bien plus difficile à fixer que le prix de toute espèce de marchandises, parce que ce taux tient à des circonstances et à des considérations plus délicates encore et plus variables, qui sont : celle du temps où se fait le prêt, celle de l'époque à laquelle le remboursement sera stipulé, et surtout celle du risque ou de l'opinion du risque que le capital doit courir. Cette opinion varie d'un instant à l'autre : une alarme momentanée, l'événement de quelques banqueroutes, des bruits de guerre, peuvent répandre une inquiétude générale, qui enchérit subitement toutes les négociations d'argent. L'opinion et la réalité du risque varient encore plus d'un homme à l'autre, et augmentent ou diminuent dans tous les degrés possibles. Il doit donc y avoir autant de variations dans le taux de l'intérêt. Une marchandise a le même prix pour tout le monde, parce que tout le monde la paye avec la même monnaie, et les marchandises d'un usage général, dont la production et la consommation se proportionnent naturellement l'une à l'autre, ont longtemps à peu près le même prix. Mais l'argent dans le prêt n'a le même prix, ni pour tous les hommes, ni dans tous les temps, parce que dans le prêt, l'argent ne se paie qu'avec une *promesse* et que, si l'argent de tous les acheteurs se ressemble, les promesses de tous les emprunteurs ne se ressemblent pas. Fixer par une loi le taux de l'intérêt, c'est priver de la ressource de l'emprunt quiconque ne peut offrir une sûreté proportionnée à la modicité de l'intérêt fixé par la loi ; c'est, par conséquent, rendre impossible une foule d'entreprises de commerce, qui ne peuvent se faire sans risque du capital.

XXXVII. L'INTÉRÊT DU RETARD ORDONNÉ EN JUSTICE PEUT ÊTRE RÉGLÉ PAR UN SIMPLE ACTE DE NOTORIÉTÉ, SANS QU'IL SOIT BESOIN DE FIXER LE TAUX DE L'INTÉRÊT PAR UNE LOI. — Le seul motif raisonnable qu'on allègue pour justifier l'usage où l'on est de fixer le taux de l'intérêt par une loi, est la nécessité de donner aux juges une règle qui ne soit pas arbitraire pour se conduire dans les cas où ils ont à prononcer sur les intérêts demandés en justice, en conséquence de la demeure de payer, ou bien lorsqu'il s'agit de prescrire à un tuteur à quel denier il peut placer l'argent de ses pupilles. Mais tout cela peut se faire sans une loi qui fixe irrévocablement et universellement le taux de l'intérêt. Quoique l'intérêt ne puisse être le même pour tous les cas, cependant il y a un intérêt qui varie peu, du moins dans un intervalle de temps peu considérable, c'est l'intérêt de l'argent placé avec une sûreté à peu près entière, telle que la donne une hypothèque solide, ou la solvabilité de certains négociants dont la fortune, la sagesse et la probité sont universellement connues. C'est à cet intérêt que les juges doivent se conformer et se conforment en effet, lorsqu'ils prononcent sur les demandes d'intérêts judiciaires, ou sur les autorisations des tuteurs. Or, puisque le taux de cet intérêt varie peu et est le même pour tous, il ne faut pas une loi pour le fixer ; il suffit d'un acte de notoriété qu'on peut renouveler chaque année. Quelques notaires et quelques négociants principaux donneraient aux magistrats les lumières nécessaires pour fixer cette notoriété en connaissance de cause. Un acte de cette espèce, fait dans chacune des villes où réside un Parlement, suffirait pour toute l'étendue du ressort.

XXXVIII. L'IMPUTATION DES INTÉRÊTS PRÉTENDUS USURAIRES SUR LE CAPITAL, ET TOUTES LES POURSUITES CRIMINELLES POUR FAIT D'USURE DEVRAIENT ÊTRE ABROGÉES. — Une conséquence immédiate de l'adoption de ces principes serait l'abrogation de l'usage où sont les tribunaux d'imputer sur le capital les intérêts payés, ou sans aliénation du capital, ou à un taux plus fort que celui de l'Ordonnance.

Une seconde conséquence qu'on en tirerait à plus forte raison, serait la suppression de toute poursuite criminelle sous prétexte d'usure. Ce crime imaginaire serait effacé de la liste des crimes.

XXXIX. AVANTAGES QUI RÉSULTERAIENT POUR LE COMMERCE ET LA SOCIÉTÉ EN GÉNERAL D'UNE LOI ENTIÈREMENT CONFORME AUX PRINCIPES QUI VIENNENT D'ÊTRE DÉVELOPPÉS. — Le commerce de l'argent serait libre comme doit l'être tout commerce. L'effet de cette liberté serait la concurrence, et l'effet de cette concurrence serait le bas prix de l'intérêt : non seulement, parce que la honte et les risques attachés au prêt à intérêt sont une surcharge que l'emprunteur paie toujours, de même que celui qui achète des marchandises prohibées paie toujours les risques du contrebandier, mais encore parce qu'une très grande quantité d'argent, qui reste inutile dans les coffres, entrerait dans la circulation lorsque le préjugé, n'étant plus consolidé par l'autorité des lois, aurait peu à peu cédé à la raison. L'économie en deviendrait d'autant plus active à accumuler des capitaux, lorsque le commerce d'argent serait un débouché toujours ouvert à l'argent. L'on ne peut aujourd'hui placer l'argent qu'en grosses parties. Un artisan est embarrassé de ses petites épargnes ; elles sont stériles pour lui jusqu'à ce qu'elles soient devenues assez considérables pour les placer. Il faut qu'il les garde, toujours exposé à la tentation de les dissiper au cabaret. Si le commerce d'argent acquérait le degré d'activité que lui donnerait la liberté entière et l'anéantissement du préjugé, il s'établirait des marchands d'argent qui le recueilleraient en petites sommes, qui rassembleraient dans les villes et dans les campagnes les épargnes du peuple laborieux pour en former des capitaux et les fournir aux places de commerce, comme on voit des marchands ramasser de village en village, jusqu'au fond de la Normandie, le beurre et les œufs qui s'y produisent, et les aller vendre à Paris. Cette facilité ouverte au peuple de faire fructifier ses épargnes serait pour lui l'encouragement le plus puissant à l'économie et à la sobriété, et lui offrirait le seul moyen qu'il ait de prévenir la misère où le plongent les moindres accidents, les maladies ou au moins la vieillesse.

XL. Si des motifs de prudence peuvent empêcher d'établir, quant a présent, par une loi, la liberté entière du prêt a intérêt, cette liberté n'en est pas moins le but auquel l'administration doit tendre, et auquel il convient de préparer les opinions du public. Nécessité de donner dès a présent au commerce une entière sécurité contre l'exécution des lois rigoureuses portées en matière d'usure. — La loi qui établirait ce nouvel ordre de choses est donc aussi désirable que juste, et plus favorable encore au peuple pauvre qu'au riche pécunieux.

Je ne dis pas cependant qu'il faille la rendre à présent.

J'ai insinué que je sentais tous les ménagements qui peuvent être dûs au préjugé, surtout à un préjugé que tant de personnes croient lié à des principes respectables.

Mais j'ose dire : que cette liberté entière du prêt à intérêt doit être le but plus ou moins éloigné du Gouvernement ;

qu'il faut s'occuper de préparer cette révolution en changeant peu à peu les idées du public, en favorisant les écrits des jurisconsultes éclairés et des théologiens sages qui adopteront une doctrine plus modérée et plus juste sur le prêt à intérêt ;

et qu'en attendant qu'on ait pu atteindre ce but, il faut s'en rapprocher autant qu'il est possible.

Il faut, sans heurter de front le préjugé, cesser de le soutenir, et surtout en éluder l'effet et garantir le commerce de ses fâcheuses influences.

XLI. Il parait convenable d'abroger par une loi toute poursuite criminelle pour fait d'usure ; mais il est du moins indispensable d'interdire absolument cette accusation dans tous les prêts faits a l'occasion du commerce ou a des commerçants. — La voie la plus directe pour y parvenir, et celle à laquelle j'avoue que j'inclinerais beaucoup, serait d'interdire entièrement, par une loi, toute poursuite criminelle pour fait d'usure. Je ne crois pas impossible de rédiger cette loi et le préambule qui doit l'annoncer, de façon à conserver tous les ménagements nécessaires pour les principes reçus.

Si cependant on y trouvait de la difficulté, il me paraît au moins indispensable de défendre d'admettre l'accusation d'usure dans tous les cas de négociations d'argent faites à l'occasion du commerce, et dans tous ceux où celui qui emprunte exerce, soit le commerce, soit toute autre profession dans laquelle l'argent peut être employé d'une manière lucrative.

Cette disposition renfermerait ce qui est absolument nécessaire pour mettre le commerce à l'abri des révolutions que pourrait occasionner la diversité des opinions sous le régime arbitraire de la jurisprudence actuelle.

En même temps, elle serait bornée au pur nécessaire ; et je ne la crois susceptible d'aucune difficulté lorsque, d'un côté, les principes reçus relativement à l'intérêt de l'argent resteront les mêmes quant aux affaires civiles ordinaires qui n'ont point de rapport au commerce et que, de l'autre, ou donnera pour motif de la loi la nécessité d'assurer les engagements du commerce contre les abus de la mauvaise foi, et de ne plus faire dépendre d'une jurisprudence arbitraire le sort des négociants autorisés par l'usage constant de toutes les places, usage qu'on ne peut prohiber sans risquer d'interrompre la circulation et le cours ordinaire du commerce.

Il me semble que les idées du public et même celles de tous les tribunaux accoutumés à juger des affaires de commerce, ont déjà suffisamment préparé les voies à cette loi ; j'imagine qu'elle n'éprouverait aucune résistance, pour peu que l'on employât d'adresse à la rédiger de façon à paraître respecter les principes précédemment reçus.

XLII. La loi proposée mettra le commerce a l'abri de toute révolution pareille a celle qu'il vient d'éprouver a Angoulême ; mais il est juste de pourvoir au sort des particuliers mal a propos vexés. — Si cette proposition est adoptée, elle pourvoira suffisamment à l'objet général de la sûreté du commerce, et le mettra pour jamais à l'abri de l'espèce de révolution qu'il vient d'éprouver dans la ville d'Angoulême ; mais il ne serait pas juste sans doute d'abandonner à leur malheureux sort les victimes de la friponnerie de leurs débiteurs et du préjugé des juges d'Angoulême, puisque leur honneur et leur fortune sont actuellement compromis par les dénonciations admises contre eux et les procédures commencées au sénéchal de cette ville.

XLIII. Le sénéchal d'Angoulême n'aurait pas du admettre l'accusation d'usure pour des prêts faits a des marchands. — Je pense qu'au fond, et même en partant des principes actuels, tels qu'ils sont modifiés par la jurisprudence de la plus grande partie des tribunaux, et surtout de ceux auxquels la connaissance du commerce est spécialement attribuée, les dénonciations des prétendus faits d'usure ne doivent point être admises, et les prêteurs ne doivent point être exposés à des procédures criminelles. Il suffit, pour cela, que les prêts prétendus usuraires et qui ont donné lieu aux dénonciations, aient été faits à des marchands ; dès lors, il est constant, par la jurisprudence universelle de toutes les juridictions consulaires, qu'on ne peut les regarder comme prohibés par le défaut d'aliénation du capital ; il paraît même qu'on en est convaincu au sénéchal d'Angoulême, et que les dénonciateurs eux-mêmes n'osent en disconvenir. Mais ils ont dit, en premier lieu, que plusieurs des capitalistes accusés d'usure ne sont ni commerçants, ni banquiers ; on a même produit des actes pour prouver que le sieur Benoît des Essarts, un des prêteurs attaqués, a déclaré, il y a quelques années, quitter le commerce. Ils ont dit, en second lieu, que les intérêts n'étaient dans le commerce qu'au taux de 6 p. 100 et, comme les négociations, dénoncées comme usuraires, sont à un intérêt plus considérable, et sur le pied de 9 ou 10 p. 100, ils ont conclu qu'on devait leur appliquer toute la rigueur des lois contre l'usure. Il faut avouer même qu'un grand nombre de prêteurs, entraînés par la terreur qui les avait saisis, ont en quelque sorte passé condamnation sur ce principe, en offrant imprudemment de restituer les sommes qu'ils avaient perçues au-dessus de 6 p. 100 ; mais, malgré cette espèce d'aveu, je ne pense pas que ni l'un ni l'autre des deux motifs allégués par les dénonciateurs puisse autoriser la voie criminelle contre les négociations dont il s'agit.

XLIV. LA QUALITÉ DES PRÊTEURS QUI NE SERAIENT PAS COMMERÇANTS NE PEUT SERVIR DE FONDEMENT A LA VOIE CRIMINELLE. — C'est d'abord une erreur grossière que d'imaginer que le défaut de qualité, dans un prêteur qui ferait un autre métier que le commerce, puisse changer en rien la nature de l'engagement que prend avec lui un négociant qui lui emprunte des fonds. En effet, ce négociant n'est pas plus lésé, soit que celui qui lui prête fasse le commerce ou ne le fasse pas ; l'engagement de l'emprunteur n'en est pas moins assujetti aux règles de la bonne foi. Si la tolérance qu'on doit avoir et qu'on a pour les stipulations d'intérêt dans les prêts du commerce est fondée sur ce que, d'un côté, les emprunts que fait un négociant ont pour objet de se procurer des profits en versant l'argent dans son commerce, et sur ce que, de l'autre, toute entreprise supposant de grosses avances, il est important d'attirer dans le commerce la plus grande quantité possible de capitaux et d'argent, il est bien évident que ces deux motifs ont exactement la même force, que le prêteur soit ou ne soit pas négociant. Dans les deux cas, son argent n'est pas moins un moyen pour l'emprunteur de se procurer de gros profits, et cet argent n'est pas moins un capital utile versé dans le commerce. Pour savoir si la faveur des négociations du commerce doit être appliquée à un prêt d'argent ou non, c'est donc la personne de l'emprunteur qu'il faut considérer, et non celle du prêteur. Il importe donc peu que le sieur Benoît des Essarts, ou tout autre des capitalistes d'Angoulême, fasse ou ne fasse pas actuellement le commerce, et il n'en saurait résulter, pour les commerçants qui ont emprunté d'eux, aucun prétexte pour revenir contre leurs engagements en les inculpant d'usure, et encore moins pour les attaquer par la voie criminelle.

XLV. LE TAUX DE L'INTÉRÊT AU-DESSUS DE SIX POUR CENT N'A PAS DU NON PLUS DONNER OUVERTURE A LA VOIE CRIMINELLE. — C'est encore une autre erreur d'imaginer qu'il y ait dans le commerce un taux d'intérêt fixe au-dessus duquel les négociations deviennent usuraires et punissables.

Il n'est aucune espèce de loi qui ait fixé un taux plutôt que l'autre, et l'on peut même dire qu'à la rigueur il n'y en a aucun de permis, que celui de l'Ordonnance ; encore ne l'est-il qu'avec la condition de l'aliénation du capital. L'intérêt, sans aliénation du capital, n'est que toléré en faveur du commerce ; mais cette tolérance n'est, ni ne peut être, limitée à un taux fixe, parce que l'intérêt varie non seulement à raison des lieux, des temps et des circonstances, en se réglant, comme le prix de toutes les autres marchandises, par le rapport de l'offre à la demande, mais encore dans le même temps et le même lieu, suivant le risque plus ou moins grand que court le capital, par le plus ou le moins de solidité de l'emprunteur. L'intérêt se règle dans le commerce par la seule stipulation ; et, s'il y a, dans les places considérables de commerce, un taux courant de l'intérêt, ce taux n'a lieu que vis-à-vis des négociants reconnus pour bons et solvables ; toutes les fois que le risque augmente, l'intérêt augmente aussi, sans qu'on ait aucun reproche à faire au prêteur. Ainsi, quand même il serait vrai que le taux de l'intérêt fût à Angoulême, suivant le cours de la place, à 6 p. 100, il ne s'ensuivrait nullement que ceux auxquels on aurait prêté à 9 et à 10 p. 100 eussent à se plaindre. Quand il serait vrai que le taux de l'intérêt dans le commerce fût, dans les principales places du Royaume, établi sur le pied de 6 p. 100, il ne s'ensuivrait nullement que ce cours fût établi à Angoulême ; et, dans le fait, il est notoire que, depuis environ quarante ans, il a presque toujours roulé de 8 à 10 p. 100. J'ai suffisamment expliqué, dans le commencement de ce Mémoire, les raisons de ce haut intérêt, et j'ai montré qu'elles étaient fondées sur la nature même du commerce de cette ville.

XLVI. Motifs qui doivent porter a évoquer cette affaire. — Malheureusement, les officiers du sénéchal, en recevant des dénonciations, ont prouvé qu'ils n'adoptent point les principes que je viens de développer et que la vraie jurisprudence sur le prêt en matière de commerce leur est moins connue que la rigueur des lois anciennes. Il y a donc tout lieu de craindre que le jugement qui interviendra ne soit dicté par cet esprit de rigueur et que, le triomphe de la cabale des dénonciateurs étant complet, le trouble qu'ils ont occasionné dans les fortunes et dans le commerce ne soit encore augmenté.

XLVII. Motifs qui doivent détourner d'en attribuer la connaissance a l'intendant. — Dans ces circonstances, il semblerait nécessaire d'ôter à ce tribunal la connaissance d'une affaire sur laquelle on peut croire qu'il cède à des préventions, puisque sans ces préventions l'affaire n'aurait aucune existence ; c'est, par ce motif, que les différents particuliers déjà dénoncés, ou qui craignent de l'être, ont présenté à M. le Contrôleur général un Mémoire qui m'a été renvoyé, et dans lequel ils concluent à ce qu'il me soit donné un arrêt d'attribution pour connaître de cette affaire. Ce serait, en effet, le moyen de leur procurer un juge assez favorable ; et ce Mémoire, dans lequel j'ai expliqué toute ma façon de penser, peut le faire présumer. Je ne pense cependant pas que ce soit une raison pour me charger de ce jugement.

Indépendamment de la répugnance que j'ai pour ces sortes d'attributions, j'observe que les esprits se sont échauffés de part et d'autre dans la ville d'Angoulême à cette occasion, qu'un grand nombre de gens y ont pris parti contre les capitalistes prêteurs d'argent, dont la fortune a pu exciter l'envie, qu'enfin un assez grand nombre des officiers du présidial paraissent avoir adopté cette chaleur. Si c'est un motif pour ôter à ces derniers la connaissance de l'affaire, c'en est un aussi, suivant moi, de ne la point donner à l'intendant de la Province : l'on ne manquerait pas de penser que l'objet de cette attribution a été de soustraire des coupables aux peines qu'ils auraient méritées, et le jugement qui les absoudrait serait représenté comme un acte de partialité.

XLVIII. Le Conseil d'Etat est le tribunal auquel il parait le plus convenable de réserver la décision de cette affaire. — D'ailleurs, le véritable motif qui doit faire évoquer cette affaire est la liaison qu'elle a avec l'ordre public et l'intérêt général du commerce ; dès lors, si l'on se détermine à l'évoquer, il semble que ce ne doive pas être pour la renvoyer à un tribunal particulier et en quelque sorte étranger à l'ordre judiciaire, mais plutôt pour la faire décider avec plus d'autorité par un tribunal auquel il appartienne de fixer en même temps et de consacrer, par une sanction solennelle, les principes de sa décision. Je pense qu'il n'y en a point de plus convenable que le Conseil lui-même, surtout si, comme je le crois, il doit être question, non seulement de juger l'affaire particulière des capitalistes d'Angoulême, mais encore de fixer par une loi la jurisprudence sur un point de la plus grande importance pour le commerce général du Royaume.

XLIX. La procédure criminelle commencée parait exiger que l'affaire soit renvoyée a une commission particulière du conseil chargée en même temps de discuter la convenance de la loi proposée. — Je prendrai la liberté d'observer que, si cette proposition est adoptée, il paraît convenable de former pour cet objet une commission particulière du Conseil. L'affaire ayant été introduite par la voie criminelle et poursuivie à la requête du procureur du Roi, il est indispensable de la continuer d'abord sur les mêmes errements, et l'on ne peut se passer du concours de la partie publique. Or, on sait qu'il ne peut y avoir de procureur général que dans les commissions particulières. La même commission paraissant devoir naturellement être chargée d'examiner s'il y a lieu de rendre une loi nouvelle sur la matière et d'en discuter les dispositions, l'intérêt général du commerce et l'intérêt particulier des commerçants d'Angoulême ne pourront manquer d'être envisagés et décidés par les mêmes principes.

L. Observation sur la punition que paraissent mériter les auteurs du trouble arrivé dans le commerce d'Angoulême. — En venant au secours du commerce d'Angoulême, il serait bien à souhaiter qu'on pût faire subir aux auteurs de la cabale qui vient d'y porter le trouble, la punition qu'ils ont méritée. Mais, je sens qu'on ne peut rien proposer à cet égard quant à présent ; et, lors même que le tribunal chargé de l'examen de l'affaire aura pris une connaissance exacte de toutes les manœuvres qui ont été commises, je ne sais s'il sera possible de prononcer une peine juridique contre des gens qui, malgré l'odieux de leurs démarches, semblent cependant y avoir été autorisés par des lois expresses, lesquelles n'ont jamais été révoquées. Je ne crois pas qu'on puisse les punir autrement que par voie d'autorité et d'administration, et ce sera à la sagesse du Conseil à décider, après le jugement de l'affaire, s'il convient de faire intervenir l'autorité directe du Roi pour punir ces perturbateurs du commerce.

LI. Examen d'une proposition faite par les juges consuls d'Angoulême tendant a l'établissement de courtiers et agents de change en titre. — Avant de terminer ce long Mémoire, je crois devoir m'expliquer encore sur une proposition contenue dans la conclusion qui était jointe au mémoire que m'a renvoyé M. le Contrôleur général, et que je crois avoir fait l'objet d'une demande adressée directement à ce ministre par les consuls d'Angoulême. Elle a pour objet de faire établir à Angoulême des courtiers et des agents de change en titre. C'est, dit-on, pour pouvoir fixer le taux de la place, et prévenir, par là, des troubles semblables à ceux que vient d'éprouver le commerce d'Angoulême.

LII. Inutilité et inconvénients de l'établissement proposé. — Je suis fort loin de penser qu'un pareil établissement puisse être utile dans aucun cas. Les commerçants peuvent, le plus souvent, faire leurs négociations sans l'entremise de personnes tierces ; et si, dans une place, les opérations de commerce sont assez multipliées pour que les négociants soient obligés de se servir d'agents interposés ou de courtiers, ils sont toujours libres de le faire. Il est bien plus naturel qu'ils confient leurs affaires à des hommes qu'ils ont choisis et auxquels ils ont une confiance personnelle, qu'à des particuliers qui n'auraient d'autre titre à leur confiance que d'avoir acheté l'office de courtier ou d'agent de change. Il est étonnant que les juges-consuls d'Angoulême n'aient pas senti que ces courtiers privilégiés et exclusifs, et les droits qui leur seraient attribués, seraient une surcharge pour leur commerce. L'utilité prétendue dont on veut qu'ils soient pour fixer le cours de la place me paraît entièrement chimérique. Il n'est point nécessaire, comme le suppose l'avocat au Conseil qui a dressé la consultation en faveur des capitalistes d'Angoulême, qu'il y ait un taux de la place fixé par des agents de change ou par une délibération de tous les banquiers, pour autoriser le taux de l'intérêt et justifier les négociations du reproche d'usure. L'intérêt doit, comme je l'ai déjà dit, varier à raison du plus ou du moins de solvabilité de l'emprunteur et il n'en devient pas plus nécessaire, mais plus impossible de le régler.

Le vrai remède aux inconvénients que vient d'éprouver la place d'Angoulême est dans l'interdiction de toute accusation d'usure, à l'occasion de négociations faites par des commerçants.

Il a été un temps où la proposition faite par les juges-consuls d'Angoulême aurait pu être accueillie comme un moyen de procurer quelque argent au Roi ; mais, outre que cette ressource serait infiniment modique, le Conseil est sans doute à présent trop éclairé pour ne pas sentir que, de tous les moyens de procurer de l'argent au Roi, les plus mauvais sont ceux qui surchargent le commerce de frais, qui le gênent par des privilèges exclusifs, et surtout qui l'embarrassent par une multitude d'agents et de formalités inutile. Je ne suis donc aucunement d'avis de créer à Angoulême les charges de courtiers et d'agents de change dont les consuls sollicitent l'établissement.

LII. CONCLUSION ET AVIS. — Pour me résumer sur l'objet principal de ce Mémoire, mon avis se réduit à proposer d'évoquer au Conseil les accusations d'usure pendantes au sénéchal d'Angoulême, et d'en renvoyer la connaissance à une commission particulière du Conseil, laquelle serait en même temps chargée de rédiger une Déclaration pour fixer la jurisprudence sur l'usage du prêt à intérêt dans le commerce.

Lettres au Contrôleur général (abbé Terray) sur le commerce des grains *

(1770)

* Ces Lettres, dont il n'en reste que quatre, les trois autres ayant été perdues du vivant même de Turgot, sont au nombre de ses meilleurs ouvrages.

L'abbé Terray, qui cependant avait l'esprit juste et le caractère nullement timide, était hostile à la liberté du commerce des grains. La cherté générale des grains en 1770, et l'excès de cette cherté dans les provinces montagneuses, le portèrent à révoquer l'Edit de juillet 1764 qui, avec des restrictions assez sévères et des limites très bornées dans les prix, permettait l'exportation jusqu'à ce que ces prix de clôture fussent atteints. Il communiqua son projet aux intendants ; il ne haïssait pas la contradiction, et fit part de ses idées à Turgot, au moment où celui-ci prenait des soins si multipliés et si pénibles pour assurer la subsistance de sa généralité et pour la répartir équitablement.

Turgot jugea que le projet du ministre serait plus redoutable, plus nuisible à la nation, que le mal passager auquel ce ministre croyait pourvoir, et que la liberté seule aurait empêché de renaître.

C'est à cette occasion que, sans interrompre le travail journalier dont les circonstances l'accablaient, il écrivit à l'abbé Terray les lettres suivantes, dont nous regrettons bien vivement de n'avoir que quatre à transcrire.

Ces lettres furent composées en trois semaines pendant une tournée de Turgot dans son Intendance (il parcourut alors 450 kilomètres). Quelques-unes ont été écrites dans une seule soirée, au milieu de l'expédition de tous les détails de sa place, dont aucun n'était négligé, et parmi les ouvrages qu'il a laissés, c'est un de ceux où l'on peut observer le mieux la netteté de ses idées, la méthode dont il avait contracté l'habitude, la faculté et la profondeur de son esprit.

L'abbé Terray, après avoir reçu ces lettres, dit à un de ses amis particuliers : « Il n'y a dans tous les Intendants que ce M. Turgot qui ait véritablement de l'esprit, des lumières et du mérite. » (*Du Pont,* lettre au prince héréditaire de Bade du 1er janvier 1783, dans *Knies,* correspondance du magrave de Bade, II, 345). Mais Turgot eut la quasi-certitude que l'abbé n'avait pas lu ses lettres. Il est à croire que l'abbé n'avait consulté les intendants que pour la forme. (G.S.).

En octobre 1770 l'abbé Terray consulta les intendants sur une éventuelle révocation de l'édit de juillet 1764. Il avait probablement déjà tranché dans ce sens ; néanmoins Turgot « livrera le dernier combat avec une énergie farouche » (E. Faure), et il rédigea, au cours d'une tournée d'un mois en Corrèze et en Charente sept lettres en faveur du maintien des dispositions libérales. Trois d'entre elles sont malheureusement perdues (Turgot en avait confié l'original à Louis XVI sans garder de copie par devers lui) et elles ne subsistent que par le résumé qu'en a donné Dupont de Nemours. Leur analyse ne figure donc pas dans la présente édition.

PREMIÈRE LETTRE AU CONTROLEUR GÊNÉRAL

(Généralités. — Opinion de Terray. — Importance de la question. — Les prétendus monopoles. — Un édit est-il urgent et nécessaire ?

Limoges, 30 octobre.

M., je vous ai promis de vous développer les motifs qui me font regarder toute atteinte à la liberté entière du commerce des grains comme le plus grand de tous les obstacles à la prospérité de l'agriculture, par conséquent à l'accroissement, même à la conservation de la richesse particulière et publique, et en même temps comme la cause la plus assurée d'une extrême variation dans les prix, également nuisible aux cultivateurs et aux consommateurs, qui ruine les premiers par la non-valeur, et qui réduit les autres au dernier excès de la misère par des disettes fréquentes. Je m'acquitte plus tard que je ne l'aurais voulu de cette promesse, et ce qui me fâche le plus, c'est que je ne la remplirai pas comme je l'aurais voulu.

Mon dessein était de traiter à fond cette matière, d'en poser les principes, de faire tous mes efforts pour leur donner à vos yeux l'évidence d'une démonstration mathématique, comme ils l'ont aux miens, et, j'ose le dire, à ceux de toutes les personnes qui ont spécialement dirigé leurs réflexions sur cet objet important. Je voulais discuter les effets de la liberté et ceux du régime prohibitif sur la culture, sur le revenu des propriétaires, et sur l'abondance des subsistances en tout temps ; montrer comment la liberté est le seul préservatif possible contre la disette, le seul moyen d'établir et de conserver entre les prix des différents lieux et des différents temps ce juste niveau sans cesse troublé par l'inconstance des saisons et l'inégalité des récoltes ; examiner s'il est des cas où les circonstances physiques ou morales, la position locale ou politique de certaines provinces, de certains Etats, rendent ce moyen moins efficace ; déterminer quels sont ces cas, quand, comment et à quel point les disettes peuvent encore exister malgré la liberté ; démontrer que, dans ces mêmes cas, ce n'est point à la liberté que l'on peut imputer ces disettes ; que, bien loin que l'on doive y apporter quelques modifications, ces modifications aggraveraient le mal ; que, dans tous les cas, la liberté le diminue ; que c'est de la liberté seule, constamment maintenue, qu'on peut, avec le laps du temps, attendre la cessation des circonstances qui peuvent, dans les premiers moments, s'opposer à ce que le niveau des prix s'établisse partout avec assez de rapidité pour qu'aucun canton ne souffre jamais les maux attachés à leur excessive inégalité. Ce plan aurait naturellement renfermé la réponse à toutes les objections que des craintes vagues et des faits vus à moitié ont accréditées depuis quelque temps contre la liberté.

Je me proposais, en un mot, de faire un livre qui méritât, M., de fixer votre attention, qui pût vous convaincre et dissiper les nuages qui obscurcissent encore cette question pour une partie du public. Car, quoique presque tout ait été dit, et dit même avec évidence sur le commerce des grains, il faut bien traiter encore cette matière, puisque des personnes d'ailleurs éclairées doutent encore, et que ces doutes ont fait une grande impression sur un très grand nombre d'hommes. Il faut envisager l'objet sous tant de faces, qu'on parvienne à la fin à le faire voir de la même manière à quiconque voudra l'examiner avec attention. Il est absolument nécessaire que le public sache à quoi s'en tenir sur un point aussi important, afin que les ministres présents et à venir puissent être assurés de la justesse des moyens qu'ils doivent adopter, et qu'une vue nette leur donne la sécurité dont ils ont besoin en agissant. Il faut que les vérités fondamentales de cette matière deviennent communes et triviales, afin que les peuples sachent, et par eux-mêmes, et par le témoignage unanime des gens éclairés, que le régime sous lequel ils ont à vivre est le seul bon, le seul qui pourvoie efficacement à leur subsistance, afin qu'ils ne se privent point eux-mêmes des secours du commerce, en le flétrissant du nom odieux de monopole, et en le menaçant continuellement de piller ses magasins, afin qu'ils ne se croient point autorisés à faire un crime à l'administration de la variété des saisons, à exiger d'elle des miracles, à la calomnier, et à se révolter contre elle, quand elle les sert avec le plus d'efficacité.

Je sais, M., que vous n'adoptez pas mes idées sur la nécessité de discuter cette matière au tribunal du public ; mais c'est encore là un point sur lequel je suis trop fortement convaincu pour ne pas tenir à mon opinion, et ce sera aussi l'objet d'une de mes observations.

Il aurait fallu plus de temps et surtout moins de distractions forcées que je n'en ai eu pendant mon séjour à Paris et depuis mon retour dans la Province, pour remplir un plan aussi étendu et surtout pour y mettre l'ordre et l'enchaînement d'idées désirables.

Je ne puis m'empêcher, à ce sujet, de vous faire sentir l'inconvénient de l'excessive brièveté du délai que vous donnez aux intendants pour vous envoyer leurs observations sur le projet de règlement que vous leur avez communiqué. Vous leur écrivez le 2 octobre ; quelques-uns, par l'arrangement des courriers, n'ont pu recevoir leur lettre que le 10 et même le 15, et vous voulez qu'ils vous envoient leur avis avant la fin du mois. Vous exigez d'eux cette célérité dans une saison où ils sont occupés à faire leurs départements et à parcourir leur province ; si vous ne voulez que savoir leur opinion sans les motifs sur lesquels ils l'appuient, ils peuvent vous répondre courrier par courrier : mais si vous leur demandez un avis motivé et dans lequel la question soit traitée avec une étendue et une solidité proportionnées à son importance ; si vous attendez d'eux des éclaircissements vraiment utiles et qui puissent servir à fixer vos doutes, j'ose dire que vous leur demandez l'impossible, et que vous ne leur donnez pas assez de temps. Ce n'est pas ici, à beaucoup près, un procès à juger par défaut, et ceux que vous consultez ont beaucoup moins d'intérêt que vous à ce que vous vous décidiez en connaissance de cause. Vous n'aurez certainement, dans tout votre ministère, aucune affaire dont les suites puissent être aussi intéressantes et, pour vous, et pour l'Etat, et sur laquelle vous deviez plus craindre de vous tromper. Vous avez votre réputation d'homme éclairé et de ministre sage à conserver ; mais surtout vous avez à répondre au public, au Roi et à vous-même du sort de la nation entière, du dépérissement de la culture, de la dégradation du revenu des terres, et par contrecoup de toutes les branches d'industrie, de la diminution des salaires, de l'inaction d'une foule de bras, de la non-valeur dans les revenus du Roi, par l'excessive difficulté de lever les impôts, qu'on ne pourra plus extorquer du laboureur appauvri qu'en l'accablant de frais d'exécution, en lui faisant vendre à vil prix ses denrées, ses meubles, ses bestiaux, et en achevant de dégrader la culture déjà trop affaiblie par le défaut de débit : vous avez à répondre du trouble qu'apportera nécessairement à la tranquillité publique l'autorisation donnée à toutes les clameurs populaires contre le prétendu monopole, des vexations et des injustices de tout genre que commettront les officiers subalternes, à qui vous confierez une arme aussi dangereuse que l'exécution d'un règlement sur cette matière ; vous avez à répondre enfin de la subsistance des peuples, qui serait à chaque instant compromise, d'abord par les disettes fréquentes qui résulteraient de la dégradation de la culture, ensuite par le défaut absolu de toute circulation, de tout commerce intérieur et extérieur, de toute spéculation pour faire porter des grains, des lieux où il y en a, dans les lieux où il n'y en a pas ; par l'impossibilité de nourrir les provinces disetteuses, à moins que le Gouvernement ne s'en charge, à des frais immenses et le plus souvent tardifs et infructueux.

Je ne vous le cache pas, M., voilà ce que j'envisage comme autant de suites infaillibles du règlement projeté, s'il avait lieu. Vous ne pouvez pas vous dissimuler que ce ne soit la manière de voir et la conviction intime d'une foule de gens qui ont longtemps réfléchi sur cette matière, et qui ne sont ni des imbéciles ni des étourdis. Je sais bien que ceux qui, depuis quelque temps, parlent ou écrivent contre la liberté du commerce des grains, affectent de ne regarder cette opinion que comme celle de quelques écrivains, qui se sont donné le nom d'*économistes* et qui ont pu prévenir contre eux une partie du public, par l'air de secte qu'ils ont pris assez maladroitement et par un ton d'enthousiasme qui déplaît toujours à ceux qui ne le partagent pas, quoiqu'il soit en lui-même excusable et qu'il parte d'un motif honnête. Il est vrai que ces écrivains ont défendu avec beaucoup de zèle la liberté du commerce des grains, et leur enthousiasme n'a pas empêché qu'ils n'aient développé avec beaucoup de clarté une foule d'excellentes raisons. Mais vous êtes trop instruit pour ne pas savoir que cette opinion a été adoptée longtemps avant eux et avec beaucoup de réflexions par des gens fort éclairés.

Ce n'est certainement pas sans y avoir beaucoup pensé que la loi qui va jusqu'à provoquer et récompenser l'exportation, a été adoptée par le Parlement d'Angleterre, en 1689. Les Anglais ont penché vers un excès opposé à la prohibition ; ils ont été jusqu'à repousser l'importation, et en cela leur système est vicieux : mais s'ils ont passé le but, cette faute même prouve combien était forte et générale la conviction du principe, que pour avoir à la fois des revenus et des subsistances en abondance, il ne faut qu'encourager la culture par l'abondance du débit. Lorsque M. Dupin, M. de Gournay, M. Herbert et beaucoup d'autres établirent en France les mêmes principes, aucun des écrivains qu'on nomme *économistes,* n'avait encore rien publié dans ce genre, et on leur a fait un honneur qu'ils n'ont pas mérité, lorsque, pour déprimer l'opinion qu'ils ont défendue, on leur a imputé d'en être les seuls promoteurs.

Une question qui donne autant de prise à la discussion des principes et des faits ne doit point être décidée par autorité ; mais l'opinion d'autant d'hommes éclairés et du plus grand nombre de ceux qui se sont fait une étude spéciale de cette matière doit faire naître des doutes. Vous-même, M. vous en annoncez dans votre lettre, et plus encore dans le préambule du projet. Vous doutez vis-à-vis de gens qui ne doutent point ; mais toujours ne pouvez-vous vous empêcher de *douter,* et si vous doutez sur un objet aussi important, vous devez trembler de précipiter une décision qui peut faire tant de mal.

Que peuti-l donc y avoir de si pressant ? *De remédier promptement aux abus qui se sont introduits dans le commerce intérieur des blés.* Mais, vous n'ignorez pas que la question est précisément de savoir si ces abus existent et s'ils peuvent exister avec la liberté. Eh ! M., s'il pouvait jamais y avoir quelque chose à craindre du commerce, ce ne serait pas quand les grains sont chers et rares ! Que peut-il faire de mieux alors, pour son profit, que d'en porter où il n'y en a pas ? Et que pourrait faire de mieux pour la subsistance du peuple, je ne dis pas le Gouvernement, mais Dieu, s'il voulait diriger par lui-même la distribution des grains qui existent, sans se servir de la puissance créatrice ?

Je sais bien que les négociants qui achèteront des grains en Poitou pour les porter en Limousin seront traités de *monopoleurs* par la populace et les juges des petites villes du Poitou. Ainsi sont traités dans les villes où ils font leurs achats les agents que vous employez pour fournir les dépôts que vous avez jugés nécessaires à l'approvisionnement de Paris. Sont-ce là, M., les abus que vous voulez corriger ? Ce sont pourtant les seuls dont parlent et dont veulent parler ceux qui déclament contre les prétendus abus du commerce des grains. C'est surtout le cri élevé dans les provinces à l'occasion des achats ordonnés pour l'approvisionnement de Paris qui, porté de bouche en bouche dans cette capitale même, a excité le cri des Parisiens contre les prétendus monoples. La chose est ainsi arrivée en 1768, et déjà elle a lieu en 1770. Vous le savez sans doute comme moi.

Eh ! M., si quelque chose presse, ce n'est pas de mettre de nouvelles entraves au commerce le plus nécessaire de tous ; c'est d'ôter celles qu'on a malheureusement laissé subsister, et qui, en empêchant le commerce de se monter en capitaux, en magasins et en correspondance, ont eu tant de part aux malheurs que nous éprouvons. Ce qui presse, c'est de casser l'Arrêt si imprudemment rendu, il y a deux mois, par le Parlement de Paris, par lequel il anéantit l'effet de la Déclaration du 25 mai 1763.

Quel temps, M., pour effaroucher les négociants en grains, pour les dénoncer tous au peuple comme les auteurs de la disette, en imputant cette disette au monopole ; pour mettre leur fortune dans la main de tout officier de police ignorant ou malintentionné ; pour donner à des juges de village, disons même à des juges quels qu'ils soient, disons à des hommes, le pouvoir d'arrêter tout transport de grains, sous prétexte de garnir leurs marchés, le pouvoir de vexer les marchands, les laboureurs, les propriétaires, de les livrer à une inquisition terrible, et d'exposer leur honneur, leur fortune et leur vie à la fureur d'un peuple aveugle et forcené, pour rendre impossible tout achat de grains considérable et, par conséquent, toute spéculation tendant à porter des grains d'une province à une autre, puisque assurément on ne peut faire de gros achats dans les marchés sans les épuiser, sans faire monter le prix tout à coup et exciter contre soi le peuple et les officiers de police !

Quoi ! tout cela est pressé ! dans un moment où, tandis que quelques provinces du Royaume ont joui d'une récolte assez abondante, d'autres sont abandonnées à la plus affreuse disette, qui vient aggraver la misère où les a laissées une première disette qu'elles venaient d'essuyer ; et encore, lorsqu'en même temps l'augmentation rapide et inouïe dans les ports du Nord ôte l'espérance de tout secours des pays d'où l'on peut ordinairement importer le plus et au plus bas prix ; lorsqu'aux difficultés et aux risques déjà si grands d'un long transport de grains par mer se joint une nouvelle augmentation de frais et de risques, par la nécessité des quarantaines et un retard forcé qui peut changer tout l'événement d'une spéculation du grain à la perte, et pendant lequel les peuples continuent de souffrir la faim ; lorsque, pours surcroît, des apparences de guerre menacent de fermer nos ports à tout secours ; lorsque, par conséquent, le Royaume est réduit à ses seules ressources et à la seule égalisation que peut mettre le commerce entre la masse des denrées et les prix, en faisant passer les grains des provinces abondantes dans celles où la récolte a manqué ?

S'il y a jamais eu un temps où la liberté la plus entière, la plus absolue, la plus débarrassée de toute espèce d'obstacles ait été nécessaire, j'ose dire que c'est celui-ci, et que jamais on n'a dû moins penser à donner un règlement sur la police des grains. Prenez du temps, M., et prenez-en beaucoup ; j'ose vous en conjurer pour le salut des malheureux habitants de cette province et de celles qui ont été comme elle frappées de stérilité.

Je vous parle avec bien de la franchise, M., peut-être avec trop de force ; mais vous ne pouvez pas vous méprendre au motif et, si dans la rapidité avec laquelle je suis obligé d'écrire, il m'échappait, contre mon intention, quelque expression trop vive, vous sauriez l'excuser. Je mets trop d'intérêt à vous convaincre, pour avoir envie de vous déplaire, et vous avez vous-même trop d'intérêt à connaître et, par conséquent, à entendre la vérité, pour qu'elle puisse vous blesser. Bien loin de le craindre, je ne crois pas pouvoir mieux vous prouver ma reconnaissance de l'estime que vous avez bien voulu me témoigner qu'en employant toutes mes forces à vous dissuader d'un règlement dont je crois que l'effet serait très funeste et directement contraire à vos intentions.

Ce n'est pas que je me croie fait pour vous donner des lumières nouvelles ; je n'ai pas la présomption de regarder mon opinion comme pouvant être dans aucun cas une autorité ; mais la force de ma conviction me fait compter sur la force de mes raisons. Je suis bien sûr de ne m'être décidé qu'après un mûr examen. Il y a près de dix-huit ans que l'étude de ces matières a fait ma principale occupation, et que j'ai tâché de me rendre propres les lumières et les réflexions des personnes les plus instruites. Tout ce que j'ai vu depuis m'a confirmé dans ma façon de penser, et surtout l'affreuse disette que j'ai eu le malheur de voir de très près l'année dernière. Ayant cet objet continuellement sous mes yeux, j'avais certainement le plus grand intérêt à l'envisager sous toutes ses faces, et j'étais à portée de comparer à chaque instant les principes avec les faits. Peut-être que cette expérience peut donner du moins quelque poids à mon témoignage.

Manquant de loisir pour remplir le plan que je m'étais proposé, et forcé d'en remettre l'exécution, je me bornerai à jeter au courant de la plume les idées qui se présenteront à moi sur la matière, et à traiter pour ainsi dire chaque principe, chaque réflexion fondamentale, la discussion de chaque objection principale, comme autant de morceaux détachés, en renonçant à l'ordre et à la précision que je voudrais y mettre, mais qui exigeraient trop de temps et de travail. Ces différentes réflexions seront l'objet de plusieurs lettres qui suivront celle-ci. Quand je croirai avoir à peu près développé les principes et répondu aux objections les plus considérables, je jetterai quelques observations sur le projet de règlement.

Vraisemblablement je me répéterai quelquefois : c'est une suite inévitable de la précipitation et du défaut de plan. Je vous demande votre indulgence pour ce désordre, ces répétitions et pour la longueur de cet écrit. La multitude et l'importance de vos occupations me feraient surtout désirer d'avoir pu éviter ce dernier défaut, car je n'ai point oublié que vous m'avez flatté de me lire, et j'ose vous en prier encore. Si je croyais mon ouvrage mieux fait, je me permettrais de vous répéter qu'aucune affaire n'a plus de droit à votre temps que l'examen de la question du commerce des grains.

CINQUIÈME LETTRE

(Les propriétaires, les salaires, le commerce extérieur, les impôts. — La situation en Angleterre ; la disette en 1740 ; la charte de 1768 à 1770.)

Saint-Angel, 14 novembre.

M., en finissant la lettre que j'ai eu l'honneur de vous écrire hier de Bort sur la liberté du commerce des grains, je vous en ai annoncé une cinquième, destinée à discuter un raisonnement que vous me fîtes à Compiègne et dont vous me parûtes alors vivement frappé.

« Trois sortes de personnes, disiez-vous, sont intéressées au choix d'un système sur la police des grains, les propriétaires des biens-fonds, les cultivateurs et les consommateurs.

« Je conviens que le système de la liberté est infiniment favorable aux propriétaires.

« A l'égard des cultivateurs, l'avantage qu'ils y trouvent est purement passager, puisque à l'expiration du bail, les propriétaires savent bien se l'approprier tout entier par l'augmentation du fermage.

« Enfin, les consommateurs souffrent évidemment le plus grand préjudice de la liberté qui porte les prix à un taux qui n'a plus aucune proportion avec leurs moyens de subsister et qui augmente toutes les dépenses. »

Vous m'ajoutâtes même à cette occasion « qu'il en avait coûté au Roi, dans ces dernières années, plusieurs millions pour la plus-value du pain qu'il avait été nécessaire d'accorder aux troupes ».

Vous concluiez de là que « le système de la liberté n'était favorable qu'au plus petit nombre des citoyens, indifférent aux cultivateurs et très préjudiciable à l'incomparablement plus grand nombre des sujets du Roi ».

Je ne crois pas m'être trompé dans l'exposition de votre raisonnement ; permettez-moi maintenant, M., d'en reprendre successivement les trois branches.

Vous convenez d'abord que *le système de la liberté est très avantageux aux propriétaires, dont il augmente les revenus.* Nous sommes certainement bien d'accord sur ce résultat ; mais je doute que nous le soyons autant sur les principes dont nous le tirons, et comme ces principes sont fort importants, je m'arrêterai à les discuter.

Je veux cependant avant tout faire observer tout l'avantage que vous me donnez en avouant que le système de la liberté augmente le revenu des propriétaires.

Ce revenu, M., est le gage de toutes les rentes hypothéquées sur les biens-fonds.

Il est la source de la plus grande partie des salaires, qui font vivre le peuple, car le peuple, le journalier, l'artisan n'a rien par lui-même : il vit des produits de la terre ; il n'a ces produits qu'en les achetant par son travail, et il ne peut les acheter que de ceux qui les recueillent et qui paient son travail avec ces denrées ou avec l'argent qui les représente. C'est donc la masse des subsistances ou plutôt des valeurs produites chaque année par la terre qui forme la masse des salaires à distribuer à toutes les classes de la société. Le cultivateur consomme immédiatement ce qui est nécessaire à sa nourriture ; le reste se partage entre lui et le propriétaire, et tous deux, par leurs dépenses, soit qu'elles aient pour objet la continuation ou l'amélioration de la culture, soit qu'elles se bornent à la satisfaction de leurs besoins, distribuent ce reste en salaires à tous les autres membres de la société pour prix de leur travail. Les valeurs que ceux-ci ont reçues retournent, par l'achat des denrées qu'ils consomment, entre les mains des cultivateurs pour en sortir de nouveau par une circulation dont la continuité fait la vie du corps politique ainsi que la circulation du sang fait la vie du corps animal. Tout ce qui augmente la somme des valeurs produites par la terre augmente donc la somme des salaires à partager entre les autres classes de la société.

Enfin, M., les revenus des propriétaires sont la source unique de laquelle l'Etat puisse tirer ses revenus. De quelque façon que les impôts soient assis, en quelque forme qu'ils soient perçus, ils sont toujours, en dernière analyse, payés par les propriétaires de biens-fonds, soit par l'augmentation de leur dépense, soit par la diminution de leur recette.

Cette vérité est d'une évidence aisée à rendre palpable, car il est bien visible que tous les impôts mis sur les consommations seront payés immédiatement, en partie par les propriétaires, en partie par les cultivateurs, en partie par les salariés, puisque ces trois classes consomment et que tout ce qui consomme est compris dans une de ces trois classes.

Il n'y a aucune difficulté quant à la partie que le propriétaire paie sur ses propres consommations.

Celle que paie le cultivateur est évidemment une augmentation des frais de culture, puisque la totalité des dépenses du cultivateur constitue ces frais, qui doivent lui rentrer chaque année avec un profit pour qu'il puisse continuer sa culture, et dont il doit nécessairement prélever la totalité sur les produits, avant de fixer la part du propriétaire, ou *le fermage,* qui en est d'autant diminué. Le propriétaire paie donc encore cette portion de l'impôt en diminution du revenu.

Reste la part que paie le salarié sur ses consommations ; mais il est bien clair que si la concurrence des ouvriers, d'un côté, et de ceux qui dépensent, de l'autre, avait fixé les journées à 10 sous, et que le salarié vécût avec ces 10 sous (on sait que la journée de l'homme qui n'a que ses bras est communément réduite à ce qu'il faut pour vivre avec sa famille) ; si, dis-je, alors on suppose qu'un nouvel impôt sur ses consommations augmente sa dépense de 2 sous, il faut ou qu'il se fasse payer sa journée plus cher, ou qu'il diminue sa consommation. Il est évident que si sa journée est payée plus cher, c'est aux dépens du propriétaire ou du cultivateur, puisqu'il n'y a qu'eux qui aient de quoi payer, et quand c'est le cultivateur qui paie, c'est encore aux dépens du propriétaire, comme je viens de le prouver plus haut ; mais le journalier fait d'autant moins la loi qu'il est plus mal à son aise, et le propriétaire se prêtera difficilement d'abord à l'augmentation des salaires. Il faudra que le salarié diminue sa consommation et qu'il souffre. Or, cette diminution de consommation diminuera d'autant la demande des denrées, et, toujours en dernière analyse, celle des denrées de subsistance. Ces denrées, par conséquent, diminueront de valeur ; or, cette diminution de valeur, sur qui tombera-t-elle ? Sur celui qui vend la denrée, sur le cultivateur, qui, retirant moins de sa culture, donnera d'autant moins de fermage à son propriétaire. Celui-ci paie donc tout dans tous les cas.

Dans la réalité, cette diminution forcée de la consommation du journalier ne saurait être durable, parce qu'elle le met dans un état de souffrance. Les salaires ont pris avant l'impô un niveau avec le prix habituel des denrées, et ce niveau, qui est le résultat d'une foule de causes combinées et balancées les unes par les autres, doit tendre à se rétablir. Il est certain que la concurrence, en mettant les salaires au rabais, réduit ceux des simples manœuvres à ce qui leur est nécessaire pour subsister. Il ne faut pas croire cependant que ce nécessaire soit tellement réduit à ce qu'il faut pour ne pas mourir de faim, qu'il ne reste rien au-delà dont ces hommes puissent disposer, soit pour se procurer quelques petites douceurs, soit pour se faire, s'ils sont économes, un petit fonds mobilier qui devient leur ressource dans les cas imprévus de maladie, de cherté, de cessation d'ouvrage. Lorsque les objets de leurs dépenses augmentent de prix, ils commencent d'abord à se retrancher sur ce superflu et sur les jouissances qu'il leur procure. Mais c'est de cette espèce de *superflu* surtout que l'on peut dire qu'il est *chose très nécessaire* ; il faut qu'il y en ait, comme il faut qu'il y ait *du jeu* dans toutes les machines. Une horloge dont toutes les roues engréneraient les unes dans les autres avec une exactitude mathématique, sans le moindre intervalle, cesserait bientôt d'aller. Si par une diminution subite de salaire ou une augmentation de dépense, l'ouvrier peut supporter d'être réduit à l'étroit nécessaire, les mêmes causes qui avaient forcé les salaires de se monter un peu au-delà du nécessaire d'hier, continuant d'agir, les feront remonter encore jusqu'à ce qu'ils atteignent un taux plus fort dans la même proportion avec le nécessaire d'aujourd'hui. Si le défaut des moyens de payer s'opposait à ce retour à la proportion naturelle, si la diminution du revenu des propriétaires leur persuadait de se refuser à cette augmentation de salaire, l'ouvrier irait chercher ailleurs une aisance dont il ne peut se passer ; la population diminuerait, et cela jusqu'au point que la diminution du nombre des travailleurs, en restreignant leur concurrence, les mît en état de faire la loi et de forcer les propriétaires à hausser les prix. A la vérité, si la baisse du prix des denrées occasionnée par la diminution de la consommation se soutenait, l'augmentation des salaires serait moins forte ; mais cette baisse dans le prix des denrées, ayant diminué les profits du cultivateur, l'obligerait de diminuer ses dépenses productives et, par conséquent, la production : or, de la moindre production doit résulter le retour à un prix plus élevé. Si chacun de ces effets avait lieu dans toute son étendue, la perte résultante du nouvel impôt retomberait sur le propriétaire de plusieurs façons différentes, puisqu'il aurait moins de revenu et ne pourrait, avec le même revenu, se procurer les mêmes objets de jouissance, ce qui ferait une perte double. Mais il y a lieu de croire que les uns compensent les autres, sans qu'il soit possible de déterminer avec précision comment ils se compensent et s'ils se compensent exactement. De quelque manière que se fasse cette compensation, et en supposant même qu'elle soit entière, il en résulte qu'au moins le propriétaire supportera toujours, ou en augmentation de dépense, ou en diminution du revenu, la totalité du nouvel impôt.

Quelques personnes pourraient s'imaginer qu'au moyen des impositions sur l'entrée et la sortie des marchandises qui font l'objet du *commerce extérieur,* on peut parvenir à faire contribuer les étrangers aux revenus de l'Etat et à détourner le poids d'une portion des impôts de dessus la tête des propriétaires nationaux ; mais c'est une pure illusion.

Dans un grand Etat, le commerce extérieur forme un objet très modique en comparaison du commerce intérieur des productions nationales. Les marchandises importées de l'étranger pour la consommation nationale ne font qu'une très petite partie de la consommation totale, et les marchandises exportées pour la consommation de l'étranger ne sont aussi qu'une très petite partie de la production. La raison en est simple : les marchandises étrangères sont, en général, un objet de luxe qui n'est à la portée que des riches ; le peuple ne consomme que ce qu'il trouve près de lui, et le peuple fait partout le plus grand nombre. La plus forte partie de la consommation d'une nation est en subsistances et vêtements grossiers. L'importation qui semblerait devoir être la plus considérable est celle du vin dans les pays auxquels la nature a refusé cette production ; cependant elle est, dans le fait, assez modique, et le peuple trouve plus commode et moins coûteux d'y suppléer par d'autres boissons, comme le cidre et la bière.

Il y a, je le sais, quelques exceptions apparentes à ce que je viens d'avancer. La principale est celle du commerce avec les *colonies américaines,* qui, pour une partie des subsistances et pour la totalité des vêtements, consomment presque uniquement des marchandises de l'Europe ; mais, sans entrer dans un détail qui serait trop long pour développer les causes de ces exceptions et montrer comment elles se concilient avec le principe, je me contenterai d'observer qu'un tel commerce suppose une excessive inégalité entre les prix du lieu de la production et ceux du lieu de la consommation. Or, cette inégalité ne saurait produire un commerce durable, à moins que la nation qui paie cher n'ait d'autres denrées à donner en retour et que ces denrées, dans le lieu où se fait le retour, ne reçoivent une égale augmentation du prix. C'est effectivement le cas où se trouve l'Europe, en général, par rapport à l'Amérique, en général. On peut donc regarder comme une règle sans exception que tout commerce d'exportation considérable ne peut être de durée s'il n'est contrebalancé par une importation d'égale valeur, et réciproquement, sans cette égalité de balance, la nation qui ne ferait qu'acheter sans vendre serait bientôt épuisée, et le commerce cesserait. Il résulte de là, et il est certain dans le fait, que les Etats que l'on croit qui gagnent le plus au commerce par l'excès des exportations sur les importations, ou ce qu'on appelle la *balance en argent,* ne reçoivent pour cette balance, prise, année commune, qu'une valeur infiniment médiocre en comparaison de la totalité du revenu national.

C'est pourtant sur ce seul excès, dont l'exportation surpasse l'importation, qu'on peut imaginer de faire porter la portion de l'impôt qu'on voudrait faire payer aux étrangers à la décharge des propriétaires nationaux, car on voit au premier coup d'œil qu'il n'y a aucun profit de ce genre à faire sur la partie du commerce étranger qui consiste en importations et en exportations balancées les unes par les autres. Faites quelle supposition vous voudrez sur la manière dont se partage la charge de votre impôt entre l'acheteur et le vendeur, le résultat sera le même. Si vous croyez que la charge retombe sur le vendeur, vous perdrez comme vendeur ce que vous gagnerez comme acheteur. Si c'est sur l'acheteur que retombe l'impôt, vous perdrez comme acheteur ce que vous aurez gagné comme vendeur, et si le fardeau se partage également entre eux, comme vous êtes autant l'un que l'autre, vous ne perdrez ni ne gagnerez.

Ainsi, vos propriétaires nationaux resteront toujours chargés de la totalité de l'impôt. Aussi, tous les efforts que l'ignorance a fait faire aux différentes nations pour rejeter les unes sur les autres une partie de leur fardeau n'ont-ils abouti qu'à diminuer, au préjudice de toutes, l'étendue générale du commerce, la masse des productions et des jouissances et la somme des revenus de chaque nation.

Il est vraisemblable que, dans l'état actuel du commerce de la France, ses importations balancent assez exactement ses exportations et que, s'il y a quelque excédent des unes sur les autres, il est peu considérable, alternatif, peu durable.

Quoi qu'il en soit, on doit regarder comme un point constant que la totalité de l'impôt est payée par les propriétaires et sur le revenu des terres. Et il faut bien que le revenu des terres, c'est-à-dire la part de la production qui reste après la défalcation des frais de culture, salaires et profits du cultivateur, paie la totalité de l'impôt ; car tout autre chose, soit production de la terre, soit profit de quelque genre que ce soit, est affecté à la reproduction et à la continuation des travaux de toute espèce sur lesquels roule tout l'édifice de la société. Il n'y a dans le monde que la terre et le travail des hommes : c'est par le travail que la terre produit ; ce sont les productions de la terre qui salarient le travail, et, généralement, tous les travaux qu'exige le service de la société et qui occupent les différentes classes d'hommes.

Sur les productions de la terre, il faut d'abord que le cultivateur prélève sa subsistance et celle de sa famille, puisque c'est le salaire indispensable de son travail et le motif qui l'engage à cultiver ; ensuite les intérêts de ses avances, et ces intérêt doivent être assez forts pour qu'il trouve un avantage sensible à placer ses capitaux dans des entreprises de culture plutôt que de toute autre manière. Sans ces deux conditions, les avances manqueraient à la culture, et les avances n'y sont pas moins nécessaires que le travail des hommes. Le cultivateur doit prélever encore de quoi subvenir à toutes les dépenses qu'exige la continuation de son exploitation, car sans ces dépenses, la reproduction de l'année suivante cesserait.

Voilà donc la part du cultivateur, elle est sacrée, et la tyrannie ne pourrait l'entamer, à peine d'arrêter la reproduction et de tarir la source des impôts. En vain, le cultivateur est-il taxé personnellement ; il faut, ou qu'il puisse rejeter la taxe sur le propriétaire, ou qu'il diminue sa culture.

Le surplus des productions, ce qui reste après avoir prélevé la part du cultivateur, est le *produit net,* ou le revenu des terres. C'est ce produit net que le cultivateur peut abandonner, et qu'il abandonne en effet au propriétaire pour obtenir de lui la permission de cultiver. C'est aussi sur ce produit net que se prennent, en diminution du revenu du propriétaire, toutes les charges de la terre : la dîme du curé, la rente du seigneur, l'impôt que lève le roi. Et il faut bien que tout cela se prenne sur le produit net, car il n'y a que ce produit net qui soit *disponible* ; il n'y a que cette portion des fruits de la terre qui ne soit pas indispensablement affectée à la reproduction de l'année suivante. Le reste est la part du cultivateur, part sacrée, comme on l'a dit, et qu'on ne peut entamer sans arrêter tout le mouvement de la machine politique.

Tous les *salaires* des ouvriers, tous les *profits* des entrepreneurs de fabriques et de commerce de tout genre, sont payés, en partie par les cultivateurs, sur leur part, pour les dépenses qu'exigent la satisfaction de leurs besoins, ou les travaux de leur culture ; en partie par les propriétaires ou les autres copartageants du produit net, tels que le décimateur, le rentier, le souverain, pour la dépense qu'ils font de ce produit net, afin de se procurer tous les objets de plaisir ou d'utilité, soit particulière, soit publique. Tous ces salaires, tous ces profits ne sont pas plus disponibles que la part des cultivateurs aux fruits de la terre ; la concurrence les borne nécessairement à ce qui est nécessaire pour la subsistance du simple ouvrier, à l'intérêt des avances de toutes les entreprises de fabrique ou de commerce, et au profit indispensable des entrepreneurs, sans lequel ils préféreraient d'autres emplois de leur argent, qui n'entraîneraient ni le même risque, ni le même travail. J'ai montré plus haut comment toute la portion de l'impôt qu'on s'imaginerait pouvoir leur faire supporter retomberait toujours, en dernière analyse, sur le propriétaire seul.

Cette digression est devenue, M., plus longue que je ne me l'étais proposé ; mais il était important de vous faire connaître de quel prix est l'aveu que vous faites de l'avantage évident du propriétaire au système de la liberté, et de la diminution qu'éprouveraient ses revenus par le retour de l'ancien système. En diminuant le revenu des propriétaires, vous taririez la source de la plus grande partie des salaires, et vous diminueriez les moyens de payer l'impôt. Si le roi n'a et ne peut avoir que sa part dans le produit net de la terre, tout ce qui diminue ce produit net, tout ce qui tend à faire baisser la valeur ou la quantité des productions, diminue la part du roi, et la possibilité, non seulement de l'augmenter, mais encore de la soutenir telle qu'elle est.

Les circonstances malheureuses où se trouve l'Etat ne vous permettent pas de diminuer les impôts, et il est bien plutôt à craindre que vous ne soyez forcé de les augmenter. Augmenter d'un côté les impôts, et de l'autre diminuer le revenu des terres, c'est attaquer à la fois la feuille et la racine ; c'est, passez-moi la trivialité de l'expression en faveur de sa justesse, c'est user la chandelle par les deux bouts.

Je reviens au premier objet de ma lettre, à la discussion des trois parties de votre raisonnement.

Il est, comme vous l'observez, indubitable que les revenus des propriétaires des fonds doivent augmenter par la liberté du commerce des grains : mais permettez-moi de vous faire remarquer, M., que ce n'est point du tout, comme vous paraissez le supposer, parce que la liberté rend le grain *plus cher*.

Il n'est point du tout vrai qu'en général l'effet de la liberté soit, ni doive être, de rendre le grain *plus cher* ; et il est prouvé que le prix doit en diminuer dans le plus grand nombre des cas, et je crois l'avoir irrésistiblement établi dans ma lettre précédente : veuillez vous rappeler, M., que je parle ici du prix moyen auquel les consommateurs paient le grain, compensation faite des bonnes et des mauvaises années, du bas prix et de la cherté.

Il n'y a aucune raison pour que ce prix moyen augmente par la liberté. Ce prix est nécessairement formé par la comparaison de la totalité des demandes à la totalité des offres ou, en d'autres termes, de la somme des besoins à la somme de la production. Pour augmenter les prix, il faudrait que la somme des demandes augmentât en plus grande proportion que la production : or, c'est ce qui ne doit point arriver.

L'idée de voir accourir dans nos ports des étrangers, pour nous enlever nos récoltes à des prix excessifs, est une vraie chimère. Les étrangers n'achètent que pour leurs besoins, c'est-à-dire n'achètent que ce qui manque à leurs récoltes pour les nourrir ; et, dans tout pays un peu étendu, ce qui manque habituellement à la récolte pour nourrir les habitants, est assez médiocre.

Ce n'est guère que dans les années disetteuses que l'importation peut être forte ; et ces années disetteuses se succèdent avec beaucoup de variété dans les différentes parties de l'Europe. Tantôt c'est dans le Midi, tantôt dans le Nord, que la cherté se fait sentir. Les Etats, qui ont la liberté d'exporter, se partagent entre eux la fourniture totale de toutes les parties qui manquent, et l'on sait que cette fourniture totale ne monte jamais à 7 millions de setiers, peut-être pas même à 6. Tout ce que nous pouvons donc espérer ou craindre, est de participer à cette fourniture en concurrence avec l'Angleterre, la Pologne, la Moscovie, les Pays-Bas, les provinces arrosées par l'Elbe et l'Oder, la Barbarie, la Sicile, l'Egypte, et encore avec les colonies anglaises. Le prix primitif de nos grains est plus haut que celui des grains de Pologne, et nous ne pouvons soutenir la concurrence de Dantzick et des autres ports de la mer Baltique, qu'à raison de la différence des frais de transport qui sont moindres lorsqu'il faut approvisionner l'Espagne ou quelque autre pays méridional. Il est donc bien sûr que nous n'exporterons jamais habituellement une grande quantité de grains.

Les Anglais, malgré leurs encouragements, n'ont exporté année commune, depuis quatre-vingts ans, que 364 000 setiers de froment de notre mesure, et à peu près autant d'autres grains, dont la plus grande partie est du malt ou de l'orge préparée pour faire de la bière. Cette quantité ne peut être plus grande, parce que les besoins à fournir sont limités et déjà remplis en partie, à meilleur marché, par les blés du Nord. La même cause et la concurrence de l'Angleterre borneront nos exportations : vraisemblablement, nous ne ferons que partager avec cette puissance la part qu'elle a dans ce commerce. Peut-être même exporterons-nous moins encore.

Quoi qu'il en soit, ce que nous mettrons en vente au *marché général* [1] ne diminuera certainement pas la somme des offres, et n'augmentera pas la somme des besoins. Un marchand de plus arrivant au marché ne fait pas augmenter le prix ; le taux du marché général diminuera donc plutôt que d'augmenter. Or, dans l'état actuel, le prix moyen du consommateur dans la capitale et dans les provinces adjacentes, en y faisant entrer les temps de disette, est plutôt au-dessus qu'au-dessous du prix du marché général, lequel est d'environ 20 livres le setier de Paris. Il n'y aura donc point d'augmentation dans les prix moyens, puisque la liberté ne peut jamais porter ce prix au-dessus du taux du marché général.

1. Il est aisé de comprendre que, de même que la concurrence entre les vendeurs et celle entre les acheteurs forment dans chaque lieu particulier ce qu'on appelle le *prix du marché,* de même la concurrence entre les négociants des diverses nations qui ont du grain à vendre, et celle entre les négociants des nations qui ont besoin d'acheter, déterminent un prix commun entre les principales nations commerçantes, qu'on peut considérer comme réunies pour former une espèce de *marché général.* Ce marché ne se tient pas dans un lieu unique ; mais la facilité du transport par mer fait qu'on peut considérer les ports des principales nations commerçantes, et surtout celles qui, par leur situation entre le nord et le midi de l'Europe et par une liberté ancienne et habituelle du commerce des grains, sont devenues l'entrepôt le plus ordinaire de ce commerce, comme formant une espèce de *marché* unique et *général.* Dans l'état actuel de l'Europe, les ports de Hollande et d'Angleterre sont, pour ainsi dire, le lieu où se tient ce *marché général,* dont les prix peuvent être considérés comme étant, et sont réellement le *prix commun* du marché de l'Europe. Les ports de France, beaucoup mieux situés pour ce commerce, leur enlèveraient cet avantage, si la liberté du commerce des grains y était établie, et mettraient en France, par conséquent, le plus qu'il soit possible à la portée des Français, les magasins de ce commerce : d'où suit que les Français auraient les grains à meilleur marché que les autres nations de la totalité des frais de voiture que pourrait exiger la réexportation.

Il y a, au contraire, des raisons très fortes pour croire que ce prix moyen diminuera. J'ai remarqué plus haut que le prix est formé par la comparaison des demandes à la somme des productions. Il doit donc diminuer quand la somme des productions augmente en plus grande proportion que la somme des besoins. Or, cet accroissement dans la production est une chose plus que probable. Si l'augmentation de la culture doit être une suite de l'augmentation des profits des cultivateurs, dès que la terre produit davantage, il faut, du moins jusqu'à ce que le nombre des consommateurs soit augmenté, que la denrée baisse de prix. Cette baisse est assurée tant qu'elle peut subsister avec le profit du cultivateur.

Rappelez-vous, M., ce que j'ai eu l'honneur de vous développer fort au long dans ma lettre, écrite jeudi dernier de Tulle, sur la différence du prix moyen du laboureur et du prix moyen du consommateur. Je crois y avoir démontré que la seule égalisation des prix, véritable but et infaillible effet de la liberté, sans augmenter en rien le prix moyen du consommateur, et en rapprochant seulement de ce prix le prix moyen du laboureur vendeur, assure à celui-ci un profit immense. Ce profit est assez grand pour qu'il en reste encore beaucoup, quand même il diminuerait un peu par la baisse du prix à l'avantage du consommateur. Or, s'il y a encore du profit pour le cultivateur en baissant le prix, la concurrence entre les cultivateurs le fera baisser. Peut-être, dans la suite, l'augmentation des revenus, en augmentant la masse des salaires, fera-t-elle augmenter la demande ; ceux qui ne mangeaient que de la bouillie de blé noir mangeront du pain ; ceux qui se bornaient au pain de seigle y mêleront du froment. L'augmentation de l'aisance publique accroîtra la population et, de cette augmentation de besoins naîtra une légère augmentation dans les prix : nouvel encouragement pour la culture qui, par la multiplication des productions, en fera de nouveau baisser la valeur. C'est, par ces secousses alternatives et légères dans les prix, que la nation entière s'avancera par degrés au plus haut point de culture, d'aisance, de population dont elle puisse jouir eu égard à l'étendue de son territoire. Les revenus et la richesse publique augmenteront, sans que pour cela le prix moyen pour le consommateur augmente, et même quoiqu'il diminue un peu.

L'expérience est ici pleinement d'accord avec le raisonnement : cette expérience n'a été faite qu'une fois, et même elle n'a été faite qu'à demi, puisque l'Angleterre n'a pas accordé la liberté entière du commerce des grains et que, non contente d'avoir encouragé l'exportation par une gratification, elle a encore repoussé l'importation par des droits équivalents à une prohibition. Quel a été le résultat de cette conduite ? Il est aisé de le connaître ; car les états des prix des grains en Angleterre sont publics et sous les yeux de tout le monde : ce que je vais dire en est tiré.

Dans les quarante années antérieures à 1690, temps où la gratification a été accordée, le prix moyen a été de 24 livres 7 sous 7 deniers de notre monnaie, le setier, mesure de Paris. Dans les vingt années suivantes, jusqu'en 1711, le prix a été un peu plus fort, et a monté jusqu'à 25 livres 6 sous 8 deniers le setier. Sur quoi j'observe que, pendant ces vingt années, il n'y a eu que quatre ans de paix, et que le reste a été rempli par les deux grandes guerres de toute l'Europe contre Louis XIV ; que, dans les dix premières années de cette époque, il y a eu sept années de mauvaise récolte, depuis 1693 jusqu'en 1699, et que les dix dernières comprennent les années 1709 et 1710, qui ont été aussi funestes aux productions en Angleterre qu'en France, quoique la liberté n'y ait pas laissé monter les prix aussi hauts que nos pères les ont éprouvés.

Depuis 1711 jusqu'en 1770, le prix moyen s'est constamment soutenu à 20 livres 16 sous, et le plus haut prix, en 1758, n'a monté qu'à 30 livres 14 sous 11 deniers, ce qui n'est pas une augmentation de 2 à 3.

Dans tout cet intervalle de soixante années, il n'y en a eu que sept où les prix aient été bas, douze où les prix ont été hauts, dont cinq que l'on peut regarder comme des années de cherté, et quarante et une pendant lesquelles les prix courants ne se sont presque point écartés du prix moyen. Peut-on penser encore que l'effet de la liberté soit d'augmenter les prix, quand on a sous les yeux les résultats d'une expérience aussi longue, aussi constante, aussi publique, et lorsqu'on voit l'exportation seule, sans importation, diminuer le prix par le seul encouragement donné à la culture ?

J'ai vu des personnes rejeter les inductions qu'on tire de l'exemple de l'Angleterre, sous prétexte que l'Angleterre, étant de tous côtés environnée de la mer, peut toujours être approvisionnée à peu de frais par le commerce. Leurs doutes pourraient mériter d'être écoutés si, dans le fait, l'Angleterre avait été préservée de la disette par l'importation des grains étrangers : mais on a les états de l'importation comme ceux de l'exportation, depuis 1690 jusqu'en 1764. Or, dans ces soixante-quatorze ans, il n'est entré en tout en Angleterre que 533 000 setiers de froment, et à peu près autant de seigle et d'orge ;

en tout 1 410 000 setiers. Les seules années pendant lesquelles cette importation ait pu former un objet sensible, sont : 1728, où l'importation en froment fut de 175 600 setiers ; 1740, où elle fut de 10 000, et 1741, où elle fut de 14 000 setiers. J'ignore l'importation comme l'exportation qui ont pu avoir lieu depuis 1765, n'en ayant pas l'état sous les yeux ; mais les états des années antérieures font assez connaître que ce n'est point à l'importation des grains étrangers que l'Angleterre doit, non seulement d'avoir été préservée des disettes, mais encore d'avoir joui d'un prix courant avantageux aux cultivateurs et aux consommateurs, par son égalité, et avantageux encore à ceux-ci, par la diminution réelle sur les prix moyens.

A cette expérience opposeriez-vous, M., la cherté qu'on a éprouvée depuis quatre ans dans plusieurs provinces du Royaume ? Vous opposeriez donc une expérience de quatre ans à une de quatre-vingts et même de cent vingt ans.

L'expérience actuelle est d'ailleurs très peu concluante, car il faudrait qu'il fût prouvé que la cherté que nous éprouvons est l'effet de la liberté.

Or, bien loin que cela soit prouvé, le contraire est évident.

Nous avons, sous nos yeux, une cause palpable de cherté, et cette cause est une suite de mauvaises récoltes ; on en a éprouvé quatre de suite, comme on en avait eu sept à la fin du dernier siècle.

Alors l'Angleterre jouissait de la liberté, et nous, nous étions livrés à toute l'inquiétude et l'agitation du régime réglementaire. L'Angleterre fut tranquille : les prix y furent chers, mais non exorbitants.

Les nôtres, en 1693 et 1694, montèrent à 77 livres 9 sous, — 57 livres 14 sous, — 61 livres 9 sous, — 85 livres 13 sous de notre monnaie actuelle ; cela est bien loin de la cherté dont on se plaint aujourd'hui et dont on accuse si mal à propos la liberté ; tandis qu'on a troublé de tous côtés cette liberté qui aurait vraisemblablement suffi pour préserver le Royaume de cette calamité, si on eût laissé le commerce s'affermir et se monter.

La cherté que nous éprouvons est certainement moindre, du moins dans la plus grande partie du Royaume, que celle qui se fit sentir à Paris et dans les provinces du Nord, durant l'intervalle de la récolte de 1740 à celle de 1741.

J'ai eu la curiosité de relever les prix du froment à Angoulême pendant cet intervalle : nous vivions alors sous la loi des règlements et il n'y avait même pas eu d'exportations dans les provinces méridionales, puisqu'on sortait d'une disette considérable en Limousin et en Angoumois. La mer était libre ; nous étions en pleine paix avec l'Angleterre ; Angoulême est sur une rivière navigable et à portée de la mer, les blés peuvent en être transportés facilement jusqu'à Paris.

Après ces observations préliminaires, daignez, M., jeter les yeux sur le tableau qui suit, et qui vous présente la comparaison, mois par mois, des prix de Paris et de ceux d'Angoulême :

COMPARAISON DES PRIX DU FROMENT A PARIS ET A ANGOULÊME PENDANT LA DISETTE DE 1740 A 1741.

	PRIX DU SETIER à Paris			PRIX DU SETIER mesure de Paris à Angoulême		
Octobre 1740	43 l.	6 s.	» d.	15 l.	14 s.	1 d.
Novembre	45	6	»	16	19	1
Décembre	43	4	»	16	19	1
Janvier 1741	43	»	»	16	4	7
Février.	40	5	»	15	11	2
Mars.	33	11	3	14	10	3
Avril	32	18	»	15	11	»
Mai	33	8	3	15	6	9
Juin .	33	17	6	14	18	5
Juillet	31	17	»	14	16	5
Août.	31	12	6	16	14	7
Septembre	31	3	»	16	7	4

Les prix marqués dans ce tableau sont les prix moyens de chaque mois, formés d'après les prix de tous les marchés tenus dans chaque mois. Il en résulte que, tandis que le froment valait 45 livres à Paris, il ne valait à Angoulême que 17 livres ; et que, pendant toute la durée de la disette, l'inégalité des prix entre Angoulême et Paris a été assez grande pour qu'il y eût eu du profit à porter des grains d'Angoulême à Paris, même par terre, et à plus forte raison par les rivières et par la mer. Je demande pourquoi l'abondance d'Angoulême et des provinces méridionales fut inutile à Paris ? Pourquoi le commerce ne s'entremit pas pour rétablir entre deux parties du même royaume le niveau de la denrée et des prix ? Est-ce à la liberté qu'il faut s'en prendre et n'est-il pas évident, au contraire, que si le commerce des grains avait été monté, si des gênes et des règlements absurdes n'avaient pas détruit la liberté et le commerce avec elle, on ne se fût pas aperçu de cette disette qui suivit la récolte de 1740, et qui fut si cruelle dans une partie du Royaume ? Les règlements et les gênes ne produisent pas un grain de plus, mais ils empêchent que le grain surabondant dans un lieu, ne soit porté dans les lieux où il est plus rare. La liberté, quand elle n'augmenterait pas la masse des grains en encourageant la production, aurait au moins l'avantage de répartir le plus promptement et le plus également qu'il soit possible les grains qui existent. C'est donc le défaut de liberté et non la liberté qui produit la disette ; c'est le défaut de liberté qui a produit la disette de 1740 ; et ce n'est pas la liberté qu'il faut accuser d'avoir produit la cherté en 1768 et 1770.

Je crois, M., avoir suffisamment prouvé que la liberté ne doit point enchérir les grains, et que, par conséquent, ce n'est point à l'augmentation du prix moyen des grains qu'on doit l'augmentation du revenu des propriétaires. A quoi faut-il donc l'attribuer ? Je vous l'ai dit, M., à l'augmentation du prix moyen des vendeurs et à son rapprochement du prix moyen des consommateurs ; à l'amélioration du sort des cultivateurs par l'égalisation des prix ; à la prompte rentrée de leurs fonds ; à la valeur modérée, mais uniforme, de la denrée, sans que jamais elle puisse tomber en non-valeur et que le cultivateur ait à gémir de l'abondance.

Ce n'est pas qu'il n'y ait un cas où le prix moyen doive augmenter par l'effet de la liberté, et ce cas doit avoir lieu dans les provinces où le défaut de communication aurait constamment entretenu les grains à un taux fort au-dessous des prix du marché général. Alors l'augmentation des revenus doit être prodigieuse ; mais je montrerai, en discutant l'intérêt des consommateurs, que cette augmentation ne doit point leur être préjudiciable, et qu'elle leur sera au contraire infiniment avantageuse.

Cette lettre est devenue si excessivement longue que je suis obligé de remettre à un autre courrier la discussion de ce qui concerne l'intérêt des cultivateurs et des consommateurs. Je tâcherai de vous l'envoyer de Limoges. Je vous réitère toutes mes excuses de mes longueurs, de mes répétitions et des expressions peut-être trop fortes que ma conviction me dicte et que mon peu de loisir ne me permet pas de mesurer.

SIXIÈME LETTRE

(Les cultivateurs, fermiers et métayers.)

Angoulême, 27 novembre.

M., j'ai discuté dans la dernière lettre que j'ai eu l'honneur de vous écrire de Saint-Angel, le 14 de ce mois, sur le commerce des grains, la première branche d'un raisonnement que vous m'aviez fait sur la diversité des intérêts du propriétaire, du cultivateur et du consommateur, relativement à la liberté du commerce. Je crois avoir prouvé dans cette lettre, et j'avais déjà établi dans la précédente datée de Bort, que l'augmentation du revenu des propriétaires n'était nullement fondée sur l'augmentation du prix des grains : j'ai montré comment ce revenu pouvait et devait augmenter, quoique le prix moyen des grains diminuât ; et j'ai observé que ces deux effets avaient également eu lieu en Angleterre, où le revenu des propriétaires est prodigieusement augmenté depuis l'encouragement donné à l'exportation, et où cependant le prix moyen des grains est moindre qu'il n'était pendant les quarante années qui ont précédé cette époque.

Je passe à la seconde branche de votre raisonnement : l'*intérêt des cultivateurs,* que vous croyez être indifférents au système de la liberté, parce que l'avantage qu'ils y trouvent ne peut être que passager, les propriétaires ne manquant pas de se l'approprier à l'expiration du bail par l'augmentation des fermages.

J'observe d'abord, M., que même en supposant que la totalité du gain annuel des cultivateurs résultant de la liberté, fût reversée sur les propriétaires par l'augmentation des fermages à l'expiration des baux, ce n'est pas cependant si peu de chose que le profit que feront les cultivateurs ou les fermiers jusqu'au moment du renouvellement des baux.

Car les baux étant ordinairement de neuf ans, il n'y en a chaque année que le neuvième de renouvelé. De plus, la très grande partie des fermiers ont soin de se les faire renouveler deux ans ou du moins un an d'avance, ce qui porte le renouvellement total des baux à la onzième année après l'époque de l'augmentation supposée des prix. Il est encore à remarquer que les baux renouvelés la première année après que la liberté a été rendue, n'ont pas dû être augmentés beaucoup. Le laboureur ne calcule guère le prix de son fermage sur des espérances et sur des spéculations politiques ; c'est d'après le profit réel qu'il a fait et qu'il a vu se renouveler plusieurs fois de suite, qu'il se détermine à donner un plus haut prix de sa ferme : il est vraisemblable que, par la même raison, l'augmentation des baux sera d'autant plus forte que l'époque du renouvellement sera plus éloignée de celle de l'établissement de la liberté. Je suis même persuadé que, sans la circonstance extraordinaire de plusieurs mauvaises années consécutives arrivées immédiatement à la suite de l'Edit de 1764, la révolution à cet égard aurait été beaucoup moins prompte qu'elle ne l'a été, et que l'augmentation effective des baux a été accélérée parce que les laboureurs ont été trompés sur les avantages de l'exportation, comme d'autres l'ont été sur ses prétendus désavantages ; ils ont cru que l'exportation devait hausser le prix des grains. Plus tôt enrichis, ils ont cru plus tôt pouvoir partager cet accroissement de profits avec les propriétaires.

Quoi qu'il en soit, en combinant toutes ces considérations, et prenant une espèce de milieu entre les baux qui ne sont renouvelés que dans les premières années, et ceux qui ne se renouvelleront que dans les dernières, je ne crois pas me tromper en estimant que, l'un portant l'autre, l'augmentation entière des revenus pendant les six premières années a dû tourner au profit des seuls cultivateurs.

Or, cet accroissement de richesses pour la classe des fermiers cultivateurs est un avantage immense pour eux et pour l'Etat. Si l'on suppose, ce qui ne s'éloigne pas beaucoup du vrai, et vraisemblablement est au-dessous, que l'augmentation réelle du produit des terres soit le sixième du prix des fermages, ce sixième accumulé pendant six ans au profit des cultivateurs fait pour eux un capital égal à la somme du revenu des terres affermées. Je dis un capital, car le profit des cultivateurs n'est pas dissipé en dépenses de luxe. Si l'on pouvait supposer qu'ils le plaçassent à constitution pour en tirer l'intérêt, ce serait certainement un profit net pour eux, et l'on ne peut nier qu'ils n'en fussent plus riches : mais ils ne sont pas si dupes, et ils ont un emploi bien plus lucratif à faire de leurs fonds ; cet emploi est de les reverser dans leur entreprise de culture, d'en grossir la masse de leurs avances, d'acheter des bestiaux, des instruments aratoires, de forcer les fumiers et les engrais de toute espèce, de planter, de marner les terres, s'ils peuvent obtenir de leurs propriétaires un second bail à cette condition.

Toutes ces avances ont pour objet immédiat d'augmenter la masse des productions au profit de tout l'Etat, et de donner aux cultivateurs un profit annuel. Il faut que ce profit soit plus grand que l'intérêt ordinaire de l'argent prêté, car sans cela le propriétaire du capital aimerait mieux le prêter. Il faut aussi que ce profit soit réservé en entier au fermier cultivateur, sans qu'il fasse la moindre part au propriétaire : car si ce profit n'était pas en entier pour le fermier, il préférerait de placer son argent d'une autre manière pour n'en partager l'intérêt avec personne. Voilà donc une augmentation permanente de richesses au profit des cultivateurs, égale au moins à l'intérêt du revenu annuel de tous les fermages, converti en capital ; c'est assurément beaucoup.

Cet article est absolument étranger à l'augmentation des baux qui fait le profit du propriétaire ; il rend seulement le revenu plus solide en assurant davantage la solvabilité du fermier.

Mais ce n'est pas tout ; ce capital et cet intérêt, constamment assurés au fermier cultivateur et constamment employés par lui à grossir les avances de la culture, doivent, suivant le cours actuel des choses, augmenter la production dans une proportion beaucoup plus grande que l'intérêt de ces nouvelles avances. Sans doute que le cultivateur se prêtera dans la suite à céder au propriétaire sa part dans ce surcroît de profit ; mais ce ne sera toujours qu'après en avoir profité en entier jusqu'à l'expiration de son bail : le raisonnement que j'ai fait sur le premier profit résultant immédiatement de la liberté est applicable au second profit, et encore à celui qui résultera de cette seconde augmentation de richesse. De là, résulte une augmentation progressive dans la richesse des cultivateurs, dans les avances de la culture, dans la somme des productions et des valeurs recueillies annuellement de la terre. Cette progression sera plus ou moins rapide ; mais si les débouchés maintiennent la continuité du débit, soit par une exportation habituelle, soit par un accroissement de population, elle n'aura d'autres bornes que les bornes physiques de la fécondité des terres.

Comparez à ce tableau, M., celui de la dégradation progressive en sens contraire qui résultera de la diminution des valeurs du produit des terres et de l'appauvrissement des cultivateurs. Quand il serait vrai que le fermier rendît au propriétaire la totalité de son gain, toujours serait-il indubitable que cette augmentation de fermage serait tout à la fois la preuve et l'effet de l'aisance du cultivateur ; que, par conséquent, ce nouvel état de choses serait opéré par cette aisance. La diminution du prix des fermages, au contraire, serait l'effet de la misère du fermier ; celui-ci passerait par la détresse avant de faire une nouvelle convention moins avantageuse avec son propriétaire. Or, certainement, il n'est point égal que les cultivateurs en général soient dans l'aisance ou dans la détresse.

Il est bon de considérer un peu ce que le cultivateur perdrait par la diminution du prix moyen de ses ventes, suite infaillible de la cessation de la liberté. Ceux qui ont déjà augmenté leurs baux perdraient d'abord la somme annuelle qu'ils doivent donner à leurs propriétaires jusqu'à l'expiration de ces baux et, comme la recette annuelle sur laquelle ils avaient calculé serait diminuée, ils ne pourraient payer qu'en entamant chaque année leurs capitaux ou les avances de leur culture, en vendant leurs bestiaux, en économisant sur les fumiers, etc. Ce n'est pas tout : ces fermiers, avant d'augmenter leurs baux, et encore plus ceux qui ne les ont pas augmentés, ont mis en accroissement de leurs avances toute la part de profits qu'ils se sont réservés. Ils ont fondé l'assurance de ces avances sur les bénéfices résultant d'une plus grande production. Si cette production tombe en non-valeur, non seulement ils perdent l'intérêt de leurs avances, mais leur capital ne rentre même pas pour être rendu à la culture l'année suivante. Voilà donc la totalité des nouvelles avances perdue par l'anéantissement des bénéfices sur l'espérance desquels on les avait confiées à la terre, et les anciennes entamées pour satisfaire à l'augmentation du fermage. De là, une diminution notable dans la culture.

Jusqu'ici j'ai, M., raisonné dans votre supposition, que le propriétaire peut toujours s'approprier à la fin du bail la totalité des profits du cultivateur, ou du moins la totalité de ses profits pour les années subséquentes, déduction faite de l'intérêt des profits recueillis pendant le courant du bail, convertis par le cultivateur en capitaux et en augmentation d'avances de culture : mais je vous avais trop accordé. Quelques réflexions sur la manière dont l'augmentation des baux résulte de l'augmentation des profits du cultivateur, vous feront sentir combien cette supposition est éloignée du vrai.

Il faudrait, pour qu'elle fût exacte, que le propriétaire pût faire la loi à son fermier, et forcer celui-ci à lui donner la totalité de ce qu'il gagne au-delà du salaire de son travail et de l'intérêt de ses avances. Or, il n'y a certainement aucune raison pour que le propriétaire fasse la loi au fermier plutôt que le fermier au propriétaire ; car le besoin est réciproque, et le propriétaire sans le fermier serait encore plus embarrassé que le fermier ne le serait sans lui. En effet, sans avances et sans connaissances de la culture, le propriétaire mourrait de faim sur le plus beau domaine, à moins qu'il n'en cultivât quelque coin à bras, ou qu'il n'en vendît une partie pour acheter des bestiaux ou les outils nécessaires à la culture de l'autre. Le fermier du moins pourrait, avec quelque perte, changer de nature ses richesses mobiliaires et les faire valoir dans quelque autre commerce.

Il y a même une raison encore plus forte pour faire penser que si, du fermier ou du propriétaire, l'un des deux devait faire la loi à l'autre, ce serait le fermier : celui-ci sait avec précision ce qu'il dépense et ce qu'il gagne sur son exploitation, et par conséquent, ce qu'il peut céder au propriétaire sur son bénéfice sans risquer d'entamer ni son capital, ni les intérêts de ses avances, ni les profits qu'il désire se réserver. Mais il ne va pas en faire confidence au propriétaire, et celui-ci n'a aucun moyen de s'instruire de ces détails avec quelque certitude. Dans le débat sur les prix des fermages, tout est donc à l'avantage du fermier, qui fait son offre en connaissance de cause et d'après des calculs exacts, tandis que le propriétaire ne fait sa demande qu'à l'aveugle et d'après le désir vague d'augmenter son revenu. Mais le fermier, en faisant son marché, désire aussi, de son côté, de se réserver le plus grand profit qu'il peut. S'il augmente le prix du fermage, ce n'est ni par générosité, ni par esprit de justice ; il ne l'augmente qu'autant qu'il y est forcé. Voyons donc comment il peut l'être.

Il est bien clair qu'il ne se détermine à augmenter le prix de son bail qu'autant qu'il craint qu'un autre fermier se présente et fasse une offre considérable pour le déposséder de sa ferme. C'est donc la seule concurrence des fermiers qui peut faire hausser le prix des baux ; ce prix s'établit, comme celui de toutes les choses vénales, par la comparaison de l'offre à la demande. L'entrepreneur de culture a besoin de trouver des terres à cultiver pour employer ses capitaux et ses bestiaux. Le propriétaire a besoin de trouver un fermier pour tirer un revenu de sa terre. Si le nombre des entrepreneurs de culture, si la masse des capitaux convertis en avances de culture augmente, le prix des fermages doit augmenter. Il doit, au contraire, diminuer si la masse des capitaux diminue. Le fermage ne peut donc hausser que parce qu'il existe entre les mains des entrepreneurs de culture une plus grande masse de capitaux, et parce qu'ils envisagent, dans la culture, l'espérance d'un profit suffisant pour les déterminer à y employer ce surcroît de capitaux. L'augmentation des baux n'empêche donc point que le cultivateur s'enrichisse, puisqu'au contraire elle n'a lieu que parce que le cultivateur est préalablement enrichi, et qu'en offrant, en conséquence de l'accroissement de ses capitaux, un plus haut fermage, il se retient cependant toujours l'intérêt de ces nouveaux capitaux, au moins à 10 p. 100 (car tel est l'intérêt ordinaire de l'argent mis dans les entreprises, soit de commerce, soit de fabrique, soit de culture).

La concurrence ne peut pas faire hausser les fermages au point d'entamer cet intérêt ; car alors elle cesserait, puisqu'il y aurait plus d'avantage à employer les capitaux d'une autre manière. Ainsi, quoique la concurrence des fermiers limite leurs profits, elle leur en laisse toujours un réel. Cette concurrence n'a lieu que parce que le métier est bon ; c'est le propre d'un métier lucratif d'attirer les hommes et les capitaux pour en partager le profit. Quand ce profit est partagé, il se peut que, les individus qui le partagent étant en plus grand nombre, le sort de chacun d'eux en particulier ne soit pas plus avantageux que lorsque, étant en moindre nombre, ils partageaient un moindre profit. Mais est-ce donc qu'il s'agit de l'avantage de chaque cultivateur pris individuellement ?

Non, M., ce n'est point en ce sens qu'on a dû dire, ni qu'on a dit, que la liberté du commerce des grains était un avantage prodigieux pour les cultivateurs. Le sort des cultivateurs pris individuellement en doit être amélioré ; mais cet objet n'est qu'une bagatelle si on le compare à l'avantage immense qui doit en résulter, pour la culture en général, par l'accroissement des capitaux employés à solliciter les productions de la terre, et par l'augmentation du nombre des cultivateurs.

Je dois insister sur cette remarque, parce qu'elle attaque directement le vice radical du raisonnement que vous m'avez permis de combattre. Dès que le haussement des fermages a pour cause unique la concurrence d'un plus grand nombre d'entrepreneurs de culture, quand chacun d'eux, en particulier, ne gagnerait pas davantage, ne tirerait pas un meilleur parti qu'auparavant de ses capitaux et de son travail, il resterait vrai que le nombre des travailleurs et des entrepreneurs de culture serait plus grand, que la somme des capitaux employés à la culture serait fort augmentée et, par conséquent, la quantité de la production. Or, c'est là ce qui intéresse véritablement le corps de l'Etat.

Tout ce que je viens de développer, M., n'est cependant encore que la plus petite partie des avantages que vous devez vous promettre à raison de l'*accroissement de culture* qui sera la suite de la liberté du commerce des grains ; ce qui me reste à dire est d'une tout autre importance, et pour l'avantage des cultivateurs considérés individuellement comme hommes, et pour l'extension de la culture en général.

Si toutes les provinces ressemblaient à la Flandre, à la Picardie, à la Normandie, à l'Ile-de-France et aux autres provinces exploitées par des fermiers, l'accroissement de la culture y suivrait la marche que je viens d'indiquer : les premiers profits faits par les fermiers jusqu'au renouvellement de leurs baux seraient convertis en capitaux ; et reversés sur la terre, ils donneraient lieu à de nouveaux profits par l'augmentation des productions ; les fermiers enrichis chercheraient à étendre leurs exploitations ; leurs enfants s'attacheraient au métier de leurs pères devenu plus lucratif ; tous voudraient se procurer des fermes et, courant sur le marché les uns des autres, ils hausseraient le prix du fermage au profit des propriétaires. Comme l'étendue des héritages à affermer n'augmenterait pas, le haussement des loyers en serait d'autant plus considérable, et les profits restant aux fermiers d'autant plus réduits, jusqu'à la concurrence néanmoins de l'intérêt des capitaux nouvellement versés dans la culture ; car, si la réduction des fermages était une fois arrivée à ce point, le surplus des capitaux refluerait sur d'autres emplois et irait vivifier d'autres branches de commerce.

Il en sera tout autrement si les entrepreneurs de culture, au lieu d'être forcés de courir sur le marché les uns des autres pour se procurer des fermes à exploiter, peuvent trouver à louer des terres qui auparavant n'étaient pas affermées. Au lieu d'offrir de plus gros loyers des terres déjà voisines de leur véritable valeur, on les verra se présenter aux propriétaires qui, faute d'un nombre suffisant de capitalistes entrepreneurs de culture, ne trouvaient point de fermiers, et étaient par là forcés de faire eux-mêmes toutes les avances de la culture et de faire travailler leurs terres à moitié fruit par de misérables colons qui n'apportaient sur leurs domaines d'autres richesses que leurs bras. La facilité que les entrepreneurs enrichis trouveront à employer leurs avances sur des fonds de ce genre diminuera leur concurrence pour obtenir d'anciennes fermes et, par conséquent, retardera le haussement des fermages, ce qui, par une conséquence inévitable, doit conserver à la masse des cultivateurs et à la culture une plus grande portion des profits dus à la liberté du commerce.

Personne n'ignore, M., qu'il est des provinces où les terres sont en général exploitées par des *fermiers* entrepreneurs de culture qui font à leurs dépens toutes les avances de la culture, qui achètent les bestiaux de toute espèce qu'exige leur exploitation, qui se fournissent d'outils aratoires, qui font les frais des semences, qui se nourrissent eux et leurs domestiques jusqu'à la première récolte sans rien recevoir du propriétaire, mais aussi qui recueillent la totalité des fruits de la terre et en jouissent en toute propriété, en rendant seulement au propriétaire du fonds le prix convenu entre eux. Cette forme d'exploitation a lieu dans les provinces riches, voisines des débouchés les plus faciles et les plus constamment ouverts, des grandes capitales, des ports de mer, etc. Elle suppose qu'il y ait une masse de capitaux considérables entre les mains des fermiers cultivateurs, et qu'en même temps la denrée ait une valeur assez considérable et assez constante pour assurer à cet emploi des capitaux un profit sans lequel les capitalistes se garderaient bien de les y destiner. De ces deux circonstances réunies, résulte la concurrence des entrepreneurs de culture ou des fermiers, concurrence plus ou moins animée, suivant que la valeur des denrées et le peu de variation de cette valeur augmentent plus ou moins leurs profits, et que la masse de leurs capitaux s'accroît ou diminue. De la concurrence des fermiers, résulte le prix courant des fermages ou la valeur locative des terres.

Dans d'autres provinces, les terres n'ont aucune *valeur locative courante.* En vain y chercherait-on des fermiers : il n'y en a point, et toutes les terres sont exploitées, ou par le propriétaire lui-même, ou par des colons partiaires, appelés *métayers,* parce que le partage des fruits se fait presque universellement par moitié. Le propriétaire est obligé de faire toutes les avances, de meubler le domaine de bestiaux, de fournir les semences, de nourrir le métayer et sa famille jusqu'à la récolte. Les avances sont modiques ; le labourage ne se fait qu'avec des bœufs, même dans les pays de plaine, parce que les bœufs coûtent moins que les chevaux, et parce qu'on les nourrit à moins de frais en leur abandonnant le pâturage d'une partie des terres qu'on laisse en friche. Il faut ainsi débourser moins d'argent. Mais toute cette partie de terres livrée aux bestiaux demeure sans valeur ; le propriétaire est alors le véritable entrepreneur de culture ; c'est lui qui court tous les hasards. Dans les mauvaises années, il est obligé de nourrir ses métayers, au risque de perdre ses avances, Cette forme de régie exige de la part du propriétaire des attentions continuelles et une résidence habituelle ; aussi voit-on que pour peu qu'un propriétaire éprouve de dérangement dans ses affaires ou soit forcé de s'absenter, son domaine cesse de lui rien produire. Les biens des veuves, des mineurs, tombent le plus souvent en friche, et c'est dans ces provinces que le proverbe « *Tant vaut l'homme, tant vaut sa terre* » est constamment vrai, parce que la terre n'y a point, comme dans les provinces riches, *une valeur locative courante.*

Cette différence, M., n'est pas causée par la différente fertilité des terres. Les plaines depuis Poitiers jusqu'à Angoulême, une partie du Berri, de la Touraine, du Périgord, du Quercy, sont certainement au moins égales en bonté aux terres des environs de Paris. Pourquoi donc ne sont-elles pas exploitées de la même manière ? Pourquoi sont-elles, à raison de leur étendue, si peu fructueuses au propriétaire ? Celui-ci trouverait sans doute fort commode de donner sa terre à un fermier qui la ferait valoir, d'être dispensé de faire aucunes avances et de n'avoir d'autre peine, pour jouir de son revenu, que de toucher son argent aux échéances. Si donc il n'afferme pas sa terre, c'est qu'il ne trouve point de fermiers, et il n'en trouve point parce qu'il n'existe point de cultivateurs qui, possesseurs de capitaux considérables, les emploient à la culture des terres. La culture n'a jamais été sans doute assez lucrative dans ces provinces pour que les misérables métayers qui l'ont exercée de génération en génération aient pu amasser des capitaux suffisants à en faire les avances, et sans doute elle ne l'est pas assez encore pour que des possesseurs de *capitaux* imaginent de prendre le métier de cultivateur et de les faire ainsi valoir.

Or pourquoi, à fécondité égale, la culture est-elle moins lucrative dans les provinces de l'intérieur du Royaume que dans les provinces à portée de la capitale et des débouchés maritimes ? La raison s'en présente d'elle-même, c'est que les denrées n'y ont pas la même valeur. En effet, malgré les entraves que notre ancienne police mettait au commerce des grains, l'immense consommation de la capitale et la concentration des dépenses dans cette partie du Royaume y a toujours soutenu un prix moyen un peu au-dessus du prix du marché général pour les consommateurs, et qui pour les vendeurs n'a pas été assez au-dessous pour que la culture par fermier n'ait pu se soutenir. Dans les provinces méditerranées, au contraire, le prix moyen pour les vendeurs a été constamment très inférieur au prix du marché général, c'est-à-dire au prix commun de la capitale et des ports. Dès lors la grande culture, ou la culture par fermiers, n'a pu s'y établir.

Mais on doit espérer qu'elle y deviendra commune lorsque les fermiers des pays de grande culture, enrichis, chercheront à étendre de proche en proche leurs entreprises et leurs exploitations, et lorsque l'augmentation du prix dans les pays de petite culture, par la communication avec le marché général, leur offrira des bénéfices suffisants pour rendre cet emploi de leurs capitaux avantageux. Il est certain que la grande culture s'est étendue dans des provinces où elle n'avait pas lieu autrefois, puisqu'en Beauce les fermes conservent encore le nom de métairies quoiqu'il n'y ait plus de métayers. L'on peut conjecturer que ce changement s'est opéré par une suite des accroissements des villes de Paris et d'Orléans, et peut-être par l'effet de la valeur qu'acquirent les grains pendant l'administration de M. de Sully.

Un exemple plus frappant de l'extension de la grande culture par l'accroissement de la richesse des cultivateurs et par la valeur constante assurée aux productions de la terre, est l'état actuel de l'Angleterre, d'où la culture par métayer est entièrement bannie. Toutes les terres y sont cultivées par des fermiers, ou par des propriétaires riches qui font eux-mêmes valoir leurs domaines. Déjà l'on commence à ne presque plus connaître les métayers en Ecosse, si ce n'est dans les extrémités les plus pauvres de ce dernier royaume.

Daignez à présent considérer, M., quels changements doit amener la liberté du commerce des grains dans les provinces où ce système de culture par métayers est établi. Vous conviendrez d'abord que les avantages de l'augmentation du prix moyen du vendeur s'y feront sentir immédiatement au cultivateur métayer, puisque celui-ci partage avec son maître les fruits par moitié. On pourra donc espérer qu'enfin cette classe d'hommes sortira par degrés de sa misère, qu'ils pourront se former peu à peu un petit capital de bestiaux qui, s'augmentant successivement, leur fournira les moyens de faire eux-mêmes les avances de la culture et de cultiver pour leur profit, en donnant à leur propriétaire un loyer de sa terre. Par là, de métayers ils deviendront à la longue fermiers, et leurs profits continuant de s'accroître, leur culture deviendra de plus en plus lucrative, de plus en plus productive, à l'avantage d'eux-mêmes, des propriétaires, et surtout de l'Etat entier par l'accroissement de la masse des subsistances et de la somme des revenus.

Cette révolution pourra être lente. Je conviens que, pour être accélérée, elle aurait besoin de quelques autres opérations du Gouvernement et surtout d'un changement dans la forme de l'impôt territorial ; mais, en attendant qu'elle soit opérée, les propriétaires recueilleront immédiatement les fruits du haussement des valeurs et de l'augmentation des productions de leurs terres ; leur richesse tournera en grande partie à l'accroissement de la culture par l'augmentation de leurs avances en bestiaux, en bâtiments, en plantations, par les améliorations de toute espèce, défrichements, dessèchements, fossoyements, clôtures, etc., qu'ils seront en état de faire dans leurs domaines.

Dans les provinces les plus voisines de celles où il y a des fermiers, la révolution sera encore plus rapide, parce que l'espèce de ces hommes précieux ne pouvant manquer de devenir plus nombreuse par l'effet des accroissements des capitaux de la culture, les fermiers, repoussés de proche en proche par la concurrence, reflueront sur les terres qui n'étaient précédemment exploitées que par des métayers.

Observez, M., que ces terres ainsi exploitées par des métayers, et dont la culture et le revenu sont si médiocres, forment, suivant l'évaluation de M. Du Pré de Saint-Maur, dans son ouvrage sur les *monnaies* [1], les quatre septièmes du Royaume. Quand elles ne formeraient que la moitié ou les trois septièmes, et quand le système de la liberté ne devrait produire d'autre avantage que celui d'égaler la culture de ces provinces à celle des provinces actuellement exploitées en grande culture ; quand le revenu et la culture de celles-ci ne devraient pas être aussi fort augmentés, pourriez-vous vous dissimuler l'immense avantage que cette révolution seule apporterait à l'Etat, l'immense accroissement des revenus et des subsistances, et ne pas voir ce que la culture en général gagne à la liberté ?

J'ose me flatter, M., qu'après avoir approfondi les points de vue que je viens de vous indiquer, vous ne croirez plus que l'augmentation des valeurs résultant de la liberté soit indifférente, ni au cultivateur pris individuellement, ni surtout à la classe des cultivateurs considérés en masse, à l'accroissement des moyens de culture et à l'activité de cette branche de travail, si pourtant on peut appeler *branche* ce qui est véritablement la *racine* de tout travail.

Je dois vous observer encore que, dans une grande partie des provinces de petite culture, il faut compter, non plus seulement comme dans celles de grande culture, sur un rapprochement du prix moyen du vendeur et du prix moyen du consommateur ; il faut calculer l'augmentation des valeurs et des produits de la culture d'après un haussement effectif du prix des grains qui, dans l'état actuel et avant la liberté, étaient fort au-dessous du prix du marché général, et doivent nécessairement s'en approcher graduellement par l'effet de la liberté.

Ne craignez pas, M., que cette augmentation soit préjudiciable aux *consommateurs* ; je me flatte d'avoir, dans ma quatrième et dans ma cinquième lettre, repoussé cette crainte par d'assez puissantes raisons, et j'espère, dans la lettre qui suivra celle-ci, vous rassurer pleinement sur leur sort. J'ose d'avance m'engager à vous démontrer que les consommateurs gagnent, dans tous les cas, à la liberté, et à vous donner de cette vérité des preuves au moins aussi claires et aussi fortes que celles par lesquelles je vous ai montré l'avantage de cette liberté pour l'accroissement de la culture.

1. Du Pré de Saint-Maur (1695-1774), maître des comptes, de l'Académie française, *Essai sur les monnaies,* 1746. (G. S.).

SEPTIÈME LETTRE

(Les consommateurs ; les Compagnies de blés, les greniers d'abondance ; les salaires, les prix.)

Limoges, 2 décembre.

M., j'ai traité, dans mes dernières lettres écrites de Saint-Angel et d'Angoulême, de l'intérêt des *propriétaires* et de celui des *cultivateurs* à la liberté du commerce des grains. Il me reste, pour achever de répondre à vos objections contre cette liberté, à discuter l'intérêt des *consommateurs,* que vous croyez lésés par la suppression des gênes de l'ancienne police.

Pour moi, M., je suis, avec beaucoup d'autres, intimement convaincu que la liberté n'est pas moins avantageuse, et qu'elle est plus nécessaire encore aux consommateurs qu'aux cultivateurs et aux propriétaires. J'ose même me flatter de vous en convaincre, si vous avez la bonté de peser attentivement mes raisons.

Pour que le consommateur vive, il faut deux choses : premièrement, que la denrée existe ; secondement, qu'elle soit à sa portée ou qu'il ait des moyens suffisants pour se la procurer. Comment donc son intérêt pourrait-il être opposé à celui du cultivateur et du propriétaire des terres, puisque c'est d'eux qu'il reçoit, et la denrée, et le salaire avec lequel il achète la denrée ?

La consommation suppose avant tout la production : ainsi, la subsistance des hommes n'est pas moins fondée sur la culture que le revenu des terres. Or, on ne cultive que parce qu'il y a du profit à cultiver, et si la cessation de ce profit anéantit le revenu, elle anéantit aussi la culture et la subsistance des hommes.

Les profits du cultivateur, partagés entre lui et le propriétaire, forment, par la dépense qu'ils en font pour se procurer les différents objets de leurs besoins, l'unique *fonds des salaires* de toutes les autres classes de la société. Ces salaires sont le prix du travail et de l'industrie, mais le travail et l'industrie n'ont de valeur qu'autant qu'il y a de quoi les payer, c'est-à-dire, autant que la culture a fait naître des productions consommables et propres aux jouissances des hommes, au-delà de ce qui en est nécessaire pour la subsistance du cultivateur ; le consommateur dépend donc doublement de la culture ; il a un double intérêt à ce qu'elle prospère, et pour qu'il existe des subsistances, et pour qu'il ait, lui consommateur, de quoi les acheter en vendant son travail ; il a intérêt de vendre son travail assez cher pour pouvoir payer, avec le prix qu'il en reçoit, les denrées dont il a besoin, et il doit payer ces denrées assez cher pour que celui qui les lui vend tire de leur prix de quoi en faire renaître une égale quantité l'année suivante, et de quoi continuer à lui acheter son travail. Sans cette juste proportion, ou le cultivateur cesserait de faire produire à la terre des denrées et du revenu, ou le salarié cesserait de travailler, ou plutôt ces deux choses arriveraient en même temps, parce que le cultivateur et le salarié, le salaire et le travail étant des corrélatifs nécessaires, ayant un égal besoin l'un de l'autre, il faut qu'ils existent ou qu'ils s'anéantissent ensemble. Par conséquent, si cette proportion n'avait pas lieu, la population diminuerait, la société se détruirait. N'oublions pas d'observer que cette diminution du nombre des hommes commencerait par la classe des consommateurs salariés. S'il y a moins de subsistances produites, il faut que quelqu'un meure de faim, et ce ne sera pas le cultivateur, car avant de faire part de sa récolte à qui que ce soit, il commence par prendre ce qui lui est nécessaire. S'il n'a du grain que pour lui, il n'en donnera pas à son cordonnier pour payer des souliers ; il ira pieds nus et vivra. Si la production diminue au point de ne donner précisément que la nourriture du cultivateur, le dernier grain de blé sera pour lui, et le propriétaire sera forcé de cultiver lui-même pour ne pas mourir de faim.

On peut donc dire que, dans un sens, le consommateur est plus intéressé que le cultivateur et le propriétaire à l'extension de la culture. Pour ceux-ci, il ne s'agit que d'être plus ou moins riche, de vivre plus ou moins commodément ; mais, pour le consommateur salarié, il s'agit de l'existence ; il s'agit de vivre ou de mourir.

Si chaque homme consomme trois setiers de blé ou autres subsistances équivalentes, il faut compter autant d'hommes de moins qu'il y aura de fois trois setiers de blé retranchés de la production annuelle. Et ces hommes de moins seront pris sur la classe des consommateurs salariés, ou, comme on dit, du *pauvre peuple.*

Puisque la société subsiste, il faut que la proportion nécessaire entre le prix des denrées et le prix des travaux subsiste habituellement. Mais cette proportion ne consiste pas dans un point tellement précis, tellement indivisible qu'elle ne puisse varier et s'éloigner plus ou moins de l'équilibre le plus juste et le plus avantageux aux deux classes. Alors, l'une ou l'autre souffre plus ou moins, et toutes les deux un peu. Il y a entre la santé et la mort un milieu qui est la maladie ; il y a même mille degrés de langueur entre la maladie et la santé. La proportion peut être tellement dérangée pendant des intervalles plus ou moins longs, qu'un grand nombre d'hommes éprouvent tous les excès de la misère, et que les sociétés soient dans un état ou de crise et de convulsion, ou de langueur et de dépérissement. Que doit-on désirer ? Deux choses : premièrement, que cette proportion entre le prix des salaires et le prix des denrées de consommation soit la plus juste, la plus approchante du point d'équilibre, la plus avantageuse qu'il est possible pour le cultivateur et le propriétaire d'un côté, pour le salarié de l'autre ; la plus propre enfin à procurer à la société entière la plus grande somme de productions, de jouissances, de richesse et de force ; secondement, que les dérangements occasionnés par la variation des causes naturelles soient les plus rares, les plus courts, les plus légers qu'il est possible.

Voilà, M., le vrai but de la législation sur l'article des subsistances. Il ne s'agit plus que d'examiner quel moyen conduit le mieux à ce but, de la liberté ou des prohibitions et des règlements ? J'ose dire que cette manière de poser l'état de la question la décide, car le juste prix et le prix égal résultent tous deux nécessairement du commerce libre, et ne peuvent résulter que du commerce libre. Je ne développerai pas ici cette idée qui me conduirait trop loin, et me détournerait de l'objet particulier de cette lettre. Il me suffit d'avoir indiqué, en la commençant, la source des salaires du consommateur et la manière dont son intérêt est lié avec celui de la culture. Je vais maintenant faire l'énumération des avantages que les consommateurs doivent retirer de la liberté du commerce des subsistances.

C'est certainement pour le consommateur un premier avantage incontestable, que l'augmentation de la masse des subsistances produites chaque année. Cette augmentation est une suite nécessaire de l'extension et de l'amélioration de la culture. Or, la culture doit s'étendre et s'améliorer, puisqu'elle est plus profitable. Les états des *défrichements,* envoyés à M. d'Ormesson, semblent annoncer une extension très considérable depuis quatre ans ; et, quoiqu'on puisse rabattre un peu des espérances brillantes que donnent ces états, du moins on ne peut douter qu'il n'y ait quelques défrichements réels. Dans la province où je suis, il est visible à l'œil que la quantité de bruyères qu'on est dans l'usage de cultiver après un repos d'un très grand nombre d'années, en brûlant les gazons, est infiniment plus considérable depuis deux ou trois ans qu'elle ne l'était les années précédentes. Au surplus, cet objet des défrichements est et sera toujours, quel qu'il soit, très peu de chose en comparaison des améliorations faites à la culture des terres déjà en valeur : ce sont les marnes, les engrais de toute espèce, les fumiers répandus de tous côtés sur les anciens guérets, les fermes et les métairies réparées, garnies d'arbres, meublées de bestiaux, qui sont le vrai fondement des assurances qu'on doit avoir d'une augmentation prodigieuse dans la production. Ce genre d'amélioration n'est sujet à aucune formalité ; les frais en sont bien moindres, et les produits bien plus sûrs que ceux des défrichements. Voilà la mine véritablement inépuisable qu'a ouverte le rétablissement des débouchés et du commerce libre des grains ; et malgré les malheureuses restrictions qu'a éprouvées encore cette liberté, il faut fermer les yeux volontairement, pour ne pas voir qu'elle a produit de tous côtés cet effet. Aussi, en êtes-vous convaincu, M., et vous paraissez même l'annoncer dans le préambule de votre projet de règlement.

Indépendamment de l'augmentation de production résultant de l'amélioration de la culture, la masse des subsistances reçoit encore par l'effet de la liberté un autre accroissement qui mérite fort d'entrer en considération. Je parle des denrées qui se perdaient, lorsque le bas prix les faisait tomber en non-valeur, et qu'un prix soutenu fera conserver, parce qu'on y aura un plus grand intérêt. Un laboureur qui ne peut vendre son blé à profit cherche à le faire consommer pour éviter les frais et les déchets qu'il essuierait en le gardant. Lorsqu'à Limoges, en 1745, le seigle ne valait que 4 l. 12 s. 9 d. le setier, mesure de Paris, et même lorsqu'il vaut un peu davantage, c'est une chose notoire qu'on en consomme une très grande quantité pour engraisser les bœufs. Dans toutes les provinces, on donne d'autant plus de grains aux volailles et aux animaux de toute espèce, que la valeur en est moindre. Or, c'est autant de perdu pour la subsistance des hommes. Ce n'est pas, dans le lieu et dans l'année où se fait ce gaspillage, que les consommateurs ont à le regretter ; mais ce grain aurait rempli un vide dans quelques provinces disetteuses ou dans une année stérile. Il aurait sauvé la vie à des familles entières et prévenu des chertés excessives, si l'activité d'un commerce libre, en lui présentant un débouché toujours ouvert, eût donné, dans le temps, au propriétaire un grand intérêt à le conserver et à ne pas le prostituer à des ouvrages auxquels on peut employer des grains moins précieux. Ce que le laboureur est forcé de conserver faute d'en trouver aucun emploi, devient, dans son grenier, la proie des rats, des charançons, des insectes de toute espèce, et souvent de la corruption.

Il y a deux manières de ramener les prix au niveau, malgré l'inégalité des récoltes. L'une consiste à transporter les grains des provinces où la récolte est bonne dans celles où elle est mauvaise ; l'autre à emmagasiner dans les années abondantes pour les années disetteuses. Ces deux méthodes entraînent des frais, et le commerce libre choisit toujours celle qui, tout compensé, en entraîne le moins. A moins de circonstances particulières, c'est ordinairement le transport, puisque, d'un côté, la rentrée des fonds est plus prompte et que, de l'autre, les déchets sont moins considérables, le grain étant plus tôt consommé. Mais si, en mettant obstacle aux transports, le Gouvernement ne laisse plus d'ouverture qu'aux réserves, il est évident qu'il augmente, en pure perte, la part des rats et des charançons ; il l'augmente encore en interdisant le magasinage aux marchands qui, n'ayant d'autre métier ni d'autre intérêt que de conserver leurs grains, y sont bien plus attentifs et bien plus habiles que les laboureurs, dont le vrai métier est d'en faire naître, et qui n'ont pas trop de tous leurs soins pour cela.

Il y a des moyens pour diminuer les déchets du grain, pour l'empêcher de s'échauffer, pour le garantir des rats, des charançons, des papillons ; mais ces moyens demandent des soins et surtout des avances. On ne prendra pas ces soins, on ne fera pas ces avances, lorsque les grains ayant peu de valeur, l'intérêt de les conserver sera moindre, lorsque le laboureur, ne pouvant retirer les avances de sa culture par la vente de sa denrée, n'a pas de quoi labourer et semer pour l'année suivante ; lorsque les grains, au lieu d'être rassemblés dans des magasins appartenant à de riches marchands, intelligents et expérimentés, se trouveront dispersés chez une foule de paysans qui ne savent pas lire, et que la misère rend inactifs et indolents. J'ai sous les yeux un exemple frappant de ce que j'avance, dans ce qui s'est passé, en Angoumois, au sujet des papillons des grains, que MM. Duhamel et Tillet ont été chargés d'examiner en 1760. Je suis bien sûr que ces animaux ne feraient bientôt plus aucun ravage si le commerce des grains s'animait ; et l'Edit de 1764 en a plus hâté la destruction que tous les travaux des académiciens, ou plutôt la valeur soutenue des grains peut seule engager à mettre en usage les pratiques qu'ils ont enseignées, ou d'autres qui peuvent être équivalentes.

Concluons qu'il y aura plus de subsistances produites, et que les subsistances produites qui se perdaient seront conservées au profit des hommes. Voilà donc un avantage évident pour le consommateur. Sans doute l'étranger sera aussi admis à partager dans cette masse ainsi accrue ; mais le consommateur national aura toujours la préférence. Il peut toujours enchérir, sur le consommateur étranger, de la totalité des frais et du risque des voitures. Si l'on suppose que la liberté ait amené une exportation habituelle, ce ne peut être que parce que la masse des subsistances habituellement produite ou conservée est accrue du montant de cette exportation ; car, comme je vous l'ai observé dans ma lettre écrite de Tulle le 8 novembre, la culture se proportionne toujours à la consommation habituelle ; par conséquent, avant la liberté, on ne cultivait qu'autant qu'il le fallait pour faire produire, année commune, à la terre ce qui se consomme, année commune, dans le Royaume, déduction faite encore des importations des années disetteuses, réduites pareillement à une année commune.

Cela posé, il est évident que lorsqu'il surviendra une mauvaise année, le consommateur national aura pour subsister, de plus qu'il n'avait avant l'état de liberté, tout ce que la culture employée à fournir à l'exportation habituelle aura produit. Il est évident que ce surplus de production restera dans le Royaume, puisque les grains y seront chers par la supposition ; et quand on les supposerait aussi chers chez l'étranger, ils resteraient encore dans le Royaume, puisque, à cherté égale, le propriétaire des grains gagnerait, à les vendre dans le Royaume, la valeur de tous les frais et de tous les risques. Il est évident que cette ressource serait bien plus à portée du consommateur national qu'aucune importation de grains étrangers ; qu'il serait secouru plus promptement et à plus bas prix, sans compter que la liberté du commerce faciliterait aussi l'importation, et la rendrait plus abondante et plus prompte.

Ajoutez encore que la liberté du commerce rendue à un Etat aussi vaste, aussi fertile que la France, met nécessairement dans le marché général une plus grande abondance de denrées, et en augmente, par conséquent, la masse totale, au profit de toutes les nations et de chacune en particulier : ce qui doit diminuer les prix du marché général au profit des consommateurs.

Envisageons la chose sous un autre aspect, et nous en verrons résulter un autre avantage, pour le consommateur, dans l'augmentation de la masse des salaires.

Si l'étranger achète notre blé, il le paie ; s'il ne l'achète pas, c'est que le blé trouve dans l'intérieur une consommation suffisante, et une valeur assez forte pour que le commerce n'ait aucun profit à l'exporter. Dans les deux cas, et sans même faire entrer en considération cette augmentation des profits et des revenus du cultivateur et du propriétaire que leur assure, ainsi que je l'ai prouvé, la seule égalisation du prix, du moins résulte-t-il d'une plus grande masse de denrées recueillies, une plus grande masse de valeurs au profit de l'un et de l'autre. Qu'en feront-ils ? Le cultivateur ne peut étendre et améliorer sa culture ; le propriétaire ne peut améliorer ses fonds, il ne peut jouir de ses revenus qu'en faisant travailler. Voilà donc une augmentation dans la masse des salaires à partager. Que peut-il y avoir de plus avantageux pour l'homme laborieux, qui, n'ayant que ses bras ou son industrie, ne peut subsister que de salaires ? Le partage de cet accroissement dans la masse des salaires peut se faire et se fait de différentes manières suivant les circonstances, et toutes ces manières sont avantageuses à l'Etat et au consommateur. Le premier effet de l'augmentation des valeurs dans la main du cultivateur et du propriétaire, n'est pas d'offrir une augmentation de salaires ; ce n'est pas la marche des hommes, conduits en général par leur intérêt : mais ils offent du travail, parce qu'ils ont un grand intérêt à faire travailler. Si cette offre d'ouvrages proposés à la classe des ouvriers de toute espèce n'augmente pas les salaires, c'est une preuve qu'il se présente pour les faire une foule de bras inoccupés ; voilà un premier avantage dans la somme des travaux qui seront exécutés ; mais voilà aussi, et abstraction faite de toute augmentation du prix des salaires, une augmentation d'aisance pour le peuple, en ce qu'il a de l'ouvrage lorsqu'il n'en avait pas ; en ce que tel qui ne trouvait à s'occuper et à gagner de l'argent que pendant les deux tiers ou les trois quarts de l'année, pourra trouver à en gagner tous les jours ; en ce que les femmes, les enfants, trouveront à s'occuper d'ouvrages proportionnés à leurs forces, et qui étaient auparavant exécutés par des hommes. De là, un surcroît d'aisance pour l'homme de travail, qui lui procure de quoi consommer davantage, de quoi étendre ses jouissances et celles de sa famille, se nourrir mieux, se mieux vêtir, élever mieux ses enfants.

Mais ces avantages ne se bornent pas à trouver plus aisément du travail ; car de cela seul que le travail est plus recherché, les salaires doivent augmenter par degrés, parce que les ouvriers deviendront rares à proportion des salaires offerts. Depuis quelques années qu'on bâtit beaucoup à Paris, il est notoire qu'on y donne aux maçons des salaires plus forts. Cette augmentation est inévitable, tant que le nombre des ouvriers ne sera pas augmenté en proportion des nouvelles valeurs introduites dans la masse des salaires à partager. La plus grande quantité de salaires offerts et l'aisance du peuple augmentent la population : mais cette augmentation est, suivant l'ordre de la nature, bien moins prompte que celle des productions. L'année d'après qu'un champ a été défriché, fumé, semé, il rapporte de quoi nourrir un homme ; mais, avant qu'un homme soit formé, il faut vingt ans, et avant que ces vingt ans fussent écoulés, la production aurait eu le temps de s'accroître de plus en plus, si ses progrès n'étaient ralentis et restreints par les bornes de la consommation. Les ouvriers venus du dehors peuvent aussi empêcher l'augmentation des salaires : cependant, les hommes tiennent par trop de liens à leur partie, pour que cette émigration soit jamais trop forte. Mais, soit que l'augmentation du peuple vienne de l'affluence des étrangers, ou de la multiplication de l'espèce, elle sera toujours l'effet de l'aisance du peuple et la supposera toujours. Voilà donc, dans l'augmentation des valeurs amenée par la liberté, un avantage évident pour la classe des consommateurs salariés, puisqu'il existe une plus grande masse de salaires à partager, ce qui produit : 1° une plus grande assurance de trouver du travail, et pour chaque travailleur, un plus grand nombre de journées utiles ; 2° une augmentation effective sur le prix des salaires, par la concurrence des cultivateurs et des propriétaires qui enchériront les uns sur les autres pour attirer les travailleurs ; 3° une augmentation de population, fruit de la plus grande aisance du peuple.

J'ai peut-être trop appuyé sur ces deux premiers avantages ; quelque réels, quelque grands qu'ils soient, on doit les compter pour peu de chose en comparaison de l'utilité vraiment fondamentale qui résulte dans tous les cas de la liberté. Je parle de l'égalisation des prix, de la cessation de ces variations excessives dans la valeur vénale des grains qui les font payer au consommateur, dans un temps, à des prix triples, quadruples et quelquefois quintuples de ce qu'il les paie dans un autre. D'où il résulte que le consommateur salarié ne peut vivre de son salaire dans les temps de cherté, et que, dans les temps d'abondance, il manque d'occasions de travail, parce que le cultivateur et le propriétaire, appauvris par la non-valeur de la denrée, n'ont pas de quoi le faire travailler. Je vous prie de relire sur ce point ma quatrième lettre.

Peut-on douter que la liberté ne produise nécessairement l'effet d'égaliser les prix ? De ce que les récoltes réussissent dans un lieu et manquent dans un autre, de ce que des années stériles, suivant l'ordre de la nature, succèdent de temps en temps aux années abondantes, et de ce que le besoin des consommateurs met un plus haut prix à la denrée, à raison de ce qu'elle devient moins commune, il suit évidemment qu'il y a un très grand intérêt à porter du grain des lieux où il est abondant dans ceux où il est rare, à en mettre en magasin dans les bonnes années, afin de le réserver pour les besoins des mauvaises.

Il s'ensuit, par conséquent, que la chose se fera si aucune circonstance n'y met obstacle, et si on laisse agir le commerce ; car le commerce ayant pour objet de gagner, ne peut manquer d'en saisir les occasions. Il est donc évident qu'avec la liberté le grain ne peut manquer à la subsistance des hommes, même dans les lieux où la récolte a manqué.

Dans les années stériles, le commerce y pourvoira ou par le transport, ou par le magasinage ; et s'il n'y pourvoit pas, c'est que l'administration a mis quelque obstacle au cours naturel des choses, c'est parce qu'elle a gêné, avili le commerce et l'a empêché de se former. Avec la liberté, le commerce se formera ; et, avec le commerce, le prix se mettra partout de niveau ; en sorte que la différence des prix entre le pays où il est le plus cher et le pays où il l'est le moins, ne sera jamais plus forte que les frais et les risques des voitures joints au profit nécessaire du commerçant, lequel se réduit à quelque chose de plus que l'intérêt de ses avances. Le magasinier doit pareillement retrouver dans la vente de ses grains, outre le prix de l'achat primitif, les frais de garde, les déchets et l'intérêt de ses avances avec le profit ordinaire du commerce ; mais ce prix ne peut jamais être plus fort que celui qui résulte des frais de transport ; car, s'il était plus fort, l'on importerait et l'on ferait baisser le prix. Il est bien évident que quelque système qu'on prenne, c'est là le plus bas prix dont on puisse se flatter lorsque la récolte manque, et la moindre inégalité possible. On aura beau entasser règlements sur règlements ; comme il n'en résultera pas qu'il existe un grain de blé de plus, je défie bien qu'on supplée autrement au vide de la récolte qu'en faisant venir du blé des lieux où il y en a, ou en se servant des grains réservés des anciennes récoltes. Or certainement, on n'aura pas ces grains sans payer les frais et les profits du transport ou ceux du magasinage. Il faut s'y résoudre ou mourir de faim. Qu'imagine-t-on gagner en gênant la liberté ? Fera-t-on mieux que de porter ou d'emmagasiner ? Croit-on qu'en écartant le commerce par des gênes avilissantes, en intimidant le magasinage, en annonçant qu'on regarde la propriété du grain comme moins sacrée que celle de tout autre effet, en la soumettant aux volontés et à l'inspection ignorante ou intéressée d'une foule de juges ou d'administrateurs subalternes, l'on fera porter ou emmagasiner davantage ? S'il y avait des gens qui se livrassent encore à ce commerce, sans doute qu'ils compteraient ces nouveaux risques et leur honte parmi leurs frais, et qu'ils les feraient payer aux consommateurs ; mais il n'y en aura point, parce que, pour faire ce commerce de façon à remplir les besoins d'un peuple qui souffre, il faut de grosses avances, de grands capitaux, des négociants riches et accrédités ; or, des négociants riches et accrédités ne se font point enregistrer à un greffe de police ; ils ne mettent point leur fortune à la merci d'un juge, ni même du gouvernement. Il faut pourtant que le peuple vive, et quand le gouvernement a détruit le commerce qui l'aurait fait vivre, il faut que le gouvernement s'en charge, qu'il se fasse commerçant de blé, qu'il emploie à ses achats des fonds toujours pris sur ce pauvre peuple, qu'on s'imagine soulager ; il faut qu'il soit trompé dans ses achats, parce qu'il n'a aucun des moyens qu'ont les négociants pour ne l'être pas ; parce qu'un homme qui fait un métier qu'il ne sait pas est toujours trompé ; parce qu'il emploie nécessairement des agents subalternes aussi avides au moins que les négociants, et dont l'avidité n'est pas, comme celle de ces derniers, réprimée par la concurrence ; ses achats, ses transports se feront sans économie, parce qu'ils seront toujours précipités, parce qu'il n'aura aucune mesure prise d'avance, parce qu'il ne commencera d'agir qu'au moment du besoin, et parce qu'il sera souvent averti tard et d'une façon incertaine de ce besoin. Il perdra sur ces ventes, parce qu'il aura peine à résister aux murmures populaires qui lui en feront une loi, et encore parce que les grains qu'il aura fait venir seront échauffés et arriveront trop tard. Il ne remplira pas les besoins, parce qu'il n'est pas possible qu'il y sacrifie d'aussi gros fonds que le commerce libre ; et parce qu'il est encore plus impossible qu'il sache faire manœuvrer ses fonds pour les reverser continuellement dans de nouveaux achats à mesure qu'ils rentrent par les ventes, comme le ferait un négociant habile. Et, après tout cela, il aura encore le désagrément de voir que tous ses soins n'auront abouti qu'à faire accuser de monopole, par le peuple, tous les agents qu'il aura employés. Les frères Paris [1] avaient proposé, sous le ministère de M. le Duc [2], de former une compagnie qui, au moyen du privilège exclusif d'acheter et de vendre, se serait chargée d'acheter toujours le grain au même prix, et de le donner toujours au peuple au même prix. On sent bien que ce prix eût été bas à l'achat et haut à la vente, car la compagnie voulait gagner, et sans doute elle offrait encore de donner une somme au Gouvernement ; c'était bien là le monopole le plus terrible : monopole à l'achat contre le laboureur, monopole à la vente contre le consommateur.

1. Antoine, Claude dit *La Montagne,* Joseph dit *Duverney* et Jean dit *Montmartel*, célèbres financiers. (G. S.).

2. Le duc de Bourbon-Condé, premier ministre à la mort du Régent. (G. S.).

Mais je veux supposer qu'elle fût composée d'anges n'ayant en vue que le bien de l'Etat, et uniquement occupés d'égaliser les prix à l'avantage de tous, voyons un peu comment elle serait arrivée à ce but. D'abord, il lui eût fallu des magasins proportionnés à la consommation annuelle ; à la probité angélique, il aurait fallu joindre encore une intelligence plus qu'angélique pour n'être pas trompé excessivement dans la dépense de tant de constructions immenses répandues dans toutes les parties du Royaume. Supposons que ces constructions aient été faites avec la plus grande économie possible, quelles prodigieuses sommes n'auraient-elles pas absorbées ! Il faut que l'intérêt de ces sommes, et en outre les frais d'entretien, soient payés par le peuple sur le prix du pain.

Quelles avances ne faudrait-il pas pour acheter tous les blés du Royaume, du moins la première année ! Le Roi ne serait pas assez riche, et peut-être tout l'argent qui existe dans le Royaume ne suffirait pas pour cette double avance. Mais je veux que l'argent soit trouvé. Qu'il arrive deux ou trois années abondantes de suite ; avec quoi, comment notre compagnie achètera-t-elle toute cette surabondance de productions ? A crédit sans doute. Et sans doute aussi le laboureur, avec ce crédit et sans argent, continuera sa culture et fera face à toutes ses dépenses ?

Pour donner toujours les grains à un prix égal, il faut que la compagnie perde dans les mauvaises années ; mais si une suite de pertes est occasionnée par une suite de mauvaises récoltes et plus sûrement encore par la mauvaise régie, par les fautes et les négligences, par les friponneries de toute espèce attachées à la régie de toute entreprise trop grande et conduite par un trop grand nombre d'hommes, que deviendra la fourniture qu'elle s'est engagée à faire ? On fera pendre si l'on veut les directeurs ; mais cela ne donnera pas du pain au peuple. Et que deviendra-t-il lorsqu'on l'aura privé de tous les moyens naturels de subsister ?

On fait usage dans de petits Etats de moyens semblables : l'Etat se charge de faire les approvisionnements et de donner le pain au peuple à un prix qui est toujours le même et qui est toujours cher, parce qu'il faut toujours payer les faux frais. Cette administration se soutient dans les années ordinaires, et le peuple est tranquille ; mais vient-il quelque disette assez forte pour que la perte qu'il faudrait supporter devienne au-dessus des fonds que le gouvernement peut perdre, on se trouve tout à coup livré à toutes les horreurs de la famine, et le gouvernement, qui s'est imprudemment chargé de ce qu'il lui était impossible de faire, en devient responsable au peuple, lequel a raison de s'en prendre à lui. On a vu les suites de cette administration à Rome en 1764. Qu'on juge par ses effets dans les Etats du pape de ce qu'elle aurait produit dans le royaume de France !

Je veux encore que, par le plus grand des miracles, la compagnie privilégiée puisse continuer à remplir ses engagements ; je suppose que, par un autre miracle non moins prodigieux, le prix de ses achats et celui de ses ventes aient été combinés avec tant de précision, qu'en la remplissant de tous ses frais et de l'intérêt de ses avances, elle fasse rentrer de même au laboureur ses frais et l'intérêt des avances que ce laboureur est aussi obligé de faire, et de plus le profit, seul motif de cultiver, seul moyen de continuer la culture ; je veux que tout cela s'exécute en faisant payer le grain par le consommateur à un prix proportionné à ses facultés, c'est-à-dire au taux actuel où la situation de la culture, du commerce et des revenus ont fait monter les salaires. Peut-on imaginer qu'il n'y ait dans les causes qui fixent de part et d'autre cette juste proportion aucune variation ? N'est-il pas évident, au contraire, que la situation du commerce change à chaque instant, que les causes qui la font changer peuvent augmenter les frais et diminuer les profits du laboureur ; diminuer la masse des salaires, ou bien faire l'effet contraire ? Une guerre peut épuiser une nation d'argent et d'hommes et, dans le cas opposé, un commerce avantageux peut accroître la masse des capitaux circulant dans un Etat. Cependant la quantité plus ou moins grande d'argent, ou pour mieux dire de capitaux en circulation, influe certainement sur le prix de toutes choses ; l'état de la popualtion y influe aussi ; la situation même du commerce chez les étrangers et le cours qu'y ont les prix influent nécessairement sur les prix nationaux. Le cours du commerce libre suit toutes ces variations sans aucun inconvénient : tous les changements qu'il amène se font par degrés insensibles : le débat entre chaque acheteur et chaque vendeur est une espèce de tâtonnement qui fait connaître à chacun avec certitude le vrai prix de chaque chose. Les augmentations ou les diminutions réparties sur tous, les pertes et les gains compensés entre tous et pour tous, font qu'il n'y a de lésion pour personne dans le changement et, s'il y en avait, cette lésion étant l'effet inévitable du cours des choses, on la souffrirait comme on souffre les maux qu'on ne peut imputer qu'à la nécessité ; on n'en accuserait personne, et la tranquillité n'en serait point troublée.

Mais que l'effet est différent si les prix de la denrée principale, et la plus nécessaire de toutes, sont entre les mains d'une seule compagnie, ou plutôt du gouvernement avec lequel une pareille compagnie est nécessairement identifiée, et dans l'opinion du peuple, et dans la réalité ! Il faut de deux choses l'une : il faut, ou qu'elle suive dans les prix de ses achats et de ses ventes les variations du cours du commerce, ou qu'elle s'obstine à maintenir les prix toujours les mêmes malgré les variations des causes qui concourent à en déterminer la juste proportion.

Dans le premier cas, soit qu'elle baisse les prix d'achat aux dépens du laboureur et des propriétaires, soit qu'elle les hausse en haussant le prix des ventes aux dépens des consommateurs, elle est, et le gouvernement avec elle, le plastron du mécontentement, ou de tous les laboureurs et de tous les propriétaires du royaume, ou de tous les consommateurs, ou plutôt du mécontement de tous, car tous seront dans le cas de se ressentir de cette variation, qui tantôt frappera sur les uns, tantôt sur les autres, et toujours sur ceux qui sont en même temps vendeurs et consommateurs, c'est-à-dire sur une très grande partie de la société. Ce changement sera juste et nécessaire ; c'est la supposition. Mais comment prouver au peuple cette justice ? Comment persuader au laboureur que la compagnie a raison de lui payer ses grains à plus bas prix ? Comment persuader à l'artisan que la compagnie a raison de lui faire payer son pain plus cher ? Les principes les plus évidents, les faits les plus notoires trouvent des contradicteurs ; que sera-ce d'une multitude de faits obscurs, de l'action d'une foule de causes ignorées agissant lentement et par degrés, et dont l'effet ne se fait apercevoir que lorsqu'il s'est pour ainsi dire accumulé par le laps du temps ? À peine les politiques les plus consommés pourraient-ils (si même ils le pouvaient) calculer quand et à quel point il peut être nécessaire d'augmenter ou de diminuer le prix soit des achats, soit des ventes, et l'on imaginerait pouvoir en convaincre le peuple, le rendre plus que raisonnable sur une matière qui le touche d'aussi près que sa subsistance ! Croit-on qu'il s'en rapportât aveuglément à cette compagnie, qu'il verrait disposer seule du prix ? Non sans doute ; il ne verrait dans l'augmentation qu'une vexation odieuse : la compagnie fût-elle composée d'anges, le peuple croira toujours qu'elle n'est composée que de fripons. Les vendeurs et les consommateurs, tour à tour irrités, ou par le bas prix des achats, ou par le haut prix des ventes, se réuniront sur ce point, et le gouvernement seul sera chargé de l'odieux de toutes les variations, que le peuple n'imputera jamais qu'à l'avidité de ses agents.

Si, effrayée de la clameur universelle qu'exciterait une augmentation dont il est véritablement impossible de démontrer la nécessité, la compagnie s'obstine à soutenir les prix au même point, malgré les causes qui doivent les faire varier et qui les feraient effectivement varier dans la supposition d'un commerce libre, il faut, puisque la proportion naturelle des prix du grain avec les prix de toute autre chose est rompue, que quelque partie languisse et peut-être toutes ; il faut, ou que les cultivateurs et, par conséquent, la culture souffrent ; que la richesse nationale diminue ainsi que la masse des salaires ; que la somme des productions devienne moindre de jour en jour, etc. ; ou bien il faut que la perte tombe sur le peuple consommateur, qu'il soit privé de son aisance, que la population se dégrade, etc. ; ou bien il faut que toute la perte du défaut de proportion dans les prix tombe sur la compagnie. Mais une pareille perte ne peut durer sans la ruiner. Elle se soutiendra quelque temps par des emprunts, et comme elle ne pourra en payer les intérêts qu'en entamant ses capitaux, bientôt elle ne pourra longtemps y faire face. Elle sera conduite à la banqueroute par cette cause seule, quand elle ne le serait pas par mille autres ; elle le sera d'autant plus sûrement que, dans la vérité, voulût-elle suivre pour ses prix les variations qu'exigent les circonstances du commerce, elle ne le pourrait pas, parce qu'il est d'une impossibilité absolue à quelque homme que ce soit de suivre dans leurs changements successifs la multitude de causes qui se combinent et changent les prix des choses commerçables. La théorie la plus déliée n'a point encore réussi à en faire l'énumération, encore moins à les évaluer. La situation actuelle de chacune et la mesure précise de son action est encore plus hors de la portée de l'observateur le plus pénétrant et le plus attentif. L'administrateur qui croirait pouvoir diriger le cours des prix d'après des calculs de ce genre ressemblerait au médecin Silva [1], qui croyait calculer les effets de la saignée d'après la vitesse et la quantité du sang comparées avec les diamètres et la force contractive des artères et des veines, et qui, sans s'en douter, présentait comme résolus, d'un trait de plume, cent problèmes qui auraient inutilement fait pâlir toute leur vie les Newton et les Bernouilli. La compagnie ne pourrait suivre dans ses prix la variation qu'exigerait la situation du commerce, parce qu'il lui serait absolument impossible de la connaître. Elle serait, par cela seul, conduite inévitablement à sa ruine.

Maintenant, M., daignez envisager l'effet qui résulterait immédiatement

1. Réfuté par Quesnay. Voir à ce sujet : Schelle, *le Docteur Quesnay.* (G. S.).

de la banqueroute d'une pareille compagnie qui aurait dans sa main le sort de tous les laboureurs, celui de tous les capitalistes de qui elle aurait emprunté, et qui serait devenue la seule ressource pour la subsistance de tout un royaume. Si cette banqueroute arrive, comme elle doit naturellement arriver, dans une mauvaise année, que deviendra le peuple vis-à-vis de magasins vides et sans aucun secours de la part du commerce, à qui il a été sévèrement défendu de former aucune réserve ? Assurément la constitution du royaume de France est bien solidement affermie ; mais quelle constitution au monde pourrait résister à un pareil ébranlement ? La seule possibilité de la banqueroute suffit pour faire rejeter à jamais un pareil système.

J'aurais pu me dispenser d'entrer dans d'aussi grands détails que je l'ai fait pour prouver la possibilité et la vraisemblance de cette banqueroute. Une raison encore plus palpable que tout ce que j'ai dit prouve qu'une compagnie qui ferait exclusivement le commerce des grains dans un grand Etat, à la charge de le vendre toujours au même prix, ne pourrait pas soutenir la plus légère secousse, et si elle pouvait recevoir quelque existence de la folie d'un faiseur de projets, de la sottise de ceux qu'ils s'associerait et de la profonde ignorance du gouvernement, elle ne subsisterait pas deux ans.

Le profit que la compagnie ferait dans les années où les grains seraient abondants et où elle les vendrait plus cher qu'ils ne lui auraient coûté ne pourrait compenser la perte qu'elle serait obligée de faire dans les années où les récoltes auraient manqué et où le grain lui coûterait plus cher qu'elle ne le vendrait ; la raison en est évidente. Pour que la compensation fût exacte, il faudrait qu'elle vendît autant de grain dans les années où elle gagnerait que dans celles où elle aurait à perdre. Or, elle en vendra nécessairement un plus grande quantité dans ces dernières. En effet, une très grande partie du grain qui se consomme ne se vend ni ne s'achète. Tout cultivateur qui recueille vit sur sa récolte ; non seulement, il vit lui-même, mais il nourrit ceux qui travaillent pour lui ; il paie en grains presque tous les salariés qu'il emploie. Quelque vexation que la compagnie puisse exercer pour maintenir son privilège exclusif, elle ne peut empêcher que le laboureur ne vende du grain au paysan son voisin. Il est donc clair que dans les années abondantes, la compagnie sera réduite à la fourniture des villes et du petit nombre d'habitants des campagnes qui achètent leurs grains aux marchés. Dans les années disetteuses, au contraire, où les grains viennent du dehors, les habitants des campagnes vont dans les marchés chercher ce qu'ils ne trouvent point chez eux.

Les laboureurs alors ne paient les salaires qu'en argent, parce que le grain est trop cher ; souvent même, ils sont obligés d'en acheter pour eux et pour leurs domestiques. Il suit de là que, dans les années abondantes, la compagnie ne peut vendre qu'au peuple des villes ; que, dans les années stériles, elle doit nourrir de plus une partie du peuple des campagnes. Si donc son prix est toujours égal, elle perdra infiniment plus dans les années stériles qu'elle ne gagnera dans les années abondantes ; par conséquent, son entreprise est ruineuse, et bientôt la banqueroute forcée laissera les peuples sans ressource au moment du plus grand besoin.

Pour lever cette difficulté, accordera-t-on à la compagnie un prix assez fort pour compenser, dans les années abondantes où elle vendra peu de grains à profit, ce qu'elle doit perdre sur l'immense quantité de grains qu'elle vendra dans les années stériles ? Il faudra donc que le prix de la compagnie soit beaucoup plus fort que le prix moyen des consommateurs dans l'état actuel ; il est même évident qu'il doit être très près du prix de cherté. L'effet de ce système sera donc de faire constamment payer les grains au peuple à un prix bien plus haut que ne serait le prix naturel. Or, il est à remarquer que ce prix excessif ne ferait pas monter les salaires comme le bon prix qui résulte de la liberté, parce qu'étant l'effet du privilège exclusif de la compagnie, il n'enrichirait ni les cultivateurs, ni les propriétaires. Mais ce haussement artificiel du prix aurait bien un autre inconvénient ; et cet inconvénient serait d'empêcher la compagnie de rien vendre. De tous côtés, malgré le privilège exclusif, les grains s'offriraient au rabais aux acheteurs. Comment empêcher les étrangers de verser leurs grains dans les provinces frontières, comment empêcher le laboureur de vendre à son voisin, comment empêcher le paysan de consommer des pommes de terre ou des légumes par préférence au pain ? Car, sans doute, on n'imaginera pas de donner à la compagnie le monopole de toute espèce de subsistances ; et si on le lui donnait, elle ne pourrait pas davantage empêcher que son privilège ne fût éludé par celui qui consommerait ce qu'il a récolté.

Le peuple aujourd'hui demande qu'on empêche de vendre des grains hors du marché, parce qu'on lui a fait accroire qu'au marché il paiera le grain moins cher ; mais, quand l'objet de l'interdiction des ventes hors du marché sera de soutenir le privilège exclusif d'une compagnie, et de faire payer le grain plus cher, au moins dans la proportion de trois à deux, le peuple criera de tous côtés au monopole ; et, pour cette fois, il aura raison. Or, il n'y a aucune puissance sur la terre qui puisse défendre, contre la totalité du peuple, un privilège exclusif qui porterait le blé à ce prix excessif, lorsque de tous côtés le peuple en verrait offrir à meilleur marché. Le gouvernement sera forcé d'abandonner la compagnie ou de tomber avec elle.

Au reste, ce raisonnement prouve, en général, que l'idée de procurer toujours au peuple le grain à un prix égal, malgré l'inégalité des récoltes, est une chimère. Quelque chose qu'on fasse, il faut toujours, quand la récolte a manqué, que le consommateur paie son grain plus cher de la totalité ou des frais de transport, ou de ceux de magasinage. Quand la récolte est abondante, on paie toujours le grain moins cher de tous les frais qui seraient nécessaires pour le transporter dans les lieux où il manque, ou pour le garder dans des magasins en attendant les années disetteuses. Voilà la plus grande égalité possible, et aussi la plus grande inégalité quand la liberté est entière.

On pourra croire que je me suis trop arrêté à discuter une extravagance qui ne peut séduire personne. Mais je n'ai pas cru devoir négliger d'en démontrer l'absurdité, parce que cette idée a été proposée très sérieusement, et par un homme que le Gouvernement a souvent écouté [1], parce que je l'ai entendu quelquefois rappeler avec éloge, et enfin, parce que ce système n'est autre que l'exécution complète d'un plan qu'on entend tous les jours vanter, sous le nom de *greniers d'abondance,* comme le meilleur moyen d'éviter les disettes ; le plus communément, à la vérité, au lieu d'une compagnie, on propose que ces greniers soient administrés par chaque corps municipal, par chaque communauté. Ceux à qui de pareilles idées viennent dans l'esprit connaissent bien peu ce que c'est que les corps municipaux et les communautés. Le négociant le plus habile, avec le plus grand intérêt, a bien de la peine à suivre tous les détails qu'exige le commerce des grains, et l'on voudrait que ces détails fussent suivis par des gens pris au hasard, de tous états, et qui n'auraient aucun intérêt à la chose ! Enfin, quand on mettrait à part tous les inconvénients, toutes les difficultés, toutes les impossibilités sur lesquelles je me suis appesanti ; quand on supposerait la réussite la plus complète de toutes ces opérations, à quoi serait-on arrivé ? A produire, par les moyens les plus compliqués, les plus dispendieux, les plus susceptibles d'abus de toute espèce, les plus exposés à manquer tout à coup, et à produire en manquant les effets les plus désastreux, précisément ce que le commerce laissé à lui-même doit faire infailliblement à infiniment moins

1. Paris-Duverney. (G. S.).

de frais et sans aucun danger, c'est-à-dire à égaliser autant qu'il est possible les prix du grain dans les bonnes et dans les mauvaises années. Les magasins du commerce sont tout faits ; ils n'exigent aucune avance ; ses correspondances sont ou seront bientôt montées quand on lui assurera la liberté.

Il sera mieux instruit, et des lieux où il est avantageux d'acheter, et de ceux où il est avantageux de vendre ; il le sera plus promptement que le gouvernement le plus attentif et les municipalités les plus vigilantes. Il voiturera, il conservera les grains avec bien plus d'économie et bien moins de déchet que des régisseurs, qui, payés ou non, agiraient pour l'intérêt d'autrui. Jamais il ne pourra faire la loi au laboureur dans ses achats, ni au consommateur dans ses ventes, parce que l'intérêt et le désir du gain, qui est commun à tous les négociants, produit la concurrence, qui est un frein pour tous, et qui rend impossibles toutes ces manœuvres et ces prétendus monopoles dont on se fait un si grand épouvantail. Si les manœuvres pour faire hausser le prix *exorbitamment* sont possibles, ce n'est que lorsqu'il n'y a point de liberté ; car alors les possesseurs actuels du grain d'un côté, et les consommateurs de l'autre, n'envisageant point les ressources promptes d'un commerce monté pour remplir le vide qui se fait sentir, les vendeurs ne mettent point de bornes à leurs demandes, ni les acheteurs à leurs offres. C'est l'avidité qui marchande avec la terreur, et ni l'une ni l'autre n'ont de mesure fixe. De là, le resserrement et le prix excessif de la denrée ; de là, les variations soudaines et fréquentes dans sa valeur. Mais quand le commerce est libre, l'intérêt éclairé du commerçant calcule, d'après des données dont il vérifie l'exactitude, le prix du lieu ou du temps de l'achat, et celui des frais de transport et de magasinage, avec l'intérêt de son argent et le profit ordinaire du commerce. Il sait qu'il n'y a pas à espérer une augmentation plus forte dans les prix, et il se hâte de vendre pour faire rentrer ses fonds promptement, et ne pas attendre une diminution de valeur. D'un autre côté, les consommateurs apprendront, par l'expérience, que la hausse des prix a des limites marquées, et la crainte de mourir de faim ne les engagera pas à enchérir les uns sur les autres et à acheter à tout prix.

J'ajouterai à cette observation que, même avec le défaut de liberté, le monopole est encore moins possible contre les consommateurs que contre les laboureurs, et que celui-ci a été bien plus réel que l'autre ; car, si la maladresse du gouvernement, en gênant et en avilisant le commerce, a retardé et diminué l'abondance des secours qu'il aurait apportés dans les temps de disette, du moins il n'a jamais été jusqu'à défendre d'importer du grain dans les lieux où il manque. Souvent même, il a pris des mesures pour y en faire transporter à ses frais. Mais il a souvent défendu d'exploiter des lieux où il était abondant, et c'est dans cette prohibition générale qu'un acheteur privilégié par le gouvernement, sous prétexte d'approvisionner les armées ou les flottes, ou la capitale, ou quelque province disetteuse, a beau jeu pour obtenir à bas prix du laboureur, en profitant du défaut de concurrence, des grains qu'il va vendre ailleurs fort cher. Encore, est-on heureux quand il ne trouve pas quelque prétexte de bien public pour forcer ce laboureur à lui donner son grain à un taux fixé par l'autorité séduite ou corrompue. Voilà un monopole possible ; mais, d'abord, il est uniquement l'ouvrage du gouvernement et de ses prohibitions ; et puis il ne tend pas, comme le peuple et les échos du peuple l'imaginent, à renchérir la denrée au préjudice du consommateur, mais à la faire baisser au préjudice du laboureur ; et il n'est vraiment funeste au peuple consommateur que par ses reflets et par le découragement de la production.

Quelque mesure qu'on prenne, il n'y a qu'un moyen d'empêcher le peuple de mourir de faim dans les années stériles : c'est de porter du grain là où il n'y en a pas, ou d'en garder pour le temps où il n'y en aurait pas. Et pour cela, il faut en prendre où il y en a ; il faut, quand il y en a, en réserver pour un autre temps. C'est ce que fait le commerce, et ce que le commerce parfaitement libre peut seul faire au plus bas prix possible ; ce que tout autre moyen que le commerce libre ne fera point ou fera mal, fera tard, fera chèrement. Le gouvernement désire toujours que les approvisionnements suffisent et soient faits à temps ; mais il se fâche lorsqu'on en prend les moyens ; il se fâche, non pas de ce qu'on porte ici, mais de ce qu'on enlève là. Il faut pourtant qu'une porte soit ouverte ou fermée. On ne peut pas prendre du blé dans un lieu où il est abondant, soit pour porter ailleurs, soit pour emmagasiner, sans que le prix y augmente. Si le peuple souffre avec impatience cette légère augmentation, s'il crie au monopole, si les magistrats, au lieu de réprimer ses clameurs et d'opposer l'instruction à ses préjugés, les partagent ; si le gouvernement daigne y faire attention, peut-être en gênant le commerce parviendra-t-il à maintenir en effet le bas prix dans les lieux et dans les années où la récolte est abondante ; mais c'est à condition que le grain sera payé plus cher dans les lieux et dans les années où la récolte aura manqué. Cela me fait souvenir d'un propriétaire qui venait de construire une maison : un homme auquel il faisait voir, en hiver, les appartements qui fermaient mal, trouva qu'ils étaient excessivement froids. Oui, répondit le propriétaire, mais en récompense ils seront bien chauds en été. L'excès de cherté et l'excès de bas prix sont deux maux comme l'excès du froid et l'excès du chaud, et jamais de ces deux extrêmes ne résultera le bien-être de personne.

Celui du consommateur gît essentiellement dans la plus grande égalité possible des prix. A envisager les choses sous un point de vue général, que lui importe le prix du grain, pourvu qu'il soit constant ? Que lui importe de donner plus ou moins d'argent pour une certaine quantité de blé si, lorsqu'il donne plus, il reçoit plus de salaire à proportion ? La valeur vénale des denrées, le revenu, le prix des salaires, la population, sont des choses liées entre elles par une dépendance réciproque et qui se mettent d'elles-mêmes en équilibre, suivant une proportion naturelle ; et cette proportion se maintient toujours, lorsque le commerce et la concurrence sont entièrement libres.

Le chose est évidente dans la théorie ; car ce n'est pas au hasard que les *prix* des choses sont fixés. Cette fixation est un effet nécessaire du rapport qui est entre chaque besoin des hommes et la totalité de leurs besoins, entre leurs besoins et les moyens de les satisfaire. Il faut bien que l'homme qui travaille gagne sa subsistance, puisque c'est le seul motif qui l'engage à travailler. Il faut bien que celui qui le fait travailler lui donne cette subsistance, et achète par ce moyen le travail du salarié, puisque, sans ce travail, il ne pourrait ni avoir un revenu ni en jouir.

La chose n'est pas moins évidente par le fait que par la théorie. Toutes ces variations dans le prix des monnaies, qui, depuis Charlemagne jusqu'à Louis XV, ont porté la valeur de la même quantité d'argent, depuis 20 sous jusqu'à 66 livres 8 sous (valeur actuelle de la livre de Charlemagne, pesant douze onces) ; tous les changements survenus dans la quantité d'or et d'argent circulant dans le commerce, ont augmenté le prix des denrées ; mais toutes celles qui sont d'un usage commun et nécessaire, la subsistance et le salaire du travail, ont augmenté dans la même proportion. Cette expérience de neuf cents ans, ou plutôt de tous les lieux et de tous les temps, doit pleinement rassurer sur le sort des consommateurs, dont le salaire se proportionnera toujours au prix habituel des grains, quel qu'il soit, et qui n'ont d'autre intérêt dans la fixation de ce prix, sinon qu'elle soit constante, et qu'elle ne passe pas successivement du bas prix à la cherté, et de la cherté au bas prix.

Ce n'est pas que, de ces alternatives de bas prix et de cherté, il ne résulte une espèce de compensation, un prix moyen, et que, par conséquent, si le consommateur était assez économe, assez prévoyant pour réserver dans les années du bas prix une partie de ses salaires, il ne pût, avec cette réserve, faire face à l'augmentation de ses dépenses dans les années disetteuses. Il faut même avouer que cette ressource n'est pas entièrement nulle pour le commun des artisans ; car, quoiqu'en général ils dépensent tout ce qu'ils ont, à mesure qu'ils le gagnent, cependant le plus grand nombre en emploie du moins une partie à acheter quelques petits meubles, quelques nippes, même quelques bijoux. Il y a, dans les environs de Paris, peu de paysannes qui n'aient une croix d'or. Ce petit mobilier se vend dans les temps de détresse, avec perte à la vérité ; cependant, il supplée à l'insuffisance du salaire ordinaire pour atteindre aux prix des grains, et il donne les moyens d'attendre des temps moins durs. Mais cette ressource est faible et ne saurait être générale ; la plus grande partie du peuple est trop peu économe pour se refuser à jouir d'un léger bien-être quand il le peut. Souvent, même dans les temps d'abondance, l'artisan refuse à sa famille le nécessaire pour aller dépenser tous ses gains au cabaret et, quand la cherté vient, il tombe dans le dernier degré de la misère. La cherté est donc pour lui le plus grand des malheurs, et le bas prix dont il a joui ne lui est d'aucune ressource alors. Quel avantage ne serait-ce pas pour lui si ce haussement de prix qui, dans la disette, met le pain hors de sa portée, pouvait être réparti sur les années où il a joui d'une abondance dont il abusait ! Or, voilà ce que fera l'égalisation des prix, effet nécessaire d'un commerce libre.

Et ce n'est pas le seul avantage qu'il en retirera. Ce n'est pas seulement, par son défaut d'économie, que le peuple consommateur souffre de l'inégalité des prix ; quand il serait aussi prévoyant, aussi économe qu'il l'est peu, il en souffrirait encore par une autre raison qui frappe moins au premier coup d'œil, mais dont le développement fait connaître un des plus grands avantages que les consommateurs trouveront dans la liberté du commerce des grains. Ce développement mérite, j'ose le dire, toute votre attention.

Un des grands inconvénients de l'inégalité des prix pour le peuple consommateur est fondé sur ce que, dans la proportion qui s'établit entre le prix des subsistances et le prix des journées, cette proportion ne suit pas exactement le prix moyen, mais reste constamment au-dessous et au préjudice de l'homme de journée ; en sorte que si le prix de cherté, le prix des années ordinaires et le bas prix étaient partagés de façon qu'ils fussent à peu près égaux chaque année, les salaires seraient plus forts, à l'avantage du consommateur, qu'ils ne sont quand les prix varient beaucoup. Il est aisé de le démontrer. Le prix des journées s'établit, comme celui de tout autre chose, par le rapport de l'offre à la demande, c'est-à-dire par le besoin réciproque de ceux qui font travailler et de ceux qui ont besoin de vivre en travaillant. Le peuple salarié n'a, dans les bonnes années comme dans les autres, de ressources pour vivre que le travail : il offrira donc son travail, et la concurrence le forcera de se contenter du salaire nécessaire à sa subsistance. Il n'ira pas prévoir et calculer la possibilité d'une disette pour obliger celui qui le paie à hausser son salaire ; car, quel que soit cet avenir éloigné, il faut qu'il vive à présent, et s'il se rendait trop difficile, son voisin prendrait l'ouvrage à meilleur marché. C'est donc sur le prix habituel que le prix des salaires se fixera ; il baissera même encore au-dessous de cette proportion dans les années de bas prix, parce que si, d'un côté, ce bas prix rend le peuple paresseux et diminue la concurrence des travailleurs, de l'autre, ce bas prix ôte aux cultivateurs et, par contrecoup aux propriétaires, les moyens de faire travailler. D'un autre côté, l'augmentation des prix, dans les années de cherté, non seulement n'entre pour rien dans la fixation du prix des salaires, mais elle tend plutôt à le diminuer. En effet, la misère du peuple bannit la paresse, et lui rend le travail si nécessaire qu'il le met au rabais. Tous ceux d'entre les propriétaires qui ont un revenu fixe, et même, dans le cas de cherté excessive, tous ceux qui sont en état de faire travailler, souffrent eux-mêmes par l'augmentation de leurs dépenses et n'en sont pas dédommagés par l'augmentation de leurs revenus (car il ne faut point se lasser de répéter qu'il n'y a que l'égalité des prix qui forme l'augmentation du revenu des cultivateurs, et qu'ils ne sont pas dédommagés par le haut prix, dans les années disetteuses, du bas prix des années abondantes, parce que la quantité qu'ils vendent est moindre dans une plus grande proportion que la hausse des prix). Ils sont donc eux-mêmes peu en état de faire travailler ; le plus souvent, ils ne s'y déterminent que par des motifs de charité et en profitant de l'empressement des travailleurs à baisser les salaires. Ainsi, non seulement les salariés ne participent en rien à la secousse que la cherté passagère donne au prix, mais ils ne participent pas même à ce dont cette cherté passagère augmente les prix moyens. Ce sont cependant principalement les années de cherté qui rendent les prix moyens plus hauts, même dans les pays où le défaut de liberté du commerce entretient un prix habituel assez bas et fort au-dessous du prix moyen. Il suit de là que, sans que le prix moyen des subsistances hausse contre le consommateur, le prix des salaires haussera à son profit par la seule égalisation de ce prix moyen entre les années abondantes et stériles, parce qu'alors le prix moyen se confondra avec le prix habituel, et que c'est toujours au prix habituel que le prix des salaires se proportionne.

Je ne puis me refuser ici une réflexion. Je vous ai démontré dans ma lettre écrite de Tulle [1], et avec encore plus de détail dans celle de Bort [2], que la liberté du commerce et l'égalisation des prix devaient seules, le prix moyen restant le même pour les consommateurs, assurer aux cultivateurs, aux propriétaires et à l'Etat une augmentation immense de profits et de revenus. Je crois vous avoir démontré dans celle-ci que le prix moyen restant encore le même pour les consommateurs, par le seul effet de l'égalisation des prix et de la liberté, les consommateurs gagneront d'être salariés dans une proportion plus avantageuse pour eux, puisque leur salaire actuel est déterminé par sa proportion avec un prix plus bas que le prix moyen, et qu'il sera alors proportionné au prix moyen, c'est-à-dire à leur véritable dépense. Il me semble que le rapprochement de ces deux vérités doit inspirer une grande sécurité sur les effets de la liberté.

J'ajoute que l'avantage des consommateurs serait encore très grand quand même le prix moyen de la consommation hausserait, et que le bien-être que procurerait aux salariés le rétablissement de la proportion de leur salaire avec leur dépense sera toujours également réel, quand même le prix moyen hausserait, pourvu qu'il fût toujours constant et à peu près invariable.

J'ajoute encore que l'observation qui vient d'être développée résout pleinement une objection que l'on entend souvent répéter par les adversaires de la liberté du commerce des grains. Il est prouvé, disent-ils, par l'expérience, que le prix des salaires n'augmente pas avec celui des grains et, comme ils supposent toujours que la liberté augmente le prix des grains, ils en concluent que la liberté est funeste aux consommateurs.

J'ai, je crois, fait voir au contraire que, de cela même que la cherté momentanée n'augmentait pas le prix des salaires et même l'abaissait au-dessous de sa proportion naturelle, il fallait conclure que le mal est

1. Page 306.
2. Page 309.

dans la cherté momentanée et, pour y remédier, établir un prix le plus constant et le plus égal qu'il soit possible, c'est-à-dire donner au commerce la plus grande liberté.

Après tout ce que je viens de dire, c'est presque une question oiseuse d'examiner si le prix moyen des grains haussera ou baissera par l'effet de la liberté. L'exemple de l'Angleterre et les détails auxquels je me suis livré dans ma cinquième lettre, datée de Saint-Angel [1], font voir que l'effet naturel de la liberté doit être de baisser le prix moyen toutes les fois que ce prix moyen est plus haut que le prix du marché général, c'est-à-dire que le prix ordinaire des ports en Hollande. Mais j'ajouterai que ce prix moyen baissera, quand même, avant la liberté, il aurait été égal au prix du marché général, parce que l'augmentation de la culture en France, ce qu'elle produira de plus, ce qu'elle exportera, ce qu'elle importera de moins, sa mise en un mot dans le marché général, sera un objet trop considérable pour n'en pas faire baisser le prix. C'est un concurrent de plus dans la fourniture générale des besoins, et c'est un concurrent dont la mise sera sans aucun doute assez forte pour influer sur le prix du marché.

Certainement si le prix baisse, ce sera un grand avantage pour les consommateurs, puisqu'il est d'ailleurs démontré qu'il y aura une plus grande masse de salaires à partager. Il en résultera même qu'il n'y aura pas jusqu'aux rentiers de Paris qui ne gagnent à la liberté, puisqu'en même temps que leurs hypothèques en seront mieux assurées, ils ne payeront pas le pain plus cher ; il en résultera encore qu'il n'y aura pas d'augmentation dans les dépenses du Gouvernement, comme on l'aurait pu croire d'après la plus-value du pain qu'il a fallu donner aux troupes durant ces dernières années. Il ne faut pas confondre l'effet d'une disette passagère occasionnée par de mauvaises récoltes avec l'effet naturel de la liberté du commerce, du *post hoc* au *propter hoc* : l'une hausse les prix, l'autre les baisse.

Au reste, cet avantage de la baisse du prix moyen ne mérite pas d'être compté pour beaucoup : premièrement, parce qu'il est très modique en lui-même pour le consommateur en comparaison de celui qu'il retirera de l'égalisation des prix ; secondement, parce qu'on peut douter que le prix moyen qui s'établira à la suite de la liberté soit beaucoup plus bas que le prix moyen qui a eu lieu dans l'intérieur de la France avant la liberté, c'est-à-dire avant l'époque de la récolte de 1764. Je vois, en effet, par le relevé des prix du marché de Paris depuis

1. Page 317.

la récolte de 1726 jusqu'à celle de 1764, intervalle pendant lequel il n'y a eu qu'une seule disette à la suite de la récolte de 1740, que le prix moyen du froment à Paris n'a pas été au-dessus de 16 l. 12 s. 7 d. ; aussi, pendant la plus grande partie de cet intervalle, les cultivateurs n'ont-il cessé de se plaindre. Or, ce prix est trop au-dessous de celui du marché général, lequel est d'environ 20 livres, pour que la liberté puisse le faire descendre plus bas.

Dans une grande partie du Royaume et dans les provinces de l'intérieur éloignées de la capitale et des ports, le prix moyen a été encore plus au-dessous du prix du marché général ; ainsi l'on doit s'attendre que la communication avec le marché général y fera monter les prix. J'ai déjà observé l'avantage immense qui résulterait de cette augmentation pour la culture, pour la richesse particulière et publique ; j'ai maintenant à prouver que ce changement, bien loin d'être préjudiciable aux consommateurs, leur sera au contraire infiniment profitable.

Je n'ai pas besoin de dire que, lorsque le changement sera fait, les consommateurs de ces provinces seront au niveau de ceux où il n'y aura pas eu d'augmentation ; qu'ils jouiront de tous les avantages que j'ai développés dans cette lettre ; qu'ils auront une plus grande masse de denrées, une plus grande somme de salaires à partager ; que l'égalisation des prix fera monter leurs salaires dans la proportion du prix moyen, quel qu'il soit, au lieu qu'il est à présent au-dessous ; que cette égalisation les garantira de l'excès de la misère à laquelle les expose trop souvent l'inégalité des prix. Tout cela est assez évident de soi. Il ne peut y avoir de doute sur leur sort que pour le moment du passage. Or, dans le cours naturel des choses, ce passage doit être très doux et très tolérable :

1° Parce que le haussement résultant de la liberté, qu'encore une fois on ne doit pas confondre avec l'effet des mauvaises récoltes, puisque c'est le défaut d'une liberté assez affermie et assez entière qui les a, au contraire, rendues si funestes, ce haussement, dis-je, ne doit se faire que lentement et par degrés. Tel sera l'effet des communications du commerce, et ces communications ne sont pas encore établies. Il faut du temps au commerce pour se monter. Les communications ne s'établiront, le commerce ne prendra son cours que peu à peu, et les prix moyens ne hausseront non plus que peu à peu et à mesure que tous les autres avantages de la liberté se développeront.

2° Parce que la cherté qui a lieu dans les années de disette rend le prix moyen moins inférieur qu'on ne l'imaginerait au prix de la capitale, et même au prix du marché général. Je vois qu'à Limoges, depuis 1739 jusqu'en 1764, époque de l'établissement de la liberté, le prix moyen du seigle a été d'environ 10 l. le setier, mesure de Paris, quoiqu'en 1745 il ait baissé jusqu'à 4 l. 13 s., et qu'en 1739 il ait passé 30 l. ; le prix moyen du froment a été d'environ 15 l. J'augure que, par la liberté ou par la communication avec le marché général, le prix du seigle montera aux environs de 12 à 13 l., et celui du froment aux environs de 18 à 20 l. Une pareille augmentation n'est pas assez forte pour mettre le peuple dans la détresse et l'empêcher d'attendre sans peine que les salaires se soient mis au niveau. J'observe même à ce sujet qu'en Limousin, en Auvergne, en Forez et dans plusieurs des provinces où ce haussement sera le plus sensible, l'habitude où sont une partie des habitants d'aller travailler pendant une partie de l'année dans les provinces plus riches, doit faciliter et hâter l'établissement du niveau dans le prix des salaires, car on remarque que cette émigration n'est pas toujours égale : quand les subsistances deviennent plus difficiles dans la province, l'émigration est plus forte. Si donc les salaires n'étaient pas dans la proportion commune avec la valeur des subsistances, le nombre des travailleurs diminuant, les propriétaires seraient forcés de les retenir en les payant mieux, et ils se refuseraient d'autant moins à cette augmentation nécessaire, que l'accroissement de leurs revenus, doublement fondé, et sur l'égalisation, et sur le haussement du prix, les mettra en état de faire travailler davantage et de payer les travailleurs plus chèrement.

A ces deux considérations, j'en joindrai une plus rassurante encore sur les dangers de cette révolution : c'est qu'elle est déjà faite. A la vérité, si c'est un bien, on le doit en partie à un grand mal. Il est à présumer, comme je l'ai déjà dit d'abord, que suivant le cours ordinaire des choses, elle aurait été plus lente. Mais le concours des circonstances ayant amené à la suite du rétablissement de la liberté cinq mauvaises années en six ans, les grains sont montés dans le Royaume à un prix haut, et dans quelques provinces à un prix excessif. Le surhaussement bien loin d'être l'effet de la liberté, doit être, au contraire, attribué à ce que la liberté, depuis son établissement, avait été trop restreinte et trop combattue, à ce qu'elle n'était pas encore anciennement établie pour que le commerce se fût monté ; et en effet, il est notoire que le commerce des grains est encore à naître dans les provinces de l'intérieur nommément dans celle-ci ; à quoi il faut ajouter que les contradictions, qu'il éprouve de la part des tribunaux et des officiers de police, dans le moment même où le besoin général allait l'établir, vont l'étouffer dans sa naissance. Quoi qu'il en soit, le peuple s'étant accoutumé pendant plusieurs années à un prix excessif, il en résultera du moins cet avantage, que lorsque, par le retour de l'abondance, le grain retombera non plus au prix qu'il avait avant la liberté, mais à un prix approchant de celui que doit lui donner la liberté, le peuple, qui éprouvera alors un soulagement très sensible, ne songera point à se plaindre d'un surhaussement qui n'est tel qu'autant qu'on le compare à une époque déjà oubliée, et duquel d'ailleurs il ne souffrira en aucune manière. Je dis qu'il n'en souffrira point, parce que la révolution n'est pas moins consommée par rapport à l'augmentation du prix des salaires que par rapport à celle du prix des grains.

J'ai déjà observé que le prix moyen du seigle était, à Limoges, avant 1764, d'environ 10 l., et celui du froment d'environ 15 l. le setier de Paris, et que j'avais lieu de croire que ce prix serait fixé désormais à 12 l. pour le seigle et 18 l. pour le froment. C'est une augmentation dans la proportion de 5 à 6. Quand je suis arrivé dans cette province, il y a neuf ans, les journées communes étaient à 10 s. ; elles sont à présent à 12 s. ; l'augmentation est exactement dans la même porportion de 5 à 6. J'attribue la promptitude avec laquelle les salaires se sont mis au niveau des prix, à l'augmentation sensible du revenu des propriétaires, et cette augmentation a deux causes. D'abord le haut prix du grain, qui leur a été très avantageux, du moins jusqu'en 1770 ; car la récolte de 1769 ayant manqué en tout genre, les propriétaires, obligés de nourrir les colons et les pauvres à des prix excessifs, n'ont presque joui d'aucun revenu. Ensuite le prix avantageux auquel les bestiaux de toute espèce se sont vendus ; et je rapporterai à ce sujet une observation que j'ai lue, je crois, dans les *Ephémérides du citoyen,* c'est que cette vente si avantageuse des bestiaux était tout à la fois l'effet et la preuve de l'augmentation de la culture encouragée par la liberté du commerce. En effet, la cause la plus vraisemblable qu'on puisse imaginer de cette augmentation de prix, sans diminution de l'espèce, est l'empressement des propriétaires et des fermiers à se procurer une beaucoup plus grande quantité de bestiaux qu'auparavant, pour forcer les labours et les engrais. Cette observation, que je crois très vraie, méritait d'être mise sous vos yeux.

L'augmentation du revenu des propriétaires, par ces deux causes, les a mis en état de faire travailler davantage, et l'augmentation du travail a fait hausser les salaires. La construction de plusieurs grands édifices à Limoges et le parti que j'ai pris depuis plusieurs années de supprimer les corvées et de faire les chemins à prix d'argent, y ont aussi eu quelque part. Quoi qu'il en soit des causes, le fait est constant.

J'ai prouvé, je crois, que dans les provinces même où le prix des grains pourra hausser le plus pour se rapprocher du niveau du marché général, le peuple consommateur n'en souffrira pas. Ce n'est point assez ; je dois prouver encore qu'il y gagnera : en effet, il y doit trouver un avantage inappréciable.

Le défaut de liberté et l'inégalité du prix qui en résulte exposent nécessairement tous les peuples qui vivent sous l'empire des prohibitions à des disettes fréquentes : à cet égard, les lieux les plus favorisés par la facilité des abords, et que le commerce serait le plus à portée d'approvisionner, souffrent comme les autres de la mauvaise police à laquelle ils sont assujettis. Mais ce malheur est plus fréquent et plus grave pour les habitants des provinces éloignées de la mer et des rivières navigables : et l'inégalité des prix y est plus grande, plus funeste au peuple, par une autre cause qui est le bas prix auquel les consommateurs sont accoutumés. Ce bas prix habituel, d'après lequel s'est fixé le taux de leurs salaires, est fort inférieur au prix du marché général. Cela posé, que la récolte manque, le vide ne peut être rempli que par l'importation ; il faut donc commencer par acheter du grain dans les ports ou chez l'étranger au prix du marché général. Ce prix est déjà un prix très haut et au-dessus des facultés des consommateurs dans le pays qui a besoin. Cependant, il y faut encore ajouter les frais de transport très considérables qu'exige la situation méditerranée de la province, et c'est alors que la cherté devient exorbitante ; c'est alors que le consommateur manque absolument de moyens pour se procurer la denrée, et que les propriétaires sont obligés de se cotiser pour lui fournir des secours gratuits et l'empêcher de mourir de faim.

Si, au contraire, le prix n'eût pas été fort différent du prix du marché général, il ne faudrait qu'ajouter au prix les frais de transport, et l'augmentation serait moins sensible, moins disproportionnée avec le taux ordinaire des salaires. En un mot, le prix de cherté est toujours le prix du marché général, plus les frais de transport. Dans les lieux où le prix habituel est le prix du marché général, il ne faut, pour avoir le prix de cherté, qu'ajouter au prix ordinaire les frais de transport, et dans ceux où le prix habituel est plus bas, il faut y ajouter non seulement les frais de transport, mais encore la différence du prix habituel au prix du marché général ; l'augmentation est donc plus forte et plus difficile à supporter.

Un exemple rendra ceci plus sensible. Je suppose qu'en Limousin le prix habituel soit 10 l. et que le prix des ports soit 20 l. ; que, dans une autre province éloignée de la mer, le prix habituel soit le même que celui des ports ou du marché général ; que la totalité des frais pour amener les grains depuis le port jusqu'au lieu de la consommation soit également 10 l., ce qui doit être, puisque la distance est égale, le consommateur limousin et le consommateur de cette autre province paieront également le grain 30 l. ; mais pour le Limousin, accoutumé à le payer 10, le prix est triple ; pour l'habitant de l'autre province, dont le prix habituel est 20, le prix n'est monté que dans la proportion de deux à trois ou augmenté d'une moitié en sus, augmentation qui n'a rien d'infiniment onéreux.

Les salaires du journalier limousin continueront d'être à 10 s. par jour ; dans l'autre province, ils seront de 20 s. C'est même forcer la supposition en faveur du Limousin que de supposer ses salaires aussi hauts à proportion que ceux du consommateur de l'autre province, puisque, l'inégalité des prix étant moindre pour ce dernier, son prix habituel est plus rapproché du prix moyen. C'est encore forcer la supposition en faveur du Limousin que de supposer qu'ils aient tous deux un égal nombre de journées utiles, car la même raison de l'inégalité des prix rendant les propriétaires moins riches, il doit y avoir en Limousin moins de salaires offerts et moins de travail : il n'importe, on peut négliger ces petits avantages. Supposons donc, pour l'un comme l'autre, deux cents journées de travail utile : à 10 s., c'est pour le journalier limousin 100 l. par an, et à 20 s., pour celui que nous lui comparons, c'est 200 l. Tous deux mangent également trois setiers par an ; ils les paient également 30 l. le setier ; en tout 90 l. Ces 90 l. ôtées de 100, il ne reste au manouvrier limousin que 10 l. Otez-les de 200 l., il reste 110 l. pour l'ouvrier qui habite l'autre province. Avec cette somme et ce que peuvent gagner sa femme et ses enfants, il est à portée de nourrir et d'entretenir sa famille, tandis que la femme et les enfants du Limousin vivront d'aumônes ou mourront de faim.

Ce n'est pas exagérer que de regarder l'avantage d'être à l'abri de ce danger comme inappréciable pour le consommateur salarié ; or, cet avantage, il le doit à l'augmentation du prix habituel des grains, par laquelle ils se sont rapprochés du prix du marché général. Je suis bien en droit d'en conclure que l'augmentation du prix des grains, non seulement n'est pas funeste, mais qu'elle est, au contraire, infiniment avantageuse au consommateur, et que, par conséquent, soit que le prix moyen des grains augmente ou n'augmente pas, le consommateur salarié gagne à la liberté du commerce des grains, qu'il y gagne même plus encore quand les grains augmentent pour se rapprocher du prix du marché général.

J'ai donc prouvé qu'il n'y a aucune opposition entre l'intérêt des cultivateurs et des propriétaires et l'intérêt des consommateurs ; que la liberté du commerce est avantageuse pour tous, et plus avantageuse encore, plus nécessaire pour le consommateur, qu'elle seule peut sauver du danger de mourir de faim. C'est, je pense, avoir rempli l'engagement que j'avais pris avec vous en commençant ma cinquième lettre. Je vais encore ajouter quelques réflexions utiles pour l'entier éclaircissement de cette matière.

On serait tenté de conclure du raisonnement que j'ai développé en dernier lieu, que l'avantage du cultivateur et celui du consommateur seraient d'autant plus grands que le prix des grains, toujours avec le moins de variations possible, serait plus haut. Cette conséquence serait fausse. Le plus grand avantage possible pour l'un et pour l'autre est que les grains soient au taux du marché général ; si les prix montent plus haut, l'avantage diminue et finit par se changer en désavantage. Il est vrai que le désavantage d'un prix trop haut est moindre que celui d'un prix trop bas, mais il est réel. Cet état avec la liberté entraînerait une importation habituelle au préjudice de la culture nationale, et serait suivi d'une nouvelle révolution en sens contraire sur les prix, qui détruirait tout le bien qu'aurait fait l'augmentation. L'état de pleine prospérité pour une nation est celui où le prix des grains, et, en général, celui de toutes ses marchandises, est au niveau des prix du marché général ; c'est l'état où il n'y a ni importation ni exportation habituelles, mais où les importations dans les mauvaises années et les exportations dans les bonnes se balancent à peu près. Je ne m'occuperai pas de développer ici les preuves de cette proposition ; elles exigeraient des discussions assez délicates et très étendues, dont je dois d'autant plus m'abstenir que vous n'avez pas besoin d'être détourné du projet de faire hausser le prix des grains à un taux au-dessus de celui du marché général. Je m'y livrerai en Angleterre, où l'établissement de la gratification pour les grains exportés semble avoir été dirigé à ce but.

Mais je ne dois pas omettre une conséquence de la remarque que je viens de faire sur le désavantage qu'entraîne pour le consommateur un prix habituel trop bas. Cette conséquence est que, malgré la liberté du commerce, il peut y avoir lieu encore à des inégalités dans les prix, à de véritables chertés très onéreuses aux consommateurs, tant que le prix habituel de leur subsistance sera au-dessous de celui du marché général. Or, cet état durera jusqu'à ce que la liberté du commerce ait enrichi les provinces de l'intérieur au point de procurer au peuple une véritable aisance et l'ait mis en état de multiplier ses consommations et de vivre de denrées d'une meilleure qualité. Or, pour atteindre ce but, il faut du temps ; il faut que le commerce soit animé par une liberté ancienne et consolidée. J'ai observé que, par une suite de circonstances sur lesquelles on n'avait pas dû compter, le prix des grains avait atteint un taux d'où il ne descendrait vraisemblablement que pour se fixer à un point peu éloigné de celui du marché général ; mais, cette fixation avantageuse du prix des grains ne suffit pas pour consommer la révolution dont je parle. Tant qu'une partie considérable du peuple ne mangera presque point de froment ni de seigle et que les habitants des campagnes vivront, pendant une grande partie de l'année, de châtaignes, de raves et d'une mauvaise bouillie de blé noir, tant que leurs salaires et leurs moyens de subsister seront réglés en grande partie par le prix de ces chétives denrées dont on ne peut faire un objet de commerce, vu leur peu de valeur et la difficulté de les transporter, ils seront toujours exposés aux dangers de la disette toutes les fois que la perte totale de ces denrées concourra, ainsi qu'il est arrivé en 1769, avec une mauvaise récolte en grains. Car alors le vide ne peut être remplacé que par des grains, attendu que l'on ne pourrait trouver de châtaignes et de blé noir à importer, et que la valeur de ces denrées ne pourrait pas dédommager des frais du transport. Les grains sont toujours chers, puisqu'ils viennent de loin ; par conséquent, les subsistances, sont nécessairement à un prix excessivement au-dessus des facultés d'un peuple pour qui, même lorsque les grains sont à bas prix, ils sont une espèce de luxe qu'il n'est pas en état de se procurer. Il faut donc, pour que les consommateurs ne soient plus exposés à souffrir de la disette, que la richesse générale leur ait donné assez d'aisance pour qu'ils se soient accoutumés à vivre de grains et à ne plus regarder les autres denrées de moindre valeur que comme une espèce de supplément surabondant et non comme leur nourriture principale ; il faut que leurs salaires soient montés sur le prix des grains, et non sur le prix de ces mêmes denrées. Comme les pays éloignés des abords de la navigation ne sont tels que par l'élévation du sol, ce sont pour la plupart des pays de montagnes qui produisent plus de seigle que de froment. C'est un désavantage par rapport à l'importation, parce que le seigle ayant moins de valeur, les mêmes frais de transport en augmentent le prix dans une plus grande proportion. Mais ce désavantage est compensé, parce que, lorsque le prix n'est pas trop au-dessous de celui des ports, la même raison en rend l'exportation moins avantageuse, et parce que le seigle, se conservant plus aisément que le froment, exige moins de frais et essuie moins de déchet dans le magasinage. Il suffira, par cette raison, que les salaires en Limousin et dans les autres provinces dont la situation est semblable, soient montés sur le pied qu'ont les seigles au marché général, et que le peuple soit accoutumé à consommer du seigle ou d'autres denrées d'une valeur équivalente. Alors, mais seulement alors, la liberté du commerce garantira véritablement le peuple de la disette.

J'ai cru devoir insister beaucoup sur cette observation, parce qu'il me paraît important de ne point se tromper d'avance sur ce qu'on doit attendre de la liberté. On a dit cent fois, et on a eu grande raison de dire que cette liberté serait un remède assuré contre la fréquence des disettes ; mais on n'a pas dit et on n'a pas dû dire qu'elle dût produire cet effet dès les premières années de son établissement et avant que le commerce, qui en est la suite, eût eu le temps de naître et de se former : on n'a pas dû dire que la liberté doive garantir de toute cherté dans les provinces où les moyens de payer ne sont pas proportionnés au prix nécessaire des grains, importés avant le temps où l'effet de la liberté se sera fait sentir par l'augmentation de l'aisance du peuple et par l'établissement d'un prix habituel des denrées de subsistance rapproché du niveau du marché général. Il ne faut donc pas demander à la liberté ce qu'elle n'a pas promis ; il ne faut pas, lorsqu'on verra des disettes après trois ou quatre ans d'une liberté imparfaite qui n'a encore pu faire naître ni monter le commerce, s'écrier que l'expérience a démenti les spéculations des partisans de la liberté. Lors même qu'après une liberté plus ancienne et plus complète, mais qui n'aurait cependant pas encore assez enrichi le peuple, ni changé sa manière de vivre dans quelques provinces pauvres et trop éloignées des débouchés, lorsque dans ces provinces on verrait encore des disettes, il ne faudrait pas en faire une objection contre la liberté ; il faudrait seulement en conclure que la liberté n'est pas établie depuis assez longtemps pour avoir produit tous ses effets. Elle doit un jour assurer la subsistance des peuples, malgré les inégalités du sol et des saisons ; mais c'est une dette qu'il ne faut exiger d'elle qu'à l'échéance.

Ce n'est pas cependant qu'on ne puisse encore imaginer des circonstances physiques et morales tellement combinées, que la liberté la plus grande et tous les secours du commerce seraient insuffisants. Il n'est peut-être pas physiquement impossible que la récolte manque dans toute l'Europe à la fois, et que le même événement se renouvelle plusieurs années de suite. Il est bien certain que la liberté et le commerce ne pourraient alors établir le niveau ordinaire des prix, puisque la denrée n'existerait pas : il faudrait souffrir, et peut-être mourir. Mais je ne vois pas comment on pourrait en rien conclure contre la liberté. Tous les règlements et toutes prohibitions imaginables ne nourriraient pas mieux le peuple en pareil cas ; et la liberté aurait toujours fait le plus grand bien possible : 1° par l'extension qu'elle aurait donnée d'avance à la culture et qui aurait rendu le vide un peu moins grand ; 2° par l'encouragement qu'elle aurait donné à l'emmagasinement et qui aurait conservé du blé des années antérieures ; 3° en égalisant du moins le plus qu'il serait possible, et la quantité, et le prix des grains ; ce qui du moins partagerait plus également le poids d'un malheur inévitable.

Je me suis attaché, dans tout le cours de cette lettre, à vous faire revenir du préjugé où vous paraissiez être, que l'effet de la liberté du commerce des grains serait funeste aux consommateurs. Je ne la finirai point sans vous faire observer que, quand il serait vrai que la liberté produirait une augmentation dans le prix des grains, et que cette augmentation serait toute aux dépens des consommateurs, elle fournirait encore un moyen à faire gagner ces consommateurs par la diminution du prix du pain plus qu'ils ne peuvent perdre par l'augmentation du prix du grain.

Les preuves de cette vérité ont été mises sous les yeux du public, avec la plus grande clarté, dans les *Avis au peuple* publiés par l'abbé Baudeau en 1768 [1]. Je ne sais, M., si vos occupations vous ont permis de lire dans le temps ces ouvrages qui firent assez de bruit ; j'ose vous dire que, dans la circonstance où vous vous trouvez d'avoir un parti à prendre sur cette question si capitale, ils méritent toute votre attention. Je prends la liberté d'en joindre à ma lettre un exemplaire, afin que si vous jugez à propos de les lire, vous les ayez sous votre main.

Je vais seulement vous indiquer sommairement comment il est facile de procurer au consommateur l'avantage de ne pas payer le pain plus cher, quoique le grain augmente de prix. C'est faire pour lui tout ce qu'il peut désirer ; car c'est du pain qu'il mange, et si son pain n'est pas plus cher, que lui importe l'augmentation du grain ?

Il est notoire, d'après une foule d'expériences, que dans toutes les

1. *Avis au peuple sur son premier besoin ou petits traités économiques,* paru d'abord dans les *Ephémérides du citoyen.* (G. S.).

villes le *prix du pain* est beaucoup plus haut qu'il ne devrait l'être, eu égard au prix des grains. Cette inégalité a plusieurs causes : 1° le défaut de la mouture provenant de l'ignorance du plus grand nombre des meuniers, qui ne savent pas tirer du grain autant de farine qu'il doit en donner ; 2° la mauvaise foi de ces mêmes meuniers, qui savent employer mille moyens pour rendre, à ceux qui leur portent du grain à moudre, beaucoup moins de farine qu'ils ne doivent en rendre, en les trompant sur le poids, sur la mesure et sur la qualité ; 3° l'usage de payer la mouture en abandonnant au meunier une portion des grains qu'on lui a donnés à moudre, portion fixée communément au seizième, ce qui, dans les temps de cherté, porte le prix de la mouture au double de ce qu'elle coûte quand le blé est à plus bas prix ; 4° l'impossibilité où se trouve une grande partie du peuple de se garantir de ces pertes par le privilège exclusif des moulins banaux ; les bénéfices excessifs que font sur le consommateur les boulangers privilégiés des villes, qui, ne redoutant point la concurrence des boulangers de la campagne, sont les maîtres du prix, malgré les soins impuissants que prend la police pour les réduire par des tarifs qu'elle ne peut fixer qu'à l'aveugle et d'après les expériences fautives faites par les boulangers intéressés à la tromper ; 5° à ces différentes causes d'augmentation de prix, il en faut joindre une qui véritablement affecte plus directement le prix même du grain que celui du pain, mais qu'on peut cependant mettre dans la même classe, parce que cette augmentation, n'étant pas au profit du vendeur, doit être regardée comme une surcharge ajoutée au véritable prix, au préjudice des consommateurs. Je parle des droits de minage, qui subsistent encore partout sur les grains vendus au mraché, et des droit de péage, qui subsistent dans quelques lieux sur les grains passant ou entreposés dans certaines villes. Il existe à Bordeaux un droit de ce genre de 20 sous par setier, mesure de Paris, lequel nuit beaucoup au commerce. Tout grain déposé à Bordeaux y est sujet, et on ne peut l'éluder, pour les grains qui ne font que passer dans cette ville pour aller ailleurs, qu'en les versant de bord à bord d'une barque dans l'autre ; de pareils droits répétés enchérissent prodigieusement les grains, et sont surtout un obstacle presque invincible à tout commerce d'entrepôt fait de proche en proche ; ce serait pourtant là le commerce le plus propre de tous à assurer la subsistance des peuples, en tenant toujours des ressources prêtes pour les besoins qui peuvent se développer. Qu'en effet le besoin se montre sur les bords de la Dordogne, en Quercy, en Limousin, le droit qu'il faut payer à Bordeaux aura empêché d'y entreposer les grains de la Guyenne et du Languedoc. Il faut donc les y aller chercher directement, c'est-à-dire faire le double du chemin et, par conséquent, attendre le secours deux fois plus longtemps.

Ce n'est peut-être pas trop évaluer la surcharge du prix du pain résultant de toutes ces causes, que de l'évaluer au tiers du prix qu'il a pour le consommateur. Quand elle ne serait que du quart ou du cinquième, elle suffirait pour que leur seule cessation fît supporter aux consommateurs, sans aucun préjudice, une augmentation dans le prix des grains, qui serait pour le cultivateur et le propriétaire la source d'un profit immense.

Or, il ne dépend que de vous, M., de faire ce bien au consommateur. Les moyens en sont faciles : ils se réduisent : 1° à la suppression de tous les *droits de minage et de péage* existant encore sur les grains ; 2° à la suppression de la *maîtrise des boulangers,* qui, en ouvrant la porte à la concurrence, mettrait ce genre d'industrie au rabais ; 3° à l'encouragement de la *bonne mouture* et du commerce des farines, seul moyen de bannir entièrement les abus et les fraudes pratiquées par les meuniers. La suppression de la *banalité des moulins* consommerait cette révolution, surtout si elle était accompagnée d'instructions répandues dans le public sur les moyens de perfectionner la mouture et la boulangerie.

Les trois choses seraient très faciles. J'ai déjà eu l'honneur de vous proposer, au mois de février dernier, un moyen simple de supprimer tous les *droits de minage et de péage,* en les faisant rembourser par les villes et les provinces, en un certain nombre d'années, par autant de paiements qui comprendraient le capital et les intérêts jusqu'au parfait remboursement.

La suppression de la *maîtrise des boulangers* serait encore plus facile ; il n'en coûterait presque que de le vouloir. Dans la plus grande partie des villes, ces maîtrises existent sans autorisation légale. Leurs dettes seraient un obstacle bien léger ; à l'exception de Paris et de quelques villes du premier ordre, elles se réduisent à très peu de chose, et l'on pourrait les faire rembourser par les villes.

La *banalité des moulins* pourrait être pareillement éteinte et remboursée par une imposition sur les villages assujettis à cette banalité. L'objet serait considérable s'il fallait rembourser la totalité de la valeur des moulins banaux, mais c'est ce dont il ne saurait être question. Le moulin, en perdant la banalité, conserverait la plus grande partie de sa valeur. Tant de moulins qui ne sont pas banaux, et qui se louent fort bien, prouvent suffisamment que, sans cette servitude, des moulins sont un bien très avantageux à leur propriétaire ; et, dans la réalité, le nombre actuel des moulins tire sa valeur de la quantité totale des grains qui sont convertis en farine. Cette quantité, étant naturellement égale à la consommation, ne diminuerait pas par la suppression de la banalité et, par conséquent, la totalité des moulins conserverait le même revenu. Seulement, la liberté qu'auraient les contraignables de préférer le moulin qui les servirait le mieux, donnerait plus d'émulation aux meuniers et détruirait à la longue les abus de la mouture.

Il n'y aurait de retranché que la partie du revenu provenant de l'abus du privilège exclusif, et de la facilité qu'il donne pour frauder. Ce genre de propriété n'est assurément pas bien favorable ; mais je veux qu'on ait pour elle tout l'égard qu'on aurait pour la propriété la plus respectable. Toujours est-il vrai qu'elle ne formerait qu'une portion assez faible du revenu des moulins et du prix des baux. Ce serait, je crois, le porter trop haut que de l'évaluer au quinzième du prix de ces baux. En fixant le remboursement sur le pied du capital de ce quinzième, les communautés n'achèteraient pas trop cher les avantages de la liberté, et les seigneurs qui conserveraient leurs moulins gagneraient plus qu'ils ne perdraient.

Je ne pense pas qu'on opposât à des arrangements aussi utiles les grands principes sur le respect dû aux propriétés. Ce serait une contradiction bien étrange que ce respect superstitieux pour des propriétés qui, dans leur origine, sont presque toutes fondées sur des usurpations, et dont le meilleur titre est la prescription qu'elles ont acquise contre le public ; tandis qu'on se permet de violer, sous prétexte d'un bien très mal entendu, la propriété de toutes la plus sacrée, celle qui seule a pu fonder toutes les autres propriétés, la propriété de l'homme sur le fruit de son travail, la propriété du laboureur sur le blé qu'il a semé et qu'il a fait naître, non seulement à la sueur de son front, mais avec des frais immenses ; la propriété du marchand sur la denrée qu'il a payée avec son argent.

C'est encore une autre contradiction non moins étrange, que la facilité avec laquelle on se prête à renverser toutes les idées de la justice, à rendre incertain le sort des cultivateurs, à diminuer la source des revenus publics et particuliers ; tout cela, sous prétexte de soulager les consommateurs, qu'on ne soulage point ; tandis qu'on laisse froidement subsister des impôts sur cette denrée de première nécessité, tandis qu'on la laisse assujettie à une foule de droits, de privilèges exclusifs et de surcharges de toute espèce, dont les résultats accumulés sont de faire payer aux consommateurs le pain d'un tiers ou d'un quart plus cher qu'ils ne devraient le payer par proportion au prix des grains.

Tous les inconvénients que je vous propose de corriger et les pertes qui en résultent pour le peuple sont développés dans l'ouvrage de l'abbé Baudeau. Les expériences sur lesquelles il s'appuie ont été faites en partie sous les yeux de M. de Sartine, qui en a une pleine connaissance. Quand, sur quelques points particuliers, l'auteur aurait porté un peu trop loin ses espérances, il resterait toujours assez d'avantages dans les résultats les plus réduits, pour que la lésion actuelle des consommateurs soit démontrée, et qu'il soit évident qu'on doit les dédommager, sur le prix du pain, de l'augmentation sur le prix des grains, fût-elle encore plus forte qu'on ne peut la craindre de la liberté du commerce.

J'ose vous prier, M., de lire le recueil des brochures que l'abbé Baudeau publia à ce sujet dans le cours de 1768 ; il suppléera en partie à bien des omissions que j'ai faites dans les lettres dont celle-ci est la dernière : car, quelque fastidieuse que soit leur longueur, je n'ai pu tout dire ; mais, du moins, je crois avoir levé vos principales difficultés. Je voudrais que vos occupations pussent vous permettre de me dire s'il vous en reste quelqu'une, je ne craindrais point de m'engager à y répondre d'une manière satisfaisante. Mais je sens que je n'ai que trop abusé de votre patience à me lire, ou, ce que je crains encore davantage, que je vous aie par ma longueur découragé de me lire.

Cette crainte m'empêche de vous envoyer aucune observation particulière sur le projet de règlement que vous m'avez adressé. J'ai cru plus utile de vous développer les principes généraux de ma façon de penser. S'ils sont vrais, vous concevrez sans peine que tout règlement et toutes gênes doivent être proscrits en matière de grains. Qui prouve le plus, prouve le moins. D'ailleurs, il est impossible que vous n'ayez reçu de toutes parts des observations décisives sur les différents articles de ce projet. Je sais, en particulier, que M. Albert vous en a présenté de très claires et très solides. Vous trouverez tome Ier, page 144 du recueil que j'ai l'honneur de vous adresser, un examen détaillé des différents articles des anciens règlements rappelés dans votre projet. Je ne croirais pas pouvoir en prouver plus clairement l'inutilité et le danger. Permettez-moi donc de me référer à cet ouvrage.

Je ne puis cependant m'empêcher de vous faire, sur le danger de quelques expressions du préambule de votre projet, des réflexions que peut-être vous ai-je déjà faites, mais qu'il n'y a pas d'inconvénient à répéter.

Annoncer au peuple que la cherté qu'il éprouve est l'*effet des manœuvres* et non du dérangement des saisons, lui dire qu'il *éprouve la cherté au milieu de l'abondance,* c'est autoriser toutes les calomnies *passées, présentes et futures,* auxquelles il se porte assez facilement de lui-même et auxquelles bien des gens sont fort aises de l'exciter contre l'administration et les administrateurs de toutes les classes. C'est, en même temps, se rendre responsable des chertés qui peuvent continuer ou survenir ; c'est s'engager personnellement à lui procurer l'*abondance,* quoi qu'il arrive : or, il faut être bien sûr de son fait pour prendre un pareil engagement. J'avoue qu'aucun projet de règlement ne m'inspirerait une semblable confiance. J'aimerais mieux fonder ma sécurité sur la nécessité physique et sur la justice. Le peuple sait bien que le Gouvernement n'est pas le maître des saisons, et il faut lui apprendre qu'il n'a pas le droit de violer la propriété des laboureurs et des marchands de grains. On est bien fort, même vis-à-vis de ce peuple, quand on peut lui dire : *Ce que vous me demandez est une injustice.* Ceux qui ne se paient pas de cette raison ne se paieront jamais d'aucune, et calomnieront toujours le Gouvernement, quelque soin qu'il prenne pour les contenter ; car il ne les contentera pas, attendu qu'il lui est impossible de procurer au peuple des grains à bon marché lorsque les récoltes ont manqué, et qu'il n'a aucun moyen possible pour en procurer à un prix plus bas que celui qui résulterait de la liberté entière, c'est-à-dire de l'observation de l'exacte justice.

Turgot eut des raisons de croire que l'abbé ne lut pas les lettres. En tout cas, parut bientôt l'arrêt du 23 décembre qui supprima la liberté en ayant l'air de la maintenir.

Arrêt du Conseil du 23 décembre provoqué par l'abbé Terray

I. — S. M. a accordé à tous ses sujets la liberté de faire le commerce des grains et farines dans toute l'étendue de son royaume, à la charge par ceux qui ont déjà entrepris ou qui entreprendront à l'avenir ledit commerce, de faire enregistrer au greffe de la juridiction royale de leur domicile leurs nom, surnom, demeure et celui de leurs associés, et le lieu de leurs magasins, à peine de confiscation des grains qui seraient trouvés leur appartenir, dont un tiers sera délivré aux dénonciateurs, et de cinq cents livres d'amende qui ne pourra être remise ni modérée.

II. — Les marchands de grains qui voudront contracter des sociétés générales ou particulières, pour raison dudit trafic ou marchandise de grains, seront tenus d'en passer des actes, et de les faire enregistrer, dans un mois de leur date au plus tard, au greffe de la Juridiction royale de leur domicile, sous les peines portées par l'article Ier ci-dessus, et de plus grandes s'il y échet, dont les marchands qui auront contracté les sociétés non enregistrées demeureront responsables en leurs noms.

III. — Les greffiers desdites justices seront tenus de délivrer des expéditions desdites déclarations, et ne pourront exiger plus de vingt sous pour tous droits, y compris l'expédition et le papier timbré, à peine de concussion.

IV. — Défend S.M. à tous ses Officiers de justice et de police, à tous fermiers et receveurs de ses droits, commis de ses recettes, caissiers et tous autres intéressés, ayant le maniement de ses finances ou chargés du recouvrement de ses deniers, de s'immiscer directement ou indirectement, sous prétexte de société ou autrement, à faire le trafic ou marchandise de grains, à peine de confiscation des grains ou du prix d'iceux dont un tiers sera délivré au dénonciateur, de deux mille livres d'amende, et de punition corporelle s'il y échet.

V. — Interdit de même S. M., aux fermiers et laboureurs, le commerce des grains pour l'achat hors le temps des semences et sans fraude, sous telles peines qu'il appartiendra ; et aux meuniers et boulangers pour la vente seulement, sous les peines portées en l'article précédent, et de plus grandes s'il y échet.

VI. — Veut et ordonne S. M. que tous grains et farines ne puissent être vendus ni achetés ailleurs que dans les halles, marchés, ou sur les ports ordinaires des villes, bourgs et lieux du Royaume où il y en a d'établis, à peine contre les contrevenants d'être poursuivis suivant l'exigence des cas.

VII. — Fait S. M. défense auxdits marchands, et à tous autres, de quelque qualité et condition qu'ils soient, d'aller au-devant de ceux qui amèneront les grains au marché ; leur défend pareillement d'enharrer, ni acheter les blés au autres grains en vert sur pied et avant la récolte à peine de nullité desdites ventes, de perte des deniers qu'ils auront fournis d'avance pour lesdits achats, d'être privés de la faculté de faire commerce de grains, de trois mille livres d'amende qui ne pourra être remise ni modérée, et de punition corporelle s'il y échet.

VIII. — Veut S. M. qu'aucune province de son royaume ne puisse être réputée étrangère pour la libre circulation des grains et farines ; en conséquence, elle a défendu et défend à tous particuliers de mettre obstacle à la libre circulation des blés et farines d'un lieu à un autre ou de province à province dans l'intérieur du Royaume, soit par terre, soit par eau, sous peine d'être poursuivis extraordinairement comme perturbateurs du repos public, et punis suivant l'exigence des cas.

IX. — Défend S. M. à tous ses officiers de justice, de même qu'aux juges des seigneurs, de mettre aucune opposition à la libre circulation des grains de province à province sous tel prétexte que ce soit.

X. — Pour l'effet de tout ce que dessus, S. M. a dérogé et déroge à ses Edits, Déclarations, Arrêts et Règlements en ce qui est contraire, sans néanmoins rien innover aux règles de police suivies jusqu'à ce jour pour l'approvisionnement de la ville de Paris, qui continueront d'être observées comme par le passé.

Lettre au contrôleur général sur la marque des fers

(1773)

Turgot expose les raisons pour lesquelles il est défavorable au relèvement d'une redevance qui vise en fait à protéger les fers français contre la concurrence étrangère.

(Etats des forges et usines. — Les droits intérieurs sur les fers. — Les droits de douane en général et sur les fers en particulier.)

Limoges, 24 décembre.

J'ai l'honneur de vous adresser l'*état des forges et usines* de la généralité de Limoges, employées à la fabrication des ouvrages en fer [1].

Vous m'avez demandé cet état plusieurs fois, j'aurais voulu pouvoir vous l'envoyer plus promptement, et surtout plus complet, mais malgré les soins que j'ai pris pour me procurer sur chaque forge des notices aussi détaillées que vous paraissiez les désirer, vous verrez qu'il reste

1. « Le droit de marque des fers a eu pour prétexte le progrès de la fabrication et, pour véritable cause, l'intérêt d'une absurde fiscalité.

En 1608, des commissaires nommés par Henri IV pour le rétablissement des manufactures, ayant attribué l'état déplorable de l'industrie métallurgique à l'emploi du fer aigre de préférence au fer doux, proposèrent, comme remède, de frapper d'un nouveau droit les fers aigres venus de l'étranger, et d'appliquer aux deux espèces une marque distincte, tant à l'entrée du Royaume que dans tous les lieux de fabrication.

Ce projet toutefois n'eut pas de suite jusqu'en 1626, époque où le cardinal de Richelieu, qui méditait le siège de La Rochelle et qui était pressé d'argent, songea à en tirer parti pour accroître le revenu de l'Etat. L'on créa alors, par un Edit royal, des agents spéciaux qui eurent la mission de surveiller, dans chaque district de forges, la fabrication des ouvrages de fer, de s'opposer à l'emploi du fer aigre pour les objets de quincaillerie, coutellerie, serrurerie, etc. et de ne le permettre que dans les gros ouvrages dont la rupture n'offrait pas d'inconvénients dangereux. Ils devaient, en conséquence, faire marquer les fers indigènes au sortir des forges, pendant que d'autres agents, placés à la frontière, exécutaient la même opéencore une assez grande incertitude sur la quantité des fers qui sortent de ces différentes forges. Vous verrez aussi que cette incertitude vient en grande partie de causes purement physiques, qui font varier la production, telles que la disette ou l'abondance des eaux dans les

ration sur les fers étrangers. Et tout cela se résumait en droits fiscaux dont voici le tarif :

Sur les fers nationaux doux ou aigres, 10 s. par quintal ; sur l'acier, 20 s. ; — sur le fer doux et l'acier venant de l'étranger, mêmes taxes ; — sur le fer aigre, de même provenance, 12 s.

En 1628, on s'aperçut que l'Edit n'assujettissait aux droits d'importation que les fers et aciers en barres et en billes, et un Arrêt du conseil, du 18 avril, y comprit ces mêmes matières à l'état ouvragé.

On découvrit plus tard que l'Edit ne parlait ni des gueuses, ni des fontes, et deux Arrêts du conseil, en date des 20 juin 1631 et 16 mai 1635, les frappèrent d'un droit de 6 sous 8 d.

Plus tard, encore, on remarqua qu'il n'avait été rien statué sur le minerai. La sortie en fut prohibée, ou ne fut permise qu'avec un droit sur le taux duquel on n'a pas de renseignements.

Enfin, vint la fameuse Ordonnance des *aides*, de 1680, qui codifia les règlements antérieurs sur la matière, soumit complètement les usines au régime de l'*exercice*, et détermina les droits ainsi qu'il suit :

13 s. 6 d. par quintal de fer ;

18 s. par quintal de quincaillerie, grosse ou menue ;

20 s. par quintal d'acier ;

3 s. 4 d. par quintal de mine de fer, lavée et préparée.

Ces taxes étaient le *principal* de l'impôt et, par conséquent, indépendantes d'un certain nombre de sous *additionnels* ; mais il est à remarquer qu'elles ne s'élevaient pas à l'*importation*.

Comme elles n'étaient point uniformes dans tout le Royaume, qu'elles variaient suivant les privilèges des provinces, et que plusieurs même en étaient exemptes, la perception du droit de marque conviait à une fraude très active, dont témoignent les Arrêts du conseil des 15 novembre 1707, 9 janvier 1712 et 12 septembre 1724, qui eurent pour but d'en arrêter le cours.

Mais il est constaté encore, par un autre Arrêt du conseil du 7 mars 1747, ainsi que par un Arrêt de la Cour des aides de Paris, du 25 février 1781, que ces diverses mesures luttaient contre la nature des choses, avec fort peu de succès.

Quant à l'intérêt que le Trésor avait dans cette guerre faite à la liberté de l'industrie, les droits de marque perçus à la fabrication ne dépassaient pas 8 à 900 000 l. et ceux perçus à l'entrée ou à la sortie du Royaume 100 000 l. (*Daire*). »

Le projet que Terray avait conçu vers 1771 pour augmenter les anciens droits sur la marque des fers donna lieu à l'enquête dont il est question au début de la lettre de Turgot. Trace de cette enquête n'a pas été retrouvée dans les archives de la Haute-Vienne. (*Leroux,* Introduction à l'Inventaire.) (G. Schelle.).

différentes usines. Les variations dans le débit et dans la fortune des entrepreneurs influent aussi, et au moins autant que les causes physiques, sur la fabrication plus ou moins abondante.

Quant aux observations que vous paraissez désirer sur les moyens de donner à cette branche de commerce plus d'activité, ou de lui rendre celle qu'on prétend qu'elle a perdue, j'en ai peu à vous faire. Je ne connais de moyen d'animer un commerce quelconque, que la plus grande liberté et l'affranchissement de tous les droits, que l'intérêt mal entendu du fisc a multipliés à l'excès sur toutes les espèces de marchandises, et en particulier sur la fabrication des fers.

Je ne puis vous déguiser qu'une des principales causes de la lenteur que j'ai mise à vous satisfaire sur l'objet de ces recherches, a été le bruit qui s'était répandu qu'elles avaient pour objet l'établissement de nouveaux droits ou l'extension des anciens. L'opinion fondée sur trop d'exemples, que toutes les recherches du gouvernement n'ont pour objet que de trouver les moyens de tirer des peuples plus d'argent, a fait naître une défiance universelle ; et la plus grande partie de ceux à qui l'on fait des questions, ou ne répondent point, ou cherchent à induire en erreur par des réponses tantôt fausses, tantôt incomplètes. Je ne puis croire, M., que votre intention soit d'imposer de nouvelles charges sur un commerce que vous annoncez, au contraire, vouloir favoriser. Si je le pensais, je vous avoue que je m'applaudirais du retard involontaire que j'ai mis à l'envoi des éclaircissements que vous m'avez demandés, et que je regretterais de n'avoir pu en prolonger davantage le délai.

Après l'entière liberté de l'affranchissement de toutes taxes sur la fabrication, le transport, la vente et la consommation des denrées, s'il reste quelque chose à faire au gouvernement pour favoriser un commerce, ce ne peut être que par la voie de l'instruction, c'est-à-dire en encourageant les recherches des savants et des artistes qui tendent à perfectionner l'art, et surtout en étendant la connaissance des procédés dont la cupidité cherche à faire autant de secrets. Il est utile que le Gouvernement fasse quelques dépenses pour envoyer des jeunes gens s'instruire, dans les pays étrangers, des procédés ignorés en France, et qu'il fasse publier le résultat de leurs recherches. Ces moyens sont bons ; mais la liberté et l'affranchissement des taxes sont bien plus efficaces et bien plus nécessaires.

Vous paraissez, M., dans les lettres que vous m'avez fait l'honneur de m'écrire sur cette matière, avoir envisagé comme un encouragement pour le commerce national les entraves que l'on pourrait mettre à l'entrée des fers étrangers. Vous annoncez même que vous avez reçu de différentes provinces des représentations multipliées sur la faveur que ces fers étrangers obtiennent, au préjudice du commerce et de la fabrication des fers nationaux ; je conçois, en effet, que des maîtres de forges, qui ne connaissent que leurs fers, imaginent qu'ils gagneraient davantage s'ils avaient moins de concurrents. Il n'est point de marchand qui ne voulût être seul vendeur de sa denrée ; il n'est point de commerce dans lequel ceux qui l'exercent ne cherchent à écarter la concurrence, et ne trouvent quelques sophismes pour faire accroire que l'Etat est intéressé à écarter du moins la concurrence des étrangers, qu'ils réussissent plus aisément à représenter comme les ennemis du commerce national. Si on les écoute, et on ne les a que trop écoutés, toutes les branches de commerce seront infectées de ce genre de monopole. Ces imbéciles ne voient pas que ce même monopole qu'ils exercent, non pas comme ils le font accroire au Gouvernement contre les étrangers, mais contre leurs concitoyens, consommateurs de la denrée, leur est rendu par ces mêmes concitoyens, vendeurs à leur tour dans toutes les autres branches de commerce, où les premiers deviennent à leur tour acheteurs. Ils ne voient pas que toutes ces associations de gens du même métier ne manquent pas de s'autoriser des mêmes prétextes pour obtenir du gouvernement séduit la même exclusion des étrangers ; ils ne voient pas que, dans cet équilibre de vexation et d'injustice entre tous les genres d'industrie, où les artisans et les marchands de chaque espèce oppriment comme vendeurs, et sont opprimés comme acheteurs, il n'y a de profit pour aucune partie ; mais qu'il y a une perte réelle pour la totalité du commerce national, ou plutôt pour l'Etat qui, achetant moins à l'étranger, lui vend moins aussi. Cette augmentation forcée des prix pour tous les acheteurs diminue nécessairement la somme des jouissances, la somme des revenus disponibles, la richesse des propriétaires et du souverain, et la somme des salaires à distribuer au peuple. Cette perte est doublée encore, parce que, dans cette guerre d'oppression réciproque, où le Gouvernement prête sa force à tous contre tous, on n'a excepté que la seule branche du labourage, que toutes oppriment de concert par ces monopoles sur les nationaux, et qui, bien loin de pouvoir opprimer personne, ne peut même jouir du droit naturel de vendre sa denrée, ni aux étrangers, ni même à ceux de ses concitoyens qui voudraient l'acheter ; en sorte que, de toutes les classes de citoyens laborieux, il n'y a que le laboureur qui souffre du monopole comme acheteur, et qui en souffre en même temps comme vendeur. Il n'y a que lui qui ne puisse acheter librement des étrangers aucune des choses dont il a besoin ; il n'y a que lui qui ne puisse vendre aux étrangers librement la denrée qu'il produit, tandis que le marchand de drap ou tout autre achète tant qu'il veut le blé des étrangers, et vend autant qu'il veut son drap aux étrangers. Quelques sophismes que puisse accumuler l'intérêt particulier de quelques commerçants, la vérité est que toutes les branches de commerce doivent être libres, également libres, entièrement libres ; que le système de quelques politiques modernes, qui s'imaginent favoriser le commerce national en interdisant l'entrée des marchandises étrangères, est une pure illusion ; que ce système n'aboutit qu'à rendre toutes les branches de commerce ennemies les unes des autres, à nourrir entre les nations un germe de haines et de guerres dont les plus faibles effets sont mille fois plus coûteux aux peuples, plus destructifs de la richesse, de la population, du bonheur, que tous les petits profits mercantiles qu'on imagine s'assurer ne peuvent être avantageux aux nations qui s'en laissent séduire. La vérité est qu'en voulant nuire aux autres on se nuit à soi-même, non seulement parce que la représaille de ces prohibitions est si facile à imaginer que les autres nations ne manquent pas de s'en aviser à leur tour, mais encore parce qu'on s'ôte à soi-même les avantages inappréciables d'un commerce libre ; avantages tels que, si un grand Etat comme la France voulait en faire l'expérience, les progrès rapides de son commerce et de son industrie forceraient bientôt les autres nations de l'imiter pour n'être pas appauvries par la perte totale de leur commerce.

Mais, quand tous ces principes ne seraient pas, comme j'en suis entièrement convaincu, démontrés avec évidence ; quand le système des prohibitions pourrait être admis dans quelque branche de commerce, j'ose dire que celui des fers devrait être excepté par une raison décisive, et qui lui est particulière.

Cette raison est que le fer n'est pas seulement une denrée de consommation utile aux différents usages de la vie : le fer qui s'emploie en meubles, en ornements, en armes, n'est pas la partie la plus considérable des fers qui se fabriquent et se vendent. C'est surtout comme instrument nécessaire à la pratique de tous les arts, sans exception, que ce métal est si précieux, si important dans le commerce : à ce titre, il est matière première de tous les arts, de toutes les manufactures, de l'agriculture même, à laquelle il fournit la plus grande partie de ses instruments ; à ce titre, il est denrée de première nécessité ; à ce titre, quand même on adopterait l'idée de favoriser les manufactures par des prohibitions, le fer ne devrait jamais y être assujetti, puisque ces prohibitions, dans l'opinion même de leurs partisans, ne doivent tomber que sur les marchandises fabriquées pour la consommation, et non sur les marchandises qui sont des moyens de fabrication, telles que les matières premières et les instruments nécessaires pour fabriquer ; puisque l'acheteur des instruments de fer servant à sa manufacture où sa culture doit, suivant ce système, jouir de tous les privilèges que les principes de ce système donnent au vendeur sur le simple consommateur.

Défendre l'entrée du fer étranger, c'est donc favoriser les maîtres de forges, non pas seulement, comme dans les cas ordinaires de prohibitions, aux dépens des consommateurs nationaux ; c'est les favoriser aux dépens de toutes les manufactures, de toutes les branches d'industrie, aux dépens de l'agriculture et de la production des subsistances, d'une manière spéciale et encore plus directe que l'effet de toutes les autres prohibitions dont il faut avouer qu'elle se ressent toujours.

Je suis persuadé que cette réflexion, qui, sans doute, s'est aussi présentée à vous, vous empêchera de condescendre aux sollicitations indiscrètes des maîtres de forges et de tous ceux qui n'envisageront cette branche de commerce qu'en elle-même, et isolée de toutes les autres branches avec lesquelles elle a des rapports de nécessité première.

J'ajouterai encore ici deux considérations qui me paraissent mériter votre attention.

L'une est qu'un grand nombre d'arts n'ont pas besoin seulement de fer, mais de fer de qualités différentes et adaptées à la nature de chaque ouvrage. Pour les uns, il faut du fer plus ou moins doux ; d'autres exigent un fer plus aigre ; les plus importantes manufactures emploient de l'acier, et cet acier varie encore de qualité ; celui d'Allemagne est propre à certains usages ; celui d'Angleterre, qui est plus précieux, à d'autres. Or, il y a certaines qualités de fer que le Royaume ne fournit pas, et qu'on est obligé de tirer de l'étranger. A l'égard de l'acier, il est notoire qu'il s'en fabrique très peu en France ; qu'à peine ce genre de fabrication en est-il à ses premiers essais ; et, quelque heureux qu'ils aient pu être, il se passera peut-être un demi-siècle avant qu'on fasse assez d'acier en France pour subvenir à une partie un peu considérable des usages auxquels l'emploient les manufactures, où l'on est obligé de tirer de l'étranger les outils tout faits, parce qu'on ne sait point en fabriquer en France qui aient la perfection nécessaire, et parce que l'ouvrage perdrait trop de sa qualité et de son prix s'il était fait avec des outils imparfaits. Ce serait perdre ces manufactures, ce serait anéantir toutes celles où l'on emploie l'acier, toutes celles où l'on a besoin de qualités particulières de fer, que d'interdire l'entrée des fers étrangers ; ce serait les conduire à une décadence inévitable que de charger ces fers de droits excessifs ; ce serait sacrifier une grande partie du commerce national à un intérêt très mal entendu des maîtres de forges.

Cette première considération prouve, ce me semble, que, dans l'état actuel du commerce des manufactures et de celui des fers nationaux, il y aurait de l'imprudence à gêner l'importation des fers étrangers.

Celle qui me reste à développer prouvera que jamais cette importation ne cessera d'être nécessaire, et qu'au contraire le besoin ne cessera vraisemblablement d'en augmenter avec le temps.

En effet, il suffit de réfléchir sur l'immense quantité de charbon de bois que consomme la fonte de la mine et sa réduction en métal, sur la quantité non moins immense que consomment les forges et usines où l'on affine le fer, pour se convaincre que, quelque abondant que puisse être le minerai, il ne peut être mis en valeur qu'autant qu'il se trouvera à portée d'une très grande quantité de bois, et que ces bois auront peu de valeur. Quelque abondante que puisse être une forêt située à portée d'une rivière affluant à Paris, certainement on ne s'avisera jamais d'y établir une forge, parce que le bois y a une valeur qu'on ne retrouvera jamais sur la vente des fers qui en seraient fabriqués. Aussi, le principal intérêt qu'on envisage dans l'établissement d'une forge est celui de donner une valeur et un débouché à des bois qui n'en avaient point. Il suit de là qu'à mesure que les bois deviennent rares, à mesure qu'ils acquièrent de la valeur par de nouveaux débouchés, par l'ouverture des chemins, des canaux navigables, par l'augmentation de la culture, de la population, la fonte et la fabrication des fers doivent être moins lucratives et diminuer peu à peu. Il suit de là qu'à proportion de ce que les nations sont plus anciennement policées, à proportion des progrès qu'elles ont faits vers la richesse et la prospérité, elles doivent fabriquer moins de fer et en tirer davantage des étrangers. C'est pour cela que l'Angleterre qui, de toutes les nations de l'Europe, est la plus avancée à cet égard, ne tire d'elle-même que très peu de fer brut, et qu'elle en achète beaucoup en Allemagne et dans le Nord, auquel elle donne une plus grande valeur en le convertissant en acier et en ouvrages de quincaillerie. Le commerce des fers est assigné par la nature aux peuples nouveaux, aux peuples qui possèdent de vastes forêts incultes, éloignées de tout débouché, où l'on trouve un avantage à brûler une immense quantité de bois pour la seule valeur des sels qu'on retire en lessivant leurs cendres. Ce commerce, faible en Angleterre, encore assez florissant en France, beaucoup plus en Allemagne et dans les pays du Nord, doit, suivant le cours naturel des choses, se porter en Russie, en Sibérie et dans les colonies américaines, jusqu'à ce que, ces pays se peuplant à leur tour, et toutes les nations se trouvant à peu près en équilibre à cet égard, l'augmentation du prix des fers devienne assez forte pour qu'on retrouve de l'intérêt à en fabriquer dans le pays même où l'on en avait abandonné la production, faute de pouvoir soutenir la concurrence des nations pauvres. Si cette décadence du commerce des forges, suite de l'augmentation des richesses, des accroissements de la population, de la multiplication des débouchés du commerce général, était un malheur, ce serait un malheur inévitable qu'il serait inutile de chercher à prévenir. Mais ce n'est point un malheur, si ce commerce ne tombe que parce qu'il est remplacé par d'autres productions plus lucratives. Il faut raisonner de la France par rapport aux autres nations, comme on doit raisonner des provinces à portée de la consommation de Paris, par rapport aux provinces de l'intérieur ; certainement, les propriétaires voisins de la Seine ne regrettent pas que leurs bois aient une valeur trop grande pour pouvoir y établir des forges, et ils se résignent sans peine à acheter avec le revenu de leurs bois les fers que leur vendent les autres provinces.

S'obstiner, par les vues d'une politique étroite qui croit pouvoir tout tirer de son cru, à contrarier cet effet nécessaire, ce serait faire comme les propriétaires de Brie, qui croient économiser en buvant de mauvais vin de leur cru, qu'ils paient beaucoup plus cher par le sacrifice d'un terrain susceptible de produire de bon froment, que ne leur coûterait le vin de Bourgogne, qu'ils achèteraient de la vente de ce froment ; ce serait sacrifier un profit plus grand pour conserver un profit plus faible.

Ce que doit faire la politique est donc de s'abandonner au cours de la nature et au cours du commerce, non moins nécessaire, non moins irrésistible que le cours de la nature, sans prétendre le diriger ; parce que, pour le diriger sans le déranger et sans se nuire à soi-même, il faudrait pouvoir suivre toutes les variations des besoins, des intérêts, de l'industrie des hommes ; il faudrait les connaître dans un détail qu'il est physiquement impossible de se procurer, et sur lequel le gouvernement le plus habile, le plus actif, le plus détailleur, risquera toujours de se tromper au moins de la moitié, comme l'observe ou l'avoue l'abbé Galiani dans un ouvrage où cependant il défend avec le plus grand zèle le système des prohibitions précisément sur le genre de commerce où elles sont le plus funestes, je veux dire sur le commerce des grains. J'ajoute que, si l'on avait sur tous ces détails cette multitude de connaissances qu'il est impossible de rassembler, le résultat en serait de laisser aller les choses précisément comme elles vont toutes seules, par la seule action des intérêts des hommes qu'anime la balance d'une concurrence libre.

Mais, de ce qu'on ne doit pas repousser les fers étrangers dont on a besoin, il ne s'ensuit point qu'on doive accabler les fers nationaux par des droits, ou plutôt des taxes sur leur fabrication ou leur transport. Bien au contraire, il faut laisser la fabrication et le transport des fers nationaux entièrement libres en France, afin qu'ils puissent tirer le meilleur parti possible de nos mines et de nos bois tant que les entrepreneurs y trouveront de l'avantage, et qu'ils contribuent par leur concurrence à fournir à notre agriculture et à nos arts, au meilleur marché qu'il sera possible, les instruments qui leur sont nécessaires.

J'ai cru, M., devoir, pour l'acquit de ma conscience, vous communiquer toutes les réflexions que m'a suggérées la crainte de vous voir céder à des propositions que je crois dangereuses, et qui nuiraient au commerce que vous voulez favoriser. Je sais que vous ne désapprouvez pas la liberté avec laquelle je vous expose sans déguisement ce que je crois être la vérité.

Notice bibliographique

1° Textes

L'édition la plus complète des œuvres de Turgot, procurée par G. Schelle (Alcan, 1913-1923, 5 vol.), est malheureusement épuisée. Des morceaux choisis de Turgot ont été publiés en 1947 à la librairie Dalloz par le professeur Vigreux (Collection des grands économistes). On y trouvera les textes des édits de 1776 abolissant les corvées et les jurandes qui n'ont pas été repris dans notre édition.

2° Travaux spécialisés

L'historiographie de Turgot a été complètement renouvelée par les études d'Edgar Faure, et en particulier :

— *La Disgrâce de Turgot* (Gallimard, 1961).

— « Les bases expérimentales et doctrinales de la politique économique de Turgot » (*Revue historique de droit français et étranger,* 1961-62 et 63.)

A signaler également du même auteur :

— « Turgot et la théorie du produit net », *Revue d'histoire économique et sociale,* 1961, 63 et 64.

— « Une affinité singulière », *in Humanisme actif,* Mélanges d'art et de littérature offerts à Julien Cain (Paris, 1969).

La place de Turgot dans l'histoire de la pensée économique a fait l'objet de deux articles de J. Bourrinet : « Turgot, théoricien de l'individualisme libéral », *Revue d'histoire économique et sociale,* 1964-65 ; « Les Prodromes de l'équilibre économique », *Revue d'économie politique,* 1962-66.

3° Ouvrages où Turgot est étudié.

P. Dockès, *l'Espace dans la pensée économique du XVIe au XVIIIe siècle* (Flammarion, 1969).

J. Faure-Soulet, *Economie politique et progrès au siècle des Lumières* (Gauthier-Villars, 1964).

F. Manuel, *The Prophets of Paris* (Harper Torch books, 1962).

J. Schumpeter, *History of Economic Analysis* (Allen and Unwin, 1961).

J. Spengler, *Economie et population. Les doctrines françaises avant 1800* (P.U.F., 1954, collection Travaux et Documents de l'I.N.E.D.).

G. Weulersse, *la Physiocratie à la fin du règne de Louis XV* (P.U.F., 1959).

— *la Physiocratie sous les ministères de Turgot et de Necker* (P.U.F., 1950).

TABLE DES MATIÈRES

Printed in Dunstable, United Kingdom

91230891R00218